Paris
2006

Sommaire
Contents

INTRODUCTION

➜ INTRODUCTION

Édito

Cher lecteur,

Nous avons le plaisir de vous proposer l'édition 2006 du Guide Michelin Paris. Cette sélection des meilleurs hôtels et restaurants dans chaque catégorie de prix est effectuée par une équipe d'inspecteurs professionnels, de formation hôtelière. Tous les ans, ils visitent de nouveaux établissements et vérifient le niveau des prestations de ceux déjà cités dans le Guide. Au sein de la sélection, nous reconnaissons également chaque année les meilleures tables en leur décernant de ✿ à ✿✿✿. Les étoiles distinguent les établissements qui proposent la meilleure qualité de cuisine, dans tous les styles, en tenant compte du choix des produits, de la "personnalité de la cuisine", de la maîtrise des cuissons et des saveurs, du rapport qualité/prix ainsi que de la régularité. Cette année encore, de nombreuses tables ont été remarquées pour l'évolution de leur cuisine. Un « N » accompagne les nouveaux promus de ce millésime 2006, annonçant leur arrivée parmi les établissements ayant une, deux ou trois étoiles.

De plus, nous souhaitons indiquer les établissements « *espoirs* » pour la catégorie supérieure. Ces établissements, repérés en rouge dans notre liste et dans nos pages sont les meilleurs de leur catégorie. Ils pourront accéder à la distinction supérieure dès lors que la régularité de leurs prestations, dans le temps et sur l'ensemble de la carte, aura progressé. Par cette mention spéciale, nous entendons vous faire connaître les tables qui constituent, à nos yeux, les espoirs de la gastronomie de demain.

Votre avis nous intéresse en particulier sur ces « *espoirs* », n'hésitez pas à nous écrire. Votre participation est importante pour orienter nos visites et améliorer sans cesse votre Guide.

Merci encore de votre fidélité. Nous vous souhaitons de bons voyages avec le Guide Michelin 2006.

Consultez le Guide Michelin sur **www.ViaMichelin.com**
et écrivez-nous à : **leguidemichelin-france@fr.michelin.com**

Engagements

*« Ce Guide est né avec le siècle
et il durera autant que lui. »*

Cet avant-propos de la première édition du Guide MICHELIN 1900 est devenu célèbre au fil des années et s'est révélé prémonitoire. Si le Guide est aujourd'hui autant lu à travers le monde, c'est notamment grâce à la constance de son engagement vis-à-vis de ses lecteurs. Nous voulons ici le réaffirmer.

Les engagements du Guide Michelin :

La visite anonyme : les inspecteurs testent de façon anonyme et régulière les tables et les chambres afin d'apprécier le niveau des prestations offertes à tout client. Ils paient leurs additions et peuvent se présenter pour obtenir des renseignements supplémentaires sur les établissements. Le courrier des lecteurs nous fournit par ailleurs une information précieuse pour orienter nos visites.

L'indépendance : la sélection des établissements s'effectue en toute indépendance, dans le seul intérêt du lecteur. Les décisions sont discutées collégialement par les inspecteurs et le rédacteur en chef. Les plus hautes distinctions sont décidées à un niveau européen. L'inscription des établissements dans le Guide est totalement gratuite.

La sélection : le Guide offre une sélection des meilleurs hôtels et restaurants dans toutes les catégories de confort et de prix. Celle-ci résulte de l'application rigoureuse d'une même méthode par tous les inspecteurs.

La mise à jour annuelle : chaque année toutes les informations pratiques, les classements et les distinctions sont revus et mis à jour afin d'offrir l'information la plus fiable.

L'homogénéité de la sélection : les critères de classification sont identiques pour tous les pays couverts par le Guide Michelin.

… et un seul objectif : tout mettre en œuvre pour aider le lecteur à faire de chaque déplacement et de chaque sortie un moment de plaisir, conformément à la mission que s'est donnée Michelin : contribuer à une meilleure mobilité.

Classement
& distinctions

LES CATÉGORIES DE CONFORT

Le Guide Michelin retient dans sa sélection les meilleures adresses dans chaque catégorie de confort et de prix. Les établissements sélectionnés sont classés selon leur confort et cités par ordre de préférence dans chaque catégorie.

🏨🏨🏨	XXXXX	**Grand luxe et tradition**
🏨🏨🏨	XXXX	**Grand confort**
🏠🏠🏠	XXX	**Très confortable**
🏠🏠	XX	**De bon confort**
🏠	X	**Assez confortable**
sans rest		**L'hôtel n'a pas de restaurant**
avec ch		**Le restaurant possède des chambres**

LES DISTINCTIONS

Pour vous aider à faire le meilleur choix, certaines adresses particulièrement remarquables ont reçu cette année une distinction.
Pour les adresses distinguées par une étoile ou un Bib Gourmand, la mention « **Rest** » apparaît en rouge dans le descriptif de l'établissement.

LES ÉTOILES : LES MEILLEURES TABLES

Les étoiles distinguent les établissements, tous styles de cuisine confondus, qui proposent la meilleure qualité de cuisine. Les critères retenus sont : le choix des produits, la créativité, la maîtrise des cuissons et des saveurs, le rapport qualité/prix ainsi que la régularité.

❀❀❀	**Cuisine remarquable, cette table vaut le voyage**
9	On y mange toujours très bien, parfois merveilleusement.
❀❀	**Cuisine excellente, cette table mérite un détour**
16	
❀	**Une très bonne cuisine dans sa catégorie**
59	

LES BIB : LES MEILLEURES ADRESSES À PETIT PRIX

😋	**Bib Gourmand**
49	Etablissement proposant une cuisine de qualité à moins de 34 € à Paris et environs (prix d'un repas hors boisson).

LES ADRESSES LES PLUS AGRÉABLES

Le rouge signale les établissements particulièrement agréables. Cela peut tenir au caractère de l'édifice, à l'originalité du décor, au site, à l'accueil ou aux services proposés.

🏠 à 🏠🏠🏠🏠   **Hôtels agréables**

✗ à ✗✗✗✗✗   **Restaurants agréables**

LES MENTIONS PARTICULIÈRES

En dehors des distinctions décernées aux établissements, les inspecteurs Michelin apprécient d'autres critères souvent importants dans le choix d'un établissement.

SITUATION

Vous cherchez un établissement tranquille ou offrant une vue attractive ? Suivez les symboles suivants :

⏚   **Hôtel tranquille**

⏚   **Hôtel très tranquille**

≼   **Vue intéressante**

≼   **Vue exceptionnelle**

CARTE DES VINS

Vous cherchez un restaurant dont la carte des vins offre un choix particulièrement intéressant ? Suivez le symbole suivant :

🍇   **Carte des vins particulièrement attractive**
    Toutefois, ne comparez pas la carte présentée par le sommelier d'un grand restaurant avec celle d'une auberge dont le patron se passionne pour les vins de sa région.

Prix

Les prix indiqués dans ce guide ont été établis à l'automne 2006. Ils sont susceptibles de modifications, notamment en cas de variation des prix des biens et des services. Ils s'entendent taxes et service compris. Aucune majoration ne doit figurer sur votre note sauf éventuellement la taxe de séjour.

Les hôteliers et restaurateurs se sont engagés, sous leur propre responsabilité, à appliquer ces prix aux clients.

A l'occasion de certaines manifestations : congrès, foires, salons, festivals, événements sportifs…, les prix demandés par les hôteliers peuvent être sensiblement majorés.

Par ailleurs, renseignez-vous pour connaître les éventuelles conditions avantageuses accordées par les hôteliers.

RÉSERVATION ET ARRHES

Pour la confirmation de la réservation certains établissements demandent le numéro de carte de paiement ou un versement d'arrhes. Il s'agit d'un dépôt-garantie qui engage l'établissement comme le client. Bien demander à l'hôtelier de vous fournir dans sa lettre d'accord toutes précisions utiles sur la réservation et les conditions de séjour.

CARTES DE PAIEMENT

VISA MC AE DC   Cartes de paiement acceptées : Visa – MasterCard – American Express – Diners Club

CHAMBRES

ch – ♦60/130 €	Prix des chambres mini / maxi pour 1 personne
ch – ♦♦70/140 €	Prix des chambres mini / maxi pour 2 personnes
ch ☕ –	Petit-déjeuner compris
☕ 9 €	Petit-déjeuner en sus

RESTAURANT

(14 €)	Formule entrée-plat ou plat-dessert au déjeuner en semaine
⌘	Menu à moins de 17 €
15 € (déj.)	Menu uniquement servi au déjeuner
17 (sem.)	Menu uniquement servi en semaine
18/35 €	Menu le moins cher / le plus cher
carte 30/59 €	**Repas à la carte hors boisson.** Le premier prix correspond à un repas simple comprenant une entrée, un plat et un dessert. Le 2e prix concerne un repas plus complet (avec spécialité) comprenant deux plats, fromage et dessert.
Enf. 10 €	Menu enfant
bc	Boisson comprise
♀	Vin servi au verre

Équipements & services

30 **ch**	Nombre de chambres
	Jardin de repos – Parc
	Repas servi au jardin ou en terrasse
	Piscine de plein air / couverte
	Bel espace de bien-être et de relaxation
	Salle de remise en forme – Court de tennis
	Ascenseur – Aménagements pour personnes à mobilité réduite
	Air conditionné
	Établissement disposant d'espaces non-fumeurs
	Connexion internet haut débit
4/40	Salons pour repas privés : capacité mini / maxi
25/150	Salles de conférences : capacité mini / maxi
	Restaurant proposant un service voiturier (pourboire d'usage)
P **P**	Parking / parking clos réservé à la clientèle
	Garage (généralement payant)
	Accès interdit aux chiens
M	Station de métro la plus proche (à Paris)
Ouvert / Fermé mai-oct	Période d'ouverture ou de fermeture, communiquée par l'hôtelier

Commitments

"This volume was created at the turn of the century and will last at least as long".

This foreword to the very first edition of the MICHELIN Guide, written in 1900, has become famous over the years and the Guide has lived up to the prediction. It is read across the world and the key to its popularity is the consistency of its commitment to its readers, which is based on the following promises.

The Michelin Guide's commitments:

Anonymous inspections: our inspectors make regular and anonymous visits to hotels and restaurants to gauge the quality of products and services offered to an ordinary customer. They settle their own bill and may then introduce themselves and ask for more information about the establishment. Our readers' comments are also a valuable source of information, which we can then follow up with another visit of our own.

Independence: Our choice of establishments is a completely independent one, made for the benefit of our readers alone. The decisions to be taken are discussed around the table by the inspectors and the editor. The most important awards are decided at a European level. Inclusion in the Guide is completely free of charge.

Selection and choice: The Guide offers a selection of the best hotels and restaurants in every category of comfort and price. This is only possible because all the inspectors rigorously apply the same methods.

Annual updates: All the practical information, the classifications and awards are revised and updated every single year to give the most reliable information possible.

Consistency: The criteria for the classifications are the same in every country covered by the Michelin Guide.

... and our aim: to do everything possible to make travel, holidays and eating out a pleasure, as part of Michelin's ongoing commitment to improving travel and mobility.

Dear reader

Dear reader,

We are delighted to introduce the 2006 edition of The Michelin Guide Paris. This selection of the best hotels and restaurants in every price category is chosen by a team of full-time inspectors with a professional background in the industry. They visit new establishments and test the quality and consistency of the hotels and restaurants already listed in the Guide. Every year we pick out the best restaurants by awarding them from ❀ to ❀❀❀. Stars are awarded for cuisine of the highest standards and reflect the quality of the ingredients, the skill in their preparation, the combination of flavours, the levels of creativity and value for money, and the ability to combine all these qualities not just once, but time and time again. This year we have chosen to highlight those restaurants which, over the last year, have raised the quality of their cooking to a new level. Whether they have gained a first star, risen from one to two stars, or moved from two to three, these newly promoted restaurants are marked with an '**N**' next to their entry to signal their new status in 2006.

We have also picked out a selection of '*Rising Stars*'. These establishments, listed in red, are the best in their present category. They have the potential to rise further, and already have an element of superior quality; as soon as they produce this quality consistently, and in all aspects of their cuisine, they will be hot tips for a higher award. We've highlighted these promising restaurants so you can try them for yourselves; we think they offer a foretaste of the gastronomy of the future.

We're very interested to hear what you think of our selection particularly the '*Rising Stars*', so please continue to send us your comments. Your opinions and suggestions help to shape your Guide, and help us to keep improving it, year after year.

Thank you for your support. We hope you enjoy travelling with the Michelin Guide 2006.

Consult the Michelin Guide at **www.ViaMichelin.com**
and write to us at: **leguidemichelin-france@fr.michelin.com**

Classification
& Awards

CATEGORIES OF COMFORT

The Michelin Guide selection lists the best hotels and restaurants in each category of comfort and price. The establishments we choose are classified according to their levels of comfort and, within each category, are listed in order of preference.

🏨🏨🏨🏨	✗✗✗✗✗	**Luxury in the traditional style**
🏨🏨🏨	✗✗✗✗	**Top class comfort**
🏨🏨🏨	✗✗✗	**Very comfortable**
🏨🏨	✗✗	**Comfortable**
🏨	✗	**Quite comfortable**
sans rest		**This hotel has no restaurant**
avec ch		**This restaurant also offers accommodation**

THE AWARDS

To help you make the best choice, some exceptional establishments have been given an award in this year's Guide.

For those awarded a star or a Bib Gourmand, the mention "**Rest**" appears in red in the description of the establishment.

THE STARS: THE BEST CUISINE

Michelin stars are awarded to establishments serving cuisine, of whatever style, which is of the highest quality. The cuisine is judged on the quality of ingredients, the skill in their preparation, the combination of flavours, the levels of creativity, the value for money and the consistency of culinary standards.

✿✿✿	**Exceptional cuisine, worth a special journey**
9	One always eats extremely well here, sometimes superbly.
✿✿	**Excellent cooking, worth a detour**
16	
✿	**A very good restaurant in its category**
59	

THE BIB : GOOD FOOD AT MODERATE PRICES

🔴	**Bib Gourmand**
49	Establishment offering good quality cuisine for under 34 € in the Paris region (price of a meal not including drinks).

PLEASANT HOTELS AND RESTAURANTS

Symbols shown in red indicate particularly pleasant or restful establishments: the character of the building, its décor, the setting, the welcome and services offered may all contribute to this special appeal.

🏠 to 🏛️ **Pleasant hotels**

🍴 to 🍴🍴🍴🍴🍴 **Pleasant restaurants**

OTHER SPECIAL FEATURES

As well as the categories and awards given to the establishments, Michelin inspectors also make special note of other criteria which can be important when choosing an establishment.

LOCATION

If you are looking for a particularly restful establishment, or one with a special view, look out for the following symbols:

    🕊️   **Quiet hotel**

    🕊️   **Very quiet hotel**

    ←   **Interesting view**

    ←   **Exceptional view**

WINE LIST

If you are looking for an establishment with a particularly interesting wine list, look out for the following symbol:

    🍇   **Particularly interesting wine list**

            This symbol might cover the list presented by a sommelier in a luxury restaurant or that of a simple inn where the owner has a passion for wine. The two lists will offer something exceptional but very different, so beware of comparing them by each other's standards.

Prices

Prices quoted in this Guide are for autumn 2006. They are subject to alteration if goods and service costs are revised.

By supplying the information, hotels and restaurants have undertaken to maintain these rates for our readers.

In some towns, when commercial, cultural or sporting events are taking place the hotel rates are likely to be considerably higher.

Out of season, certain establishments offer special rates. Ask when booking.

RESERVATION AND DEPOSITS

Some establishments will ask you to confirm your reservation by giving your credit card number or require a deposit which confirms the commitment of both the customer and the establishment. Ask the hotelier to provide you with all the terms and conditions applicable to your reservation in their written confirmation.

CREDIT CARDS

VISA *MC* *AE* *DC*   Credit cards accepted by the establishment:
Visa – MasterCard – American Express – Diners Club

ROOMS

ch – 🛉 60/130 €	Lowest price / highest price for a single room
ch – 🛉🛉 70/140 €	Lowest price / highest price for a double or a twin room
ch ⌓ –	Breakfast included
⌓ 9 €	Breakfast supplement

RESTAURANT

(14 €)	2 course meal, on weekday lunchtimes
⌘	Menu for less than 17 €
15 € (déj.)	Set menu served only at lunchtime
17 (sem.)	Set menu served only on weekdays
18/35 €	Cheapest set meal / Highest set menu
carte 30/59 €	**A la carte meal**, drinks not included. The first figure is for a plain meal and includes first course, main dish of the day and dessert. The second price is for a fuller meal (with speciality) including starter, main course, cheese and dessert.
Enf. 10 €	Children's menu
bc	House wine included
♀	Wine served by the glass

Facilities & Services

30 **ch**	Number of rooms
🚗 🕭	Garden – Park
🛖	Meals served in garden or on terrace
🏊 🏊	Swimming pool: outdoor or indoor
Spa	An extensive facility for relaxation and well-being
🏋 🎾	Exercise room – Tennis court
🛗 ♿	Lift – Establishment at least partly accessible to those of restricted mobility
A/C	Air conditioning
🚭	Establishment with areas reserved for non-smokers
📞	High speed Internet access
🍽 4/40	Private dining rooms : minimum / maximum capacity
🪑 25/150	Equipped conference room: minimum / maximum capacity
🚗	Restaurant offering valet parking (tipping customary)
P **P**	Car park / Enclosed car park for customers only
🚘	Garage (additional charge in most cases)
🐕	No dogs allowed
M	Nearest metro station (in Paris)
Ouvert / Fermé mai-oct	Dates when open or closed, as indicated by the hotelier.

Glossary

This section provides translations and explanations of many terms commonly found on French menus. It will also give visitors some idea of the specialities listed under the "starred" restaurants which we have recommended for fine food. Far be it from us, however, to spoil the fun of making your own inquiries to the waiter, as, indeed, the French do when confronted with a mysterious but intriguing dish !

A

Agneau – Lamb
Aiguillette (caneton or canard) – Thin, tender slice of duckling, cut lengthwise
Ail – Garlic
Andouillette – Sausage made of pork or veal tripe
Artichaut – Artichoke
Avocat – Avocado pear

B

Ballotine – A variety of galantine (white meat moulded in aspic)
Bar – Sea bass (see Loup au Fenouil)
Barbue – Brill
Baudroie – Burbot
Béarnaise – Sauce made of butter, eggs, tarragon, vinegar served with steaks and some fish dishes
Belons – Variety of flat oyster with delicate flavor
Beurre blanc – "White butter", a sauce made of butter whisked with vinegar and shallots, served with pike and other fish
Boeuf bourguignon – Beef stewed in red wine
Bordelaise (à la) – Red wine sauce with shallots and bone marrow
Boudin grillé – Grilled pork blood-sausage
Bouillabaisse – A soup of fish and, sometimes, shellfish, cooked with garlic, parsley, tomatoes, olive oil, spices, onions and saffron. The fish and the soup are served separately. A Marseilles speciality
Bourride – Fish chowder prepared with white fish, garlic, spices, herbs and white wine, served with a•oli
Brochette (en) – Skewered

C

Caille – Quail
Calamar – Squid
Canard à la rouennaise – Roast or fried duck, stuffed with its liver
Canard à l'orange – Roast duck with oranges
Canard aux olives – Roast duck with olives
Carré d'agneau – Rack of lamb (loin chops)
Cassoulet – Casserole dish made of white beans, condiments, served (depending on the recipe) with sausage, pork, mutton, goose or duck
Cèpes – Variety of mushroom

Cerfeuil – Chervil

Champignons – Mushrooms

Charcuterie d'Auvergne – A region of central France, Auvergne is reputed to produce the best country-prepared pork-meat specialities, served cold as a first course

Charlotte – A moulded sponge cake although sometimes made with vegetables

Chartreuse de perdreau – Young partridge cooked with cabbage

Châtaigne – Chestnuts

Châteaubriand – Thick, tender cut of steak from the heart of the fillet or tenderloin

Chevreuil – Venison

Chou farci – Stuffed cabbage

Choucroute garnie – Sauerkraut, an Alsacian speciality, served hot and "garnished" with ham, frankfurters, bacon, smoked pork, sausage and boiled potatos. A good dish to order in a brasserie

Ciboulette – Chives

Civet de gibier – Game stew with wine and onions (civet de lièvre = jugged hare)

Colvert – Wild duck

Confit de canard or d'oie – Preserved duck or goose cooked in its own fat sometimes served with cassoulet

Coq au vin – Chicken (literally, "rooster") cooked in red wine sauce with onions, mushrooms and bits of bacon

Coques – Cockles

Coquilles St-Jacques – Scallops

Cou d'oie farci – Stuffed goose neck

Coulis – Thick sauce

Couscous – North African dish of semolina (crushed wheat grain) steamed and served with a broth of chick-peas and other vegetables, a spicy sauce, accompanied by chicken, roast lamb and sausage.

Crêpes – Thin, light pancakes

Crevettes – Shrimps

Croustades – Small moulded pastry (puff pastry)

Crustacés – Shellfish

D _____

Daube (Bœuf en) – Beef braised with carrots and onions in red wine sauce

Daurade – Sea bream

E _____

Écrevisses – Fresh water crayfish

Entrecôte marchand de vin – Rib steak in a red wine sauce with shallots

Escalope de veau – (Thin) veal steak, sometimes served panée, breaded, as with Wiener Schnitzel

Escargot – Snails, usually prepared with butter, garlic and parsley

Estragon – Tarragon

F _____

Faisan – Pheasant

Fenouil – Fennel

Feuillantine – See feuilleté

Feuilleté – Flaky puff pastry used for making pies or tarts

Filet de bœuf – Fillet (tenderloin) of beef

Filet mignon – Small, round, very choice cut of meat

Flambé(e) – "Flamed", i.e., bathed in brandy, rum, etc., which is then ignited
Flan – Baked custard
Foie gras au caramel poivré – Peppered caramelized goose or duck liver
Foie gras d'oie or de canard – Liver of fatted geese or ducks, served fresh (frais) or in pâté
Foie de veau – Calf's liver
Fruits de mer – Seafood

G

Gambas – Prawns
Gibier – Game
Gigot d'agneau – Roast leg of lamb
Gingembre – Ginger
Goujon or goujonnette de sole – Small fillets of fried sole
Gratin (au) – Dish baked in the oven to produce thin crust on surface
Gratinée – See : onion soup under soupe à l'oignon
Grenadin de veau – Veal tournedos
Grenouilles (cuisses de) – Frogs' legs, often served à la provençale
Grillades – Grilled meats, mostly steaks

H

Homard – Lobster
Homard à l'américaine or à l'armoricaine – Lobster sauted in butter and olive oil, served with a sauce of tomatoes, garlic, spices, white wine and cognac
Huîtres – Oysters

J

Jambon – Ham (raw or cooked)
Jambonnette de barbarie – Stuffed leg of Barbary duck
Joue de boeuf – A very tasty piece of beef, literally the cheek of the beef
Julienne – Vegetables, fruit, meat or fish cut up in small sticks

L

Lamproie – Lamprey, often served à la bordelaise
Langoustines – Large prawns
Lapereau – Young rabbit
Li vre – Hare
Lotte – Monkfish
Loup au fenouil – In the south of France, sea bass with fennel (same as bar)

M

Magret – Duck steak
Marcassin – Young wild boar
Mariné – Marinated
Marjolaine – A pastry of different flavors often with a chocolate base
Marmite dieppoise – Fish soup from Dieppe
Matelote d'anguilles or de lotte – Eel or monkfish stew with red wine, onions and herbs
Méchoui – A whole roasted lamb
Merlan – Whiting

Millefeuille – Napoleon, vanilla slice
Moelle (à la) – With bone marrow
Morilles – Morel mushroom
Morue fraîche – Fresh cod
Mouclade – Mussels prepared without shells, in white wine and shallots with cream sauce and spices
Moules farcies – Stuffed mussels (usually filled with butter, garlic and parsley)
Moules marinières – Mussels steamed in white wine, onions and spices

N

Nage (à la) – A court-bouillon with vegetables and white wine
Nantua – Sauce made with fresh water crayfish tails and served with quenelles fish, seafood, etc.
Navarin – Lamb stew with small onions, carrots, turnips and potatoes
Noisettes d'agneau – Small, round, choice morsels of lamb

O

Œufs brouillés – Scrambled eggs
Œufs en meurette – Poached eggs in red wine sauce with bits of bacon
Œufs sur le plat – Fried eggs, sunnyside up
Omble chevalier – Fish : Char
Omelette soufflée – Souffled omelette
Oseille – Sorrel
Oursin – Sea urchin

P

Paëlla – A saffron-flavored rice dish made with a mixture of seafood, sausage, chicken and vegetables
Palourdes – Clams
Panaché de poissons – A selection of different kinds of fish
Pannequet – Stuffed crêpe
Pâté – Also called terrine. A common French hors-d'oeuvre, a kind of cold, sliced meat loaf which is made from pork, veal, liver, fowl, rabbit or game and seasoned appropriately with spices. Also served hot in pastry crust (en croûte)
Paupiette – Usually, slice of veal wrapped around pork or sausage meat
Perdreau – Young partridge
Petit salé – Salt pork tenderloin, usually served with lentils or cabbage
Petits-gris – Literally, "small grays" ; a variety of snail with brownish, pebbled shell
Pétoncles – Small scallops
Pieds de mouton Poulette – Sheep's feet in cream sauce
Pigeonneau – Young pigeon
Pintade – Guinea fowl
Piperade – A Basque dish of scrambled eggs and cooked tomato, green pepper and Bayonne ham
Plateau de fromages – Tray with a selection of cheeses made from cow's or goat's milk (see cheeses)
Poireaux – Leek
Poivron – Red or green pepper
Pot-au-feu – Beef soup which is served first and followed by a joint of beef cooked in the soup, garnished with vegetables
Potiron – Pumpkin

Poule au pot – Boiled chicken and vegetables served with a hot broth
Poulet à l'estragon – Chicken with tarragon
Poulet au vinaigre – Chicken cooked in vinegar
Poulet aux écrevisses – Chicken with crayfish
Poulet de Bresse – Finest breed of chicken in France, grain-fed
Pré-salé – A particularly fine variety of lamb raised on salt marshes near the sea
Provençale (à la) – With tomato, garlic and parsley

Q

Quenelles de brochet – Fish-balls made of pike ; quenelles are also made of veal or chicken forcemeat
Queue de bœuf – Oxtail
Quiche lorraine – Hot custard pie flavored with chopped bacon and baked in an unsweetened pastry shell

R

Ragoût – Stew
Raie aux câpres – Skate fried in butter garnished with capers
Ris de veau – Sweetbreads
Rognons de veau – Veal kidneys
Rouget – Red mullet

S

St-Jacques – Scallops, as coquilles St-Jacques
St-Pierre – Fish : John Dory
Salade niçoise – A first course made of lettuce, tomatoes, celery, olives, green pepper, cucumber, anchovy and tuna, seasoned to taste. A favorite hors-d'oeuvre
Sandre – Pike perch
Saucisson chaud – Pork sausage, served hot with potato salad, or sometimes in pastry shel (en croûte)
Saumon fumé – Smoked salmon
Scampi fritti – French-fried shrimp
Selle d'agneau – Saddle of lamb
Soufflé – A light, fluffy baked dish made of eggs yolks and whites beaten separately and combined with cheese or fish, for example, to make a first course, or with fruit or liqueur as a dessert
Soupe à l'oignon – Onion soup with grated cheese and crožtons (small crisp pieces of toasted bread)
Soupe de poissons – Fish chowder
Steak au poivre – Pepper steak, often served flamed
Suprème – Usually refers to poultry or fish served with a white sauce

T

Tagine – A stew with either chicken, lamb, pigeons or vegetables
Tartare – Raw meat or fish minced up and then mixed with eggs, herbs and other condiments before being shaped into a patty
Terrine – See pâté
Tête de veau – Calf's head
Thon – Tuna
Tournedos – Small, round tenderloin steak

Tourteaux – Large crab (from Atlantic)
Tripe à la mode de Caen – Beef tripe with white wine and carrots
Truffe – Truffle
Truite – Trout

V _____

Volaille – Fowl
Vol-au-Vent – Puff pastry shell filled with chicken, meat, fish, fish-balls (quenelles) usually in cream sauce with mushrooms

Desserts - Desserts

Baba au rhum – Sponge cake soaked in rum, sometimes served with whipped cream
Beignets de pommes – Apple fritters
Clafoutis – Dessert of apples (cherries, or other fruit) baked in batter
Glace – Ice cream
Gourmandises – Selection of desserts
Nougat glacé – Iced nougat
Pâtisseries – Pastry, cakes
Profiteroles – Small round pastry puffs filled with cream or ice cream and covered with chocolate sauce
St-Honoré – Cake made of two kinds of pastry and whipped cream, named after the patron saint of pastry cooks
Sorbet – Sherbet
Soupe de pêches – Peaches in syrup or in wine
Tarte aux pommes – Open apple tart
Tarte Tatin – Apple upside-down tart, caramelized and served warm
Vacherin – Meringue with ice-cream and whipped cream

Fromages - Cheese

Several famous French cheeses
Cow's milk – Bleu d'Auvergne, Brie, Camembert, Cantal, Comté, Gruyère, Munster, Pont-l'ƒv que, Tomme de Savoie
Goat's milk – Chabichou, Crottin de Chavignol, Ste-Maure, Selles-sur-Cher, Valen ay
Sheep's milk – Roquefort

Fruits - Fruits

Airelles – Cranberries Pamplemousse – Grapefruit
Cassis – Blackcurrant P ches – Peaches
Cerises – Cherries Poires – Pears
Citron – Lemon Pomme – Apple
Fraises – Strawberries Pruneaux – Prunes
Framboises – Raspberries Raisin – Grapes

Distinctions 2006

Awards 2006

Les tables étoilées
Starred establishments

✿✿✿ 2006

✗✗✗✗	**Alain Ducasse au Plaza Athénée** - 8ᵉ	100
✗✗✗✗	**"Cinq" (Le)** - 8ᵉ	99
✗✗✗✗	**Ledoyen** - 8ᵉ	100
✗✗✗✗	**Taillevent** - 8ᵉ	100
✗✗✗	**Ambroisie (L')** *(Pacaud)* - 4ᵉ	63
✗✗✗	**Arpège** *(Passard)* - 7ᵉ	83
✗✗✗	**Grand Vefour** - 1ᵉʳ	52
✗✗✗	**Guy Savoy** - 17ᵉ	156
✗✗✗	**Pierre Gagnaire** - 8ᵉ	101

✿✿ 2006

→ N *Nouveau* ✿✿   → N *New* ✿✿

✗✗✗✗	**Ambassadeurs (Les)** - 8ᵉ		99
✗✗✗✗	**Apicius** - 8ᵉ		100
✗✗✗✗	**Bristol (Le)(Rest.)** - 8ᵉ		100
✗✗✗✗	**Lasserre** - 8ᵉ		101
✗✗✗✗	**Laurent** - 8ᵉ		101
✗✗✗✗	**Meurice (Le) (Rest.)** - 1ᵉʳ		52
✗✗✗✗	**Carré des Feuillants** - 1ᵉʳ		52
✗✗✗✗	**Michel Rostang** - 17ᵉ		156
✗✗✗✗	**Pré Catelan** - 16ᵉ		152
✗✗✗	**Astrance** - 16ᵉ		148
✗✗✗	**Hélène Darroze** - 6ᵉ		76
✗✗✗	**Jamin** - 16ᵉ		147
✗✗✗	**Relais d'Auteuil** - 16ᵉ		147
✗✗✗	**Relais Louis XIII** - 6ᵉ		76
✗✗✗	**Senderens** - 8ᵉ	N	102
✗✗✗	**Table de Joël Robuchon (La)** - 16ᵉ	N	147

✿ 2006

→ N *Nouveau* ✿   → N *New* ✿

✗✗✗✗	**Espadon (L')** - 1ᵉʳ	52
✗✗✗✗	**Tour d'Argent** - 5ᵉ	68
✗✗✗✗	**Clovis** - 8ᵉ	102
✗✗✗✗	**Élysées (Les)** - 8ᵉ	101
✗✗✗✗	**Gérard Besson** - 1ᵉʳ	53
✗✗✗✗	**Goumard** - 1ᵉʳ	53
✗✗✗✗	**Grande Cascade** - 16ᵉ	152
✗✗✗✗	**Hiramatsu** - 16ᵉ	146
✗✗✗✗	**Jardin** - 8ᵉ	101
✗✗✗✗	**Le Divellec** - 7ᵉ	83
✗✗✗✗	**Montparnasse 25** - 14ᵉ	131
✗✗✗✗	**Muses (Les)** - 9ᵉ	114
✗✗✗✗	**Relais de Sèvres** - 15ᵉ	137

→ Nom de l'établissement en rouge *les espoirs 2006*
→ **Name of the establishment in red** *the 2006 Rising Stars*

XXXX	**Trois Marches (Les)** *Versailles*	221
XXX	**Armes de France (Aux)** *Corbeil-Essonnes*	183
XXX	**Auberge des Saints Pères** *Aulnay-sous-Bois*	172
XXX	**Auberge du Château "Table des Blot"** *Dampierre-en-Yvelines*	184
XXX	**Belle Époque (La)** *Châteaufort*	181
XXX	**Camélia (Le)** *Bougival*	173
XXX	**Carpaccio** - 8e	103
XXX	**Céladon (Le)** - 2e	58
XXX	**Chen-Soleil d'Est** - 15e	137
XXX	**Chiberta** - 8e	104
XXX	**Comte de Gascogne (Au)** *Boulogne-Billancourt*	175
XXX	**Copenhague** - 8e	103
XXX	**Duc (Le)** - 14e	131
XXX	**Jacques Cagna** - 6e	76
XXX	**Jules Verne** - 7e	84
XXX	**Magnolias (Les)** *Le Perreux-sur-Marne*	203
XXX	**Maison Cagna** *Cergy-Pontoise* N	178
XXX	**Marée (La)** - 8e	102
XXX	**Paris** - 6e	76
XXX	**Passiflore** - 16e	148
XXX	**Pergolèse (Le)** - 16e N	147
XXX	**Sormani** - 17e	157
XXX	**Table du Baltimore (La)** - 16e	147
XXX	**Table du Lancaster** - 8e	102
XXX	**Tastevin** *Maisons-Laffitte*	193
XXX	**Violon d'Ingres** - 7e	84
XXX	**W (Le)** - 8e	103
XX	**Angle du Faubourg (L')** - 8e	107
XX	**Béatilles (Les)** - 17e	157
XX	**Benoît** - 4e N	64
XX	**Braisière (La)** - 17e	158
XX	**Caffé Minotti** - 7e	86
XX	**Chamarré** - 7e	84
XX	**Jean (Chez)** - 9e N	115
XX	**Luna (La)** - 8e	104
XX	**Maison Courtine** - 14e	132
XX	**Marius et Janette** - 8e	106
XX	**Ormes (Les)** - 7e	84
XX	**Relais du Parc (Le)** - 16e N	149
XX	**Stella Maris** - 8e N	106
XX	**Tang** - 16e	149
XX	**Trou Gascon (Au)** - 12e	124
XX	**Truffe Noire (La)** *Neuilly-sur-Seine*	200
XX	**Vin sur Vin** - 7e	85
X	Atelier de Joël Robuchon (L') - 7e N	87
X	**Gaya Rive Gauche par Pierre Gagnaire** - 7e N	87

LES ESPOIRS 2006 POUR ✿
THE 2006 RISING STARS FOR ✿

XXX	**Astor (L')** - 8e	103
XXX	**Bretèche (La)** *St-Maur-des-Fossés*	213

➔ Nom de l'établissement en rouge *les espoirs 2006*
➔ **Name of the establishment in red** *the 2006 Rising Stars*

Bib Gourmand 😊

➜ N *Nouveau* 😊 ➜ N *New* 😊

Restaurants agréables

Pleasant restaurants

Hôtels agréables

Pleasant hotels

Découvrez aussi dans la collection le Guide MICHELIN

Benelux
Deutschland
España & Portugal
France
Great Britain & Ireland
Italia
Österreich
Portugal
Suisse

Paris
London
Main Cities of Europe
New York City

- *Dénicher la meilleure table ?*
- *Trouver l'hôtel le plus proche ?*
- *Vous repérer sur les plans et les cartes ?*
- *Décoder les symboles utilisés dans le guide...*

Suivez les Bibs rouges !

**Les conseils du Bib Chef
pour vous aider au restaurant.**

**Les conseils du Bib Groom
pour vous aider à l'hôtel.**

**Les « bons tuyaux » et
les informations
du Bib Astuce
pour vous repérer dans
le guide... et sur la route.**

Pour en savoir plus

Further information

Choisir le bon vin

Choosing a good wine

	1993	1994	1995	1996	1997	1998	1999	2000	2001	2002	2003	2004
Alsace	🍇	🍇	🍇	🍇	🍇	🍇	🍇	🍇	🍇	🍇	🍇	🍇
Bordeaux blanc	🍇	🍇	🍇	🍇	🍇	🍇	🍇	🍇	🍇	🍇	🍇	🍇
Bordeaux rouge	🍇	🍇	🍇	🍇	🍇	🍇	🍇	🍇	🍇	🍇	🍇	🍇
Bourgogne blanc	🍇	🍇	🍇	🍇	🍇	🍇	🍇	🍇	🍇	🍇	🍇	🍇
Bourgogne rouge	🍇	🍇	🍇	🍇	🍇	🍇	🍇	🍇	🍇	🍇	🍇	🍇
Beaujolais	🍇	🍇	🍇	🍇	🍇	🍇	🍇	🍇	🍇	🍇	🍇	🍇
Champagne	🍇	🍇	🍇	🍇	🍇	🍇	🍇	🍇	🍇	🍇	🍇	🍇
Côtes du Rhône Septentrionales	🍇	🍇	🍇	🍇	🍇	🍇	🍇	🍇	🍇	🍇	🍇	🍇
Côtes du Rhône Méridionales	🍇	🍇	🍇	🍇	🍇	🍇	🍇	🍇	🍇	🍇	🍇	🍇
Provence	🍇	🍇	🍇	🍇	🍇	🍇	🍇	🍇	🍇	🍇	🍇	🍇
Languedoc *Roussillon*	🍇	🍇	🍇	🍇	🍇	🍇	🍇	🍇	🍇	🍇	🍇	🍇
Val de Loire *Muscadet*	🍇	🍇	🍇	🍇	🍇	🍇	🍇	🍇	🍇	🍇	🍇	🍇
Val de Loire *Anjou-Touraine*	🍇	🍇	🍇	🍇	🍇	🍇	🍇	🍇	🍇	🍇	🍇	🍇
Val de Loire *Pouilly-Sancerre*	🍇	🍇	🍇	🍇	🍇	🍇	🍇	🍇	🍇	🍇	🍇	🍇

 Grandes années → Great years

 Bonnes années → Good years

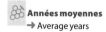 **Années moyennes** → Average years

Les grandes années depuis 1970 : 1970 - 1975 - 1979 - 1982 - 1985 - 1989 - 1990 - 1996
→ The greatest vintages since 1970

Associer les mets & les vins

Combining food and wine

➜CRUSTACÉS & COQUILLAGES Blancs secs ➜ SHELLFISH : Dry whites	Alsace Bordeaux Bourgogne Côtes du Rhône Provence Languedoc-Roussillon Val de Loire	Sylvaner/Riesling Entre-deux-Mers Chablis/Mâcon Villages S! Joseph Cassis/Palette Picpoul de Pinet Muscadet/Montlouis
➜POISSONS Blancs secs ➜ FISH : Dry whites	Alsace Bordeaux Bourgogne Côtes du Rhône Provence Corse Languedoc-Roussillon Val de Loire	Riesling Pessac-Léognan/Graves Meursault/Chassagne-Montrachet Hermitage/Condrieu Bellet/Bandol Patrimonio Coteaux du Languedoc Sancerre/Menetou-Salon
➜VOLAILLES & CHARCUTERIES Blancs et rouges légers ➜ POULTRIES : Whites and lights reds	Alsace Champagne Bordeaux Bourgogne Beaujolais Côtes du Rhône Provence Corse Languedoc-Roussillon Val de Loire	Tokay-Pinot gris/Pinot noir Coteaux Champenois blanc et rouge Côtes de Bourg/Blaye/Castillon Mâcon/S! Romain Beaujolais Villages Tavel (rosé)/Côtes du Ventoux Coteaux d'Aix-en-Provence Coteaux d'Ajaccio/Porto-Vecchio Faugères Anjou/Vouvray
➜VIANDES Rouges ➜ MEATS : Reds	Bordeaux/Sud-Ouest Bourgogne Beaujolais Côtes du Rhône Provence Languedoc-Roussillon Val de Loire	Médoc/S! Émilion/Buzet Volnay/Hautes Côtes de Beaune Moulin à Vent/Morgon Vacqueyras/Gigondas Bandol/Côtes de Provence Fitou/Minervois Bourgueil/Saumur
➜GIBIER Rouges corsés ➜ GAME : Hearty reds	Bordeaux/Sud-Ouest Bourgogne Côtes du Rhône Languedoc-Roussillon Val de Loire	Pauillac/S! Estèphe/Madiran/Cahors Pommard/Gevrey-Chambertin Côte-Rotie/Cornas Corbières/Collioure Chinon
➜FROMAGES Blancs et rouges ➜ CHEESES : Whites and reds	Alsace Bordeaux Bourgogne Beaujolais Côtes du Rhône Languedoc-Roussillon Jura/Savoie Val de Loire	Gewurztraminer S! Julien/Pomerol/Margaux Pouilly-Fuissé/Santenay S! Amour/Fleurie Hermitage/Châteauneuf-du-Pape S! Chinian Vin Jaune/Chignin Pouilly-Fumé/Valençay
➜DESSERTS Vins de desserts ➜ DESSERTS : Dessert wines	Alsace Champagne Bordeaux/Sud-Ouest Bourgogne Jura/Bugey Côtes du Rhône Languedoc-Roussillon Val de Loire	Muscat d'Alsace/Crémant d'Alsace Champagne blanc et rosé Sauternes/Monbazillac/Jurançon Crémant de Bourgogne Vin de Paille/Cerdon Muscat de Beaumes-de-Venise Banyuls/Maury/Muscats/Limoux Coteaux du Layon/Bonnezeaux

➜*Région vinicole* ➜*Region of production* ➜*Appellation* ➜*Appellation*

Vignobles
& Spécialités régionales

Vineyards & Regional Specialities

Lille •

⑬

Rouen •

① Paris •

② VAL-DE-LOIRE

Rennes • **Bourgueil**

Angers • *Vouvray*

Nantes • *Anjou* • Tours *Pouilly*

Muscadet *Chinon* *Fumé*

③ *Sancerre*

Haut-Poitou

Saint-Pourçain

Côtes d'Auvergne

Clermont-Ferrand •

Médoc **Pomerol** ⑤

Bordeaux • *Saint-Émilion*

Graves *Bergerac*

BORDEAUX *Monbazillac*

Sauternes *Marcillac*

Cahors

Buzet

Tursan Madiran *Fronton* *Gaillac*

Irouléguy ④ Mont

Jurançon **LANGUEDOC**

ROUSSILLON *Minerv*

Coteaux du Languedoc

Corbières

Perpignan •

Côtes du Roussillon

Banyuls

① NORMANDIE

Demoiselles de Cherbourg à la nage,
Andouille de Vire,
Sole dieppoise,
Poulet Vallée d'Auge,
Tripes à la mode de Caen,
Canard à la rouennaise,
Agneau de pré-salé,
Camembert, Livarot, Pont-l'Évêque,
Neufchâtel,
Tarte aux pommes au calvados,
Crêpes à la normande, Douillons

② BRETAGNE

Fruits de mer, Crustacés, Huîtres de Belon,
Galettes au sarrazin/blé noir, Charcuteries,
Andouille de Guéméné, St-Jacques à la bretonne,
Homard à l'armoricaine,
Poissons : bar, turbot, lieu jaune,
maquereau, etc.,
Cotriade, Kig Ha Farz,
Légumes : artichaut, chou-fleur, etc.,
Crêpes, Gâteau breton, Far, Kouing-aman

③ VAL DE LOIRE

Rillettes de Tours, Andouillette au vouvray,
Poissons de rivière : brochet, sandre, etc.,
Saumon beurre blanc, Gibier de Sologne,
Fromages de chèvre : Ste-Maure, Valençay,
Crémet d'Angers, Macarons, Nougat glacé,
Pithiviers, Tarte tatin

④ SUD-OUEST

Garbure, Ttoro, Jambon de Bayonne,
Foie gras, Omelette aux truffes,
Pipérade, Lamproie à la bordelaise,
Poulet basquaise, Cassoulet,
Confit de canard ou d'oie,
Cèpes à la bordelaise,
Tomme de brebis, Roquefort,
Gâteau basque, Pruneaux à l'armagnac

⑤ CENTRE-AUVERGNE

Cochonnailles, Tripous,
Champignons : cèpes, girolles, etc.,
Pâté bourbonnais, Aligot, Potée auvergnate,
Chou farci, Pounti, Lentilles du Puy,
Cantal, St-Nectaire, Fourme d'Ambert,
Flognarde, Gâteau à la broche

⑬ NORD-PICARDIE

Moules, Ficelle picarde,
Flamiche aux poireaux,
Poissons : sole, turbot, etc.,
Potjevlesch, Waterzoï,
Gibier d'eau,
Lapin à la bière, Hochepot,
Boulette d'Avesnes,
Maroilles, Gaufres

⑫ BOURGOGNE

Jambon persillé,
Gougère,
Escargots de Bourgogne,
Œufs en meurette,
Pochouse, Coq au vin,
Jambon chaud à la crème,
Viande de charolais,
Bœuf bourguignon,
Époisses, Poire dijonnaise,
Desserts au pain d'épice

⑪ ALSACE-LORRAINE

Charcuterie, Presskopf,
Quiche lorraine, Tarte à l'oignon,
Grenouilles, Asperges,
Poissons : sandre, carpe, anguille,
Coq au riesling, Spaetzle,
Choucroute, Baeckeoffe,
Gibiers : biche, chevreuil, sanglier,
Munster, Kougelhopf,
Tarte aux mirabelles ou aux
quetsches, Vacherin glacé

⑩ FRANCHE-COMTÉ/JURA

Jésus de Morteau, Saucisse de Montbéliard,
Croûte aux morilles, Soufflé au fromage,
Poissons de lac et rivières : brochet, truite,
Grenouilles, Coq au vin jaune, Comté, Vacherin,
Morbier, Cancoillotte, Gaudes au maïs

⑨ LYONNAIS-PAYS BRESSAN

Rosette de Lyon, Grenouilles de la Dombes,
Gâteau de foies blonds, Quenelles de brochet,
Saucisson truffé pistaché, Poularde demi-deuil,
Tablier de sapeur, Cardons à la mœlle,
Volailles de Bresse à la crème,
Cervelle de canut, Bugnes

⑧ SAVOIE-DAUPHINÉ

Gratin de queues d'écrevisses,
Poissons de lac : omble chevalier, perche, féra,
Ravioles du Royans, Fondue, Raclette, Tartiflette,
Diots au vin blanc, Fricassée de caïon, Potée savoyarde,
Farçon, Farcement, Gratin dauphinois,
Beaufort, Reblochon, Tomme de Savoie,
St-Marcellin, Gâteau de Savoie, Gâteau aux noix,
Tarte aux myrtilles

⑦ PROVENCE-MÉDITERRANÉE

Aïoli, Pissaladière, Salade niçoise, Bouillabaisse,
Anchois de Collioure, Loup grillé au fenouil,
Brandade nîmoise, Bourride sétoise,
Pieds paquets à la marseillaise, Petits farcis niçois,
Daube provençale,
Agneau de Sisteron,
Picodon, Crème catalane,
Calissons, Fruits confits

⑥ CORSE

Jambon, Figatelli,
Ionzo, Coppa,
Langouste,
Omelette au brocciu,
Civet de sanglier,
Chevreau,
Fromages de brebis (Niolu),
Flan de châtaignes,
Fiadone

Map labels:

ns
Épernay   Côtes de Toul   ⑪
HAMPAGNE
          ALSACE   Strasbourg
                  Colmar
ablis ⑫
BOURGOGNE
          • Dijon
Côte de Nuits
une
  Côte de   Jura   ⑩
  Beaune
nnaise • Mâcon
              Bugey
EAUJOLAIS   Savoie
  Lyon ⑨
    Côte Rôtie
es   ⑧
rez
    Hermitage
**CÔTES
DU RHÔNE**
          Châteauneuf
          du-Pape
Tavel   ⑦   Nice
  • Avignon   Côtes de Provence
Coteaux
  d'Aix   **PROVENCE**
Marseille •
        Cassis   Bandol

⑥ **CORSE**   Bastia
                  ⑥
              Ajaccio

BORDEAUX	
Pomerol	→ Vignobles
Tursan	→ Vineyards

⑥ CORSE

Jambon

→ Spécialités régionales
→ Regional specialities

37

Informations pratiques
Practical information

OFFICES DE TOURISME
TOURIST INFORMATION CENTRE

08 92 68 30 30 — Offices de tourisme de Paris :
(0,34 €/mn) — Bureaux d'accueil : Gare de Lyon 20 bd Diderot, Gare du Nord 18 r. de Dunkerque, Opéra-Grand magasin 11 bis r. Scribe 9e, Montmartre place du Tertre 18e, Tour Eiffel 7e, Carroussel du Louvre 1er, Pyramides, 25 rue des Pyramides 1er (Bureau principal).

BUREAUX DE CHANGE
BUREAUX DE CHANGE

Banques ouvertes (la plupart), de 9 h à 16 h 30 sauf sam., dim. et fêtes
À l'aéroport d'Orly-Sud : de 6 h 30 à 23 h
À l'aéroport Roissy-Charles-de-Gaulle : de 6 h à 23 h 30

COMPAGNIES AÉRIENNES
AIRLINES

08 20 82 08 20 — Air France : 119 av. des Champs-Élysées, 8e
08 10 87 28 72 — American Airlines : appel depuis la province
01 55 17 43 41 — American Airlines : appel depuis l'Ile-de-France, Aéroport Roissy-Charles-de-Gaulle T2A
0825 825 400 — British Airways : Aéroport Roissy-Charles-de-Gaulle T2B
08 00 35 40 80 — Delta Airlines : 119 av. des Champs-Élysées, 8e
0810 72 72 72 — United Airlines : Aéroport Roissy-Charles-de-Gaulle T1 porte 36

POLICE-SECOURS
POLICE

17 — Paris et banlieue

POMPIERS
FIRE

18 — Incendies, asphyxies, y compris en banlieue
01 55 76 20 00 — Laboratoire Central de la Préfecture de Police (Explosifs, intoxications)

SANTÉ
HEALTH

15 — SAMU (Paris)
01 47 07 77 77 — S.O.S. Médecin
01 53 94 94 94 — Urgences médicales de Paris (24 h/24)
01 45 13 67 89 — Ambulances Assistance Publique
01 47 07 37 39 — Port-Royal Ambulances
01 58 41 25 91 — Centre anti-brûlures (hôpital Cochin)
01 45 74 00 04 — Centre anti-drogue (hôpital Marmottan)
01 40 05 48 48 — Centre anti-poison (hôpital Fernand-Widal)
01 43 37 51 00 — S.O.S. Dentaire (tous les jours après 20 h 30 et de 10 h à 19 h les samedis, dimanches et jours fériés et vacances scolaires)
08 92 68 99 33 — S.O.S. Vétérinaire Paris (soir 20 h-8 h et 24 h/24 dimanche et jours fériés)

PHARMACIES

PHARMACIES

01 45 62 02 41	84 av. des Champs-Élysées (galerie Les Champs), 8ᵉ (24 h/24)
01 48 74 65 18	6, pl. Clichy, 9ᵉ (24 h/24)
01 44 24 19 72	Angle av. Italie/r. de Tolbiac, 13ᵉ (tous les jours de 8 h à 2 h du matin)
01 43 35 44 88	106 bd du Montparnasse, 14ᵉ (tous les jours de 9 h à 24 h, dimanche et jours fériés de 9 h à 21 h)
01 46 36 67 42	6 r. de Belleville, 20ᵉ (tous les jours sauf dim. de 8 h à 21 h 30)
01 43 43 19 03	6 pl. Félix-Eboué, 12ᵉ (24 h/24)

CIRCULATION – TRANSPORTS

TRAFFIC – TRANSPORT

08 91 36 20 20	SNCF Informations, horaires et tarifs (Ile de France)
08 92 68 77 14	RATP – Renseignements – 54 Quai de la Rapée, 12ᵉ
01 40 28 73 73	Allô information. Voirie (de 9 h à 17 h du lundi au vend.)
01 40 28 72 72	Voirie (Fermeture du bd. périphérique et des voies sur berge)
01 42 20 12 34	F.I.P. (FM 105,1 – circulation à Paris)
08 26 02 20 22	Centre Régional d'Information Routière de l'Ile-de-France
01 47 07 99 99	S.O.S. Dépannage 24 h/24, 66, bd Auguste-Blanqui, 13ᵉ
01 53 71 53 71	Préfecture de Police, 9 bd du Palais, 4ᵉ

SALONS – FOIRES – EXPOSITIONS

TRADE FAIRS - EXHIBITIONS

01 72 72 17 00	Centre National des Industries et des Techniques (CNIT) – La Défense
08 92 68 30 00 *(034 €/mn)*	Office de Tourisme de Paris, 25/27, r. des Pyramides, 1ᵉʳ
01 49 09 60 00	Comexpo Paris – Boulogne-Billancourt (92) – 55 quai Alphonse Le Gallo
01 43 95 06 10	Espace Charenton – 327 r. de Charenton 12ᵉ
01 72 72 17 00	Espace Champerret, 17ᵉ
01 40 03 75 75	Grande Halle de la Villette – 211, av. Jean-Jaurès, 19ᵉ
01 48 00 20 20	Drouot-Richelieu (hôtel des ventes) – 9 r. Drouot, 9ᵉ
01 48 00 20 80	Drouot-Montaigne (hôtel des ventes) – 15 av. Montaigne, 8ᵉ
01 40 68 22 22	Palais des Congrès – 2 pl. de la Pte-Maillot, 17ᵉ
01 72 72 17 00	Paris-Expo – 1 pl. de la Porte-de-Versailles, 15ᵉ
01 48 63 30 30	Parc d'expositions de Paris-Nord – Villepinte (93) – Z.A.C. – Paris-Nord II

DIVERS

OTHER

01 40 28 76 00	La Poste Paris Louvre RP (Recette Principale), 52 r. du Louvre, 1ᵉʳ (24 h/24)
0821 00 25 25 *(012 €/mn)*	Objets trouvés, 36 r. des Morillons, 15ᵉ
0892 705 705 *(034 €/mn)*	Perte ou vol Carte Bleue (Visa) (7 jours/7, 24 h/24)
01 47 77 72 00	Perte ou vol Carte American Express (7 jours/7, 24 h/24)

MICHELIN À PARIS

MICHELIN IN PARIS

Services de Tourisme : 46 av. de Breteuil, 75324 Paris cedex 07– ☎ 01 45 66 12 34 – fax 01 45 66 11 63. Ouverts du lundi au vendredi de 8 h45 à 16h30 (16 le vendredi).

Boutique Michelin : 14 av. de l'Opéra, 75002 Paris (métro Pyramides) – ☎ 01 42 68 05 20 – fax 01 47 42 10 50. Ouvert le lundi de 13 h à 19 h et du mardi au samedi de 10 h à 19 h.

Taxis
Taxi

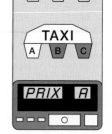

→ Un taxi est libre lorsque le lumineux placé sur le toit est éclairé.

Le prix d'une course varie suivant la zone desservie et l'heure.

Les voyants lumineux A, B ou C (blanc, orange ou bleu) et le compteur intérieur indiquent le tarif en vigueur.

→ Taxis may be hailed in the street when showing the illuminated sign.

The rate varies according to the zone and time of day. The white, orange or blue lights correspond to the three different rates A, B and C.

These also appear on the meter inside the cab.

Compagnies de Radio-Taxis
Radio-Taxi companies

Taxis Bleus 0891 70 10 10 (0,22€/mn)

Alpha-Airport (01 45 85 45 45)

Taxis G7 Radio (01 47 39 47 39)

→ Les stations de taxis sont indiquées [T] sur les plans l'arrondissements.
Numéros d'appels : Consulter les plans MICHELIN de Paris n° 5️⃣1️⃣ ou 5️⃣6️⃣.
Outre la somme inscrite au compteur, l'usager devra acquitter certains supplé-ments :
– au départ d'une gare parisienne ou des terminaux d'aéroports des Invalides et de l'Avenue Carnot ;
– pour les bagages de plus de 5 kg ;
– pour le transport d'une quatrième personne ou d'un animal domestique.

→ Taxi ranks are indicated by a [T] on the arrondissement maps ;
The telephone numbers are given in the MICHELIN plans of Paris n°s 5️⃣1️⃣ or 5️⃣6️⃣.
A supplementary charge is made :
– for taxis from the forecourts of Parisian railway stations and the Invalides or Avenue Carnot air terminals.
– for baggage over 5 kilos or unwieldy parcels.
– for a fourth person or a domestic animal.

Zones de tarification
Taxi fare zones

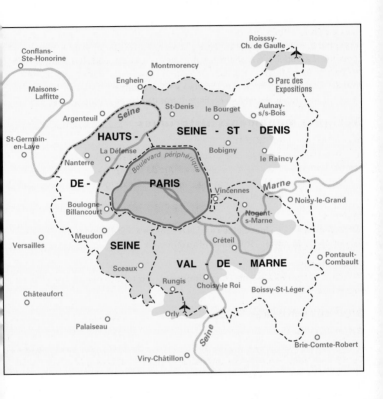

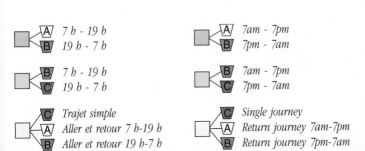

A	7 h - 19 h	A 7am - 7pm
B	19 h - 7 h	B 7pm - 7am
B	7 h - 19 h	B 7am - 7pm
C	19 h - 7 h	C 7pm - 7am

C *Trajet simple*
A *Aller et retour 7 h-19 h*
B *Aller et retour 19 h-7 h*

C *Single journey*
A *Return journey 7am-7pm*
B *Return journey 7pm-7am*

A voir
Must be seen

Perspectives célèbres et Paris vu d'en haut _____
Famous views of Paris

⋲ ★★★ depuis l'Obélisque de la place de la Concorde : Champs-Élysées, Arc de Triomphe, Grande Arche de la Défense – ⋲ ★★ depuis l'Obélisque de la place de la Concorde : La Madeleine, Assemblée nationale – ⋲ ★★★ depuis la terrasse du Palais de Chaillot : Tour Eiffel, École Militaire, Trocadéro – ⋲ ★★ depuis le pont Alexandre III : Invalides, Grand et Petit Palais – Tour Eiffel★★★ – Tour Montparnasse★★★ – Tour Notre-Dame – Dôme du Sacré-Cœur★★★ – Plate-forme de l'Arc de Triomphe★★★

Quelques monuments historiques _____
Some historic monuments

Le Louvre★★★ (cour carrée, colonnade de Perrault, la pyramide) – Tour Eiffel★★★ – Notre-Dame★★★ – Sainte-Chapelle★★★ – Arc de Triomphe★★★ – Invalides★★★ (Tombeau de Napoléon) – Palais-Royal★★ – Opéra★★ – Conciergerie★★ – Panthéon★★ – Luxembourg★★ (Palais et Jardins)

Églises
Notre-Dame★★★ – La Madeleine★★ – Sacré-Cœur★★ – St-Germain-des-Prés★★ – St-Étienne-du-Mont★★ – St-Germain-l'auxerrois★★

Dans le Marais
Place des Vosges★★★ – Hôtel Lamoignon★★ – Hôtel Guénégaud★★ – Palais Soubise★★

Quelques musées _____
Some museums

Le Louvre★★★ – Orsay★★★ (milieu du 19e s. début du 20e s.) – Art moderne★★★ (Centre Pompidou) – Armée★★★ (Invalides) – Arts décoratifs★★ (107, rue de Rivoli) – Musée National du Moyen Âge et Thermes de Cluny★★ – Rodin★★ (Hôtel de Bron) – Carnavalet★★ (Histoire de Paris) – Picasso★★ – Cité des Sciences et de l'Industrie★★★ (La Villette) – Marmottan★★ (collection de peintres impressionnistes) – Orangerie★★ (des Impressionnistes à 1930) – Jacquemart-André★★ – Musée des Arts et Métiers★★ – Musée national des Arts asiatiques – Guimet★★★

Monuments contemporains _____
Modern buildings

La Défense★★ (C.N.I.T., la Grande Arche) - Centre Georges-Pompidou★★ - Forum des Halles - Institut du Monde Arabe★ - Opéra-Bastille - Bercy★ (palais omnisports, Ministère des Finances) - Bibliothèque Nationale de France - Site François-Mitterrand★

Quartiers pittoresques _____
Picturesque districts

Montmartre★★★ - Le Marais★★★ - île St-Louis★★ - les Quais★★ (entre le Pont des Arts et le Pont de Sully) - Saint-Germain-des-Prés★★ - Quartier St-Séverin★★

Légende

$\boxed{P}$	◇SP◇	Préfecture – Sous-préfecture
	93300	Numéro de code postal
	101 ⑭	Numéro de la carte Michelin et numéro de pli
36252 h. alt. 102		Population et altitude
	Voir	Curiosités décrites dans les Guides Verts Michelin
	★★★	Vaut le voyage
	★★	Mérite un détour
	★	Intéressant
		Plans des Environs
	● ●	Hôtel-Restaurant
	══════	Autoroute
	▬▬ ══	Grandes voie de circulation
▬▬▬	Pasteur	Rue piétonne – Rue commerçante
	⊗	Bureau principal de poste restante et téléphone
H POL.	🏛	Hôtel de ville – Police – Gendarmerie
	🛈	Information touristique : Le numéro de téléphone national du portail "Tourisme en France" vous met en relation avec l'office de tourisme de votre choix : composez le 3265 (0,34 €/mn) et laissez-vous guider (disponible en français uniquement).

Key

$\boxed{P}$	◇SP◇	Prefecture – Sub-prefecture
	93300	Local post code
	101 ⑭	Number of appropriate Michelin map and fold
36252 h. alt. 102		Population – altitude (in metres)
	Voir	Sights described in Michelin Green Guides:
	★★★	Worth a journey
	★★	Worth a detour
	★	Interesting
		Towns plans of the Environs
	● ●	Hotel-Restaurant
	══════	Motorway
	▬▬ ══	Major through route
▬▬▬	Pasteur	Pedestrian street - Shopping street
	⊗	Main post office with poste restante and telephone
H POL.	🏛	Town Hall - Police - Gendarmerie
	🛈	Tourist Information Centre : Tourisme en France's nationwide automated switchboard puts you in touch with the tourist information centre of your choice: dial 3265 (0,34 €/mn) and follow the instructions (only available in French).

Paris

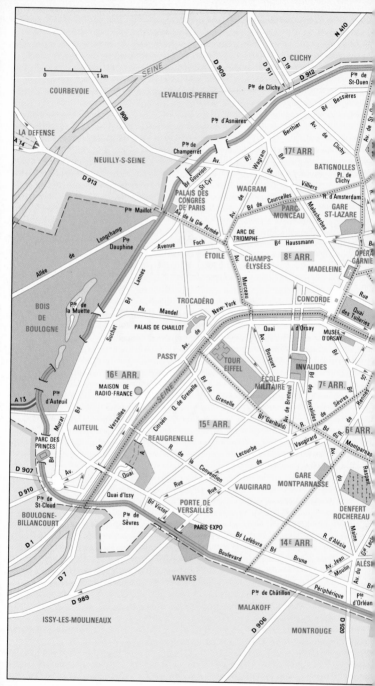

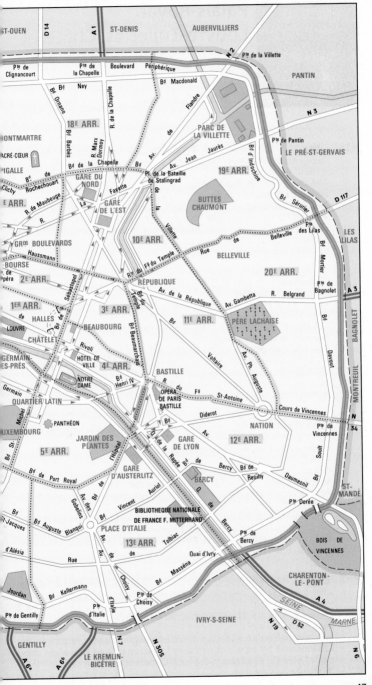

S. Sauvignier/MICHELIN

Palais-Royal, Louvre-Tuileries, Châtelet

1er arrondissement

✉ **75001 – PLAN 1**

Ritz

🛋 🎱 ⅃⑤ 🖵 🛗 🔳 ⚡ 📞 ♨ 30/80, **VISA** 🔴 **AE** ①

15 pl. Vendôme Ⓜ *Opéra – 🖊 01 43 16 30 30 – resa@ritzparis.com*
– Fax 01 43 16 36 68

BX **2**

106 ch – †680 € ††680/770 €, ☕ 35 € – 56 suites
voir rest. **L'Espadon** ci-après
Rest Bar Vendôme – 🖊 01 43 16 33 63 – carte 70/135 €
♦ César Ritz inaugura en 1898 "l'hôtel parfait" dont il rêvait. Valentino, Proust, Hemingway, Coco Chanel en furent les hôtes. Raffinement incomparable. Superbe piscine. Intérieur chic ou délicieuse terrasse au Bar Vendôme qui devient salon de thé l'après-midi.

Meurice

🎱 ⅃⑤ 🖵 🛗 ⅙.ch, 🔳 ↔ch, ⚡rest, 📞 ♨ 40/70, **VISA** 🔴 **AE** ①

228 r. Rivoli Ⓜ *Tuileries*
– 🖊 01 44 58 10 10 – reservations@meuricehotel.com
– Fax 01 44 58 10 15

BX **32**

121 ch – †510/600 € ††610/760 €, ☕ 65 € – 39 suites
voir rest. **Le Meurice** ci-après
Rest Le Jardin d'Hiver – 🖊 01 44 58 10 44 – 45 € (déj.) et carte 55/95 €
♦ L'un des premiers hôtels de luxe, né en 1817 et transformé en palace en 1907. Somptueuses chambres et superbe suite au dernier étage avec un panorama époustouflant sur Paris. Très belle verrière Art nouveau et soixante-dix plantes exotiques au Jardin d'Hiver.

The Westin Paris

🛗 ⅃⑤ 🖵 🛗 ⅙.ch, 🔳 ↔ch, ♨ 15/350, **VISA** 🔴 **AE** ①

3 r. Castiglione Ⓜ *Tuileries – 🖊 01 44 77 11 11*
– reservation.01729@starwoodhotels.com
– Fax 01 44 77 14 60

405 ch – †269/540 € ††269/560 €, ☕ 32 € – 33 suites

AX **12**

Rest 234 Rivoli – 🖊 01 44 77 10 40 – 35 € et carte 44/72 €, Enf. 18 €
Rest La Terrasse Fleurie – 🖊 01 44 77 10 40 (ouvert mi-mai-fin-sept.) 35 €
🍷, Enf. 18 €
♦ Glorieux hôtel édifié en 1878. Le décor des chambres décline les styles du 19e s. ; certaines ont vue sur les Tuileries. Fastueux salons Napoléon III. Ambiance chic et conviviale au 234 Rivoli. La Terrasse Fleurie, côté cour, est isolée du tumulte parisien.

Costes

🛗 ⅃⑤ 🖵 🖵 🛗 ⅙.ch, 🔳 📞 **VISA** 🔴 **AE** ①

239 r. St-Honoré Ⓜ *Concorde – 🖊 01 42 44 50 00 – hotel.costes@wanadoo.fr*
– Fax 01 42 44 50 01

AX **8**

79 ch – †245/600 € ††400/800 €, ☕ 30 € – 3 suites
Rest – carte 55/90 € 🍷
♦ Style Napoléon III revisité dans des chambres pourpre et or, ravissante cour à l'italienne et bel espace de remise en forme : un palace extravagant, adulé par la "jet-set". Le restaurant de l'hôtel Costes est le temple de la tendance "branchée Lounge".

De Vendôme 🛎 AC ch, %rest, 📞 VISA ⑩⑥ AE ⑩
1 pl. Vendôme ⓂΟpéra – ℰ 01 55 04 55 00 – reservations @
hoteldevendome.com – Fax 01 49 27 97 89   BX **5**
19 ch – 🛏390/550 € 🛏🛏460/720 €, 🍽 30 € – 10 suites
Rest – 35/40 € ☂
♦ La place Vendôme forme le superbe écrin de ce bel hôtel particulier du
18e s. devenu palace. Meubles anciens, marbre et équipements "dernier cri"
dans les chambres. Au restaurant, élégant décor de style anglais et cuisine au
goût du jour privilégiant les épices.

Renaissance Paris Vendôme 🛠 ☐ 🛎 🛗 AC 🛗
4 r. Mont-Thabor Ⓜ *Tuileries* – ℰ 01 40 20 20 00   📞 VISA ⑩⑥ AE ⑩
– france.reservations @ marriotthotels.com
– Fax 01 40 20 20 01   BX **61**
85 ch – 🛏330/460 € 🛏🛏330/500 €, 🍽 29 € – 12 suites
voir rest. *Pinxo* ci-après
♦ Immeuble du 19e s. métamorphosé en un hôtel contemporain chic et
raffiné. Bois, tons miel et chocolat, équipements high-tech dans les chambres. Beau bar chinois.

Castille Paris 🍴 🛠 🛎 AC 🛗ch, 📞 🖖30, VISA ⑩⑥ AE ⑩
33 r. Cambon Ⓜ *Madeleine* – ℰ 01 44 58 44 58 – reservations @ castille.com
– Fax 01 44 58 44 00   AV **15**
86 ch – 🛏330/380 € 🛏🛏330/430 €, 🍽 22 € – 21 suites, 2 duplex
Rest *Il Cortile* – 37 r. Cambon , ℰ 01 44 58 45 67 *(fermé 31 juil.-21 août,
25-31 déc., sam. et dim.)* carte 70/95 € 🏵
♦ Côté "Opéra", chaleureux décor inspiré de l'Italie et de la Renaissance ; côté
"Rivoli", cadre chic et sobre à la française, agrémenté de photos du Paris de
Doisneau. La salle façon "villa d'Este", l'activité fébrile de la brigade au
"piano", le très beau patio-terrasse en azulejos : un joli cadre dédié à la cuisine
italienne.

Louvre 🍴 🛎 🛗ch, AC 🛗ch, %rest, 📞 🖖20/80, VISA ⑩⑥ AE ⑩
pl. A. Malraux Ⓜ *Palais Royal* – ℰ 01 44 58 38 38 – hoteldulouvre @
hoteldulouvre.com – Fax 01 44 58 38 01   BY **23**
132 ch – 🛏230/450 € 🛏🛏230/500 €, 🍽 23 € – 45 suites
Rest *Brasserie Le Louvre* – ℰ 01 42 96 27 98 – (28 € bc), 33 € et carte
38/75 € ☂, Enf. 12 €
♦ Un des premiers grands hôtels parisiens, où logea le peintre Pissarro.
Certaines chambres jouissent d'une perspective unique sur l'avenue de
l'Opéra et le palais Garnier. La brasserie le Louvre joue la tradition tant dans
le décor "1900" que dans l'assiette.

Regina 🍴 🛎 AC 🛗ch, 📞 🖖20/60, VISA ⑩⑥ AE ⑩
2 pl. Pyramides Ⓜ *Tuileries* – ℰ 01 42 60 31 10 – reservation @
regina-hotel.com – Fax 01 40 15 95 16   BX **29**
107 ch – 🛏340/405 € 🛏🛏405/465 €, 🍽 29 € – 13 suites
Rest – *(fermé août, sam., dim. et fériés)* (33 €), 40 € et carte 45/68 €
♦ De sa création en 1900, cet hôtel a conservé son superbe hall Art nouveau.
Chambres riches en mobilier ancien, plus calmes côté patio ; certaines ont
vue sur la tour Eiffel. Salle à manger avec jolie cheminée "Majorelle" et
cour-terrasse très prisée en été.

Cambon sans rest 🛎 AC % 📞 VISA ⑩⑥ AE ⑩
3 r. Cambon Ⓜ *Concorde* – ℰ 01 44 58 93 93 – info @ hotelcambon.com
– Fax 01 42 60 30 59   AX **26**
43 ch – 🛏226/271 € 🛏🛏256/535 €, 🍽 14 €
♦ Entre jardin des Tuileries et rue St-Honoré, plaisantes chambres où cohabitent mobilier contemporain, jolies gravures et tableaux anciens. Clientèle
fidèle.

Royal St-Honoré sans rest   🖫 AC VISA ⦿ AE ⓪
221 r. St-Honoré ⓜ *Tuileries –* 𝒞 *01 42 60 32 79 – rsh@hroy.com*
– Fax 01 42 60 47 44   BX **13**
65 ch – ✝300/340 € ✝✝340/370 €, � 21 € – 5 suites
♦ Immeuble bâti au 19e s. sur l'emplacement de l'ancien hôtel de Noailles. Chambres personnalisées, très raffinées. Décor Louis XVI dans la salle des petits-déjeuners.

Meliá Vendôme sans rest   🖫 AC ⤸ ❦ ♨20, VISA ⦿ AE ⓪
8 r. Cambon ⓜ *Concorde –* 𝒞 *01 44 77 54 00 – melia.vendome@
solmelia.com – Fax 01 44 77 54 01*   AX **22**
78 ch – ✝165/393 € ✝✝165/493 €, ⊻ 25 € – 5 suites
♦ Décoration cossue et soignée, mobilier de style et atmosphère feutrée dans les chambres. Élégant salon coiffé d'une verrière Belle Époque, bar "cosy" et bel espace petit-déjeuner.

Mansart sans rest   🖫 AC ❦ ☏ VISA ⦿ AE ⓪
5 r. Capucines ⓜ *Opéra –* 𝒞 *01 42 61 50 28 – mansart@espritfrance.com
– Fax 01 49 27 97 44*   BV **9**
57 ch – ✝120/305 € ✝✝165/305 €, ⊻ 11 €
♦ La rénovation de l'hôtel a rendu hommage à Mansart, architecte de Louis XIV. Élégantes chambres garnies de meubles Empire ou Directoire. Hall-salon d'esprit plus actuel.

Washington Opéra sans rest   🖫 ♿ AC ⤸ ❦ ☏ VISA ⦿ AE ⓪
50 r. Richelieu ⓜ *Palais Royal –* 𝒞 *01 42 96 68 06 – hotel@
washingtonopera.com – Fax 01 40 15 01 12*   BX **15**
36 ch – ✝215/245 € ✝✝215/335 €, ⊻ 15 €
♦ Ancien hôtel particulier de la marquise de Pompadour. Chambres de style Directoire ou gustavien. La terrasse du 6e étage offre une belle vue sur le jardin du Palais-Royal.

Opéra Richepanse sans rest   🖫 AC ⤸ ☏ VISA ⦿ AE ⓪
14 r. Chevalier de St-George ⓜ *Madeleine –* 𝒞 *01 42 60 36 00 – hotel@
richepanse.com – Fax 01 42 60 13 03*   AV **35**
35 ch – ✝230/350 € ✝✝230/350 €, ⊻ 19 € – 3 suites
♦ Hôtel entièrement rénové et meublé dans le style Art déco. Chambres aux tons jaune et bleu, parfois avec poutres apparentes. Salle voûtée au sous-sol pour le petit-déjeuner.

Novotel Paris Les Halles   🀫 🖫 ♿ AC ⤸ch, ♨15/80,
8 pl. M.-de-Navarre ⓜ *Châtelet –* 𝒞 *01 42 21 31 31*   🚗 VISA ⦿ AE ⓪
– h0785@accor.com – Fax 01 40 26 05 79   CY **2**
271 ch – ✝159/233 € ✝✝159/288 €, ⊻ 16 € – 14 suites
Rest – carte 24/31 € ♀, Enf. 9,50 €
♦ Cet hôtel proche du Forum des Halles possède de bons équipements pour les séminaires. Les chambres rénovées sont joliment contemporaines ; quelques-unes ont vue sur l'église St-Eustache. Possibilité de se restaurer au bar lorsque le restaurant (cuisine traditionnelle et grillades) est fermé.

Britannique sans rest   🖫 AC ❦ ☏ VISA ⦿ AE ⓪
20 av. Victoria ⓜ *Châtelet –* 𝒞 *01 42 33 74 59 – mailbox@
hotel-britannique.fr – Fax 01 42 33 82 65*   CY **29**
39 ch – ✝125/139 € ✝✝151/247 €, ⊻ 14 €
♦ Créé sous le règne de Victoria par une famille anglaise, cet hôtel superpose avec une élégance très britannique les multiples influences impériales. Chambres cossues nimbées d'un exotisme raffiné.

🏠🏠 **Thérèse** sans rest 🔲 AC 🎶 📞 VISA ⓜⓒ AE ⓞ
5-7 r. Thérèse Ⓜ *Pyramides –* 𝒞 *01 42 96 10 01 – info@hoteltherese.com*
– Fax 01 42 96 15 22 BX **1**
43 ch – ♦136/220 € ♦♦136/266 €, � 12 €
♦ Décoration contemporaine sobre et raffinée, rehaussée de touches d'exotisme dans cet hôtel entièrement rénové. Chambres de caractère et salle des petits-déjeuners voûtée.

🏠🏠 **Relais St-Honoré** sans rest 🔲 AC 📞 VISA ⓜⓒ AE ⓞ
308 r. St Honoré Ⓜ *Tuileries –* 𝒞 *01 42 96 06 06 – relaissainthonore@*
wanadoo.fr – Fax 01 42 96 17 50 BX **51**
15 ch – ♦196 € ♦♦196/330 €, ⊽ 12 €
♦ Cet immeuble du 17e s. entouré de boutiques chic héberge des chambres soignées, joliment colorées, dotées de poutres apparentes (sauf au 1er étage) et bien insonorisées.

🏠🏠 **Place du Louvre** sans rest 🔲 AC 📞 VISA ⓜⓒ AE ⓞ
21 r. Prêtres-St-Germain-L'Auxerrois Ⓜ *Pont Neuf –* 𝒞 *01 42 33 78 68*
– hotel.place.louvre@esprit-de-france.com – Fax 01 42 33 09 95 CY **6**
20 ch – ♦101/136 € ♦♦136/163 €, ⊽ 11 €
♦ Plaisantes petites chambres modernes ; certaines bénéficient d'une vue sur le Louvre et St-Germain-l'Auxerrois. Jolie voûte du 14e s. dans la salle des petits-déjeuners.

🏠🏠 **Grand Hôtel de Champagne** sans rest 🔲 AC ↯ VISA ⓜⓒ AE ⓞ
17 r. J.-Lantier Ⓜ *Châtelet –* 𝒞 *01 42 36 60 00 – champagne@*
hotelchampaigneparis.com – Fax 01 45 08 43 33 CY **19**
42 ch – ♦120/168 € ♦♦160/364 €, ⊽ 13,50 €
♦ Dans les murs du plus vieil immeuble (édifié en 1562) de la rue J.-Lantier, chambres personnalisées et bien équipées, souvent avec pierres et poutres apparentes.

🏠🏠 **Molière** sans rest 🔲 AC 🎶 📞 VISA ⓜⓒ AE ⓞ
21 r. Molière Ⓜ *Palais Royal –* 𝒞 *01 42 96 22 01 – info@hotel-moliere.fr*
– Fax 01 42 60 48 68 BX **10**
32 ch – ♦135/155 € ♦♦155/275 €, ⊽ 12 €
♦ L'enseigne rend hommage au célèbre auteur de théâtre qui serait né dans cette rue en 1622. Mobilier de style et charme "provincial" dans des chambres assez spacieuses.

🏠 **Relais du Louvre** sans rest 🔲 AC 📞 VISA ⓜⓒ AE ⓞ
19 r. Prêtres-St-Germain-l'Auxerrois Ⓜ *Louvre Rivoli –* 𝒞 *01 40 41 96 42*
– contact@relaisdulouvre.com – Fax 01 40 41 96 44 CY **3**
18 ch – ♦99/150 € ♦♦150/190 €, ⊽ 12 € – 1 suite
♦ Étroite façade du 18e s. abritant un hôtel de caractère. Mobilier de style, couleurs gaies et accessoires de la vie moderne dans des chambres douillettes et raffinées.

🏠 **Pavillon Louvre Rivoli** sans rest 🔲 & AC VISA ⓜⓒ AE ⓞ
20 r. Molière Ⓜ *Pyramides –* 𝒞 *01 42 60 31 20 – louvre@*
leshotelsdeparis.com – Fax 01 42 60 32 06 BX **45**
29 ch – ♦180/210 € ♦♦225/260 €, ⊽ 14 €
♦ Bien situé entre quartier de l'Opéra et musée du Louvre, cet hôtel entièrement rénové séduira amateurs d'art et de shopping. Chambres menues, mais fraîches et colorées.

Ducs de Bourgogne sans rest ⊨ 🅐🅒 ⇄ 📞 🛁15, 🆅🅸🆂🅰 🆆🅒 🅰🅴 ⓞ
19 r. Pont-Neuf ⓜ *Châtelet – ☎ 01 42 33 95 64 – bourgogne @*
paris-hotel-capital.com – Fax 01 40 39 01 25   CY **21**
50 ch – 🛉105/165 € 🛉🛉143/215 €, ☕ 12 €
♦ Cet immeuble du 19ᵉ s. abrite des chambres refaites, bien insonorisées et garnies de meubles de style. Salles de bains neuves et fonctionnelles. Agréable salon bourgeois.

Louvre Ste-Anne sans rest ⊨ 🅐🅒 📞 🆅🅸🆂🅰 🆆🅒 🅰🅴 ⓞ
32 r. Ste-Anne ⓜ *Pyramides – ☎ 01 40 20 02 35 – contact @*
louvre-ste-anne.fr – Fax 01 40 15 91 13   BX **12**
20 ch – 🛉107/138 € 🛉🛉128/184 €, ☕ 10 €
♦ Chambres un peu petites, mais bien agencées et plaisamment décorées dans des tons pastel. Petits-déjeuners sous forme de buffet, servis dans une jolie salle voûtée.

XXXXX **Le Meurice** – Hôtel Meurice 🅐🅒 ⊱ ⇔ 25/120, 🆅🅸🆂🅰 🆆🅒 🅰🅴 ⓞ
೪೩೪೩ *228 r. Rivoli* ⓜ *Tuileries – ☎ 01 44 58 10 55 – restauration @*
meuricehotel.com – Fax 01 44 58 10 76 – Fermé août, 17 fév.-4 mars,
sam. et dim.   BX **32**
Rest – 75 € (déj.)/190 € et carte 142/250 € ⚲ ஃ
Spéc. Langoustines marinées à la gelée de pomme verte (juin à sept.). Tarte flammenkuechen aux truffes (déc. à fév.). Cœur de poire rôtie à la vanille (sept. à déc.).
♦ Salle à manger de style Grand Siècle, directement inspirée des Grands Appartements du château de Versailles, et talentueuse cuisine au goût du jour : un palace pour gourmets !

XXXXX **L'Espadon** – Hôtel Ritz 🍴 🅐🅒 ⊱ 🆅🅸🆂🅰 🆆🅒 🅰🅴 ⓞ
೪೩ *15 pl. Vendôme* ⓜ *Opéra – ☎ 01 43 16 30 80 – food-bev @ ritzparis.com*
– Fax 01 43 16 33 75 – Fermé août   BX **2**
Rest – 75 € (déj.)/180 € et carte 125/185 € ⚲
Spéc. Araignée de mer en riviera de mangue et jus d'agrumes. Agneau princier en écrin de truffe, pommes soufflées. Millefeuille "tradition Ritz".
♦ Salle submergée d'ors et de drapés, décor éblouissant conservant le souvenir de ses célèbres convives, plaisante terrasse dans un jardin fleuri et belle cuisine inventive. Tellement "ritzy" !

XXXX **Grand Vefour** 🅐🅒 ⊱ ⇔ 2/20, 🆅🅸🆂🅰 🆆🅒 🅰🅴 ⓞ
೪೩೪೩೪೩ *17 r. Beaujolais* ⓜ *Palais Royal – ☎ 01 42 96 56 27 – grand.vefour @*
wanadoo.fr – Fax 01 42 86 80 71 – Fermé 10-17 avril, août, 23-31 déc., vend.
soir, sam. et dim.   CX **38**
Rest – 75 € (déj.)/255 € et carte 166/230 € ⚲ ஃ
Spéc. Ravioles de foie gras à l'émulsion de crème truffée. Parmentier de queue de bœuf aux truffes. Palet noisette et chocolat au lait, glace au caramel.
♦ Dans les jardins du Palais-Royal, somptueux salons Directoire décorés de splendides "fixés sous verre". La cuisine, inspirée et inventive, est digne de ce monument historique.

XXXX **Carré des Feuillants** (Dutournier) 🅐🅒 ⇔ 6/44, 🆅🅸🆂🅰 🆆🅒 🅰🅴 ⓞ
೪೩ *14 r. Castiglione* ⓜ *Tuileries – ☎ 01 42 86 82 82 – carre.des.feuillants @*
wanadoo.fr – Fax 01 42 86 07 71 – Fermé août, sam. et dim.   BX **35**
Rest – 65 € (déj.)/150 € et carte 125/155 € ஃ
Spéc. Gelée d'écrevisses, foie gras et ris de veau (été). Carré d'agneau des Pyrénées au four, gigot d'agneau cuit à l'étouffée dans l'argile (printemps). Figues caramélisées, gingembre confit, crème glacée aux noix fraîches (automne).
♦ Cadre résolument contemporain pour ce restaurant qui occupe le site de l'ancien couvent des Feuillants. Cuisine au goût du jour au bel accent gascon et superbe carte des vins.

Goumard ☆

XXXX

🖼 📶 ⇔ 4/18, ☐🍽 VISA ⑩ AE ①

9 r. Duphot ⓂMadeleineII – ☎ 01 42 60 36 07 – goumard.philippe@wanadoo.fr – Fax 01 42 60 04 54   AX **37**

Rest – 46 € et carte 105/160 € 🍷 ❀

Spéc. Langoustines bretonnes rôties. Bar de ligne rôti, couteaux, racines maraîchères et jus iodé. Gros capeletti au cacao et liqueur de maracuja.

♦ Petites salles à manger intimes au cadre Art déco rehaussé de marines. Les toilettes, vestige de l'ancien décor signé Majorelle, méritent la visite. Belle cuisine de la mer.

Gérard Besson ☆

XXXX

📶 ✄ ☐🍽 VISA ⑩ AE ①

5 r. Coq Héron ⓂLouvre Rivoli – ☎ 01 42 33 14 74 – gerard.besson4@libertysurf.fr – Fax 01 42 33 85 71 – Fermé 1er-27 août, lundi midi, sam. midi et dim.   CX **21**

Rest – 56 € (déj.), 63/105 € et carte 105/130 €

Spéc. Fricassée de homard "Georges Garin". Carte de truffes (mi-déc. à fin-mars). Gibier (oct. à mi-déc.).

♦ Camaïeu de beiges, natures mortes et toile de Jouy composent le cadre élégant et feutré de ce restaurant situé à deux pas des Halles. Cuisine classique subtilement revisitée.

Macéo

XXX

✄ ⇔ 40, VISA ⑩

15 r. Petits-Champs ⓂBourse – ☎ 01 42 97 53 85 – info@maceorestaurant.com – Fax 01 47 03 36 93 – Fermé 5-20 août, sam. midi et dim.   CX **36**

Rest – (27 €), 30/36 € et carte 48/71 € 🍷 ❀

♦ Étonnant mariage d'un décor Second Empire et d'un mobilier contemporain. Cuisine au goût du jour, menu végétarien et carte de vins du monde. Salon-bar convivial.

Palais Royal

XX

🖼 VISA ⑩ AE ①

110 Galerie de Valois - Jardin du Palais Royal ⓂBourse – ☎ 01 40 20 00 27 – palaisrest@aol.com – Fax 01 40 20 00 82 – Fermé 18 déc.-14 janv. et dim.

Rest – carte 44/100 € 🍷   CX **49**

♦ Sous les fenêtres de l'appartement de Colette, salle de restaurant inspirée du style Art déco et son idyllique terrasse "grande ouverte" sur le jardin du Palais-Royal.

Pierre au Palais Royal

XX

📶 VISA ⑩ AE ①

10 r. Richelieu ⓂPalais Royal – ☎ 01 42 96 09 17 – pierreaupalaisroyal@wanadoo.fr – Fax 01 42 96 26 40 – Fermé 6-27 août, sam. midi et dim.

Rest – 31/38 € 🍷   BX **24**

♦ Tons aubergine, gravures évoquant le Palais-Royal voisin, tables bien dressées : un sobre et plaisant décor pour une cuisine actuelle évoluant selon les arrivages du marché.

Chez Pauline

XX

📶 ⇔ 10/14, VISA ⑩ AE ①

5 r. Villédo ⓂPyramides – ☎ 01 42 96 20 70 – chez.pauline@wanadoo.fr – Fax 01 49 27 99 89 – Fermé sam. sauf le soir de sept. à juin et dim.

Rest – 27 € (déj.), 40/50 € et carte 41/75 € 🍷   BX **7**

♦ Dans une petite rue tranquille, adresse feutrée aménagée à la façon d'un bistrot du début du 20e s. La salle du premier étage est plus intime. Cuisine classique.

Au Pied de Cochon

XX

🖼 🖼 📶 ☐🍽 VISA ⑩ AE ①

ⓂChâtelet-Les Halles – ☎ 01 40 13 77 00 – de.pied-de-cochon@blanc.net – Fax 01 40 13 77 09   CX **43**

Rest – carte 45/65 € 🍷

♦ Le pied de cochon a fait la célébrité de cette brasserie qui, depuis son ouverture en 1946, régale aussi les noctambules. Fresques originales et lustres à motifs fruitiers.

XX Delizie d'Uggiano
⇱ 20, VISA ⊕⊙ AE ⊙

18 r. Duphot Ⓜ *Madeleine* – ℰ *01 40 15 06 69 – losapiog @ wanadoo.fr*
– Fax 01 40 15 03 90 – Fermé 7-21 août, sam. midi et dim. AX **2**
Rest – (36 €), 36 € (déj.) et carte 54/95 €

♦ À l'étage, salle à manger principale et son joli décor inspiré de la Toscane.
Au rez-de-chaussée, bar à vins et épicerie fine. Le tout voué à une cuisine
"italianissime".

XX Saudade
🎇 AC VISA ⊕⊙ AE

34 r. Bourdonnais Ⓜ *Pont Neuf* – ℰ *01 42 36 30 71 – Fax 01 42 36 30 71*
– Fermé août et dim. CY **25**
Rest – 20 € bc (déj.) et carte 32/47 € ₴

♦ Pour un repas au Portugal... en plein Paris, rendez-vous dans cette salle de
restaurant décorée d'azulejos. Plats typiques et vins lusitaniens à déguster
au son du fado.

XX Le Soufflé
AC VISA ⊕⊙ AE

36 r. Mont-Thabor Ⓜ *Tuileries* – ℰ *01 42 60 27 19 – c_rigaud @ club-internet.fr*
– Fax 01 42 60 54 98 – Fermé 30 juil.-20 août, 7-21 fév., dim. et fériés
Rest – 23 € bc (déj. en sem.), 29/32 € et carte 35/60 € BX **19**

♦ À deux pas des Tuileries, cet accueillant petit restaurant est pour ainsi dire
une institution en matière de... "soufflé" : un menu lui est entièrement dédié !

XX Kinugawa
AC 🎇 ⇱ 8/12, ▭ϝ(soir) VISA ⊕⊙ AE ⊙

9 r. Mont Thabor Ⓜ *Tuileries* – ℰ *01 42 60 65 07 – Fax 01 42 60 57 36*
– Fermé 24 déc.-7 janv., dim. et fériés BX **39**
Rest – 30 € (déj. en sem.), 54/108 € et carte 45/79 € ₴

♦ À l'étage, cuisine japonaise servie dans une salle à manger contemporaine
très "nippone" : tableaux, lignes épurées et sobres tonalités. Bar à sushis au
rez-de-chaussée.

XX Vin et Marée
VISA ⊕⊙ AE

165 r. St-Honoré Ⓜ *Palais Royal* – ℰ *01 42 86 06 96 – vin.maree @*
wanadoo.fr – Fax 01 42 86 06 97 BX **64**
Rest – carte 47/60 €

♦ Deux salles de restaurant aux tons bleu et blanc ; la plus grande, située à
l'étage, ménage une vue sur le Palais-Royal. Produits de la mer présentés
chaque jour sur ardoise.

XX Pinxo – Hôtel Renaissance Paris Vendôme
AC ▭ϝ VISA ⊕⊙ AE

9 r. Alger Ⓜ *Tuileries* – ℰ *01 40 20 72 00 – Fax 01 40 20 72 02 – Fermé août*
Rest – carte 45/65 € ₴ BX **60**

♦ Mobilier épuré, tons noir et blanc, cuisine à la vue de tous : un décor sobre
et chic pour "pinxer" (prendre avec les doigts) d'excellents petits plats à la
mode Dutournier !

X L'Atelier Berger
VISA ⊕⊙ AE ⊙

49 r. Berger Ⓜ *Louvre Rivoli* – ℰ *01 40 28 00 00 – atelierberger @ wanadoo.fr*
– Fax 01 40 28 10 65 – Fermé sam. midi et dim. CY **34**
Rest – 36 € ⅏

♦ Face au jardin des Halles, sobre salle à manger moderne (à l'étage) où la
clientèle du quartier apprécie un menu-carte au goût du jour. Bar et fumoir
au rez-de-chaussée.

X Willi's Wine Bar
VISA ⊕⊙

13 r. Petits-Champs Ⓜ *Bourse* – ℰ *01 42 61 05 09 – info @ williswinebar.com*
– Fax 01 47 03 36 93 – Fermé 1er-14 août et dim. CX **6**
Rest – 25 € (déj.), 32/38 € ₴ ⅏

♦ Une collection d'affiches créées pour le lieu par des artistes contemporains
décore ce bar à vins très convivial. Cuisine d'esprit bistrot et nombreux crus
attentivement sélectionnés.

Bistrot St-Honoré $\quad$ *VISA* **MC**

10 r. Gomboust **M** *Pyramides* – ✆ *01 42 61 77 78* – *Fax 01 42 61 74 10*
– Fermé 10-20 août, 24 déc.-2 janv., sam. et dim. $\qquad$ BX **4**
Rest – 26/28 € et carte 36/58 € ⅏

♦ Atmosphère vivante et décontractée dans ce petit bistrot fleurant bon la Bourgogne : fresques en façade, cuisine et vins rendent hommage à la "patrie" du maître des lieux.

Baan Boran $\quad$ **AC** *VISA* **MC** **AE**

43 r. Montpensier **M** *Palais Royal* – ✆ *01 40 15 90 45* – *Fax 01 40 15 90 45*
– Fermé sam. midi et dim. $\qquad$ BX **52**
Rest – 14,50 € (déj. en sem.) et carte 28/53 € ♀

♦ Escale asiatique face au théâtre du Palais-Royal : spécialités thaïlandaises préparées au "wok" et servies dans un cadre actuel égayé par de nombreuses orchidées.

Histoire Gourmande $\quad$ ⬩ 15/30, *VISA* **MC** **AE** **O**

46 r. Croix des Petits Champs **M** *Palais Royal* – ✆ *01 42 60 25 54*
– Fax 01 42 96 82 41 – Fermé lundi midi, sam. midi et dim. $\qquad$ CX **53**
Rest – 16 € (déj.), 28/34 € ♀

♦ On ne vous racontera pas d'histoires en vous indiquant que le chef de ce sympathique bistrot mitonne une cuisine au goût du jour respectueuse des produits de saison. Foi de gourmand !

Chez La Vieille "Adrienne" $\quad$ *VISA* **MC** **AE**

1 r. Croix Rivoli – ✆ *01 42 60 15 78 – Fax 01 42 33 85 71*
– Fermé août, sam., dim. et le soir sauf jeudi $\qquad$ CY **33**
Rest – (prévenir) 25/45 € et carte 41/62 €

♦ Maison du 16e s. abritant un bistrot patiné : zinc, poutres et vieilles photos. Généreuse carte traditionnelle, spécialités de rognons et foies de veau. Ambiance bon enfant.

Lescure $\quad$ 🍴 **AC** *VISA* **MC**

7 r. Mondovi **M** *Concorde* – ✆ *01 42 60 18 91 – Fermé 28 juil.-22 août,*
22 déc.-2 janv., sam. et dim. $\qquad$ AX **5**
Rest – 22 € et carte 24/38 €

♦ Auberge rustique voisine de la place de la Concorde. On y déguste au coude à coude, à la table commune, de copieuses spécialités du Sud-Ouest.

Bourse

2e arrondissement   ⊠ 75002 – PLAN 2

Park Hyatt   🕭 📶 ⅃☆ 🖃 ᴕ 🗚 ⁴⁄₋ch, 🕱 ⸜ 🛁15/50,
5 r. Paix Ⓜ Opéra – ℰ 01 58 71 12 34 – vendome@   🚗 VISA 🐵 AE ⓪
hyattintl.com – Fax 01 58 71 12 35   BV 1
143 ch – †580 € ††580/670 €, ⇆ 42 € – 35 suites
Rest Les Orchidées – ℰ 01 58 71 10 61 (déj. seult) carte 50/85 €
Rest Le Pur' Grill – ℰ 01 58 71 10 60 (dîner seult) carte 55/105 €
♦ Ensemble de cinq immeubles haussmanniens transformés en palace
"design" : décor contemporain signé Ed Tuttle, collection d'art moderne,
spa et équipements high-tech. Cuisine au goût du jour à déguster le midi
sous la verrière du restaurant Les Orchidées ou le soir dans l'ambiance feutrée du Grill.

Westminster   ⅃☆ 🖃 🗚 ⁴⁄₋ch, ⸜ 🛁15/40, 🚗 VISA 🐵 AE ⓪
13 r. Paix Ⓜ Opéra – ℰ 01 42 61 57 46 – resa.westminster@
warwickhotels.com – Fax 01 42 60 30 66   BV 13
80 ch – †270/570 € ††270/570 €, ⇆ 28 € – 21 suites
voir rest. **Le Céladon** ci-après
Rest Le Petit Céladon – ℰ 01 47 03 40 42 (fermé août) (week-end seult)
51 € bc
♦ C'est en 1846 que cet hôtel, jadis couvent puis relais de poste, adopta le
nom de son plus fidèle client, le duc de Westminster. Chambres cossues,
appartements luxueux. Le Céladon devient Petit Céladon le week-end :
menu-carte simplifié et service décontracté.

Édouard VII   🖃 🗚 ⁴⁄₋ch, 🛁15/25, VISA 🐵 AE ⓪
39 av. Opéra Ⓜ Opéra – ℰ 01 42 61 56 90 – info@edouard7hotel.com
– Fax 01 42 61 47 73   BX 14
64 ch – †295/390 € ††390/485 €, ⇆ 23 € – 4 suites
Rest Angl' Opéra – ℰ 01 42 61 86 25 (fermé 12-20 août, sam. et dim.) (19 €),
20/40 €
♦ Le prince de Galles Édouard VII aimait séjourner ici lors de ses passages à
Paris. Chambres spacieuses et feutrées. Boiseries sombres et vitraux décorent le bar. Le restaurant Angl Opéra, contemporain et chaleureux, surprend
les papilles avec sa "fusion food".

Mercure Stendhal sans rest   🖃 🗚 ⸜ VISA 🐵 AE ⓪
22 r. D. Casanova Ⓜ Opéra – ℰ 01 44 58 52 52 – h1610@accor.com
– Fax 01 44 58 52 00   BX 26
20 ch – †195/235 € ††195/285 €, ⇆ 17 €
♦ Sur les traces du célèbre écrivain, séjournez dans la suite "Rouge et Noir" de
cette demeure de caractère. Les chambres, raffinées, se déclinent toutes en
deux couleurs.

L'Horset Opéra sans rest   🖃 🗚 ⁴⁄₋ VISA 🐵 AE ⓪
18 r. d'Antin Ⓜ Opéra – ℰ 01 44 71 87 00 – lopera@paris-hotels-charm.com
– Fax 01 42 66 55 54   BV 30
54 ch ⇆ – †165/245 € ††180/275 €
♦ Tentures colorées et boiseries chaleureuses personnalisent les chambres
refaites de cet hôtel de tradition situé à deux pas du palais Garnier. Atmosphère "cosy" au salon.

Noailles sans rest 20, VISA MC AE DC
9 r. Michodière Ⓜ *4 Septembre – ✆ 01 47 42 92 90 – goldentulip.denoailles@wanadoo.fr – Fax 01 49 24 92 71* BV **5**
58 ch – †190/242 € ††205/300 €, ☕ 15 € – 2 suites
◆ Élégance résolument contemporaine derrière une sobre façade ancienne. Décor japonisant dans des chambres de bonne ampleur ; la plupart donnent sur un agréable patio.

États-Unis Opéra sans rest 25, VISA MC AE DC
16 r. d'Antin Ⓜ *Opéra – ✆ 01 42 65 05 05 – us-opera@wanadoo.fr – Fax 01 42 65 93 70* BV **8**
45 ch – †95/175 € ††135/290 €, ☕ 11 €
◆ Cet immeuble des années 1930 propose des chambres rénovées, confortables et actuelles. Accueillant bar de style anglais où l'on sert le petit-déjeuner.

Victoires Opéra sans rest VISA MC AE DC
56 r. Montorgueil Ⓜ *Etienne Marcel – ✆ 01 42 36 41 08 – hotel@victoiresopera.com – Fax 01 45 08 08 79* DX **34**
27 ch – †180/244 € ††192/335 €, ☕ 12 €
◆ Dans une rue piétonne, commerçante et souvent animée. L'établissement a récemment profité d'une rénovation de qualité. Chambres contemporaines et salles de bains en marbre.

Malte Opéra sans rest VISA MC AE DC
63 r. Richelieu Ⓜ *4 Septembre – ✆ 01 44 58 94 94 – hotel.malte@astotel.com – Fax 01 42 86 88 19* BX **50**
59 ch – †176/204 € ††176/204 €, ☕ 11 €, 5 duplex
◆ Face à la Bibliothèque nationale, belle façade ouvragée abritant des chambres de tailles variées, meublées dans le style Louis XV. Salon cossu prolongé d'une verrière.

Favart sans rest VISA MC AE DC
5 r. Marivaux Ⓜ *Richelieu Drouot – ✆ 01 42 97 59 83 – favart.hotel@wanadoo.fr – Fax 01 40 15 95 58* BV **7**
37 ch ☕ – †89/110 € ††120/135 €
◆ Le peintre Goya séjourna dans ce charmant hôtel. Les chambres de la façade principale, tournées vers l'Opéra-Comique (autrefois salle Favart) sont les plus agréables.

Baudelaire Opéra sans rest VISA MC AE DC
61 r. Ste Anne Ⓜ *4 Septembre – ✆ 01 42 97 50 62 – resa@paris-hotel.net – Fax 01 42 86 85 85* BX **28**
24 ch – †131 € ††161/193 €, ☕ 8 € – 5 suites
◆ Cet établissement situé dans la "rue japonaise" de Paris dispose de chambres rénovées, de bons équipements et d'une insonorisation efficace.

Vivienne sans rest VISA MC
40 r. Vivienne Ⓜ *Grands Boulevards – ✆ 01 42 33 13 26 – paris@hotel-vivienne.com – Fax 01 40 41 98 19* CV **31**
45 ch – †56/71 € ††83/106 €, ☕ 9 €
◆ Les chambres, de bonne ampleur, dotées d'un mobilier de style ou simplement pratique, sont mansardées au dernier étage ; quelques-unes possèdent un balcon.

XXX **Le Céladon** – Hôtel Westminster   🔳 ✤ 15/40, ⊏⅞ 𝕍𝕀𝕊𝔸 🐵 🖭 ⓞ
🌣   *15 r. Daunou* Ⓜ *Opéra – ℰ 01 47 03 40 42 – christophemoisand@*
leceladon.com – Fax 01 42 61 33 78 – Fermé août, sam., dim. et fériés
Rest – 55 € bc (déj.), 71/110 € et carte 95/130 €   BV **14**
Spéc. Pâté froid de lapin de garenne (15 sept.-15 janv.). Saint-pierre rôti au
beurre d'escargot. Soufflé williamine.
♦ Ravissantes salles à manger où mobilier de style Régence, murs vert
"céladon" et collection de porcelaines chinoises composent un décor de
qualité. Cuisine au goût du jour.

XXX **La Fontaine Gaillon**   🍽 🔳 ✤ 12/40, ⊏⅞ 𝕍𝕀𝕊𝔸 🐵 🖭
pl. Gaillon Ⓜ *4 Septembre – ℰ 01 47 42 63 22 – Fax 01 47 42 82 84*
– Fermé 5-29 août, 13-20 fév., sam. et dim.   BV **6**
Rest – 38 € (déj.) et carte 50/70 € ♀
♦ Élégante salle aménagée dans un hôtel particulier du 17e s., terrasse
dressée autour de la fontaine, cuisine de la mer et sélection de vins supervisée par Gérard Depardieu.

XX **Gallopin**   🔳 ✤ 8, 𝕍𝕀𝕊𝔸 🐵 🖭 ⓞ
40 r. N.-D.-des-Victoires Ⓜ *Bourse – ℰ 01 42 36 45 38 – administration@*
😊   *brasseriegallopin.com – Fax 01 42 36 10 32*   CV **5**
Rest – 28/34 € bc et carte 30/60 € ♀
♦ Arletty, Raimu et le précieux décor victorien ont fait la renommée de cette
brasserie située face au palais Brongniart. Belle verrière dans l'arrière-salle.

XX **Vaudeville**   𝕍𝕀𝕊𝔸 🐵 🖭
29 r. Vivienne Ⓜ *Bourse – ℰ 01 40 20 04 62 – Fax 01 49 27 08 78*
Rest – (20 €), 30 € et carte 35/68 €, Enf. 15 €   CV **42**
♦ Cette grande brasserie au rutilant cadre Art déco est devenue la "cantine"
de nombreux journalistes et s'anime particulièrement à la sortie des théâtres.

X **Chez Georges**   𝕍𝕀𝕊𝔸 🐵 🖭
1 r. Mail Ⓜ *Bourse – ℰ 01 42 60 07 11 – Fermé août, sam. et fériés*
Rest – carte 38/67 €   CX **47**
♦ L'institution du Sentier. Ce bistrot parisien typique a conservé son décor
d'origine : zinc, banquettes, stucs et miroirs ; on s'immerge dans le Paris des
années 1900.

X **Aux Lyonnais**   𝕍𝕀𝕊𝔸 🐵 🖭
😊   *32 r. St-Marc* Ⓜ *Richelieu Drouot – ℰ 01 42 96 65 04 – auxlyonnais@online.fr*
– Fax 01 42 97 42 95 – Fermé 23 juil.-21 août, 24 déc.-1er janv., sam. midi, dim.
et lundi   CV **1**
Rest – (prévenir) 28 € et carte 40/60 €
♦ Ce bistrot fondé en 1890 propose de savoureuses recettes lyonnaises
intelligemment réactualisées. Cadre délicieusement "rétro" : zinc, banquettes, miroirs biseautés, moulures.

X **Mellifère**   𝕍𝕀𝕊𝔸 🐵 🖭
😊   *8 r. Monsigny* Ⓜ *4 Septembre – ℰ 01 42 61 21 71 – Fax 01 42 61 31 71*
– Fermé lundi soir, sam. midi et dim.   BU **2**
Rest – 28 € (déj.)/32 € (dîner) ♀
♦ Une colonie d'abeilles fréquente avec assiduité cette ruche aussi animée
que le théâtre des Bouffes Parisiens voisin. Cuisine "bistrotière" sans
esbroufe et plats basques.

X **Le Mesturet**   🔳 𝕍𝕀𝕊𝔸 🐵 🖭 ⓞ
77 r. de Richelieu – ℰ 01 42 97 40 68 – lemesturet@wanadoo.fr
– Fax 01 42 97 40 68 – Fermé sam. midi et dim.   CV **65**
Rest – (19 €), 25 €
♦ Généreuses recettes de tradition escortées d'une belle sélection de vins :
ce restaurant du quartier de la Bourse saura retenir votre attention. Décor
d'esprit bistrot.

✗

😊

Pierrot
AC VISA MC AE

18 r. Étienne Marcel Ⓜ *Etienne Marcel –* ✆ *01 45 08 00 10 – Fermé 31 juil.-
21 août, 25 déc.-2 janv. et dim.*   DX **3**
Rest – carte 35/55 € ℣

♦ Dans l'animation du Sentier, ce bistrot chaleureux vous fait découvrir
toutes les saveurs et les produits de l'Aveyron. Petite terrasse d'été sur le
trottoir.

H. Le Gac/MICHELIN

Le Marais, Beaubourg

3e arrondissement

✉ 75003 – PLAN 3

Pavillon de la Reine sans rest ⌂

📶 🗚 📞 ♨25,

28 pl. Vosges ⓜ *Bastille –* ℰ *01 40 29 19 19 – contact@* 🚗 VISA ⓜⓞ AE ⓞ
pavillon-de-la-reine.com – Fax 01 40 29 19 20 BY **2**
41 ch – ✝350/405 € ✝✝450 €, ⊆ 25 € – 15 suites

♦ Derrière l'un des 36 pavillons en brique de la place des Vosges, deux bâtisses, dont une du 17e s., abritant des chambres raffinées côté cour ou jardin (privé).

Murano

🗚 🖻 📶 ⅙ 🗚 ↩ch, 📞 VISA ⓜⓞ AE ⓞ

13 bd du Temple ⓜ *Filles du Calvaire –* ℰ *01 42 71 20 00 – paris@*
muranoresort.com – Fax 01 42 71 21 01 BY **31**
42 ch – ✝350 € ✝✝400/650 €, ⊆ 28 € – 9 suites
Rest – 30 € (déj. en sem.) et carte 43/81 €

♦ Nouvel hôtel "tendance", le Murano affiche sa singularité : décor design immaculé ou jeu de couleurs, équipements high-tech, bar pop-art (150 références de vodka), etc. Côté restaurant, cadre contemporain coloré, cuisine du monde et un D.J. aux platines.

Villa Beaumarchais sans rest ⌂

📶 ⅙ 🗚 ↩ 📞

5 r. Arquebusiers ⓜ *Chemin Vert –* ℰ *01 40 29 14 00* ♨15, VISA ⓜⓞ AE ⓞ
– beaumarchais@leshotelsdeparis.com – Fax 01 40 29 14 01 BY **25**
50 ch – ✝280/380 € ✝✝280/480 €, ⊆ 26 €

♦ En retrait de l'animation du boulevard Beaumarchais. Chambres raffinées, garnies de meubles travaillés à la feuille d'or ; toutes donnent sur un joli jardin d'hiver.

Du Petit Moulin sans rest

📶 🗚 📞 VISA ⓜⓞ AE ⓞ

29 r. du Poitou ⓜ *St-Sébastien Froissart –* ℰ *01 42 74 10 10 – contact@*
hoteldupetitmoulin.com – Fax 01 42 74 10 97 BY **32**
17 ch – ✝180/350 € ✝✝180/350 €, ⊆ 15 €

♦ Christian Lacroix a imaginé pour cet hôtel du Marais un décor inédit et raffiné jouant des contrastes entre tradition et modernité. Chaque chambre est "mise en scène" d'une façon différente. Bar "cosy".

Little Palace

📶 ⅙ch, 🗚 ↩ch, VISA ⓜⓞ AE ⓞ

4 r. Salomon de Caus ⓜ *Réaumur Sébastopol –* ℰ *01 42 72 08 15 – info@*
littlepalacehotel.com – Fax 01 42 72 45 81 AX **1**
49 ch – ✝148/168 € ✝✝165/185 €, ⊆ 13 € – 4 suites
Rest – *(fermé 29 juil.-28 août, vend. soir, sam. et dim.)* carte 28/40 € ♈

♦ Cet immeuble 1900 bordant un charmant petit square a fait peau neuve. Jolies chambres contemporaines à choisir de préférence aux 5e et 6e étages, avec balcon et vue sur Paris. Belles boiseries brunes et ouvragées, tons clairs et mobilier épuré au restaurant.

Austin's sans rest

📶 📞 VISA ⓜⓞ AE ⓞ

6 r. Montgolfier ⓜ *Arts et Métiers –* ℰ *01 42 77 17 61 – austins.amhotel@*
wanadoo.fr – Fax 01 42 77 55 43 BX **3**
29 ch – ✝96 € ✝✝130 €, ⊆ 7 €

♦ Dans une rue calme, face au musée des Arts et Métiers. Les chambres, toutes rénovées, sont chaleureuses et gaies ; certaines ont conservé leurs poutres apparentes d'origine.

60

Meslay République sans rest · 🖪 🛬 VISA 🐠 AE ①
3 r. Meslay Ⓜ *République – ℰ 01 42 72 79 79 – hotel.meslay@wanadoo.fr
– Fax 01 42 72 76 94*   BX **12**
39 ch – †84/116 € ††90/150 €, ⊑ 7,50 €
♦ À deux pas de la place de la République, belle façade ouvragée et classée (1840) abritant des chambres actuelles et bien insonorisées. Cave voûtée pour les petits-déjeuners.

XX **Ambassade d'Auvergne** · 🗚 ✿ 10/40, VISA 🐠 AE
22 r. Grenier St-Lazare Ⓜ *Rambuteau – ℰ 01 42 72 31 22 – info@*
😊 *ambassade-auvergne.com – Fax 01 42 78 85 47*   AY **3**
Rest – 28 € et carte 30/50 € ♈
♦ De vrais ambassadeurs d'une province riche de traditions et de saveurs : cadre et meubles auvergnats, produits, recettes et vins du "pays", fouchtra !

XX **Pamphlet** · 🗚 VISA 🐠
38 r. Debelleyme Ⓜ *Filles du Calvaire – ℰ 01 42 72 39 24 – Fax 01 42 72 12 53*
😊 *– Fermé 1er-8 mai, 7-23 août, 1er-15 janv., sam. midi, lundi midi et dim.*
Rest – 34/50 € ♈   BY **8**
♦ Séduisante adresse en plein Marais : décor rustique rajeuni par de jolies couleurs, affiches tauromachiques, cuisine traditionnelle soignée et quelques plats du Sud-Ouest.

X **Au Bascou** · VISA 🐠 AE
38 r. Réaumur Ⓜ *Arts et Métiers – ℰ 01 42 72 69 25 – Fax 01 42 72 69 25*
😊 *– Fermé août, 24 déc.-2 janv., sam. et dim.*   BX **16**
Rest – 16 € (déj.) et carte environ 33 € ♈
♦ Venez découvrir dans ce bistrot aux murs joliment patinés les chauds accents de la cuisine basque. Produits du terroir reçus en direct du pays, accueil enthousiaste.

X **Auberge Chez Rosito** · 🛬 VISA 🐠 ①
4 r. Pas de la Mule Ⓜ *Bastille – ℰ 01 42 76 04 44 – Fax 01 42 76 04 44*
– Fermé 17-24 août, 21 déc.-2 janv., sam. midi et dim.   BY **6**
Rest – carte 35/55 € ♈
♦ Cette discrète façade abrite un restaurant aux allures d'auberge campagnarde simple et chaleureuse. Vins corses, à l'instar de la cuisine axée sur le gibier, le poisson et le cochon.

X **Clos du Vert Bois** · 🛬 VISA 🐠 AE
13 r. Vert Bois Ⓜ *Temple – ℰ 01 42 77 14 85 – Fermé 29 juil.-29 août, sam. midi, dim. soir et lundi*   BX **65**
Rest – 18 € (déj. en sem.), 27/35 € bc ♈
♦ Discrète adresse située derrière le conservatoire des Arts et Métiers, dans l'ancien clos du Temple. Salle à manger intime, tout en longueur, et plats traditionnels à prix doux.

S. Sauvignier/MICHELIN

Île de la Cité, Île St-Louis, Hôtel de Ville, St-Paul

4e arrondissement
⊠ 75004 – PLAN 3

Jeu de Paume sans rest 🖈   🛦 25, *VISA* 🐠 AE ⓪
54 r. St-Louis-en-l'Île Ⓜ *Pont Marie* – ✆ *01 43 26 14 18 – info @*
jeudepaumehotel.com – Fax 01 40 46 02 76   AZ **13**
30 ch – ♦165/250 € ♦♦250/495 €, ⬜ 18 €
♦ Au cœur de l'île St-Louis, cette halle du 17e s., jadis vouée au jeu de paume,
est devenue un hôtel de caractère utilisant malicieusement les volumes.
Original.

Bourg Tibourg sans rest   🖾 & AC ✄ ℄ *VISA* 🐠 AE ⓪
19 r. Bourg Tibourg Ⓜ *Hôtel de Ville* – ✆ *01 42 78 47 39 – hotel @*
bourgtibourg.com – Fax 01 40 29 07 00   AY **17**
30 ch – ♦160/220 € ♦♦220/350 €, ⬜ 14 €
♦ Ce charmant hôtel propose d'agréables chambres rénovées et personnalisées par différents styles : néogothique, baroque ou orientaliste. Une petite
perle au cœur du Marais.

Caron de Beaumarchais sans rest   🖾 AC ℄ *VISA* 🐠 AE
12 r. Vieille-du-Temple Ⓜ *Hôtel de Ville* – ✆ *01 42 72 34 12 – hotel @*
carondebeaumarchais.com – Fax 01 42 72 34 63   BY **9**
19 ch – ♦122/142 € ♦♦152/162 €, ⬜ 10 €
♦ Le père de Figaro vécut dans cette rue du Marais historique ; la décoration
bourgeoise de ce bel établissement lui rend un hommage fidèle. Petites
chambres douillettes.

Villa Malraux sans rest   🖾 AC ↤ ✄ *VISA* 🐠 AE ⓪
6 r. des Archives Ⓜ *Hôtel de Ville* – ✆ *01 53 01 90 90 – resa @*
villamalraux.com – Fax 01 53 01 90 91   AY **20**
26 ch – ♦190/300 € ♦♦190/350 €, ⬜ 12 €, 3 studios
♦ Équipements high-tech (wi-fi, écrans plats), meubles modernes et de style :
cette confortable adresse proche de l'hôtel de ville allie subtilement tradition
et contemporanéité.

Axial Beaubourg sans rest   🖾 AC ✄ *VISA* 🐠 AE ⓪
11 r. Temple Ⓜ *Hôtel de ville* – ✆ *01 42 72 72 22 – axial @*
axialbeaubourg.com – Fax 01 42 72 03 53   AY **16**
39 ch – ♦112/130 € ♦♦160/210 €, ⬜ 12 €
♦ Près de l'hôtel de ville et de son célèbre Bazar. Hall contemporain, jolies
chambres neuves aux tons beige, ocre et aubergine. Petit-déjeuner servi
dans un caveau du 15e s.

Bretonnerie sans rest   🖾 *VISA* 🐠
22 r. Ste-Croix-de-la-Bretonnerie Ⓜ *Hôtel de Ville* – ✆ *01 48 87 77 63*
– hotel @ bretonnerie.com – Fax 01 42 77 26 78   AY **15**
22 ch – ♦116 € ♦♦116/149 €, ⬜ 9,50 € – 4 suites
♦ Quelques chambres de cet élégant hôtel particulier du Marais (17e s.) sont
dotées de lits à baldaquin et de poutres apparentes. Salle des petits-déjeuners voûtée.

Beaubourg sans rest   📱 AC VISA CO AE ①
11 r. S. Le Franc Ⓜ *Rambuteau – ℰ 01 42 74 34 24 – htlbeaubourg @*
hotellerie.net – Fax 01 42 78 68 11   AY **8**
28 ch – ♦112/140 € ♦♦115/140 €, ⌑ 8 €

♦ Dans une ruelle nichée derrière le Centre Georges-Pompidou. Les chambres, accueillantes et bien insonorisées, sont parfois assorties de poutres et de pierres apparentes.

Lutèce sans rest   📱 AC 🍴 📞 VISA CO AE
65 r. St-Louis-en-l'Ile Ⓜ *Pont Marie – ℰ 01 43 26 23 52 – hotel.lutece @ free.fr*
– Fax 01 43 29 60 25   AZ **9**
23 ch – ♦170 € ♦♦170 €, ⌑ 11 €

♦ La clientèle américaine apprécie le charme rustique de cette hostellerie ancrée sur l'île St-Louis. Chambres plaisantes et assez calmes. Belles boiseries anciennes au salon.

Deux Iles sans rest   📱 AC 🍴 📞 VISA CO AE
59 r. St-Louis-en-l'Ile Ⓜ *Pont Marie – ℰ 01 43 26 13 35 – hotel.2iles @ free.fr*
– Fax 01 43 29 60 25   AZ **4**
17 ch – ♦150 € ♦♦170 €, ⌑ 12 €

♦ À quelques pas du glacier le plus couru de la capitale, chambres meublées en rotin, confortables et plutôt paisibles ; salons "cosy" (dont un voûté et doté d'une cheminée).

Castex sans rest   📱 ♿ AC 🍴 VISA CO AE ①
5 r. Castex Ⓜ *Bastille – ℰ 01 42 72 31 52 – info @ castexhotel.com*
– Fax 01 42 72 57 91   BZ **8**
30 ch – ♦95/115 € ♦♦120/220 €, ⌑ 10 €

♦ Mise en scène très Grand Siècle en cette demeure rénovée de pied en cap : toile de Jouy, tomettes et mobilier Louis XIII font oublier la faible ampleur des chambres.

Nice sans rest   📱 VISA CO
42 bis r. Rivoli Ⓜ *Hôtel de Ville – ℰ 01 42 78 55 29 – contact @*
hoteldenice.com – Fax 01 42 78 36 07   AY **5**
23 ch – ♦50/75 € ♦♦85/105 €, ⌑ 7 €

♦ Bibelots, gravures, tapis kilims et meubles anciens tant dans les chambres que dans les salons : une atmosphère particulière complétée par une bonne insonorisation.

L'Ambroisie (Pacaud)   AC 🍴 ⟷ 12, ⌑ VISA CO AE
❀❀❀ *9 pl. des Vosges* Ⓜ *St-Paul – ℰ 01 42 78 51 45 – Fermé 1ᵉʳ-21 août, vacances*
de fév., dim. et lundi   BY **3**
Rest – carte 180/225 €

Spéc. Feuillantine de langoustines aux graines de sésame, sauce curry. Navarin de homard et pommes de terre fondantes au romarin. Tarte fine sablée au chocolat, glace vanille.

♦ Sous les arcades de la place des Vosges, un décor royal et une cuisine subtile touchant à la perfection : l'ambroisie n'est-elle pas la nourriture des dieux de l'Olympe ?

Bofinger   AC ⟷ 15/30, ⌑(soir) VISA CO AE
5 r. Bastille Ⓜ *Bastille – ℰ 01 42 72 87 82 – eberne @ groupeflo.fr*
– Fax 01 42 72 97 68   BY **4**
Rest – 25 € bc (déj. en sem.)/35 € bc et carte 35/70 € 🍷

♦ Illustres clients et remarquable décor font de cette brasserie créée en 1864 un lieu de mémoire consacré. Coupole délicatement ouvragée et, à l'étage, salle décorée par Hansi.

✗✗ Benoît   🅐🅒 ⟺ 10/20, *VISA* 🅒🅒 🅐🅔

❀

20 r. St-Martin Ⓜ *Châtelet –* ℰ *01 42 72 25 76 – restaurant.benoit@*
wanadoo.fr – Fax 01 42 72 45 68 – Fermé août   AY **19**
Rest – 38 € (déj.) et carte 55/90 € ⵏ
Spéc. Tête de veau sauce ravigote. Escargots en coquille, beurre d'ail, fines
herbes. Cassoulet aux cocos de Paimpol.
♦ Alain Ducasse supervise désormais ce bistrot chic et animé. Vous y dégusterez une cuisine ancrée dans la tradition, respectueuse de l'âme de cette
authentique et belle maison.

✗✗ Le Dôme du Marais   *VISA* 🅒🅒 🅐🅔

53 bis r. Francs-Bourgeois Ⓜ *Rambuteau –* ℰ *01 42 74 54 17*
– ledomedumarais@hotmail.com – Fax 01 42 77 78 17 – Fermé 13 août-
4 sept., dim. et lundi   BY **2**
Rest – 32/45 € ⵏ
♦ On dresse les tables sous le joli dôme de l'ancienne salle des ventes du
Crédit municipal et dans une seconde salle d'esprit jardin d'hiver. Cuisine au
goût du jour.

✗ Bistrot du Dôme   🅐🅒 *VISA* 🅒🅒 🅐🅔

2 r. Bastille Ⓜ *Bastille –* ℰ *01 48 04 88 44 – Fax 01 48 04 00 59 – Fermé 1ᵉʳ au*
21 août   BY **12**
Rest – carte 35/45 €
♦ Décor de Slavik et rez-de-chaussée éclairé par les grappes de raisin d'une
simili-treille, ce restaurant met à l'honneur les produits de la mer.

✗ Mon Vieil Ami   *VISA* 🅒🅒 🅐🅔 ⓪

69 r. St-Louis-en-l'Île Ⓜ *Pont Marie –* ℰ *01 40 46 01 35 – mon.vieil.ami@*
wanadoo.fr – Fax 01 40 46 01 35 – Fermé 1ᵉʳ-20 août, 1ᵉʳ-20 janv, lundi et
mardi   AZ **23**
Rest – (15 €), 39 €
♦ Décor rajeuni et goûteuse cuisine traditionnelle mâtinée de modernité et
de clins d'œil à l'Alsace pour cette nouvelle adresse sise dans une vieille
maison de l'île St-Louis.

✗ L'Osteria   *VISA* 🅒🅒

10 r. Sévigné Ⓜ *St-Paul –* ℰ *01 42 71 37 08 – osteria@noos.fr – Fermé août,*
1ᵉʳ-11 nov., 24-31 déc., sam., dim. et lundi midi   BY **5**
Rest – (prévenir) carte 35/60 €
♦ Ni enseigne, ni menu sur la façade de ce restaurant italien apprécié par une
clientèle fidèle... et "people" à en juger par les autographes et dessins
accrochés aux murs !

✗ L'Enoteca   *VISA* 🅒🅒

25 r. Charles V Ⓜ *St-Paul –* ℰ *01 42 78 91 44 – enoteca@enoteca.fr*
– Fax 01 44 59 31 72 – Fermé 10-20 août, 24-27 déc. et le midi en août
Rest – (prévenir) (13 € bc) et carte 25/50 € ⵏ 🕸   BZ **7**
♦ L'atout de ce restaurant logé dans des murs du 16ᵉ s. est sa superbe carte
des vins : environ 500 références uniquement transalpines. Plats italiens et
ambiance très animée.

Nouvelle Lexus IS

... ou comment véhiculer l'émotion.

Nouvelle Lexus IS

Ressentez-vous le pouvoir attractif de la nouvelle Lexus IS ? Arrêtez-vous un instant et appréciez sa sculpture, la manière dont jouent les ombres et les lumières sur ses lignes audacieuses. C'est dans un souci de perfection que Lexus a conçu une voiture dont le style dynamique n'a d'égal que le raffinement intérieur. Montez à bord et vivez une expérience unique où tous vos sens sont en éveil.

La poursuite de la perfection

www.lexus.fr

Toyota Land Cruiser. La légende fait toujours rêver.

Depuis maintenant 50 ans, le Toyota Land Cruiser est la référence des 4x4 pour les vrais connaisseurs des terrains escarpés, et ce n'est pas prêt de s'arrêter. Avec son système d'assistance au démarrage en côte (HAC) [1] et à la descente (DAC) [1], le Land Cruiser maîtrise son sujet aussi bien en marche avant qu'en marche arrière. Equipé d'un différentiel central TORSEN à glissement limité et d'une aide au freinage d'urgence, Le Land Cruiser assure dans les conditions les plus extrêmes. Disponible en motorisations V6 essence 250 VVT-i, et Turbo Diesel 165 D-4D, il sait aussi se conduire comme une berline haut de gamme. Assurément, le Land Cruiser est une légende qui n'a pas fini de faire rêver. www.landcruiserlegende.com

TODAY TOMORROW TOYOTA
Aujourd'hui, demain.

Ph. Gajic/MICHELIN

Panthéon, Jardin des plantes, Mouffetard

5e arrondissement ⊠ 75005 – PLAN 6

Villa Panthéon sans rest ⏤   & AC ↩ VISA ⓦⓒ AE ①
41 r. Écoles Ⓜ *Maubert Mutualité – ℰ 01 53 10 95 95 – pantheon@
leshotelsdeparis.com – Fax 01 53 10 95 96* CY **24**
59 ch – †280/310 € ††280/710 €, � 18 €
♦ Parquet, tentures colorées, mobilier en bois exotique et lampes d'inspiration Liberty : réception, chambres et bar (bon choix de whiskys) sont décorés dans l'esprit "british".

Les Rives de Notre-Dame sans rest ⩗ ⏤ AC ↩ VISA ⓦⓒ AE ①
15 quai St-Michel Ⓜ *St-Michel – ℰ 01 43 54 81 16 – hotel@
rivesdenotredame.com – Fax 01 43 26 27 09* CX **42**
10 ch – †130/243 € ††130/500 €, ⊑ 14 €
♦ Maison du 16e s. superbement conservée, dont les spacieuses chambres de style provençal s'ouvrent toutes sur la Seine et Notre-Dame. "Penthouse" au dernier étage.

Royal St-Michel sans rest ⏤ ⏤ AC ↩ ↩ VISA ⓦⓒ AE ①
3 bd St-Michel Ⓜ *St-Michel – ℰ 01 44 07 06 06 – hotelroyalstmichel@
wanadoo.fr – Fax 01 44 07 36 25* CX **17**
39 ch – †170/225 € ††180/290 €, ⊑ 18 €
♦ Sur le "Boul' Mich", face à la fontaine Saint-Michel : toute l'ambiance du Quartier latin est aux portes de cet hôtel abritant des chambres modernes et rénovées.

Panthéon sans rest ⩗ ⏤ AC ⊗ VISA ⓦⓒ AE ①
19 pl. Panthéon Ⓜ *Luxembourg – ℰ 01 43 54 32 95 – reservation@
hoteldupantheon.com – Fax 01 43 26 64 65* CY **23**
36 ch – †125/235 € ††145/255 €, ⊑ 12 €
♦ Chambres de style "cosy" ou d'inspiration Louis XVI avec vue sur le dôme du "temple de la Renommée". Plaisant salon et salle de petits-déjeuners voûtée.

Grands Hommes sans rest ⩗ ⏤ AC ♨20, VISA ⓦⓒ AE ①
17 pl. Panthéon Ⓜ *Luxembourg – ℰ 01 46 34 19 60 – reservation@
hoteldesgrandshommes.com – Fax 01 43 26 67 32* CY **18**
31 ch – †180/235 € ††210/255 €, ⊑ 12 €
♦ Posté face au Panthéon, plaisant hôtel rénové dans le style Directoire (meubles chinés). Plus de la moitié des chambres a vue sur la dernière demeure des "grands hommes".

Tour Notre-Dame sans rest ⏤ AC ↩ VISA ⓦⓒ AE ①
20 r. Sommerard Ⓜ *Cluny la Sorbonne – ℰ 01 43 54 47 60
– tour-notre-dame@magic.fr – Fax 01 43 26 42 34* CY **5**
48 ch – †125/217 € ††133/231 €, ⊑ 12 €
♦ Très bel emplacement pour cet hôtel quasiment accolé au musée de Cluny. Chambres de bon confort, récemment rénovées ; celles sur l'arrière sont plus calmes.

Grand Hôtel St-Michel sans rest 🖪 🕭 AC 🕻 VISA ⑩ AE ⑩
19 r. Cujas Ⓜ *Luxembourg –* 𝒞 *01 46 33 33 02 – grand.hotel.st.michel@*
wanadoo.fr – Fax 01 40 46 96 33 CY **35**
40 ch – †105/170 € ††130/170 €, ☲ 12 € – 5 suites
♦ Cet immeuble haussmannien rénové abrite des chambres feutrées, garnies de meubles peints. Salon de style Napoléon III ; salle voûtée pour les petits-déjeuners.

Notre Dame sans rest ⩽ 🖪 AC 🕁 🕸 VISA ⑩ AE ⑩
1 quai St-Michel Ⓜ *St-Michel –* 𝒞 *01 43 54 20 43 – hotel.lenotredame@*
libertysurf.fr – Fax 01 43 26 61 75 CX **9**
23 ch – †150/199 € ††199 €, ☲ 7 €, 4 duplex
♦ Les douillettes petites chambres de cet hôtel sont toutes refaites, climatisées et bien équipées ; la majorité bénéficie d'une vue sur la cathédrale Notre-Dame.

Relais St-Jacques sans rest 🖪 🕭 AC 🕸 🕻 🗽 10, VISA ⑩ AE ⑩
3 r. Abbé de l'Épée Ⓜ *Luxembourg –* 𝒞 *01 53 73 26 00*
– nevers.luxembourg@wanadoo.fr – Fax 01 43 26 17 81 CZ **2**
22 ch – †170/255 € ††170/480 €, ☲ 17 €
♦ Chambres de styles variés (Directoire, Louis-Philippe, etc.), salle des petits-déjeuners sous verrière, salon Louis XV et bar 1925... Un inventaire (chic) à la Prévert !

St-Christophe sans rest 🖪 🕸 🕻 VISA ⑩ AE ⑩
17 r. Lacépède Ⓜ *Place Monge –* 𝒞 *01 43 31 81 54 – saintchristophe@*
wanadoo.fr – Fax 01 43 31 12 54 CY **7**
31 ch – †96/119 € ††107/122 €, ☲ 8 €
♦ Le naturaliste Lacépède a donné son nom à la rue, rappelant la proximité du Jardin des Plantes. Petites chambres d'esprit rustique ; toutes sont non-fumeurs.

Sully St-Germain sans rest 🕭 🖪 AC 🕸 VISA ⑩ AE ⑩
31 r. Écoles Ⓜ *Maubert Mutualité –* 𝒞 *01 43 26 56 02 – sully@*
sequanahotels.com – Fax 01 43 29 74 42 CY **28**
61 ch – †105/150 € ††105/200 €, ☲ 12 €
♦ Est-ce le voisinage du musée du Moyen Âge ? Toujours est-il que l'établissement présente un décor d'inspiration médiévale. Salon sous verrière.

Jardin de Cluny sans rest 🖪 AC VISA ⑩ AE ⑩
9 r. Sommerard Ⓜ *Maubert Mutualité –* 𝒞 *01 43 54 22 66 – hotel.decluny@*
wanadoo.fr – Fax 01 40 51 03 36 CY **57**
40 ch – †129/139 € ††139/199 €, ☲ 13 €
♦ Chambres fonctionnelles, garnies de meubles en rotin. Salle des petits-déjeuners voûtée, agrémentée d'une "Dame à la Licorne" (l'originale est à deux pas, au musée de Cluny).

Select sans rest 🖪 AC 🕸 🕻 VISA ⑩ AE ⑩
1 pl. Sorbonne Ⓜ *Cluny la Sorbonne –* 𝒞 *01 46 34 14 80 – info@selecthotel.fr*
– Fax 01 46 34 51 79 CY **32**
67 ch – †149/189 € ††149/189 €, ☲ 6 €
♦ Hôtel résolument contemporain au cœur du Paris estudiantin. Bar et salons répartis autour d'un patio abritant un jardin de cactus. Certaines chambres ont vue sur les toits.

Du Levant sans rest 🖪 AC 🕁 VISA ⑩ AE
18 r. Harpe Ⓜ *St-Michel –* 𝒞 *01 46 34 11 00 – hlevant@club-internet.fr*
– Fax 01 46 34 25 87 CX **10**
47 ch – †69/125 € ††111/150 €, ☲ 8 €
♦ Les chambres de cet hôtel bâti en 1875 au cœur du Quartier latin ont été rénovées. Photos des années 1920 dans les couloirs, fresque dans la salle des petits-déjeuners.

D'Albe sans rest   📶 AC ↳ ⅍ ☏ VISA ⦿ AE ①
1 r. Harpe Ⓜ St-Michel – ℰ 01 46 34 09 70 – albehotel @ wanadoo.fr
– Fax 01 40 46 85 70   CX **46**
45 ch – ♦120/160 € ♦♦145/170 €, ⌘ 12 €
♦ Plaisante décoration moderne dans cet hôtel proposant des chambres un peu petites, mais bien agencées et gaies. Quartier latin, île de la Cité... Paris est à vos pieds !

Agora St-Germain sans rest   📶 AC ⅍ VISA ⦿ AE ①
42 r. Bernardins Ⓜ Maubert Mutualité – ℰ 01 46 34 13 00 – agorastg @ club-internet.fr – Fax 01 46 34 75 05   CY **19**
39 ch – ♦130/180 € ♦♦150/180 €, ⌘ 12 €
♦ Le décor de cet hôtel voisin de l'église St-Nicolas-du-Chardonnet date des années 1980. Chambres plus calmes côté cour. Salle des petits-déjeuners de style Louis XIII.

Dacia-Luxembourg sans rest   📶 AC ⅍ ☏ VISA ⦿ AE ①
41 bd St-Michel Ⓜ Cluny la Sorbonne – ℰ 01 53 10 27 77 – info @ hoteldacia.com – Fax 01 44 07 10 33   CY **4**
38 ch – ♦95/130 € ♦♦125/150 €, ⌘ 10 €
♦ Nombreuses rénovations dans cet établissement chaleureux du Quartier latin. Beaux jetés de lit en piqué blanc dans des chambres bien équipées (deux avec baldaquin).

Henri IV sans rest   📶 ₕ AC ⅍ ☏ VISA ⦿ AE ①
9 r. St-Jacques Ⓜ St-Michel – ℰ 01 46 33 20 20 – info @ hotel-henri4.com
– Fax 01 46 33 90 90   CY **75**
23 ch – ♦149/167 € ♦♦167 €, ⌘ 11 €
♦ Joliment refaites, les chambres de cet hôtel donnent presque toutes sur le chevet de l'église St-Séverin. Tomettes, meubles anciens et cheminée font le charme du salon.

Pierre Nicole sans rest   📶 ☏ VISA ⦿ AE ①
39 r. Pierre Nicole Ⓜ Port Royal – ℰ 01 43 54 76 86 – hotelpierre-nicole @ voila.fr – Fax 01 43 54 22 45 – Fermé 31 juil.-20 août   BZ **32**
33 ch – ♦75 € ♦♦80 €, ⌘ 7 €
♦ L'enseigne rend hommage au moraliste de Port-Royal. Chambres pratiques, sans ampleur, mais fort bien tenues et à prix sages. Le jardin du Luxembourg est tout proche.

St-Jacques sans rest   📶 ⅍ VISA ⦿ AE ①
35 r. Écoles Ⓜ Maubert Mutualité – ℰ 01 44 07 45 45 – hotelsaintjacques @ wanadoo.fr – Fax 01 43 25 65 50   CY **29**
38 ch – ♦55/84 € ♦♦95/124 €, ⌘ 8,50 €
♦ Confort moderne et charme d'antan caractérisent les chambres de cet hôtel dont la bibliothèque recèle des ouvrages des 18e et 19e s. Salle des petits-déjeuners décorée façon cabaret des années folles.

Familia sans rest   📶 ☏ VISA ⦿ AE ①
11 r. Écoles Ⓜ Cardinal Lemoine – ℰ 01 43 54 55 27 – familia.hotel @ libertysurf.fr – Fax 01 43 29 61 77   CY **61**
30 ch – ♦74/105 € ♦♦85/115 €, ⌘ 6 €
♦ Des "sépias" représentant les monuments de Paris ornent les menues chambres. Salle des petits-déjeuners familiale, agrémentée d'une bibliothèque d'ouvrages anciens.

🏠 **Devillas** sans rest   📶 📞 *VISA* 🌑 AE ⓪
4 bd Saint Marcel Ⓜ *St-Marcel* – ℰ *01 43 31 37 50* – *info@hoteldevillas.com*
– *Fax 01 43 31 96 03*   DZ **7**
39 ch – ♦79/83 € ♦♦79/125 €, 🍽 10 €

♦ Chambres rénovées et bien agencées dans cet hôtel situé sur un boulevard voisin de l'hôpital de La Pitié-Salpêtrière. Pour plus de calme, réservez sur l'arrière.

XXXXX **Tour d'Argent**   ≤ Notre-Dame, 🅰🅲 ⇕ 15/55, 🍴 *VISA* 🌑 AE ⓪
⌘   *15 quai Tournelle (5e)* Ⓜ *Maubert Mutualité* – ℰ *01 43 54 23 31* – *resa@latourdargent.com* – *Fax 01 44 07 12 04* – *Fermé 1er-28 août, mardi midi et lundi*   CY **3**
Rest – 70 € (déj.)/230 € et carte 130/230 € 🕸

Spéc. Quenelles de brochet "André Terrail". Canard "Tour d'Argent". Poire "Vie parisienne".

♦ La salle à manger "en plein ciel" offre une vue somptueuse sur Notre-Dame. Cave exceptionnelle, fameux canards de Challans et clients célèbres depuis le 16e s.

XXX **La Truffière**   🅰🅲 ✦ *VISA* 🌑 AE ⓪
4 r. Blainville Ⓜ *Place Monge* – ℰ *01 46 33 29 82* – *restaurant.latruffiere@wanadoo.fr* – *Fax 01 46 33 64 74* – *Fermé 1er-27 août, 23-30 déc., dim. et lundi*   CY **45**
Rest – (17 €), 20 € (déj. en sem.), 32 € bc/55 € et carte 70/110 € 🍷 🕸

♦ Cette maison du 17e s. abrite trois salles à manger : l'une rustique (poutres) et les deux autres voûtées. Cuisine traditionnelle inspirée par le Sud-Ouest ; belle carte des vins.

XX **Mavrommatis**   🅰🅲 ⇕ 12/20, *VISA* 🌑 AE
42 r. Daubenton Ⓜ *Censier Daubenton* – ℰ *01 43 31 17 17* – *info@mavrommatis.fr* – *Fax 01 43 36 13 08* – *Fermé 15 août-15 sept., lundi et dim.*   CZ **55**
Rest – (22 €), 34 € et carte 40/57 € 🍷

♦ L'ambassade de la cuisine grecque à Paris. Pas de folklore mais un cadre sobre, élégant et confortable rehaussé par un éclairage soigné. Accueil attentionné. Terrasse d'été.

XX **Marty**   🅰🅲 ⇕ 30/60, 🍴 *VISA* 🌑 ⓪
20 av. Gobelins Ⓜ *Les Gobelins* – ℰ *01 43 31 39 51* – *restaurant.marty@wanadoo.fr* – *Fax 01 43 37 63 70*   CZ **10**
Rest – 28 € (déj.)/30 € et carte 37/52 € 🍷

♦ Boiseries en acajou, lustres, vitraux, meubles chinés et tableaux composent le plaisant décor "années 1930" de ce restaurant. Carte traditionnelle et produits de la mer.

XX **Atelier Maître Albert**   🅰🅲 🍴 *VISA* 🌑 AE ⓪
1 r. Maître Albert Ⓜ *Maubert Mutualité* – ℰ *01 56 81 30 01*
– *ateliermaitrealbert@guysavoy.com* – *Fax 01 53 10 83 23* – *Fermé 1er-15 août, vacances de Noël, sam. midi et dim. midi*   CY **20**
Rest – 28 € (déj. en sem.), 40/50 € et carte 42/58 € 🍷

♦ Monumentale cheminée médiévale, rôtissoires (viandes à la broche), poutres, sobre cadre design et plats mitonnés : essai transformé pour l'équipe coachée par Guy Savoy.

XX **L'Équitable**   *VISA* 🌑 AE
47bis r. Poliveau Ⓜ *St-Marcel* – ℰ *01 43 31 69 20* – *Fax 01 43 37 85 52*
– *Fermé août, mardi midi et lundi*   DZ **1**
Rest – 22 € (déj. en sem.)/31 € 🍷

♦ Avec son décor rustique (pierres et poutres apparentes) et sa généreuse cuisine de tradition, ce restaurant entretient une plaisante ambiance d'auberge provinciale.

X **Les Délices d'Aphrodite**   AC ⅍ VISA ◑ AE
4 r. Candolle Ⓜ *Censier Daubenton – ℰ 01 43 31 40 39 – info @*
mavrommatis.fr – Fax 01 43 36 13 08   CZ **12**
Rest – (16 €) et carte 30/51 €
◆ Bistrot de poche à l'atmosphère "vacances" : photos de paysages helléni-
ques, plafond tapissé de lierre et cuisine grecque embaumant l'huile d'olive.

X **Moissonnier**   ⅍ VISA ◑ AE
28 r. Fossés-St-Bernard Ⓜ *Jussieu – ℰ 01 43 29 87 65 – Fax 01 43 29 87 65*
– Fermé août, dim. et lundi   CY **14**
Rest – 24 € (déj. en sem.) et carte 27/51 €
◆ Le décor typique de ce bistrot n'a pas changé depuis des lustres : zinc
rutilant, murs patinés, banquettes... Cuisine d'ascendance lyonnaise et
"pots" de beaujolais.

X **Coco de Mer**   ⅍ VISA ◑ AE ◐
🐾 *34 bd St-Marcel* Ⓜ *St-Marcel – ℰ 01 47 07 06 64 – resto @ pierre-frichot.com*
– Fax 01 43 31 45 75 – Fermé en août, une sem. en janv., lundi midi et dim.
Rest – 15 € bc (déj. en sem.)/30 € ♀   DZ **2**
◆ Mare de la grisaille ? Direction les Seychelles : ti-punch pieds nus dans le
sable fin de la véranda et recettes des îles d'où l'on fait arriver le poisson
chaque semaine.

X **Au Moulin à Vent**   ⌐⅍ VISA ◑ ◐
20 r. Fossés-St-Bernard Ⓜ *Jussieu – ℰ 01 43 54 99 37 – alexandra.damas @*
au-moulinavent.fr – Fax 01 40 46 92 23 – Fermé 5-29 août, 24 déc.-2 janv.,
sam. midi, dim. et lundi   CY **39**
Rest – carte 41/50 €
◆ Depuis 1948, rien n'a changé dans ce bistrot parisien ; le joli décor "rétro"
s'est patiné avec les ans et la cuisine traditionnelle s'est enrichie de spécialités de viandes.

X **Buisson Ardent**   AC ↯ ⅍ VISA ◑
🐾 *25 r. Jussieu* Ⓜ *Jussieu – ℰ 01 43 54 93 02 – Fax 01 46 33 34 77 – Fermé août,*
🐾 *sam. midi et dim.*   CY **62**
Rest – (13 €), 16 € (déj. en sem.), 29/45 € et carte environ 45 €
◆ Ambiance bon enfant en ce petit restaurant de quartier fréquenté à midi
par les universitaires de Jussieu. Fresques originales datant de 1923. Plats
traditionnels.

X **Louis Vins**   AC
9 r. Montagne-Ste-Geneviève Ⓜ *Maubert Mutualité – ℰ 01 43 29 12 12*
Rest – (23 €), 26 € ⚜   CY **8**
◆ Chaleureux décor d'esprit 1900 (comptoir en noyer, miroirs, fresques)
où l'on s'attable autour d'une généreuse cuisine de bistrot et d'une belle
sélection de vins.

X **Balzar**   AC VISA AE
49 r. Écoles (5e) Ⓜ *Cluny la Sorbonne – ℰ 01 43 54 13 67 – Fax 01 44 07 14 91*
Rest – carte 38/50 €   CY **38**
◆ Une "institution" à deux pas de la Sorbonne : cette brasserie est devenue,
avec son immuable cadre 1930, la "cantine" des universitaires et intellectuels
du Quartier latin.

X **Reminet**   VISA ◑
🐾 *3 r. Grands Degrés* Ⓜ *Maubert Mutualité – ℰ 01 44 07 04 24 – Fermé*
7-30 août, 4-22 fév., mardi et merc.   CY **25**
Rest – 13 € (déj. en sem.)/17 € et carte 34/52 €
◆ Le Reminet jouxte les quais et les îles du cœur historique. Longue salle à
manger dont le cadre bistrot s'égaye de jeux de lumière créés par lustres,
bougies et miroirs.

X **Table Corse** <u>VISA</u> ⓂⒸ
8 r. Tournefort Ⓜ Place Monge – ℰ 01 43 31 15 00 – Fax 01 43 31 12 51
– Fermé août, 24 déc.-1er janv., le midi et dim. CY **42**
Rest – carte 37/62 € ♀

♦ L'enseigne de ce petit restaurant aménagé dans une vieille maison du Quartier latin le proclame : la cuisine corse y joue les vedettes ! Décor sans fioriture.

X **Petit Pontoise** ᴬᶜ <u>VISA</u> ⓂⒸ ᴬᴱ ⓄⒾ
9 r. Pontoise Ⓜ Maubert Mutualité – ℰ 01 43 29 25 20 CY **40**
Rest – carte 33/49 €

♦ À deux pas des quais de la Seine et de Notre-Dame, bistrot de quartier décoré dans le style des années 1950. Plats présentés sur ardoise. Clientèle d'habitués.

X **Papilles** ⇄ 8/15, <u>VISA</u> ⓂⒸ
30 r. Gay Lussac Ⓜ Luxembourg – ℰ 01 43 25 20 79 – Fax 01 43 25 24 35
– Fermé 1er-21 août, 1er-8 janv. et dim. CY **44**
Rest – 29 € ♀ ⊗

♦ Bistrot, cave et épicerie : d'un côté des casiers à vins, de l'autre des étagères garnies de bocaux de plats du Sud-Ouest et au milieu... on déguste une cuisine du marché !

X **Lhassa** <u>VISA</u> ⓂⒸ
⊛ *13 r. Montagne Ste-Geneviève (5e) Ⓜ Maubert Mutualité – ℰ 01 43 26 22 19*
– Fax 01 42 17 00 08 – Fermé lundi CY **27**
Rest – 11 € (déj. en sem.), 15/21 € et carte 20/30 € ♀

♦ Comme son nom le laisse deviner, petit restaurant entièrement dédié au Tibet : tissus colorés, objets artisanaux, photos du dalaï-lama et plats typiques du pays.

St-Germain-des-Près, Quartier Latin, Luxembourg

6e arrondissement ✉ 75006 – PLAN 5

Lutetia 🛁 🕯 📶 ✂ch, ☏ 🛎10/180, *VISA* 🌐 🇦🇪 ⓪
45 bd Raspail Ⓜ *Sèvres Babylone* – ℰ *01 49 54 46 46 – lutetia-paris@*
lutetia-paris.com – Fax 01 49 54 46 00 BY **2**
219 ch – †400/750 € ††400/750 €, ☲ 24 € – 12 suites
voir rest. *Paris* ci-après
Rest *Brasserie Lutetia* – ℰ *01 49 54 46 76 – 36/39 €, Enf. 12 €*
♦ Édifié en 1910, ce célèbre palace de la rive gauche n'a rien perdu de son éclat : raffinement "rétro", lustres Lalique, sculptures de César, Arman, etc. Chambres rénovées. Rendez-vous du "Tout-Paris", la Brasserie Lutetia sert une belle carte de fruits de mer.

Victoria Palace sans rest 🕯 📶 ✂ 🛎20, 🚗 *VISA* 🌐 🇦🇪 ⓪
6 r. Blaise-Desgoffe Ⓜ *St-Placide* – ℰ *01 45 49 70 00 – info@*
victoriapalace.com – Fax 01 45 49 23 75 AY **18**
62 ch – †310/372 € ††310/595 €, ☲ 18 €
♦ Petit palace au charme indéniable : toiles de Jouy, mobilier Louis XVI et salles de bains en marbre dans les chambres, tableaux, velours rouge et porcelaines dans les salons.

D'Aubusson sans rest 🕯 & 📶 ✂ ☏ 🛎15/35, 🚗
33 r. Dauphine Ⓜ *Odéon* – ℰ *01 43 29 43 43* 🅿 *VISA* 🌐 🇦🇪 ⓪
– reservations@hoteldaubusson.com – Fax 01 43 29 12 62 BX **9**
68 ch – †280/425 € ††280/425 €, ☲ 23 €
♦ Hôtel particulier (17e s.) de caractère : chambres élégantes, parquets Versailles, tapisseries d'Aubusson... et, en fin de semaine, soirées jazz au Café Laurent.

Relais Christine sans rest 🌿 🛁 🕯 📶 ☏ 🛎20,
3 r. Christine Ⓜ *St-Michel* – ℰ *01 40 51 60 80* 🚗 *VISA* 🌐 🇦🇪 ⓪
– contact@relais-christine.com – Fax 01 40 51 60 81 BX **3**
35 ch – †355 € ††405/750 €, ☲ 25 €, 16 duplex
♦ Bel hôtel particulier bâti sur le site d'un couvent du 13e s. (la salle des petits-déjeuners occupe l'ancienne cuisine voûtée). Jolies chambres personnalisées et soignées.

Bel Ami St-Germain-des-Prés sans rest 🛁 🕯 & 📶 ✂ ✗
7 r. St-Benoit Ⓜ *St-Germain des Prés* 🛎10/30, *VISA* 🌐 🇦🇪 ⓪
– ℰ 01 42 61 53 53 – contact@hotel-bel-ami.com – Fax 01 49 27 09 33
115 ch – †270/330 € ††270/520 €, ☲ 22 € BX **21**
♦ Bel immeuble du 19e s. voisin des cafés de Flore et des Deux Magots. Aménagement résolument contemporain à tendance "zen" et équipements high-tech : design et très "in".

Buci sans rest 🕯 & 📶 ✗ ☏ *VISA* 🌐 🇦🇪 ⓪
22 r. Buci Ⓜ *Mabillon* – ℰ *01 55 42 74 74 – hotelbuci@wanadoo.fr*
– Fax 01 55 42 74 44 BX **59**
21 ch – †195/250 € ††215/335 €, ☲ 22 € – 3 suites
♦ L'hôtel a vue sur le marché animé de cette rue pittoresque. Ciels de lit, meubles de style anglais... Chambres élégantes, rénovées et parfaitement insonorisées. Piano-bar.

L'Abbaye sans rest ▧ |≡| 📧 ✂ ⌘ ☎ 𝗩𝗜𝗦𝗔 ⓒⓞ 𝖠𝖤
10 r. Cassette Ⓜ St-Sulpice – ℰ 01 45 44 38 11 – hotel.abbaye@wanadoo.fr – Fax 01 45 48 07 86 BY **52**
40 ch ☲ – ✝199/214 € ✝✝296/458 € – 4 suites
♦ Charme d'hier et confort d'aujourd'hui dans un ancien couvent (18e s.) : agréable véranda, duplex avec terrasse et coquettes chambres parfois tournées sur le ravissant patio.

Littré sans rest |≡| 📧 ↳ ✂ ⌘ 🕭8/20, ⌂ 𝗩𝗜𝗦𝗔 ⓒⓞ 𝖠𝖤 ①
9 r. Littré Ⓜ Montparnasse Bienvenüe – ℰ 01 53 63 07 07 – hotellittre@hotellittreparis.com – Fax 01 45 44 88 13 AY **33**
79 ch – ✝255/360 € ✝✝255/360 €, ☲ 17 € – 11 suites
♦ À mi-chemin de Saint-Germain-des-Prés et de Montparnasse, immeuble classique dont les chambres, assez spacieuses, sont toutes joliment aménagées. Confortable bar anglais.

L'Hôtel ꬸ |≡| 📧 ✂ ⌘ 𝗩𝗜𝗦𝗔 ⓒⓞ 𝖠𝖤 ①
13 r. Beaux Arts Ⓜ St-Germain des Prés – ℰ 01 44 41 99 00 – reservation@l-hotel.com – Fax 01 43 25 64 81 BX **71**
16 ch – ✝225/345 € ✝✝320/640 €, ☲ 17 € – 4 suites
Rest *Le Bélier* – ℰ 01 44 41 99 01 *(fermé août, dim. et lundi)* carte 50/70 €
♦ Vertigineux "puits de lumière", décor exubérant signé Garcia (baroque, Empire, Orient) : l'Hôtel, unique, cultive la nostalgie avec bonheur. Oscar Wilde s'y éteignit. Tons or et vert, lanternes anciennes et verrière composent le ravissant cadre du restaurant.

Esprit Saint-Germain sans rest ꬸ |≡| ♿ 📧 ↳ ✂
22 r. Saint-Sulpice Ⓜ Mabillon – ℰ 01 53 10 55 55 ⌘ 𝗩𝗜𝗦𝗔 ⓒⓞ 𝖠𝖤 ①
– contact@espritsaintgermain.com – Fax 01 53 10 55 56 BY **21**
31 ch – ✝✝350/550 €, ☲ 26 € – 1 suite
♦ Chambres élégantes et contemporaines mariant avec bonheur coloris rouge, chocolat et beige, tableaux et meubles modernes ; salles de bains agrémentées de murs en ardoise.

Madison sans rest ≼ |≡| 📧 𝗩𝗜𝗦𝗔 ⓒⓞ 𝖠𝖤 ①
143 bd St-Germain Ⓜ St-Germain des Prés – ℰ 01 40 51 60 00 – resa@hotel-madison.com – Fax 01 40 51 60 01 BX **16**
54 ch – ✝158/213 € ✝✝215/390 €, ☲ 15 €
♦ Camus aimait fréquenter cet établissement aux chambres élégantes ; certaines offrent une perspective sur l'église St-Germain-des-Prés. Joli salon Louis-Philippe.

Relais Médicis sans rest |≡| 📧 ✂ 𝗩𝗜𝗦𝗔 ⓒⓞ 𝖠𝖤 ①
23 r. Racine Ⓜ Odéon – ℰ 01 43 26 00 60 – reservation@relaismedicis.com – Fax 01 40 46 83 39 BY **14**
16 ch ☲ – ✝138/168 € ✝✝168/245 €
♦ Une touche provençale égaye les chambres de cet hôtel proche du théâtre de l'Odéon ; celles donnant sur le patio sont plus au calme. Meubles chinés chez les antiquaires.

Left Bank St-Germain sans rest |≡| ♿ 📧 ↳ ⌘ 𝗩𝗜𝗦𝗔 ⓒⓞ 𝖠𝖤 ①
9 r. Ancienne Comédie Ⓜ Odéon – ℰ 01 43 54 01 70 – lb@paris-hotels-charm.com – Fax 01 43 26 17 14 BX **6**
31 ch ☲ – ✝165/220 € ✝✝185/353 €
♦ Damas, toile de Jouy, meubles de style Louis XIII et colombages président au décor de cet immeuble du 17e s. Quelques chambres offrent une échappée sur Notre-Dame.

Villa sans rest   📶 AC ⚒15, VISA ⓒ AE ①
29 r. Jacob (6e) Ⓜ *St-Germain des Prés –* ✆ *01 43 26 60 00 – hotel @*
villa-saintgermain.com – Fax 01 46 34 63 63   BX **14**
31 ch – 🛏260 € 🛏🛏260/440 €, 🍽 15 €
♦ Les murs datent du 19e s., mais l'intérieur est résolument contemporain : meubles design, couleurs vives ou tons pastel plus reposants. Original.

 Sénat sans rest   📶 ⅄ AC ☏ VISA ⓒ AE ①
10 r. Vaugirard Ⓜ *Luxembourg –* ✆ *01 43 54 54 54 – reservations @*
hotelsenat.com – Fax 01 43 54 54 55   BY **11**
35 ch – 🛏180/240 € 🛏🛏180/310 €, 🍽 15 € – 2 suites, 4 duplex
♦ Comme son nom l'indique, cet hôtel aménagé dans un immeuble du 19e s. est situé à proximité du Sénat. Ses chambres offrent un décor moderne, élégant et chaleureux.

 Relais St-Germain   📶 AC ↳cuisinette ☏ VISA ⓒ AE ①
9 carrefour de l'Odéon Ⓜ *Odéon –* ✆ *01 43 29 12 05 – hotelrsg @ wanadoo.fr*
– Fax 01 46 33 45 30   BY **19**
22 ch 🍽 – 🛏210 € 🛏🛏275/420 €
voir rest. *Le Comptoir* ci-après
♦ Trois immeubles du 17e s. abritent cet hôtel raffiné où poutres patinées, étoffes chatoyantes et meubles anciens participent au plaisant cachet des chambres.

 St-Grégoire sans rest   📶 AC ⅝ VISA ⓒ AE ①
43 r. Abbé Grégoire (6e) Ⓜ *St-Placide –* ✆ *01 45 48 23 23 – hotel @*
saintgregoire.com – Fax 01 45 48 33 95   AY **6**
20 ch – 🛏175/215 € 🛏🛏175/248 €, 🍽 12 €
♦ Cet établissement vaut pour son accueillant décor bourgeois. Deux chambres bénéficient d'une petite terrasse verdoyante. Sympathique salle des petits-déjeuners voûtée.

 Millésime Hôtel sans rest ॐ   📶 AC VISA ⓒ AE ①
15 r. Jacob (6e) Ⓜ *St-Germain des Prés –* ✆ *01 44 07 97 97 – reservation @*
millesimehotel.com – Fax 01 46 34 55 97   BX **24**
22 ch – 🛏155 € 🛏🛏205 €, 🍽 16 €
♦ Tons ensoleillés, mobilier et tissus choisis apportent une note chaleureuse aux ravissantes chambres de cet hôtel rénové. Bel escalier du 17e s.

 Ste-Beuve sans rest   📶 AC ☏ VISA ⓒ AE ①
9 r. Ste-Beuve Ⓜ *Notre-Dame des Champs –* ✆ *01 45 48 20 07*
– saintebeuve @ wanadoo.fr – Fax 01 45 48 67 52   BY **20**
22 ch – 🛏135/240 € 🛏🛏135/280 €, 🍽 14,50 €
♦ L'endroit ressemble à une maison particulière : ambiance intime, sofas moelleux, flambées dans la cheminée... Les chambres mêlent avec goût l'ancien et le contemporain.

Au Manoir St-Germain-des-Prés sans rest   📶 AC ↳
153 bd St-Germain Ⓜ *St-Germain des Prés*   ☏ VISA ⓒ AE ①
– ✆ 01 42 22 21 65 – msg @ paris-hotels-charm.com
– Fax 01 45 48 22 25   BX **37**
33 ch – 🛏150/180 € 🛏🛏183/260 €
♦ Mobilier de style, toile de Jouy, fresques et boiseries composent l'atmosphère bourgeoise de cet hôtel situé face au Flore et aux Deux Magots, célèbres cafés germanopratins.

Villa des Artistes sans rest 🅂 🛗 AC ↵ 🚭 📞 VISA ⚙ AE ①
9 r. Grande Chaumière Ⓜ Vavin – 🕾 01 43 26 60 86 – hotel @
villa-artistes.com – Fax 01 43 54 73 70   BZ **8**
59 ch – 🛏129/149 € 🛏🛏129/225 €, ⊏ 13 €
♦ L'enseigne rend hommage aux artistes qui ont fait l'histoire du quartier
Montparnasse. Chambres agréables, donnant souvent sur la cour. Verrière
pour les petits-déjeuners.

Relais St-Sulpice sans rest 🅂 🛗 ⅙ AC ↵ 🚭 📞
3 r. Garancière Ⓜ St-Sulpice – 🕾 01 46 33 99 00   🛁20, VISA ⚙ AE ①
– relaisstsulpice @ wanadoo.fr – Fax 01 46 33 00 10   BY **62**
26 ch – 🛏175/210 € 🛏🛏175/210 €, ⊏ 12 €
♦ La façade du 19e s. de ce séduisant hôtel dissimule des chambres au
décor "ethnique" mariant styles africain et asiatique ; celles sur l'arrière sont
particulièrement calmes.

De Fleurie sans rest 🛗 AC 📞 VISA ⚙ AE ①
32 r. Grégoire de Tours Ⓜ Odéon – 🕾 01 53 73 70 00 – bonjour @
hotel-de-fleurie.tm.fr – Fax 01 53 73 70 20   BX **5**
29 ch – 🛏135/150 € 🛏🛏170/270 €, ⊏ 12 €
♦ Pimpante façade du 18e s. agrémentée de "statues nichées". Chambres
bourgeoises aux tonalités douces, agrémentées de boiseries ; préférez celles
côté cour, plus tranquilles.

Prince de Conti sans rest 🛗 ⅙ AC ↵ 🚭 VISA ⚙ AE ①
8 r. Guénégaud Ⓜ Odéon – 🕾 01 44 07 30 40 – princedeconti @ wanadoo.fr
– Fax 01 44 07 36 34   BX **42**
26 ch – 🛏165/280 € 🛏🛏165/280 €, ⊏ 13 €, 2 duplex
♦ Immeuble du 18e s. jouxtant l'hôtel de la Monnaie : un emplacement idéal
pour courir les fameuses galeries d'art germanopratines. Chambres et salons
décorés à l'anglaise.

Clos Médicis sans rest 🛗 ⅙ AC ↵ 🚭 📞 VISA ⚙ AE ①
56 r. Monsieur Le Prince Ⓜ Odéon – 🕾 01 43 29 10 80 – message @
closmedicis.com – Fax 01 43 54 26 90   BY **4**
38 ch – 🛏127/150 € 🛏🛏157/225 €, ⊏ 12 € – 1 suite
♦ L'hôtel est entouré par les magnifiques demeures de cette rue "princière".
Son intérieur contemporain aux tons chauds ne laisse guère supposer que
les murs datent de 1773.

Odéon Hôtel sans rest 🛗 AC ↵ 🚭 📞 VISA ⚙ AE ①
3 r. Odéon Ⓜ Odéon – 🕾 01 43 25 90 67 – odeon @ odeonhotel.fr
– Fax 01 43 25 55 98   BY **36**
33 ch – 🛏130/170 € 🛏🛏170/270 €, ⊏ 12 €
♦ La façade ainsi que les poutres et murs en pierres apparentes des chambres
témoignent de l'ancienneté de la maison (17e s.). Salles de bains égayées
d'azulejos.

De l'Odéon sans rest 🛗 AC VISA ⚙ AE ①
13 r. St-Sulpice Ⓜ Odéon – 🕾 01 43 25 70 11 – hotelodeon @ wanadoo.fr
– Fax 01 43 29 97 34   BY **41**
29 ch – 🛏130/220 € 🛏🛏150/220 €, ⊏ 11 €
♦ L'intérieur de cette maison du 16e s., pour le moins éclectique, est pétri de
charme : lits anciens en cuivre ou à baldaquin, bibelots chinés dans les
brocantes, etc. Minijardin luxuriant.

🏠🏠 **Prince de Condé** sans rest ⚡ 🅰🅲 ↩ 🌣 **VISA** 🆎 🅰🅴 ⓪
39 r. Seine Ⓜ *Mabillon – ℰ 01 43 26 71 56 – princedeconde @ wanadoo.fr*
– Fax 01 46 34 27 95 BX **12**
12 ch – 🛏195 € 🛏🛏195/310 €, �└ 13 €
♦ Chambres "cosy", agrémentées de gravures, et cave-salon voûtée élégamment décorée. Les esthètes apprécieront les nombreuses galeries de peintures installées dans la rue.

🏠🏠 **Régent** sans rest ⚡ 🅰🅲 🌣 📞 **VISA** 🆎 🅰🅴 ⓪
61 r. Dauphine Ⓜ *Odéon – ℰ 01 46 34 59 80 – hotel.leregent @ wanadoo.fr*
– Fax 01 40 51 05 07 BX **2**
25 ch – 🛏150/225 € 🛏🛏150/225 €, �└ 12 €
♦ Façade longiligne datant de 1769. Les chambres sont feutrées et bien équipées. Salle des petits-déjeuners en sous-sol, avec murs en pierres apparentes.

🏠🏠 **Bréa** sans rest ⚡ 🅰🅲 🌣 📞 **VISA** 🆎 🅰🅴 ⓪
14 r. Bréa Ⓜ *Vavin – ℰ 01 43 25 44 41 – brea.hotel @ wanadoo.fr*
– Fax 01 44 07 19 25 BZ **14**
23 ch – 🛏110/150 € 🛏🛏130/200 €, �└ 14 €
♦ Deux bâtiments reliés par une verrière aménagée en un plaisant salon-jardin d'hiver. Ambiance méditerranéenne dans les chambres, plutôt spacieuses et bien équipées.

🏠🏠 **Minerve** sans rest ⚡ 🅰🅲 📞 ♨20, 🍴 🅿 **VISA** 🆎 🅰🅴 ⓪
13 r. des Ecoles Ⓜ *Maubert Mutualité – ℰ 01 43 26 26 04 – minerve @*
hotellerie.net – Fax 01 44 07 01 96 CY **41**
54 ch – 🛏86/132 € 🛏🛏100/132 €, �└ 8 €
♦ Cet immeuble bâti en 1864 propose son plaisant salon d'accueil (pierres apparentes et mobilier de style) et ses petites chambres de caractère fort bien tenues.

🏠🏠 **Pas de Calais** sans rest ⚡ 🅰🅲 📞 **VISA** 🆎 🅰🅴 ⓪
59 r. Saints-Pères Ⓜ *St-Germain des Prés – ℰ 01 45 48 78 74 – infos @*
hotelpasdecalais.com – Fax 01 45 44 94 57 BX **38**
38 ch – 🛏125/140 € 🛏🛏145/300 €, �└ 15 €
♦ Ce discret hôtel situé sur une rue passante abrite des chambres coquettes, personnalisées et rajeunies au fil des ans ; charpente apparente au dernier étage.

🏠 **Dauphine St-Germain** sans rest ⚡ 🅰🅲 ↩ 📞 **VISA** 🆎 🅰🅴 ⓪
36 r. Dauphine Ⓜ *Odéon – ℰ 01 43 26 74 34 – hotel @*
dauphine-st-germain.com – Fax 01 43 26 49 09 BX **33**
30 ch – 🛏137/198 € 🛏🛏164/250 €, �└ 15 €
♦ Les grands couturiers tiennent boutique dans le lacis de ruelles voisinant cet immeuble du 17ᵉ s. Atmosphère d'autrefois, mais confort actuel. Salles de bains en marbre.

🏠 **Sèvres Azur** sans rest ⚡ 📞 **VISA** 🆎 🅰🅴 ⓪
22 r. Abbé-Grégoire Ⓜ *St-Placide – ℰ 01 45 48 84 07 – sevres.azur @*
wanadoo.fr – Fax 01 42 84 01 55 AY **58**
31 ch – 🛏80/90 € 🛏🛏85/95 €, �└ 8 €
♦ Cet hôtel, niché dans une rue calme proche du Bon Marché, propose des chambres fonctionnelles et colorées. La salle des petits-déjeuners donne sur une courette fleurie.

XXX ⬧ **Paris** – Hôtel Lutetia   ⅋ 🅰️🅲 ⬧ 15/40, 🍽️ VISA ⓂⓄ AE ①
45 bd Raspail Ⓜ Sèvres Babylone – ☏ 01 49 54 46 46 – lutetia-paris @
lutetia-paris.com – Fax 01 49 54 46 00 – Fermé 29 juil.-28 août, sam., dim. et
fériés   BY **2**
Rest – 52 € (déj. en sem.), 68/130 € et carte 85/125 €
Spéc. Homard à l'huile de pistache. Turbot de ligne cuit sur le sel de Guérande
dans le wakamé. Ananas Victoria.
♦ Fidèle au style de l'hôtel, la salle de restaurant Art déco, signée Sonia Rykiel,
reproduit l'un des salons du paquebot Normandie. Talentueuse cuisine au
goût du jour.

XXX ⬧ **Jacques Cagna**   🅰️🅲 🍽️(soir) VISA ⓂⓄ AE ①
14 r. Grands Augustins Ⓜ St-Michel – ☏ 01 43 26 49 39 – jacquescagna @
hotmail.com – Fax 01 43 54 54 48 – Fermé 29 juil.-24 août, sam. midi, lundi
midi et dim.   BX **29**
Rest – 42 € (déj. en sem.)/90 € et carte 90/145 €
Spéc. Foie gras de canard poêlé aux fruits de saison caramélisés. Coquilles
Saint-Jacques (oct. à mars). Gibier (saison).
♦ Dans l'une des plus anciennes maisons du vieux Paris, confortable salle à
manger ornée de poutres massives, boiseries du 16e s. et tableaux flamands.
Cuisine raffinée.

XXX ⬧⬧ **Relais Louis XIII** (Martinez)   🅰️🅲 ⅋ ⬧ 12/20, 🍽️ VISA ⓂⓄ AE
8 r. Grands Augustins Ⓜ Odéon – ☏ 01 43 26 75 96 – contact @
relaislouis13.com – Fax 01 44 07 07 80 – Fermé août, 25 déc.-3 janv., dim.,
lundi et fériés   BX **4**
Rest – 45 € (déj.), 68/89 € et carte 115/155 € ❀
Spéc. Ravioli de homard, foie gras et crème de cèpes. Caneton challandais
aux épices douces et fortes. Millefeuille, crème légère à la vanille bourbon.
♦ Dans une maison du 16e s., trois intimes salles à manger de style Louis XIII
où règnent balustres, tissus à rayures et pierres apparentes. Subtile cuisine
au goût du jour.

XXX ⬧⬧ **Hélène Darroze**   🅰️🅲 ⅋ 🍽️ VISA ⓂⓄ AE
4 r. d'Assas Ⓜ Sèvres Babylone – ☏ 01 42 22 00 11 – reservation @
helenedarroze.com – Fax 01 42 22 25 40 – Fermé lundi sauf le soir du
24 juil. au 26 août et dim.   BY **5**
Rest – (dîner seult du 24 juil. au 26 août) 68 € (déj.), 172/215 € et carte
115/150 € ❀
Rest Le Salon – (fermé 24 juil. au 28 août, dim. et lundi) 89/125 € bc ♀ ❀
Spéc. Foie gras de canard des Landes grillé au feu de bois. Cochon de lait de
race basque sous toutes ses formes (mai à oct). Chocolat, coriandre, chicorée
et vanille bourbon.
♦ Près du Bon Marché, décor contemporain haut en couleur où l'on régale
d'une délicieuse cuisine et de vins du Sud-Ouest. Au rez-de-chaussée du
restaurant, Hélène Darroze tient Salon et propose tapas et petits plats au
rustique accent des Landes.

XXX ⬧ **Lapérouse**   🅰️🅲 ⬧ 2/50, 🍽️ VISA ⓂⓄ AE ①
51 quai Grands Augustins Ⓜ St-Michel – ☏ 01 43 26 68 04
– restaurantlaperouse@wanadoo.fr – Fax 01 43 26 99 39
– Fermé août   BX **6**
Rest – (30 € bc), 45 € bc (déj. en sem.)/90 € bc et carte 70/100 €
♦ Fondé en 1766, rendez-vous du Tout-Paris dès la fin du 19e s. et réputé pour
ses petits salons discrets : l'esprit de cet élégant restaurant est entretenu avec
passion.

XX **Bastide Odéon**   🄰🄲 ⇪ 🍴(soir) 𝑉𝐼𝑆𝐴 🄼🄲 🄰🄴
7 r. Corneille ⓜ Odéon – ℰ 01 43 26 03 65 – bastide.odeon @ wanadoo.fr
– Fax 01 44 07 28 93 – Fermé 5-25 août, dim. et lundi   BY **33**
Rest – carte environ 40 € �
♦ Proche du Luxembourg, agréable et confortable salle de restaurant dont
le décor rappelle l'intérieur d'une bastide provençale. Spécialités méditerranéennes.

XX **Méditerranée**   🄰🄲 ⇪ ✿ 4/25, 🍴 𝑉𝐼𝑆𝐴 🄼🄲 🄰🄴
2 pl. Odéon ⓜ Odéon – ℰ 01 43 26 02 30 – la.mediterranee @ wanadoo.fr
– Fax 01 43 26 18 44   BY **3**
Rest – (25 €), 29 € �
♦ Deux salles à manger agrémentées de fresques évoquant la "grande bleue"
et une véranda tournée sur le théâtre de l'Europe servent de cadre à une
cuisine méditerranéenne.

XX **Yugaraj**   🄰🄲 𝑉𝐼𝑆𝐴 🄼🄲 🄰🄴 🄾
14 r. Dauphine ⓜ Odéon – ℰ 01 43 26 44 91 – contact @ yugaraj.com
– Fax 01 46 33 50 77 – Fermé 7-31 août, 1ᵉʳ-4 janv., jeudi midi et lundi
Rest – (19 €), 34 € et carte 44/60 €   BX **7**
♦ Boiseries, panneaux décoratifs, soieries et objets d'art anciens donnent à ce
haut lieu de la gastronomie indienne des airs de musée. Carte très bien
renseignée.

XX **Alcazar**   ⴠ 🄰🄲 ✿ 10/42, 𝑉𝐼𝑆𝐴 🄼🄲 🄰🄴 🄾
62 r. Mazarine ⓜ Odéon – ℰ 01 53 10 19 99 – contact @ alcazar.fr
– Fax 01 53 10 23 23   BX **19**
Rest – (24 €), 19 € (déj. en sem.), 29 € bc/39 € et carte 40/70 € �
♦ Le célèbre cabaret s'est converti en vaste restaurant "branché" au cadre
design, agrémenté de photos d'artistes. Tables avec vue sur les fourneaux,
cuisine actuelle.

XX **Les Bouquinistes**   🄰🄲 🍴 𝑉𝐼𝑆𝐴 🄼🄲 🄰🄴 🄾
53 quai Grands Augustins ⓜ St-Michel – ℰ 01 43 25 45 94 – bouquinistes @
guysavoy.com – Fax 01 43 25 23 07 – Fermé 24 déc.-1ᵉʳ janv., sam. midi et
dim.   BX **56**
Rest – 50/70 € et carte 54/70 €
♦ Face aux bouquinistes des quais, une cuisine originale dans un cadre
qui ne l'est pas moins : mobilier design, lampes colorées et peintures abstraites.

X **Yen**   🄰🄲 𝑉𝐼𝑆𝐴 🄼🄲 🄰🄴 🄾
22 r. St-Benoît ⓜ St-Germain des Prés – ℰ 01 45 44 11 18
– restau.yen @ wanadoo.fr – Fax 01 45 44 19 48 – Fermé 5-20 août et dim.
midi   BX **25**
Rest – 55 € (sem.) et carte 47/76 €
♦ Deux salles à manger au décor japonais très épuré, un peu plus chaleureux
à l'étage. La carte fait la part belle à la spécialité du chef : le soba (nouilles de
sarrasin).

X **Rotonde**   🄰🄲 ⇪ ⅏ 𝑉𝐼𝑆𝐴 🄼🄲 🄰🄴
105 bd Montparnasse ⓜ Vavin – ℰ 01 43 26 68 84
– Fax 01 46 34 52 40   BZ **16**
Rest – (15 € bc), 35 € et carte 35/65 € �
♦ Lisez au verso de la carte l'histoire de cette typique brasserie parisienne qui,
depuis 1903, a reçu de nombreux hôtes célèbres. Adresse idéale pour souper
après le théâtre.

X **Marlotte**　　　　　　　　　　　　　　　AK VISA MC AE ①
55 r. Cherche-Midi Ⓜ *St-Placide –* ℰ *01 45 48 86 79 – info@lamarlotte.com*
– Fax 01 45 44 34 80 – Fermé 1er-21 août et dim.　　　　　　AY **22**
Rest – (21 € bc) et carte 30/45 €
♦ Près du Bon Marché, sympathique adresse de quartier où l'on croise éditeurs et politiciens. Salle des repas tout en longueur, décor rustique et cuisine traditionnelle.

X **L'Épi Dupin**　　　　　　　　　　　　　　↳ VISA MC
☺ *11 r. Dupin* Ⓜ *Sèvres Babylone –* ℰ *01 42 22 64 56 – lepidupin@wanadoo.fr*
– Fax 01 42 22 30 42 – Fermé 31 juil.-26 août, lundi midi,
sam. et dim.　　　　　　　　　　　　　　　　　　　　　AY **3**
Rest – (nombre de couverts limité, prévenir) (22 €), 31 €
♦ Poutres et pierres pour le caractère, tables serrées pour la convivialité et délicieuse cuisine pour se régaler : ce restaurant de poche a conquis le quartier du Bon Marché.

X **Dominique**　　　　　　　　　　　　　　　AK VISA MC AE ①
19 r. Bréa (6e) Ⓜ *Vavin –* ℰ *01 43 27 08 80 – restaurant.dominique@*
mageos.com – Fax 01 43 27 03 76 – Fermé 25 juil. au 23 août,
dim. et lundi　　　　　　　　　　　　　　　　　　　BZ **21**
Rest – 35 € (dîner) et carte 45/73 €
♦ À la fois bar à vodkas, épicerie et restaurant : un haut lieu de la cuisine russe à Paris. Dégustations de zakouskis côté bistrot, dîner aux chandelles dans la salle du fond.

X **L'Espadon Bleu**　　　　　　　　　AK ⌐ℱ(soir) VISA MC AE ①
25 r. Grands Augustins Ⓜ *St-Michel –* ℰ *01 46 33 00 85 – jacquescagna@*
hotmail.com – Fax 01 43 54 54 48 – Fermé août, dim. et lundi　BX **31**
Rest – (25 €), 32 € (déj.) et carte 43/64 €
♦ Sympathique maison spécialisée dans les produits de la mer. Les espadons, bien sûr de la fête, ornent les murs peints aux couleurs du Sud ainsi que les tables en mosaïque.

X **Le Comptoir** – Hôtel Relais-St-Germain　　　🛏 AK VISA MC AE ①
9 carrefour de l'Odéon Ⓜ *Odéon –* ℰ *01 44 27 07 97*
– Fax 01 46 33 45 30　　　　　　　　　　　　　　　BY **19**
Rest – (nombre de couverts limité, prévenir) 40 € (dîner) et carte le midi 27/40 €
♦ Dans ce sympathique bistrot de poche, Yves Camdeborde régale ses clients d'une généreuse cuisine traditionnelle ménageant une place aux produits du Sud-Ouest. Authentique décor des années 1930.

X **Emporio Armani Caffé**　　　　　　　　　AK VISA MC AE ①
149 bd St-Germain (6e) Ⓜ *St-Germain des Prés –* ℰ *01 45 48 62 15*
– Fax 01 45 48 53 17 – Fermé dim.　　　　　　　　　　BX **20**
Rest – carte 44/82 €
♦ Au premier étage de la boutique du grand couturier, un "caffé" chic à l'italienne, confortable et joliment relooké. Clientèle "rive gauche" et cuisine transalpine.

X **Joséphine "Chez Dumonet"**　　　　　　　　VISA MC AE
117 r. Cherche-Midi Ⓜ *Duroc –* ℰ *01 45 48 52 40 – Fax 01 42 84 06 83*
– Fermé sam. et dim.　　　　　　　　　　　　　　　　AY **37**
Rest – carte 42/84 €
♦ Authentique représentant des années folles avec zinc, banquettes et décor de bistrot patiné. On y propose une belle carte des vins et une cuisine traditionnelle.

✗ **Ze Kitchen Galerie** AC VISA MC AE ①
4 r. Grands Augustins Ⓜ St-Michel – ℰ 01 44 32 00 32 – zekitchen.galerie@
wanadoo.fr – Fax 01 44 32 00 33 – Fermé sam. midi et dim. BX 5
Rest – (28 € bc) 33 € (déj.) et carte 29/64 €
♦ Ze Kitchen est "Ze" adresse "tendance" des quais rive gauche : cadre épuré
égayé d'œuvres d'artistes contemporains, mobilier design et cuisine "mode"
élaborée sous vos yeux.

✗ **Allard** AC VISA MC AE
1 r. de l'Eperon ⓂSt-Michel – ℰ 01 43 26 48 23 – Fax 01 46 33 04 02 – Fermé
30 juil.-21 août et dim. BX 11
Rest – (24 €), 32 € et carte 37/76 €
♦ Recettes façon grand-mère, atmosphère conviviale, zinc d'époque, gravures et tableaux illustrant des scènes de la vie bourguignonne font le
charme de ce bistrot 1900.

✗ **Rôtisserie d'en Face** AC ✄ VISA MC AE ①
2 r. Christine Ⓜ Odéon – ℰ 01 43 26 40 98 – rotisface@aol.com
– Fax 01 43 54 22 71 – Fermé sam. midi et dim. BX 8
Rest – (25 €), 28 € (déj. en sem.)/42 €
♦ En face de quoi ? Du restaurant de Jacques Cagna qui a créé ici un
sympathique "bistrot de chef". Cadre aux tons ocre, sobrement élégant.
Atmosphère décontractée.

✗ **Azabu** AC ✄ VISA MC AE
⊗ 3 r. A. Mazet Ⓜ Odéon – ℰ 01 46 33 72 05 – Fax 01 44 07 38 32 – Fermé
7-23 août, 25 déc.-3 janv., dim. midi et lundi BX 1
Rest – 14,50 € (déj. en sem.), 33/59 € et carte 41/54 €
♦ Cuisine japonaise mâtinée d'influences occidentales servie dans une petite
salle à manger sobre et contemporaine, à table ou au bar face au teppan yaki
(table de cuisson).

✗ **La Table de Fès** AC ✄ VISA MC
5 r. Ste-Beuve Ⓜ Notre-Dame des Champs – ℰ 01 45 48 07 22 – Fermé
24 juil.-27 août, 25 déc.-1er janv. et dim. BY 12
Rest – (dîner seult) carte 45/65 €
♦ Salle de restaurant décorée de fresques (oasis, désert, jardin) et agrémentée d'objets provenant du Maroc. Authentique cuisine du pays axée sur le
couscous. Adresse non-fumeurs.

✗ **Gattopardo Caffé** AC VISA MC
29 r. Dauphine Ⓜ Odéon – ℰ 01 46 33 75 92 – Fax 01 46 33 75 92
– Fermé août BX 40
Rest – carte 40/60 €
♦ N'hésitez pas à emprunter l'escalier un peu étroit conduisant à la minuscule
salle de restaurant. Vous ne serez pas déçu : on y sert une belle cuisine
transalpine dans un cadre et une ambiance à l'italienne.

S. Sauvignier/MICHELIN

Tour Eiffel, École Militaire, Invalides

 Pont Royal sans rest 🍃 📶 ⅙ 📶 ↫ ⌕ ♨35, *VISA* ⓪ ⒜ ⓪
7 r. Montalembert Ⓜ Rue du Bac – ℰ 01 42 84 70 00 – hpr@
hotel-pont-royal.com – Fax 01 42 84 71 00   DY **32**
64 ch – ♦380/430 € ♦♦380/430 €, ⊆ 26 € – 11 suites
♦ Tons audacieux et boiseries en acajou dans les chambres : on peut vouloir vivre la bohème germanopratine tout en appréciant le confort d'un "hôtel littéraire" raffiné !

 Duc de Saint-Simon sans rest ♨ 📶 ⅙ ⌕ *VISA* ⓪ ⒜ ⓪
14 r. St-Simon Ⓜ Rue du Bac – ℰ 01 44 39 20 20 – duc.de.saint.simon@
wanadoo.fr – Fax 01 45 48 68 25   CY **24**
29 ch – ♦220 € ♦♦245/265 €, ⊆ 15 € – 5 suites
♦ Couleurs gaies, boiseries, objets et meubles anciens : l'atmosphère est celle d'une belle demeure d'autrefois. Accueil courtois et quiétude ajoutent à la qualité du lieu.

 Montalembert 🍴 📶 📶 ⅙ch, ⌕ ♨20, 🚗 *VISA* ⓪ ⒜ ⓪
3 r. Montalembert Ⓜ Rue du Bac – ℰ 01 45 49 68 68 – welcome@
montalembert.com – Fax 01 45 49 69 49   DY **16**
56 ch – ♦260 € ♦♦260/380 €, ⊆ 20 € – 8 suites
Rest – carte 35/65 €
♦ Bois sombres, cuirs, verre, acier, coloris tabac, prune, lilas, etc. : les chambres réunissent tous les ingrédients de la contemporanéité. Salle à manger au cadre design, terrasse protégée par un rideau de buis et cuisine "en deux tailles"... selon l'appétit !

 K+K Hotel Cayré sans rest 🍃 📶 ⅙ 📶 ↫ ⌕ *VISA* ⓪ ⒜ ⓪
4 bd Raspail Ⓜ Rue du Bac – ℰ 01 45 44 38 88 – reservations@kkhotels.fr
– Fax 01 45 44 98 13   DY **3**
125 ch – ♦306/351 € ♦♦332/630 €, ⊆ 23 €
♦ La discrète façade hausmannienne contraste avec les élégantes chambres design. Espace remise en forme (sauna), salon cossu et bar proposant une petite restauration de style bistrot.

 Bourgogne et Montana sans rest 📶 📶 *VISA* ⓪ ⒜ ⓪
3 r. Bourgogne Ⓜ Assemblée Nationale – ℰ 01 45 51 20 22 – bmontana@
bourgogne-montana.com – Fax 01 45 56 11 98   CX **7**
28 ch ⊆ – ♦150/260 € ♦♦170/220 € – 4 suites
♦ Raffinement et esthétisme imprègnent chaque pièce de ce discret hôtel daté du 18ᵉ s. Les chambres du dernier étage ménagent une superbe perspective sur le Palais-Bourbon.

Le Tourville sans rest 📶 📶 ⅙ ⌕ *VISA* ⓪ ⒜
16 av. Tourville Ⓜ Ecole Militaire – ℰ 01 47 05 62 62 – hotel@tourville.com
– Fax 01 47 05 43 90   BY **9**
30 ch – ♦150/330 € ♦♦150/330 €, ⊆ 12 €
♦ Couleurs acidulées, heureux mélange de mobilier moderne et de style et tableaux dans des chambres raffinées. Salon décoré par l'atelier David Hicks. Service attentionné.

🏨 **Verneuil** sans rest　　　🛗 AC ⚡ 📞 VISA ⦿ AE ⓪
8 r. Verneuil ⓜ Rue du Bac – ℰ 01 42 60 82 14 – info @ hotelverneuil.com
– Fax 01 42 61 40 38　　　　　　　　　　　　　　　　DY **9**
26 ch – 🛏130 € 🛏🛏155/200 €, � 12 €
♦ Vieil immeuble du "carré rive gauche" aménagé dans l'esprit d'une maison particulière. Élégantes chambres (gravures). Au n°5 bis, un mur tagué signale la maison de Gainsbourg.

🏨 **Lenox Saint-Germain** sans rest　　🛗 AC ⚡ VISA ⦿ AE ⓪
9 r. Université ⓜ St-Germain des Prés – ℰ 01 42 96 10 95 – hotel @
lenoxsaintgermain.com – Fax 01 42 61 52 83　　　　　DY **5**
32 ch – 🛏120/125 € 🛏🛏145/205 €, ⊆ 14 € – 2 suites
♦ Un luxe discret s'est glissé dans ces chambres, pas très grandes mais joliment aménagées. Fresques "égyptiennes" dans la salle des petits-déjeuners. Bar de style Art déco.

🏨 **D'Orsay** sans rest　　　🛗 ♿ AC ⚡ 📞 ♨5/12, VISA ⦿ AE ⓪
93 r. Lille ⓜ Solférino – ℰ 01 47 05 85 54 – orsay @ espritfrance.com
– Fax 01 45 55 51 16　　　　　　　　　　　　　　　CX **3**
41 ch – 🛏129/148 € 🛏🛏170/320 €, ⊆ 10 €
♦ L'hôtel occupe deux beaux immeubles de la fin du 18e s. soigneusement rénovés. Jolies chambres personnalisées et chaleureux salon avec vue sur un charmant et verdoyant patio.

🏨 **Eiffel Park Hôtel** sans rest　　🛗 AC ⤢ ⚡ VISA ⦿ AE ⓪
17bis r. Amélie ⓜ La Tour Maubourg – ℰ 01 45 55 10 01 – reservation @
eiffelpark.com – Fax 01 47 05 28 68　　　　　　　　BY **3**
36 ch – 🛏125/185 € 🛏🛏125/199 €, ⊆ 12 €
♦ Les meubles peints "à l'ancienne" et les objets chinois et indiens vous plongeront dans une atmosphère exotique. Terrasse d'été, salon "cosy" avec cheminée. Accueil soigné.

🏨 **Walt** sans rest　　　🛗 ♿ AC ⤢ 📞 VISA ⦿ AE ⓪
37 av. de La Motte Picquet ⓜ Ecole Militaire – ℰ 01 45 51 55 83 – lewalt @
inwoodhotel.com – Fax 01 47 05 77 59　　　　　　　BY **42**
25 ch – 🛏250 € 🛏🛏270/290 €, ⊆ 12 €
♦ Un imposant portrait façon Renaissance à la tête du lit et des meubles contemporains font toute l'originalité des chambres de cet hôtel voisin de l'École militaire.

🏨 **Les Jardins d'Eiffel** sans rest　🛗 AC ⤢ ⚡ 📞 🚗 VISA ⦿ AE ⓪
8 r. Amélie ⓜ La Tour Maubourg – ℰ 01 47 05 46 21 – paris @
hoteljardinseiffel.com – Fax 01 45 55 28 08　　　　BX **4**
81 ch – 🛏140/200 € 🛏🛏140/200 €, ⊆ 13,50 €
♦ Dans une rue calme, établissement composé de deux bâtiments reliés par un patio où l'on prend le petit-déjeuner en été. Chambres gaiement colorées ; certaines ont un balcon.

🏨 **Relais Bosquet** sans rest　　　🛗 AC VISA ⦿ AE ⓪
19 r. Champ-de-Mars ⓜ Ecole Militaire – ℰ 01 47 05 25 45 – hotel @
relaisbosquet.com – Fax 01 45 55 08 24　　　　　　BY **31**
40 ch – 🛏106/130 € 🛏🛏122/170 €, ⊆ 11 €
♦ Cet hôtel discret dissimule un intérieur joliment meublé dans le style Directoire. Chambres rénovées, toutes décorées avec le même souci du détail, et délicates attentions.

Tour Eiffel Invalides sans rest   🛗 AC ↳ 📞 *VISA* 🏧 AE ①
35 bd La Tour Maubourg Ⓜ *La Tour Maubourg –* 𝒞 *01 45 56 10 78*
– invalides@my-paris-hotel.com – Fax 01 47 05 65 08   BX **30**
30 ch – ♦89/209 € ♦♦99/309 €, ⌑ 13 €
♦ Dominante de rouge brique et de blanc, meubles de style Louis XVI et reproductions de tableaux impressionnistes caractérisent les chambres de cet immeuble du 19ᵉ s.

Muguet sans rest   🛗 AC ↳ ⚗ 📞 *VISA* 🏧
11 r. Chevert Ⓜ *Ecole Militaire –* 𝒞 *01 47 05 05 93 – muguet@wanadoo.fr*
– Fax 01 45 50 25 37   BY **19**
43 ch – ♦95 € ♦♦110/165 €, ⌑ 9 €
♦ Adresse nichée dans une rue tranquille. Hall contemporain et chambres garnies d'un mobilier de style Louis-Philippe (sept ont vue sur la tour Eiffel ou les Invalides).

Splendid sans rest   ≼ 🛗 ὖ 📞 *VISA* 🏧 AE ①
29 av. Tourville Ⓜ *Ecole Militaire –* 𝒞 *01 45 51 29 29 – reservation@*
hotel-splendid-paris.com – Fax 01 44 18 94 60   BY **13**
45 ch – ♦115/145 € ♦♦135/185 €, ⌑ 12 € – 3 suites
♦ Immeuble haussmannien abritant d'élégantes chambres garnies d'un sobre mobilier contemporain. La plupart ont vue sur la tour Eiffel. Atmosphère douillette au salon-bar.

Londres Eiffel sans rest   🛗 AC *VISA* 🏧 AE ①
1 r. Augereau Ⓜ *Ecole Militaire –* 𝒞 *01 45 51 63 02 – info@londres-eiffel.com*
– Fax 01 47 05 28 96   BY **18**
30 ch – ♦99/120 € ♦♦110/175 €, ⌑ 12 €
♦ Près des allées du Champ-de-Mars, hôtel aux couleurs ensoleillées et à l'ambiance "cosy". Le second bâtiment, accessible par une courette, dispose de chambres plus calmes.

Du Cadran sans rest   🛗 AC ↳ ⚗ 📞 *VISA* 🏧 AE ①
10 r. Champ-de-Mars Ⓜ *Ecole Militaire –* 𝒞 *01 40 62 67 00 – info@*
cadranhotel.com – Fax 01 40 62 67 13   BY **23**
42 ch – ♦120/165 € ♦♦120/178 €, ⌑ 10 €
♦ À deux pas du marché animé de la rue Cler. Les chambres, récemment rénovées, sont modernes et rehaussées de petites touches d'esprit Louis XVI. Belle cheminée du 17ᵉ s. dans le salon-bibliothèque.

St-Germain sans rest   🛗 AC 📞 *VISA* 🏧 AE
88 r. Bac Ⓜ *Rue du Bac –* 𝒞 *01 49 54 70 00 – info@hotel-saint-germain.fr*
– Fax 01 45 48 26 89   CY **36**
29 ch – ♦150/190 € ♦♦150/210 €, ⌑ 12 €
♦ Empire, Louis-Philippe, design, objets anciens, peintures contemporaines : le charme de la diversité. Confortable bibliothèque, patio agréable en été.

Derby Eiffel Hôtel sans rest   🛗 AC ↳ *VISA* 🏧 AE ①
5 av. Duquesne Ⓜ *Ecole Militaire –* 𝒞 *01 47 05 12 05 – derby-eiffel-hotel@*
wanadoo.fr – Fax 01 47 05 43 43   BY **2**
43 ch – ♦120/155 € ♦♦135/155 €, ⌑ 12 €
♦ Un rien d'élégance "british" flotte dans cet hôtel proche de l'École militaire. Boiseries acajou, fauteuils en cuir, tableaux et mobilier de style composent un décor raffiné.

De Varenne sans rest   🛗 AC ⚗ 📞 *VISA* 🏧 AE
44 r. Bourgogne Ⓜ *Varenne –* 𝒞 *01 45 51 45 55 – info@hoteldevarenne.com*
– Fax 01 45 51 86 63   CY **41**
24 ch – ♦130/150 € ♦♦150/170 €, ⌑ 10 €
♦ Situation plutôt calme pour cet hôtel entièrement rénové garni de meubles de style Empire ou Louis XVI. En été, petits-déjeuners servis dans une courette verdoyante.

France sans rest   📧 ⚡ 𝘝𝘐𝘚𝘈 ⓒ 🄰🄴 ⓞ
102 bd La Tour Maubourg Ⓜ *Ecole Militaire –* 🕾 *01 47 05 40 49*
– hoteldefrance@wanadoo.fr – Fax 01 45 56 96 78   BY **5**
60 ch – †78 € ††95/98 €, ⊇ 9 €
♦ Établissement composé de deux bâtiments abritant des chambres bien tenues et progressivement revues. Côté rue, elles donnent sur l'Hôtel des Invalides.

Champ-de-Mars sans rest   📧 ⚡ 𝘝𝘐𝘚𝘈 ⓒ
7 r. Champ-de-Mars Ⓜ *Ecole Militaire –* 🕾 *01 45 51 52 30 – reservation@*
hotelduchampdemars.com – Fax 01 45 51 64 36   BY **34**
25 ch – †78 € ††84/88 €, ⊇ 7 €
♦ Entre Champ-de-Mars et Invalides, petite adresse à l'atmosphère anglaise : façade vert sapin, chambres "cosy" et décoration soignée style "Liberty".

Bersoly's sans rest   📧 🄰🄲 📞 𝘝𝘐𝘚𝘈 ⓒ 🄰🄴 ⓞ
28 r. Lille Ⓜ *Musée d'Orsay –* 🕾 *01 42 60 73 79 – hotelbersolys@wanadoo.fr*
– Fax 01 49 27 05 55 – Fermé août   DY **30**
16 ch – †86/115 € ††100/130 €, ⊇ 10 €
♦ Nuits impressionnistes dans un immeuble du 17e s. : chaque chambre rend hommage à un peintre dont les œuvres sont exposées au musée d'Orsay voisin (Renoir, Gauguin...).

L'Empereur sans rest   ⩽ 📧 𝘝𝘐𝘚𝘈 ⓒ 🄰🄴 ⓞ
2 r. Chevert Ⓜ *La Tour Maubourg –* 🕾 *01 45 55 88 02 – contact@*
hotelempereur.com – Fax 01 45 51 88 54   BY **10**
38 ch – †70/80 € ††80/100 €, ⊇ 8 €
♦ Oublié, Waterloo ! La postérité a choisi : face au Dôme des Invalides qui abrite le tombeau de Napoléon, chambres rénovées dans le style Empire.

Lévêque sans rest   📧 🄰🄲 ⚡ 📞 𝘝𝘐𝘚𝘈 ⓒ 🄰🄴
29 r. Clerc Ⓜ *Ecole Militaire –* 🕾 *01 47 05 49 15 – info@hotel-leveque.com*
– Fax 01 45 50 49 36   BY **28**
50 ch – †57 € ††87/125 €, ⊇ 8 €
♦ Dans une pittoresque rue piétonne, petite adresse aux chambres pratiques et claires, idéale pour découvrir le Paris traditionnel. Salle des petits-déjeuners de style bistrot.

XXXX **Arpège** (Passard)   🄰🄲 ⇔ 8/14, 𝘝𝘐𝘚𝘈 ⓒ 🄰🄴 ⓞ
😋😋😋 *84 r. Varenne* Ⓜ *Varenne –* 🕾 *01 45 51 47 33 – arpege.passard@wanadoo.fr*
– Fax 01 44 18 98 39 – Fermé sam. et dim.   CY **25**
Rest – 140 € (déj.)/340 € (dîner) et carte 168/306 €
Spéc. Légumes du potager. Aiguillettes de homard des îles Chausey au vin jaune. Millefeuille au miel du jardin.
♦ Bois précieux, décor de verre signé Lalique : préférez l'élégante salle contemporaine au caveau, et dégustez l'éblouissante cuisine "légumière" d'un chef-poète du terroir.

XXXX **Le Divellec**   🄰🄲 ⚡ 🍽 𝘝𝘐𝘚𝘈 ⓒ 🄰🄴 ⓞ
😋 *107 r. Université* Ⓜ *Invalides –* 🕾 *01 45 51 91 96 – ledivellec@noos.fr*
– Fax 01 45 51 31 75 – Fermé août, 24 déc.-2 janv., sam. et dim.   BX **3**
Rest – 55 € (déj.)/70 € (déj.) et carte 120/195 €
Spéc. Ecrevisses en millefeuille, vinaigrette de carapace. Crème moussante aux fèves et pois, brunoise de Saint-Jacques. Blanc épais de cabillaud aux bâtons dorés de seiche, jus noir au beurre salé.
♦ Cadre nautique chic : décor d'ondes sur verre dépoli, vivier à homards, tonalité bleu-blanc. Belle cuisine de la mer à base de produits venus directement de l'Atlantique.

XXX **Jules Verne** ⟨ Paris, 🅰🅲 ⚜ 🆅🆂🅰 ⓒⓄ 🅰🅴 ⓞ
ξ3 *2e étage Tour Eiffel, ascenseur privé pilier sud Ⓜ Bir-Hakeim*
– ℰ 01 45 55 61 44 – Fax 01 47 05 29 41 AY **2**
Rest – 57 € (déj. en sem.)/128 € et carte 110/165 €
Spéc. Saint-Jacques au jus de volaille, brunoise de seiche et bigorneaux, foie gras poêlé (oct. à mars). Dos de bar de ligne au salpicon d'huîtres. Poitrine de canard sauvage aux Saint-Jacques (oct. à fév.).
♦ Le décor de Slavik s'efface humblement devant le spectacle de la Ville lumière. Pour que le voyage soit vraiment extraordinaire, réservez une table près des baies.

XXX **Violon d'Ingres** (Constant) 🅰🅲 🆅🆂🅰 ⓒⓄ 🅰🅴 ⓞ
ξ3 *135 r. St-Dominique Ⓜ Ecole Militaire – ℰ 01 45 55 15 05 – violondingres@wanadoo.fr – Fax 01 45 55 48 42 – Fermé 30 juil.-22 août, 15-31 déc., dim. et lundi* BY **38**
Rest – 50 € bc (déj. en sem.), 80/110 € et carte 80/110 €
Spéc. Foie gras de canard poêlé au pain d'épices. Suprême de bar croustillant aux amandes. Tatin de pied de porc caramélisée.
♦ Des boiseries réchauffent l'atmosphère de cette salle devenue le rendez-vous élégant de gourmets attirés par la cuisine très personnelle du virtuose qui officie au "piano".

XXX **Pétrossian** 🅰🅲 ⌐♪ 🆅🆂🅰 ⓒⓄ 🅰🅴 ⓞ
144 r. Université Ⓜ Invalides – ℰ 01 44 11 32 32 – Fax 01 44 11 32 35 – Fermé en août, dim. et lundi BX **6**
Rest – 35 € (déj. en sem.)/45 € et carte 70/130 € ♀
♦ Les Pétrossian régalent les Parisiens du caviar de la Caspienne depuis 1920. À l'étage de la boutique, élégante salle de restaurant et cuisine inventive.

XXX **La Maison des Polytechniciens** ⊕ 4/15, 🆅🆂🅰 ⓒⓄ 🅰🅴 ⓞ
12 r. Poitiers Ⓜ Solférino – ℰ 01 49 54 74 54 – info@maisondex.com – Fax 01 49 54 74 84 – Fermé 24 juil.-20 août, 23 déc.-4 janv., sam., dim. et fériés DX **3**
Rest – (nombre de couverts limité, prévenir) 36 € (sem.) et carte 55/75 €
♦ Même si les "corpsards" l'apprécient, nul besoin de sortir de la botte pour fréquenter la salle à manger du bel hôtel de Poulpry (1703), à deux pas du musée d'Orsay.

XX **Chamarré** 🅰🅲 🆅🆂🅰 ⓒⓄ 🅰🅴 ⓞ
ξ3 *13 bd La Tour-Maubourg Ⓜ Invalides – ℰ 01 47 05 50 18 – chantallaval@wanadoo.fr – Fax 01 47 05 91 21 – Fermé sam. midi, dim. et lundi* BX **1**
Rest – 28 € (déj. en sem.), 60/80 €
Spéc. Carpaccio de haut bar et marlin fumé. Cochon de lait. Savarin punché au rhum.
♦ Décor contemporain chic (boiseries exotiques), accueil aimable et cuisine associant avec brio saveurs françaises et mauriciennes (l'un des chefs est originaire de l'île).

XX **Les Ormes** (Molé) 🆅🆂🅰 ⓒⓄ 🅰🅴 ⓞ
ξ3 *22 r. Surcouf Ⓜ La Tour Maubourg – ℰ 01 45 51 46 93 – molestephane@noos.fr – Fax 01 45 50 30 11 – Fermé 30 juil.-23 août, 7-15 janv., dim. et lundi* BX **9**
Rest – (30 €), 36 € (déj. en sem.)/44 € (dîner) et carte 60/75 € ♀
Spéc. Filet de Saint-Pierre à la pistache. Jarret de veau braisé à la cuiller. Lièvre à la royale (mi-oct. à mi-déc.).
♦ Adieu le Bellecour, bonjour les Ormes ! Stéphane Molé a repris de main de maître cette institution proche des Invalides. Cadre élégant, plats traditionnels.

XX **Cigale Récamier** ⌂ AC VISA ●
4 r. Récamier Ⓜ *Sèvres Babylone –* ℰ *01 45 48 86 58*
– Fermé dim. DY **17**
Rest – carte 30/53 €
♦ Originale carte de soufflés salés et sucrés, renouvelée chaque mois, en cette adresse "littéraire" où se retrouvent auteurs et éditeurs. Agréable terrasse au calme.

XX **Vin sur Vin** AC VISA ●
☆ *20 r. de Monttessuy* Ⓜ *Pont de l'Alma –* ℰ *01 47 05 14 20 – Fermé 21-29 mai, août, 23 déc.-6 janv., lundi sauf le soir de mi-sept. à fin-mars, sam. midi et dim.* BX **34**
Rest – (nombre de couverts limité, prévenir) carte 65/100 € ℬ
Spéc. Les légumes. Agneau de Lozère. Millefeuille chocolat.
♦ Accueil aimable, élégant décor, délicieuse cuisine traditionnelle et carte des vins étoffée (600 appellations) : vingt sur vingt pour ce restaurant proche de la tour Eiffel !

XX **Tante Marguerite** AC ⇄ 6/20, VISA ● AE ①
5 r. Bourgogne Ⓜ *Assemblée Nationale –* ℰ *01 45 51 79 42*
– tante.marguerite@bernard-loiseau.com – Fax 01 47 53 79 56 – Fermé août, sam. et dim. CX **4**
Rest – 34/65 € et carte 55/65 € ℤ
♦ Cette tante-là fait l'unanimité à la Chambre ! À deux pas du Palais-Bourbon, elle propose dans un décor cossu et feutré une goûteuse cuisine traditionnelle.

XX **Ferme St-Simon** AC VISA ● AE ①
6 r. St-Simon Ⓜ *Rue du Bac –* ℰ *01 45 48 35 74 – fermestsimon@wanadoo.fr*
– Fax 01 40 49 07 31 – Fermé 29 juil.-15 août, sam. midi et dim. CY **16**
Rest – 31 € (déj. en sem.)/33 € et carte 48/65 € ℤ
♦ Boiseries, chaleureuses tentures murales et mobilier de type bistrot composent le cadre rajeuni de ce restaurant où l'on propose une cuisine au goût du jour.

XX **Chez les Anges** AC ⇄ 6/12, VISA ● AE
54 bd de la Tour Maubourg Ⓜ *La Tour Maubourg –* ℰ *01 47 05 89 86*
– chezlesanges@wanadoo.fr – Fax 01 47 05 45 56 – Fermé sam. et dim. BY **36**
Rest – 35 € et carte 42/80 € ℤ
♦ Ambiance chic et branchée, décor contemporain épuré et long comptoir où l'on peut s'attabler définissent le cadre de ce restaurant proposant une cuisine actuelle, goûteuse et sincère.

XX **New Jawad** AC ⊘ VISA ● AE ①
☞ *12 av. Rapp* Ⓜ *Ecole Militaire –* ℰ *01 47 05 91 37 – Fax 01 45 50 31 27*
Rest – 16/40 € et carte 35/46 € ℤ BX **25**
♦ Spécialités culinaires pakistanaises et indiennes, service soigné et cadre cossu caractérisent ce restaurant situé à proximité du pont de l'Alma.

XX **Beato** AC VISA ● AE
8 r. Malar Ⓜ *Invalides –* ℰ *01 47 05 94 27 – beato.rest@wanadoo.fr*
– Fax 01 45 55 64 41 – Fermé 15 juil.-15 août, 24 déc.-1er janv., sam. midi et dim. BX **5**
Rest – 23 € (déj. en sem.) et carte 35/60 € ℤ
♦ Fresques, colonnes pompéiennes et sièges néo-classiques : décor italien version bourgeoise pour un restaurant chic. Plats de Milan, de Rome et d'ailleurs.

XX **Thiou** AC VISA ⓂⒸ AE

49 quai d'Orsay Ⓜ *Invalides –* ℰ *01 40 62 96 50 – Fax 01 40 62 97 30*
– Fermé août, sam. midi et dim. BX **3**

Rest – carte 50/85 €

♦ Thiou est le surnom de la médiatique cuisinière de ce restaurant fréquenté par des célébrités. Recettes thaïlandaises servies dans une confortable salle sagement exotique.

XX **La Cuisine** AC VISA ⓂⒸ AE ⓪

14 bd La Tour-Maubourg Ⓜ *Invalides –* ℰ *01 44 18 36 32 – lacuisine@*
lesrestos.com – Fax 01 44 18 30 42 – Fermé août, sam. midi
et dim. midi BX **38**

Rest – 31/44 € et carte 48/74 € ⚈

♦ Voilà une Cuisine qui soigne son décor : murs ensoleillés, tableaux, miroirs, banquettes et chaises capitonnées accompagnent chaleureusement les bons petits plats du chef.

XX **Caffé Minotti** (Vernier) ⌂⚈(soir) VISA ⓂⒸ AE
🟢

33 r. Verneuil Ⓜ *Rue du Bac –* ℰ *01 42 60 04 04 – caffeminotti@wanadoo.fr*
– Fax 01 42 60 04 05 – Fermé 31 juil.-23 août, 24 déc.-1ᵉʳ janv.,
dim. et lundi DY **3**

Rest – (26 €), 32 € (déj.) et carte 60/85 € ⚈

Spéc. Gamberoni-fritti, Lasagne-Minotti, Risotto-langoustines.

♦ Décor contemporain cossu (étonnant lustre rouge en verre de Murano) et tout le soleil de l'Italie dans l'assiette : vous allez souvent garer votre Vespa devant le Caffé !

XX **Auguste** AC VISA ⓂⒸ AE ⓪

54 r. Bourgogne Ⓜ *Varenne –* ℰ *01 45 51 61 09 – Fax 01 45 51 27 34*
– Fermé 1ᵉʳ-21 août, sam. et dim. CY **42**

Rest – 35 € (déj.) et carte 45/65 € ⚈

♦ Nouveau chef et nouveaux atours (tableaux contemporains, mobilier design, éclairage modulable) pour ce restaurant logé au cœur du quartier des ministères. Fine cuisine au goût du jour.

XX **Le Bamboche** AC VISA ⓂⒸ

15 r. Babylone Ⓜ *Sèvres Babylone –* ℰ *01 45 49 14 40 – lebamboche@*
aol.com – Fax 01 45 49 14 44 – Fermé 31 juil.-6 août
et dim. midi CY **13**

Rest – 28/35 € et carte 55/75 € ⚈

♦ Plaisante adresse à deux pas du Bon Marché. Le sobre décor contemporain des salles à manger contraste avec la créativité de la cuisine concoctée par le chef. Service attentif.

XX **D'Chez Eux** AC VISA ⓂⒸ AE ⓪

2 av. Lowendal Ⓜ *Ecole Militaire –* ℰ *01 47 05 52 55 – contact@*
chezeux.com – Fax 01 45 55 60 74 – Fermé 29 juil.-27 août
et dim. BY **14**

Rest – carte 55/110 € ⚈

♦ Copieuses assiettes inspirées de l'Auvergne et du Sud-Ouest, ambiance "auberge provinciale" et serveurs en blouse : la recette séduit depuis plus de 40 ans !

XX **L'Esplanade** AC ⌂⚈ VISA ⓂⒸ AE

52 r. Fabert Ⓜ *La Tour Maubourg –* ℰ *01 47 05 38 80*
– Fax 01 47 05 23 75 BY **27**

Rest – carte 40/75 € ⚈

♦ Belle situation face aux Invalides pour l'une des adresses des frères Costes. Chaudes tonalités et décor de boulets et canons inspiré par l'illustre voisinage.

L'Atelier de Joël Robuchon   AC ⅏ ⊶ VISA ⓜⓒ

☼ ☸

5 r. Montalembert ⓜ *Rue du Bac* – ℰ *01 42 22 56 56*
*– latelierdejoelrobuchon @ wanadoo.fr – Fax 01 42 22 97 91 – Accueil
de 11h30 à 15h30 et de 18h30 à minuit.*
Réservations uniquement pour certains services : se renseigner   DY **44**
Rest – 98 € et carte 60/115 € ♀ ⅏

Spéc. Œuf cocotte et crème aux girolles. Aile de pigeon au chou et foie gras.
Chocolat sensation.
♦ Concept original dans un décor chic signé Rochon : pas de tables, mais de
hauts tabourets alignés face au comptoir où l'on déguste une belle cuisine
actuelle, déclinable en assiettes de dégustation façon tapas. Service voiturier
à midi et les samedis et dimanches soirs.

Gaya Rive Gauche par Pierre Gagnaire   AC

☼ ☸

44 r. Bac ⓜ *Rue du Bac* – ℰ *01 45 44 73 73*   ⇔ 15/20, VISA ⓜⓒ ⒶⒺ ⓞ
*– p.gagnaire @ wanadoo.fr – Fax 01 45 44 73 73 – Fermé 1er-20 août, dim. et
fériés*   DY **4**
Rest – carte 50/100 € ♀

Spéc. Pressé de tourteau au chou-fleur, oseille fondue. Riz noir crémeux,
gambas de Madagascar au saté. Pavé de bar sauvage poché au beurre clarifié.
♦ Une nouvelle vie pour ce restaurant de la rive gauche repris par Pierre
Gagnaire. Dans un beau décor conçu par Christian Ghion, on se régale de
recettes plus créatives les unes que les autres, sublimant les produits de la mer.

Au Bon Accueil   AC VISA ⓜⓒ ⒶⒺ

☼

14 r. Monttessuy ⓜ *Pont de l'Alma* – ℰ *01 47 05 46 11 – Fermé sam. et dim.*
☻   Rest – 27 € (déj.)/31 € et carte 21/52 €   BX **28**
♦ À l'ombre de la tour Eiffel, salle à manger de style actuel et petit salon
attenant où l'on sert une appétissante cuisine au goût du jour, sensible au
rythme des saisons.

Nabuchodonosor   AC VISA ⓜⓒ

☼

6 av. Bosquet ⓜ *Alma Marceau* – ℰ *01 45 56 97 26 – Fax 01 45 56 98 44
– Fermé 5-27 août, sam. midi et dim.*   BX **36**
Rest – 26 € (déj.), 30/50 € bc et carte 35/60 €
♦ L'enseigne célèbre la plus grosse bouteille de champagne existante. Murs
terre de Sienne, panneaux de chêne et nabuchodonosors à titre de décor.
Cuisine du marché.

Bistrot de Paris   ⇔ 10/30, ⊶(soir) VISA ⓜⓒ ⒶⒺ

☼

33 r. Lille ⓜ *Musée d'Orsay* – ℰ *01 42 61 16 83 – Fax 01 49 27 06 09
– Fermé août, 24 déc.-1er janv., sam. midi, lundi soir et dim.*   DY **7**
Rest – carte 25/65 € ♀
♦ Cet ancien "bouillon" eut André Gide pour pensionnaire. Le décor 1900 revu
par Slavik scintille de cuivres et miroirs. Tables serrées, cuisine "bistrotière".

Vin et Marée   AC VISA ⓜⓒ ⒶⒺ

☼

71 av. Suffren ⓜ *La Motte Picquet Grenelle* – ℰ *01 47 83 27 12 – vin.maree @
wanadoo.fr – Fax 01 43 06 62 35*   BY **26**
Rest – carte 40/55 €
♦ Cadre moderne cossu (banquettes, miroirs et cuivres) aux couleurs ensoleillées et ambiance chaleureuse. La carte, présentée sur ardoise, propose
uniquement des produits de la mer.

Les Olivades   AC VISA ⓜⓒ ⒶⒺ

☼

41 av. Ségur ⓜ *Ségur* – ℰ *01 47 83 70 09 – Fax 01 42 73 04 75 – Fermé août,
sam. midi, lundi midi et dim.*   BZ **39**
Rest – 32 € (déj.), 40/60 €
♦ Ce lieu fleure bon l'huile d'olive avec son appétissante cuisine d'inspiration
méridionale. Décor sage et plaisant : tons pastel, tableaux modernes et
mobilier rustique.

Thoumieux avec ch ⇦ 20/40, 🄺 rest, 𝚅𝙸𝚂𝙰 ⓒ🄰🄴

*79 r. St-Dominique ⓜ La Tour Maubourg – ℰ 01 47 05 49 75 – bthoumieux@
aol.com – Fax 01 47 05 36 96* BX **12**

9 ch – ♦107 € ♦♦115 €, ⌾ 8 €

Rest – 15 € bc (déj. en sem.)/33 € bc et carte 30/55 €

♦ Authentique brasserie parisienne : vaste salle à manger aux tables alignées, avec banquettes rouges et miroirs. Côté cuisine, les préparations "en pincent" pour le Sud-Ouest.

Clos des Gourmets 𝚅𝙸𝚂𝙰 ⓒ

*16 av. Rapp ⓜ Alma Marceau – ℰ 01 45 51 75 61 – Fax 01 47 05 74 20
– Fermé 10-25 août, dim. et lundi* BX **31**

Rest – (25 €), 29 € (déj. en sem.)/33 €

♦ Nombre d'habitués apprécient cette adresse discrète, décorée dans des tons ensoleillés. La carte, appétissante, varie en fonction du marché.

Maupertu ⌂ ↭ 𝚅𝙸𝚂𝙰 ⓒ

*94 bd La Tour Maubourg ⓜ Ecole Militaire – ℰ 01 45 51 37 96 – info@
restaurant-maupertu-paris.com – Fax 01 53 59 94 83 – Fermé 8-23 août et
dim.* BY **35**

Rest – 29 €

♦ On vous installera face aux Invalides, dans une chaleureuse salle-véranda ou à l'une des tables disposées sur le trottoir. Cuisine d'inspiration provençale.

Perron 𝚅𝙸𝚂𝙰 ⓒ 🄰🄴

*6 r. Perronet ⓜ St-Germain des Prés – ℰ 01 45 44 71 51
– Fax 01 45 44 71 51* DY **20**

Rest – 25 € (déj. en sem.) et carte 35/50 €

♦ Discrète trattoria au cœur de Saint-Germain-des-Prés. Cadre rustique avec pierres et poutres apparentes. Cuisine italienne à dominante sarde et vénitienne.

Florimond ↭ 𝚅𝙸𝚂𝙰 ⓒ

*19 av. La Motte-Picquet ⓜ Ecole Militaire – ℰ 01 45 55 40 38
– Fax 01 45 55 40 38 – Fermé 1er-8 mai, 29 juil.-20 août, 25 déc.-7 janv., sam.
midi et dim.* BY **21**

Rest – 20 € (déj. en sem.)/35 € et carte 48/53 €

♦ Couleurs ensoleillées et boiseries décorent ce coquet restaurant de poche (non-fumeurs) qui emprunte son nom au jardinier de Monet à Giverny. Goûteuse cuisine du marché.

Pasco ⌂ 🄐 ⇲ 𝚅𝙸𝚂𝙰 ⓒ 🄰🄴

*74 bd La Tour Maubourg ⓜ La Tour Maubourg – ℰ 01 44 18 33 26
– restaurant.pasco@wanadoo.fr – Fax 01 44 18 34 06 – Fermé lundi*

Rest – (19 €), 24 € et carte 30/52 € Ⓨ BY **4**

♦ Murs de briques, tons ocres et atmosphère décontractée au service d'une cuisine du marché qui puise ses fondamentaux dans les recettes du répertoire méditerranéen.

Fontaine de Mars ⌂ 𝚅𝙸𝚂𝙰 ⓒ 🄰🄴

*129 r. St-Dominique ⓜ Ecole Militaire – ℰ 01 47 05 46 44
– lafontainedemars@wanadoo.fr – Fax 01 47 05 11 13* BY **25**

Rest – 23 € (déj. en sem.) et carte 38/75 € Ⓨ

♦ L'enseigne de ce plaisant bistrot des années 1930 évoque la jolie fontaine voisine dédiée au dieu guerrier. Terrasse sous les arcades ; cuisine traditionnelle et du Sud-Ouest.

※ **Café de l'Alma** 🛋 AK ⌂ VISA ⬤ AE ⓪
5 av. Rapp ⓜ Alma Marceau – ℰ 01 45 51 56 74 – cafedelalma@wanadoo.fr
– Fax 01 45 51 10 08 BX **4**
Rest – carte 37/68 €
♦ Salle à manger chic et résolument contemporaine signée François Champsaur, coqueluche de la décoration intérieure. Recettes au goût du jour et cuisine bourgeoise.

※ **P'tit Troquet** ↯ VISA ⬤
😊 28 r. L'Exposition ⓜ Ecole Militaire – ℰ 01 47 05 80 39 – Fax 01 47 05 80 39
– Fermé 1er-28 août, sam. midi, lundi midi et dim. BY **6**
Rest – (nombre de couverts limité, prévenir) 27 € (déj.)/30 €
♦ Pour sûr, il est p'tit, ce bistrot ! Mais que d'atouts il renferme : cadre coquet agrémenté de vieilles "réclames", ambiance sympathique et goûteuse cuisine du marché. Adresse réservée aux non-fumeurs.

※ **Miyako** AK ⅗ VISA ⬤ AE
😊 121 r. Université ⓜ Invalides – ℰ 01 47 05 41 83 – Fax 01 45 55 13 18 – Fermé
29 juil.-21 août, sam. midi et dim. BX **10**
Rest – 13 € bc (déj. en sem.), 14/35 € bc et carte 25/40 € ⚑
♦ Dans le quartier du Gros-Caillou, un petit voyage culinaire au pays du Soleil Levant, avec des brochettes au charbon de bois et les inévitables - et très prisés - sushis.

※ **L'Affriolé** AK VISA ⬤
😊 17 r. Malar ⓜ Invalides – ℰ 01 44 18 31 33 – Fax 01 44 18 91 12
– Fermé août, 24 déc.-3 janv., sam. et dim. BX **40**
Rest – (23 €), 29 € (déj.), 33/40 €
♦ Des suggestions annoncées sur l'ardoise du jour et un menu-carte qui change tous les mois : le chef de ce bistrot suit de près les arrivages du marché... et les saisons !

※ **Chez l'Ami Jean** AK VISA ⬤
😊 27 r. Malar ⓜ La Tour Maubourg – ℰ 01 47 05 86 89 – Fermé août,
24 déc.-2 janv., dim. et lundi BX **11**
Rest – 29 € et carte 35/65 €
♦ L'Ami Jean vous régale d'une généreuse cuisine du marché et du Sud-Ouest (spécialités de gibier en saison) dans un chaleureux décor évoquant le pays Basque.

※ **Oudino** AK VISA ⬤
17 r. Oudinot ⓜ Vaneau – ℰ 01 45 66 05 09 – Fax 01 45 66 53 35 – Fermé
7-20 août, 23 déc.-4 janv., sam. midi et dim. CZ **1**
Rest – (15 €) et carte 25/40 €
♦ Agréable pause gourmande au voisinage des ministères : salle à manger aux discrètes touches Art déco et propositions culinaires dans le registre bistrot à découvrir sur l'ardoise.

※ **Léo Le Lion** VISA ⬤
23 r. Duvivier ⓜ Ecole Militaire – ℰ 01 45 51 41 77 – Fax 01 45 51 41 77
– Fermé août, 25 déc.-1er janv., dim. et lundi BY **2**
Rest – carte 36/50 €
♦ Bistrot des années 1930 et son gril à feu de bois. Dans l'assiette, le poisson se taille la part du lion toute l'année et, en saison, le gibier invite à rugir de plaisir !

※ **Sa mi in** VISA ⬤
74 av. Breteuil ⓜ Sèvres -Lecourbe – ℰ 01 47 34 58 96 – han@samiin.com
– Fax 01 47 34 58 96 BZ **1**
Rest – (17 €), 25 € (déj.), 38/49 €, Enf. 15 €
♦ Ambiance "zen" en ce petit restaurant authentiquement coréen : décor raffiné et intimiste, cuisine goûteuse aux notes parfumées. Menu végétarien.

S. Sauvignier/MICHELIN

Champs-Elysées, Concorde, Madeleine

8e arrondissement ⌧ 75008 – PLAN 9-10

Plaza Athénée 🚗 ⅙ 🖨 ⅍ ⅘ch, 📞 ♨20/60, *VISA* 🅒🅞 🅐🅔 🅞
25 av. Montaigne Ⓜ *Alma Marceau – ℰ 01 53 67 66 65 – reservation @
plaza-athenee-paris.com – Fax 01 53 67 66 66* BZ **2**
145 ch – ♦565 € ♦♦695/770 €, ☲ 46 € – 43 suites
voir rest. *Alain Ducasse au Plaza Athénée* et *Relais Plaza* ci-après
Rest La Cour Jardin – rest.-terrasse – ℰ 01 53 67 66 02 (fermé mi-sept. à mi-
mai) carte 85/100 €
♦ Styles classique ou Art déco dans les chambres luxueuses, thés "musicaux"
à la galerie des Gobelins, étonnant bar design : le palace parisien par excellence ! À la belle saison, on ouvre la charmante et verdoyante terrasse de la
Cour Jardin.

Four Seasons George V 🛎 ⅙ 🖾 🖨 ⅙.ch, 🖾 ⅍ch, 🍴rest, 📞
31 av. George V Ⓜ *George V – ℰ 01 49 52 70 00* ♨30/240, *VISA* 🅒🅞 🅐🅔 🅞
– par.lecinq@fourseasons.com – Fax 01 49 52 70 10 AY **12**
186 ch – ♦665/900 € ♦♦695/780 €, ☲ 47 € – 59 suites
voir rest. *Le Cinq* ci-après
Rest Terrasse d'Été – *(ouvert mai-sept.)* carte 70/91 €
♦ Entièrement refait dans le style du 18e s., le "V" dispose de chambres
luxueuses et immenses (pour Paris s'entend), de belles collections d'œuvres
d'art et d'un spa superbe. Les tables de la Terrasse d'Été sont dressées dans
la ravissante cour intérieure.

Le Bristol 🛎 ⅙ 🖾 🚗 🖨 🖾 🍴 📞 ♨30/100, 🚬 *VISA* 🅒🅞 🅐🅔 🅞
112 r. Fg St-Honoré Ⓜ *Miromesnil – ℰ 01 53 43 43 00 – resa @
lebristolparis.com – Fax 01 53 43 43 01* CY **44**
126 ch – ♦580/650 € ♦♦610/750 €, ☲ 49 € – 38 suites
voir rest. *Le Bristol* ci-après
♦ Palace de 1925 agencé autour d'un magnifique jardin. Luxueuses chambres, principalement de style Louis XV ou Louis XVI, et exceptionnelle piscine
"bateau" au dernier étage.

Crillon ⅙ 🖨 🖾 ⅍ 🍴rest, 📞 ♨30/60, *VISA* 🅒🅞 🅐🅔 🅞
10 pl. Concorde Ⓜ *Concorde – ℰ 01 44 71 15 00 – crillon @ crillon.com
– Fax 01 44 71 15 02* DZ **24**
103 ch – ♦510/695 € ♦♦630/790 €, ☲ 47 € – 44 suites
voir rest. *Les Ambassadeurs* et *L'Obélisque* ci-après
♦ Les salons de cet hôtel particulier du 18e s. ont conservé leur fastueuse
ornementation. Les chambres, habillées de boiseries, sont magnifiques. Le
palace à la française !

Prince de Galles 🚗 🖨 🖾 ⅍ch, 📞 ♨25/100, *VISA* 🅒🅞 🅐🅔 🅞
33 av. George-V Ⓜ *George V – ℰ 01 53 23 77 77 – hotel.prince.de.galles @
luxurycollection.com – Fax 01 53 23 78 78* BZ **45**
138 ch – ♦329/610 € ♦♦349/710 €, ☲ 28 € – 30 suites
Rest Jardin des Cygnes – ℰ 01 53 23 78 50 (fermé dim. soir) 50 € (déj. en
sem.), 70 € bc/120 € bc ♀
♦ C'est à l'intérieur que ce luxueux hôtel de l'entre-deux-guerres dévoile son
style Art déco, à l'image du patio en mosaïque. Chambres décorées avec un
goût sûr. Au Jardin des Cygnes, salle (jolie fontaine) à l'atmosphère aristocratique et belle cour-terrasse.

Royal Monceau 🕸 *ᵢᵃ* 🔲 🎧 &. 🔟 ↩ 🖈15/200, _VISA_ 🐠 🖭 ⓪
37 av. Hoche Ⓜ *Charles de Gaulle-Etoile –* ℰ *01 42 99 88 00 – reservations@*
royalmonceau.com – Fax 01 42 99 89 90 BY **25**
158 ch – †550/750 € ††550/750 €, � 45 € – 47 suites
voir rest. *Jardin* et *Carpaccio* ci-après
♦ Ce palace (1928) achève sa rénovation complète, une "nouvelle peau"
signée Jacques Garcia. Superbe hall-salon, chambres raffinées, beau centre
de remise en forme avec piscine.

Hilton Arc de Triomphe 🕸 *ᵢᵃ* 🎧 &.ch, 🔟 ↩ 🖈rest, 🕻
51 r. Courcelles Ⓜ *Courcelles* 🖈15/800, 🍽 _VISA_ 🐠 🖭 ⓪
– ℰ 01 58 36 67 00 – info_adt@hilton.com
– Fax 01 58 36 67 77 BX **81**
438 ch – †230/630 € ††230/680 €, ⊐ 30 € – 25 suites
**Rest *Safran* – ℰ 01 58 36 67 96 – carte 35/78 €
♦ Inspiré des paquebots des années 1930, cet hôtel neuf en restitue
avec réussite l'esprit luxueux et raffiné : élégantes chambres Art déco,
patio-fontaine, fitness, etc. Au Safran, cuisine au goût du jour influencée par
les saveurs et parfums d'Asie.

Lancaster *ᵢᵃ* 🎧 🔟 ↩ _VISA_ 🐠 🖭 ⓪
7 r. Berri Ⓜ *George V – ℰ 01 40 76 40 76 – reservations@hotel-lancaster.fr*
– Fax 01 40 76 40 00 BY **27**
49 ch – †350 € ††410/520 €, ⊐ 32 € – 11 suites
voir rest. *Table du Lancaster* ci-après
♦ B. Pastoukhoff payait ses séjours en peignant des tableaux, contribuant à
enrichir l'élégant décor de cet ancien hôtel particulier qu'appréciait aussi
Marlène Dietrich.

Vernet 🎧 🔟 🖈rest, 🕻 _VISA_ 🐠 🖭 ⓪
25 r. Vernet Ⓜ *Charles de Gaulle-Etoile – ℰ 01 44 31 98 00 – reservations@*
hotelvernet.com – Fax 01 44 31 85 69 AY **9**
42 ch – †290/390 € ††330/550 €, ⊐ 35 € – 9 suites
voir rest. *Les Elysées* ci-après
♦ Belle façade en pierres de taille, agrémentée de balcons en fer forgé, d'un
immeuble des années folles. Chambres de style Empire ou Louis XVI. Grill-bar
"branché".

Astor Saint Honoré *ᵢᵃ* 🎧 &.ch, 🔟 ch, ↩ch, 🕻 _VISA_ 🐠 🖭 ⓪
11 r. d'Astorg Ⓜ *St-Augustin – ℰ 01 53 05 05 05 – reservation@*
astor.3ahotels.com – Fax 01 53 05 05 30 CY **68**
125 ch – †320/400 € ††320/510 €, ⊐ 25 € – 5 suites
voir rest. *L'Astor* ci-après
♦ Styles Regency et Art déco revisités : un mariage pour le meilleur seule-
ment, qui a donné naissance à un hôtel "cosy" apprécié d'une clientèle
sélecte. Élégante salle à manger ovale aux tons clairs garnie de meubles en
bois foncé de style Directoire.

San Régis 🎧 🔟 🖈 🕻 _VISA_ 🐠 🖭 ⓪
12 r. J. Goujon Ⓜ *Champs-Elysées Clemenceau – ℰ 01 44 95 16 16*
– message@hotel-sanregis.fr – Fax 01 45 61 05 48 BZ **4**
33 ch – †320/425 € ††425/575 €, ⊐ 22 € – 11 suites
Rest *– (fermé août)* carte 47/77 €
♦ Hôtel particulier de 1857 remanié avec goût : ravissantes chambres garnies
de meubles chinés ici et là. Boutiques de haute couture à deux pas. Le
restaurant du San Régis - une vraie bonbonnière - occupe un luxueux
salon-bibliothèque feutré et confidentiel.

Le Faubourg Sofitel Demeure Hôtels 🔊 |🖥| & ch, 🆚 ↩ch,
15 r. Boissy d'Anglas Ⓜ *Concorde* 📞 ⌂ 🆚 ⓜⓞ 🅰🅴 ⓞ
– ☎ 01 44 94 14 14 – h1295@accor.com – Fax 01 44 94 14 28   CZ **20**
168 ch – ♦365/438 € ♦♦435/1213 €, ⌑ 28 €
Rest *Café Faubourg* – ☎ 01 44 94 14 24 (fermé 30 juil.-20 août, dim. midi et sam.) carte 53/74 €
♦ Ce Sofitel du "faubourg" est aménagé dans deux demeures des 18e et 19e s. Chambres équipées "high-tech", bar dans l'esprit des années 1930 et salon sous verrière. Décoration "tendance", reposant jardin intérieur et cuisine au goût du jour au Café Faubourg.

Sofitel Arc de Triomphe |🖥| & 🆚 ↩ 📞 🎣40, 🆚 ⓜⓞ 🅰🅴 ⓞ
14 r. Beaujon Ⓜ *Charles de Gaulle-Etoile* – ☎ 01 53 89 50 50 – h1296@
accor.com – Fax 01 53 89 50 51   BY **6**
134 ch – ♦215/440 € ♦♦240/630 €, ⌑ 27 €
voir rest. *Clovis* ci-après
♦ L'immeuble est haussmannien, la décoration s'inspire du 18e s. et les aménagements sont du 21e s. Chambres élégantes ; tentez de réserver l'étonnant "concept room".

Hyatt Regency 🔊 |🖥| & ch, 🆚 ↩ch, 📞 🎣10/20, 🆚 ⓜⓞ 🅰🅴 ⓞ
24 bd Malesherbes Ⓜ *Madeleine* – ☎ 01 55 27 12 34 – madeleine@
paris.hyatt.com – Fax 01 55 27 12 35   DY **22**
81 ch – ♦290/465 € ♦♦290/465 €, ⌑ 28 € – 5 suites
Rest *Café M* – (fermé sam., dim. et fériés) (46 €), 55 €
♦ Près de la Madeleine, façade discrète dissimulant un intérieur résolument contemporain, à la fois sobre et chaleureux. Chambres spacieuses et personnalisées. Appétissante cuisine au goût du jour ou brunch (le week-end), autant de bonnes raisons de prendre ses quartiers au Café M.

De Vigny |🖥| 🆚 ch, ↩ch, 📞 ⌂ 🆚 ⓜⓞ 🅰🅴 ⓞ
9 r. Balzac Ⓜ *Charles de Gaulle-Etoile* – ☎ 01 42 99 80 80 – reservation@
hoteldevigny.com – Fax 01 42 99 80 40   AY **14**
26 ch – ♦250/415 € ♦♦290/725 €, ⌑ 28 € – 11 suites
Rest *Baretto* – (fermé 14-20 août) carte 52/83 € ⌇
♦ Cet hôtel discret et raffiné, situé près des Champs-Élysées, propose des chambres "cosy" personnalisées. Salon élégant et cossu où crépitent, l'hiver, de belles flambées. Ambiance chic et feutrée, cadre d'esprit Art déco et cuisine traditionnelle au Baretto.

Champs-Élysées Plaza sans rest |🖥| & 🆚 ↩ 🗲
35 r. de Berri Ⓜ *George V* – ☎ 01 53 53 20 20 – info@ 📞 🆚 ⓜⓞ 🅰🅴 ⓞ
champselyseesplaza.com – Fax 01 53 53 20 21   BY **1**
32 ch – ♦390/890 € ♦♦390/890 €, ⌑ 22 € – 11 suites
♦ Les chambres spacieuses et élégantes de cet hôtel cossu proche des "Champs" sont toutes pourvues d'une cheminée et d'une salle de bains d'esprit Art déco.

Concorde St-Lazare |🖥| 🆚 ↩ch, 🎣250, 🆚 ⓜⓞ 🅰🅴 ⓞ
108 r. St-Lazare Ⓜ *St Lazare* – ☎ 01 40 08 44 44 – stlazare@
concordestlazare-paris.com – Fax 01 42 93 01 20   DY **16**
254 ch – ♦360/450 € ♦♦360/450 €, ⌑ 24 € – 12 suites
Rest *Café Terminus* – ☎ 01 40 08 43 30 – 39/48 € bc et carte 49/59 €
♦ Ce "palace ferroviaire" (il jouxte la gare St-Lazare) inauguré en 1889 a fait peau neuve. Son hall majestueux - un joyau de l'école Eiffel - est joliment relooké. Décor d'esprit brasserie au charme "rétro", et attrayante cuisine de bistrot au Café Terminus.

Marriott 🛏 *Lõ* ⭤ ⛑ ⭤ch, �☰ 🔂ch, ℅ ☎ 🛗15/165,
70 av. Champs-Élysées Ⓜ Franklin D. Roosevelt 🚘 *VISA* ⓒⓞ ⒶⒺ ⓞ
– ℰ 01 53 93 55 00 – mhrs.pardt.ays@marriotthotels.com
– Fax 01 53 93 55 01 BY **40**
174 ch – ♦775 € ♦♦775/815 €, ⭲ 29 € – 18 suites
Rest *Sur les Champs* – ℰ 01 53 93 55 44 (fermé dim. soir et sam.) 40/75 € ♀
♦ Un Américain à Paris : efficacité d'outre-Atlantique et confort ouaté de
chambres donnant pour partie sur les Champs. Traversez l'impressionnant
atrium et vous voici au Pavillon dont le décor (réverbères, fresques) évoque
un vieux Paris façon Oncle Sam !

Balzac 🛗 ⭤ ☎ *VISA* ⓒⓞ ⒶⒺ ⓞ
6 r. Balzac Ⓜ George V – ℰ 01 44 35 18 00 – reservation@hotelbalzac.com
– Fax 01 44 35 18 05 AY **26**
55 ch – ♦405 € ♦♦405/520 €, ⭲ 32 € – 14 suites
voir rest. *Pierre Gagnaire* ci-après
♦ L'écrivain s'éteignit au n° 22 de la rue. Élégantes chambres, salon sous
verrière. Posez vos valises et, comme Eugène de Rastignac, partez à la
conquête de Paris !

Warwick 🛗 ⭤ 🔂ch ℅rest, 🛗30/110, *VISA* ⓒⓞ ⒶⒺ ⓞ
5 r. Berri Ⓜ George V – ℰ 01 45 63 14 11 – resa.whparis@warwickhotels.com
– Fax 01 43 59 00 98 BY **5**
146 ch – ♦450 € ♦♦900 €, ⭲ 28 € – 3 suites
voir rest. *Le W* ci-après
♦ Chaleureuses étoffes, mobilier contemporain et murs garnis de tissus
tendus participent à la récente métamorphose de cet hôtel qui a ouvert ses
portes en 1981.

Napoléon 🛗 ⭤ ⭤ch, ℅ 🛗15/80, *VISA* ⓒⓞ ⒶⒺ ⓞ
40 av. Friedland Ⓜ Charles de Gaulle-Etoile – ℰ 01 56 68 43 21 – napoleon@
hotelnapoleon.com – Fax 01 56 68 44 40 AY **28**
77 ch – ♦440/490 € ♦♦440/590 €, ⭲ 22 € – 24 suites
Rest – (fermé août, le soir et week-end) carte 44/64 € ♀
♦ À deux pas de l'Étoile chère à l'Empereur, autographes, figurines et
tableaux évoquent sans fausse note l'épopée napoléonienne. Chambres de
style Directoire ou Empire. Carte traditionnelle servie dans le cadre feutré et
"cosy" (belles boiseries) du restaurant.

California 🛏 🛗 ⭤ch, ℅ 🛗20/100, *VISA* ⓒⓞ ⒶⒺ ⓞ
16 r. Berri Ⓜ George V – ℰ 01 43 59 93 00 – cal@hroy.com
– Fax 01 45 61 03 62 BY **49**
158 ch – ♦440 € ♦♦440/540 €, ⭲ 25 € – 16 suites
Rest – (fermé août, sam. et dim.) (déj. seult.) 53 € bc (déj.), 70 € bc/80 €
bc ♀
♦ Les esthètes seront comblés : plusieurs milliers de tableaux ornent les murs
de cet ancien palace des années 1920. Autre collection : les 200 whiskies du
piano-bar ! Un ravissant patio-terrasse (fontaine, mosaïques, verdure) prolonge la salle de restaurant.

Trémoille *Lõ* ⭤ch, 🛗 ⭤ch, 🌊 🛗15, *VISA* ⓒⓞ ⒶⒺ ⓞ
14 r. Trémoille Ⓜ Alma Marceau – ℰ 01 56 52 14 00 – reservation@
hotel-tremoille.com – Fax 01 40 70 01 08 BZ **73**
88 ch – ♦315/420 € ♦♦315/495 €, ⭲ 22 € – 5 suites
Rest – (fermé août, sam. midi et dim.) (29 €), 60 € bc (déj. en sem.), 75 €
bc/90 € bc et carte 55/85 € ♀
♦ L'hôtel a fait peau neuve et arbore un décor contemporain - associant
ancien et design - réussi. Équipements de pointe et salles de bains en marbre
et céramiques du Portugal. Élégante salle à manger à l'atmosphère feutrée ;
cuisine au goût du jour.

Mélia Royal Alma sans rest   🖂 AC ✠ ♨ 🖪15, VISA ⓜⓞ AE

35 r. J. Goujon Ⓜ *Alma Marceau* – ℰ *01 53 93 63 00* – *melia.royal.alma@*
solmelia.com – *Fax 01 53 93 63 01*   BZ **7**
64 ch – ♦335 € ♦♦392/543 €, � 25 €
♦ Décoration raffinée et mobilier ancien - avec une prédilection pour le style
Empire - dans les chambres refaites. Suites avec terrasse panoramique au
dernier étage.

Bedford   🖂 AC ♨rest, 🖪15/50, VISA ⓜⓞ AE

17 r. de l'Arcade Ⓜ *Madeleine* – ℰ *01 44 94 77 77* – *reservation@*
hotel-bedford.com – *Fax 01 44 94 77 97*   DY **7**
136 ch – ♦160/182 € ♦♦204/236 €, ⊐ 14 € – 10 suites
Rest – *(fermé 31 juil.-27 août, sam. et dim.)* (30 €), 38 € (déj.) et carte
64/70 € ℙ
♦ L'hôtel, construit en 1860 dans l'élégant quartier de la Madeleine, dispose
de chambres spacieuses, fonctionnelles et rénovées. Cadre 1900 avec profusion de motifs décoratifs en stuc et belle coupole : la salle de restaurant est
le vrai joyau du Bedford.

De Sers   🖙 ♨ 🖪 ढ.ch, AC ✠, ♨ 🖪35, VISA ⓜⓞ AE

41 av. Pierre 1ᵉʳ de Serbie Ⓜ *George V* – ℰ *01 53 23 75 75* – *contact@*
hoteldesers.com – *Fax 01 53 23 75 76*   AZ **79**
45 ch – ♦350/500 € ♦♦390/600 €, ⊐ 30 € – 6 suites
Rest – *(fermé 31 juil.-27 août)* 50/70 € et carte 60/85 € ℙ, Enf. 12 €
♦ Renaissance réussie pour cet hôtel particulier de la fin du 19ᵉ s. : si le hall a
gardé son caractère d'origine, les chambres sont résolument contemporaines. Cuisine au goût du jour servie dans une salle à manger design ou, en
été, sur l'agréable terrasse.

Montaigne sans rest   🖪 ढ. AC 📞 VISA ⓜⓞ AE

6 av. Montaigne Ⓜ *Alma Marceau* – ℰ *01 47 20 30 50* – *contact@*
hotel-montaigne.com – *Fax 01 47 20 94 12*   BZ **18**
29 ch – ♦200/230 € ♦♦300/450 €, ⊐ 19 €
♦ Grilles en fer forgé, belle façade fleurie et gracieux décor "cosy" font la
séduction de cet hôtel. L'avenue est conquise par les boutiques des grands
couturiers.

Amarante Champs Élysées sans rest   🖪 AC ✠ 📞

19 r. Vernet Ⓜ *George V* – ℰ *01 47 20 41 73*   🖪30, VISA ⓜⓞ AE
– *amarante-champs-elysees@jjwhotels.com* – *Fax 01 47 23 32 15*
42 ch – ♦300/360 € ♦♦300/710 €, ⊐ 25 €   AY **2**
♦ Une jolie marquise agrémente la pimpante façade de cet édifice en angle
de rue. Meubles de style dans les chambres. Salon feutré, avec piano-bar et
cheminée d'ambiance.

François 1ᵉʳ sans rest   🖪 AC ✠ 📞 🖪15, VISA ⓜⓞ AE

7 r. Magellan Ⓜ *George V* – ℰ *01 47 23 44 04* – *hotel@hotel-francois1er.fr*
– *Fax 01 47 23 93 43*   AY **39**
40 ch – ♦320/390 € ♦♦350/800 €, ⊐ 21 €
♦ Marbre mexicain, moulures, bibelots chinés, meubles anciens et tableaux
à foison : un décor luxueux et très réussi signé Pierre-Yves Rochon. Copieux
petit-déjeuner (buffet).

Daniel   🖪 ढ.ch, AC ✠ch, ♨ 📞 VISA ⓜⓞ AE

8 r. Frédéric Bastiat Ⓜ *St-Philippe du Roule* – ℰ *01 42 56 17 00*
– *hoteldanielparis@hoteldanielparis.com* – *Fax 01 42 56 17 01*   BY **80**
22 ch – ♦320/380 € ♦♦380/440 €, ⊐ 20 € – 4 suites
Rest – *(fermé 28 juil.-28 août, sam. et dim.)* carte 34/62 €
♦ Cet hôtel a le goût des voyages ! Meubles et objets ramenés du monde
entier, associés à la toile de Jouy, campent un décor raffiné et chaleureux
pour globe-trotters parisiens.

Bradford Élysées sans rest 🏨 AC ↤ ⚙ 🕻 VISA ⓶ AE ⓪
10 r. St-Philippe-du-Roule ⓜ St-Philippe du Roule – ℰ 01 45 63 20 20
– hotel.bradford@astotel.com – Fax 01 45 63 20 07 BY **17**
50 ch – ▪250/294 € ▪▪250/294 €, ⌷ 20 €
♦ Cheminées en marbre, moulures, lits en laiton, décor "rétro" et cage d'ascenseur centenaire mariant acajou et fer forgé : un conservatoire de l'irrésistible charme parisien.

 Royal sans rest 🏨 AC VISA ⓶ AE ⓪
33 av. Friedland ⓜ Charles de Gaulle-Etoile – ℰ 01 43 59 08 14 – rh@
royal-hotel.com – Fax 01 45 63 69 92 AY **53**
58 ch – ▪250/350 € ▪▪390/470 €, ⌷ 20 €
♦ Les chambres bénéficient d'une excellente insonorisation et d'un décor personnalisé (meubles de style, tissus choisis) ; certaines ménagent une échappée sur l'Arc de Triomphe.

 Sofitel Champs-Élysées 🏦 🏨 AC ↤ch, ⚙ch, 🕻 🛎15/150,
8 r. J. Goujon ⓜ Champs-Elysées Clemenceau 🚗 VISA ⓶ AE ⓪
– ℰ 01 40 74 64 64 – h1184-re@accor.com – Fax 01 40 74 79 66
40 ch – ▪355/420 € ▪▪460/580 €, ⌷ 25 € – 2 suites BZ **14**
Rest *Les Signatures* – ℰ 01 40 74 64 94 (fermé 1ᵉʳ-20 août, 25 déc.-1ᵉʳ janv., sam., dim. et fériés) (déj. seul.) (37 €), 45 € ♀
♦ Hôtel particulier Second Empire partagé avec la Maison des Centraliens. Chambres revues dans le style contemporain ; équipements "dernier cri". Centre d'affaires. Cadre épuré et jolie terrasse au restaurant Les Signatures, fréquenté par le monde de la presse.

 Radisson SAS Champs-Élysées 🏦 🏨 &ch, AC ↤ch, 🕻 🚗 VISA
78 av. Marceau ⓜ Charles de Gaulle-Etoile – ℰ 01 53 23 43 43 ⓶ AE ⓪
– reservations.paris@radissonsas.com – Fax 01 53 23 43 44 AY **2**
46 ch – ▪250/345 € ▪▪250/650 €, ⌷ 20 €
Rest – (fermé 29 juil.-20 août, 25 déc.-2 janv., sam. et dim.) carte 58/79 €
♦ Un hôtel neuf aménagé dans un immeuble ayant appartenu à Louis Vuitton. Chambres contemporaines, équipements high-tech (TV à écran plasma) et insonorisation performante. On s'attable côté bar ou sur la terrasse d'été ; petite carte d'esprit provençal.

 Powers sans rest 🏨 AC ↤ 🕻 VISA ⓶ AE ⓪
52 r. François 1ᵉʳ ⓜ George V – ℰ 01 47 23 91 05 – contact@
hotel-powers.com – Fax 01 49 52 04 63 BZ **35**
55 ch – ▪210/390 € ▪▪210/490 €, ⌷ 22 €
♦ Les chambres bien équipées ont l'âme bourgeoise : moulures, cheminées, horloges en bronze, lustres à pendeloques, etc. Salons "cosy" et bar façon club anglais.

Franklin D. Roosevelt sans rest 🏨 & AC 🕻 🛎15, VISA ⓶ AE
18 r. Clément-Marot ⓜ Franklin D. Roosevelt – ℰ 01 53 57 49 50 – hotel@
hroosvevelt.com – Fax 01 53 57 49 59 BZ **58**
45 ch – ▪265 € ▪▪265/295 €, ⌷ 23 € – 3 suites
♦ Cet hôtel au charme victorien sort d'une rénovation complète : bois précieux, chintz, cuir et marbre, utilisés à profusion, contribuent à créer un décor raffiné. Agréable bar.

Chateaubriand sans rest 🏨 AC ↤ 🕻 VISA ⓶ AE ⓪
6 r. Chateaubriand ⓜ George V – ℰ 01 40 76 00 50 – chateaubriand@
hotelswaldorfparis.com – Fax 01 40 76 09 22 BY **10**
28 ch – ▪180/395 € ▪▪180/395 €, ⌷ 18 €
♦ Près des Champs-Élysées, à deux pas du Lido, cet hôtel abrite des chambres au décor feutré, dotées de salles de bains en marbre. "Tea time" vers 17 heures.

Relais Monceau sans rest   🔲 ᐸ 🗚 ℂ 📶 VISA 🜲 AE ①
*85 r. Rocher Ⓜ Villiers – 𝒞 01 45 22 75 11 – relaismonceau @ wanadoo.fr
– Fax 01 45 22 30 88* CX **12**
51 ch – ♦170 € ♦♦170/180 €, ⊆ 11 €
♦ Entre parc Monceau et gare St-Lazare, établissement moderne aux élégantes chambres refaites dans un esprit contemporain. Bar design ouvrant sur un agréable petit patio.

Pershing Hall   🖾 ᐸch, 🗚 📶 ♨60, VISA 🜲 AE ①
*49 r. P. Charon Ⓜ George V – 𝒞 01 58 36 58 00 – info @ pershinghall.com
– Fax 01 58 36 58 01* BZ **3**
20 ch – ♦312/390 € ♦♦312/500 €, ⊆ 26 € – 6 suites
Rest – carte environ 70 €
♦ Demeure du général Pershing, club de vétérans et enfin hôtel de charme imaginé par Andrée Putman. Intérieur chic, insolite et ravissant jardin vertical. Derrière le rideau de perles de verre, cadre tendance et carte très au goût du jour ; soirées "lounge".

Chambiges Élysées sans rest   🖾 ᐸ 🗚 ⇔ 📶 VISA 🜲 AE ①
*8 r. Chambiges Ⓜ Alma Marceau – 𝒞 01 44 31 83 83 – reservation @
hotelchambiges.com – Fax 01 40 70 95 51* BZ **3**
26 ch ⊆ – ♦265 € ♦♦265/360 € – 8 suites
♦ Boiseries, tentures et tissus choisis, meubles de style : atmosphère romantique et "cosy" dans cet hôtel entièrement rénové. Chambres douillettes et joli jardinet intérieur.

Le A sans rest   🖾 ᐸ 🗚 ⇔ 📶 VISA 🜲 AE ①
*4 r. d' Artois Ⓜ St-Philippe du Roule – 𝒞 01 42 56 99 99 – hotel-le-a @
wanadoo.fr – Fax 01 42 56 99 90* BY **9**
16 ch – ♦329/450 € ♦♦329/450 €, ⊆ 21 € – 10 suites
♦ F. Hybert, plasticien, et F. Méchiche, architecte d'intérieur, ont imaginé cet hôtel(-musée ?) design en noir et blanc. Salon-bibliothèque et lounge-bar incitent au cocooning.

L'Arcade sans rest   🖾 🗚 📶 ♨25, VISA 🜲 AE
*7 r. Arcade Ⓜ Madeleine – 𝒞 01 53 30 60 00 – reservation @
hotel-arcade.com – Fax 01 40 07 03 07* DY **13**
41 ch – ♦142/172 € ♦♦188/226 €, ⊆ 9,50 €, 4 duplex
♦ Marbre et boiseries dans le hall et les salons, coloris tendres et mobilier choisi dans les chambres font le charme de cet hôtel élégant et discret, proche de la Madeleine.

Monna Lisa   🖾 🗚 VISA 🜲 AE ①
*97 r. La Boétie Ⓜ St-Philippe du Roule – 𝒞 01 56 43 38 38 – contact @
hotelmonnalisa.com – Fax 01 45 62 39 90* BY **28**
22 ch – ♦180/380 € ♦♦190/380 €, ⊆ 17 €
Rest Caffe Ristretto – *(fermé août, sam. et dim.)* (22 €) et carte 34/58 €
♦ Ce bel hôtel (immeuble de 1860) constitue une véritable vitrine de l'audacieux design transalpin. Chambres plus vastes côté rue. Voyage gourmand à travers les spécialités de la péninsule italienne dans le cadre délicieusement contemporain du Caffe Ristretto.

Le 123   🖾 ᐸch, 🗚 ⇔ch, 📶 VISA 🜲 AE ①
*123 r. du Faubourg St Honoré Ⓜ St-Philippe du Roule – 𝒞 01 53 89 01 23
– hotel.le123 @ astotel.com – Fax 01 45 61 09 07* BY **85**
40 ch – ♦245/420 € ♦♦290/468 €, ⊆ 22 €
Rest – *(fermé sam. et dim.)* (déj. seult) carte environ 30 €
♦ Décor contemporain, mélanges des styles, des matières et des couleurs : les chambres, décorées de croquis de mode, sont personnalisées, souvent originales et vraiment séduisantes. Une restauration simple, au goût du jour, peut être proposée à l'heure du déjeuner.

ON DEVRAIT TOUJOURS
AVOIR LES MOYENS D'ALLER AU BOUT
DE SES AMBITIONS.

METS ET VINS
sur Cuisine.tv
c'est l'accord parfait !

IN VINO
CUISINE.TV

⊂UISINE.TV
pour être bien cuisinez mieux

⊂UISINE.TV est diffusée sur le câble et **CANAL SAT**

Toutes les recettes et bonnes adresses de Cuisine.tv sont également disponibles sur www.cuisine.tv

Lavoisier sans rest   🕭 & 🕭 ⚡ 🕭 *VISA* ⓴ 🕭 ⓞ
*21 r. Lavoisier ⓜ St-Augustin – 𝒞 01 53 30 06 06 – info @ hotellavoisier.com
– Fax 01 53 30 23 00*   CY **47**
27 ch – †175/265 € ††175/265 €, ☲ 12 € – 3 suites
♦ Chambres contemporaines, petit salon-bibliothèque "cosy" faisant office de bar et salle voûtée pour les petits-déjeuners caractérisent cet hôtel du quartier St-Augustin.

Élysées Mermoz sans rest   🕭 🕭 ⚡ ⚙15, *VISA* ⓴ 🕭 ⓞ
*30 r. J. Mermoz ⓜ Franklin D. Roosevelt – 𝒞 01 42 25 75 30 – resa @
hotel-elyseesmermoz.com – Fax 01 45 62 87 10*   CY **50**
22 ch – †99/156 € ††109/179 €, ☲ 10 € – 5 suites
♦ Couleurs ensoleillées ou camaïeu de gris dans les chambres, boiseries vernies et lave bleue dans les salles de bains, salon en rotin sous verrière : un hôtel "cosy".

Queen Mary sans rest   🕭 🕭 ⚡ *VISA* ⓴ 🕭 ⓞ
*9 r. Greffulhe ⓜ Madeleine – 𝒞 01 42 66 40 50 – reservation @
hotelqueenmary.com – Fax 01 42 66 94 92*   DY **4**
36 ch – †155/195 € ††179/329 €, ☲ 18 €
♦ Agréable patio, coquette salle des petits-déjeuners, chambres feutrées et carafe de Xérès en cadeau de bienvenue vous attendent dans cet hôtel raffiné à l'esprit "british".

Vignon sans rest   🕭 & 🕭 ⚡ ⚡ *VISA* ⓴ 🕭 ⓞ
*23 r. Vignon ⓜ Madeleine – 𝒞 01 47 42 93 00 – reservation @
hotelvignon.com – Fax 01 47 42 04 60*   DY **32**
28 ch – †230/320 € ††240/350 €, ☲ 23 €
♦ Hôtel chaleureux et feutré à deux pas de la place de la Madeleine. Chambres "cosy" ; celles du dernier étage viennent d'être refaites dans un style résolument contemporain.

Mercure Opéra Garnier sans rest   🕭 🕭 ⚡ ⚡ *VISA* ⓴ 🕭 ⓞ
*4 r. de l'Isly ⓜ St Lazare – 𝒞 01 43 87 35 50 – h1913 @ accor.com
– Fax 01 43 87 03 29*   DY **69**
140 ch – †173/209 € ††183/250 €, ☲ 15 €
♦ Hôtel de chaîne pratique situé entre la gare St-Lazare et les grands magasins. Chambres fonctionnelles et petits-déjeuners sous forme de buffet. Jardinet intérieur.

Champs-Élysées Friedland sans rest   🕭 & 🕭
177 r. Fg St-Honoré ⓜ Charles de Gaulle-Etoile   ⚡ *VISA* ⓴ 🕭 ⓞ
*– 𝒞 01 45 63 64 65 – friedland @ my-paris-hotel.com
– Fax 01 45 63 88 96*   BY **2**
40 ch – †169/289 € ††169/310 €, ☲ 20 €
♦ Cet établissement proche de la salle Pleyel rénove progressivement son intérieur : petites chambres bourgeoises et correctement insonorisées, hall et salon vivement colorés.

Élysées Céramic sans rest   🕭 🕭 ⚡ *VISA* ⓴ 🕭 ⓞ
*34 av. Wagram ⓜ Ternes – 𝒞 01 42 27 20 30 – info @ elysees-ceramic.com
– Fax 01 46 22 95 83*   AY **15**
57 ch – †145/175 € ††160/225 €, ☲ 10 €
♦ La façade Art nouveau en grès cérame (1904) est une merveille d'architecture. L'intérieur n'est pas en reste, avec des meubles et un décor inspirés du même style.

Atlantic sans rest 🔲 AC 🔌 ⚡ 📞 VISA MC AE ①
44 r. Londres ⓂLiège – ℰ 01 43 87 45 40 – contact@atlanticparis.fr
– Fax 01 42 93 06 26 DX **20**
82 ch – ♦145 € ♦♦175/190 €, ⇌ 16 €
◆ Ondulations, tableaux et maquettes de bateaux... Quelques discrètes touches marines animent le décor contemporain de cet hôtel. Salon et bar sous une vaste verrière.

L'Élysée sans rest 🔲 AC ⚡ 📞 VISA MC AE ①
12 r. Saussaies ⓂMiromesnil – ℰ 01 42 65 29 25 – hoteldelelysee@
wanadoo.fr – Fax 01 42 65 64 28 CY **9**
29 ch – ♦140/225 € ♦♦150/225 €, ⇌ 11 € – 3 suites
◆ La décoration de cet établissement qui jouxte le ministère de l'Intérieur décline toute une gamme de styles des 18e et 19e s. Chambres bien tenues.

Astoria sans rest 🔲 AC 🔌 ⚡ 📞 VISA AE ①
42 r. Moscou ⓂRome – ℰ 01 42 93 63 53 – hotel.astoria@astotel.com
– Fax 01 42 93 30 30 DX **9**
86 ch – ♦120/181 € ♦♦160/181 €, ⇌ 11 €
◆ Cet hôtel du quartier de l'Europe semble plaire à la clientèle d'affaires. Salon agrémenté de tableaux modernes. Salle des petits-déjeuners sous verrière.

Flèche d'or sans rest 🔲 AC VISA MC AE ①
29 r. d'Amsterdam ⓂSt-Lazare – ℰ 01 48 74 06 86 – hotel-de-la-fleche-dor@
wanadoo.fr – Fax 01 48 74 06 04 DX **7**
61 ch – ♦130/160 € ♦♦160/170 €, ⇌ 11 €
◆ L'enseigne de cet hôtel proche de la gare St-Lazare évoque un célèbre train de luxe. Chambres bien tenues, récemment rafraîchies. Salon aussi confortable qu'une voiture Pullman de la Flèche d'Or !

Mayflower sans rest 🔲 VISA MC AE
3 r. Chateaubriand ⓂGeorge V – ℰ 01 45 62 57 46 – mayflower@
escapade-paris.com – Fax 01 42 56 32 38 BY **47**
24 ch – ♦132/162 € ♦♦162/180 €, ⇌ 10 €
◆ Chambres aux harmonieux tons pastel et salles de bains en marbre. Petits-déjeuners proposés dans un espace égayé d'une fresque évoquant la destinée des Pilgrim Fathers.

West-End sans rest 🔲 AC ⚡ 📞 VISA MC AE ①
7 r. Clément-Marot ⓂAlma Marceau – ℰ 01 47 20 30 78 – contact@
hotel-west-end.com – Fax 01 47 20 34 42 BZ **15**
49 ch – ♦185/245 € ♦♦185/349 €, ⇌ 20 €
◆ Au cœur du Triangle d'Or, hôtel garni en partie de meubles provenant d'un palace de la capitale. Quelques chambres offrent une échappée sur la tour Eiffel ; salon "cosy".

Cordélia sans rest 🔲 AC ⚡ VISA MC AE ①
11 r. Greffulhe ⓂMadeleine – ℰ 01 42 65 42 40 – hotelcordelia@wanadoo.fr
– Fax 01 42 65 11 81 DY **56**
30 ch – ♦125/140 € ♦♦140/195 €, ⇌ 13 €
◆ Les petites chambres de cet hôtel proche de la Madeleine ont été refaites dans les tons chaleureux (rouge et jaune). Salon intime avec cheminée et boiseries.

Pavillon Montaigne sans rest 🔲 AC 📞 VISA MC AE ①
34 r. J. Mermoz ⓂFranklin D. Roosevelt – ℰ 01 53 89 95 00
– hotelpavillonmontaigne@wanadoo.fr – Fax 01 42 89 33 00 CY **18**
18 ch – ♦131/145 € ♦♦147/160 €, ⇌ 8 €
◆ Deux immeubles reliés entre eux par la salle des petits-déjeuners coiffée d'une verrière. Mobilier ancien ou actuel dans les chambres souvent ornées de poutres apparentes.

New Orient sans rest   🛗 ⚞ 🍽 ✆ 𝘝𝘐𝘚𝘈 ⓜⓞ 🄰🄴 ⓞ

16 r. Constantinople 🅜 Villiers – ✆ 01 45 22 21 64
– new.orient.hotel@wanadoo.fr
– Fax 01 42 93 83 23   CX **3**

30 ch – ♦82/105 € ♦♦105/130 €, � 10 €

♦ Façade fleurie, meubles chinés, décor "cosy" des petites chambres et charmant accueil franco-allemand font l'attrait de cette délicieuse maison de poupée.

Alison sans rest   🛗 🍽 ✆ 𝘝𝘐𝘚𝘈 ⓜⓞ 🄰🄴 ⓞ

21 r. de Surène 🅜 Madeleine – ✆ 01 42 65 54 00 – hotel.alison@
wanadoo.fr – Fax 01 42 65 08 17   CY **8**

35 ch – ♦80/92 € ♦♦112/145 €, � 9 €

♦ Hôtel familial dans une rue calme proche du théâtre de la Madeleine. Hall agrémenté de tableaux contemporains et chambres fonctionnelles tapissées de papier japonais.

Newton Opéra sans rest   🛗 🄰🄲 🍽 ✆ 𝘝𝘐𝘚𝘈 ⓜⓞ 🄰🄴 ⓞ

11 bis r. de l'Arcade 🅜 Madeleine – ✆ 01 42 65 32 13 – newtonopera@
easynet.fr – Fax 01 42 65 30 90   DY **57**

31 ch – ♦130/160 € ♦♦130/202 €, � 15 €

♦ Plaisantes petites chambres égayées de tons vifs, coquet salon de lecture et accueil personnalisé (une carafe de Mandarine impériale vous attend en cadeau de bienvenue).

Madeleine Haussmann sans rest   🛗 🄰🄲 ✆ 𝘝𝘐𝘚𝘈 ⓜⓞ 🄰🄴 ⓞ

10 r. Pasquier 🅜 Madeleine – ✆ 01 42 65 90 11 – mh@hotels-emeraude.com
– Fax 01 42 68 07 93   DY **3**

35 ch – ♦140 € ♦♦160/170 €, � 12 €

♦ Chambres pas très spacieuses, mais bien tenues et garnies d'un mobilier de bonne facture. Salle des petits-déjeuners voûtée et salon "cosy" avec accès Internet à disposition.

Le "Cinq" – Hôtel Four Seasons George V   🍴 🄰🄲 🍽 ⇄ 8/40,

31 av. George V 🅜 George V – ✆ 01 49 52 71 54   ⇄🍽 𝘝𝘐𝘚𝘈 ⓜⓞ 🄰🄴 ⓞ
– par.lecinq@fourseasons.com – Fax 01 49 52 71 81   AY **12**

Rest – 75 € (déj.), 120/210 € et carte 135/350 € ⅌ ⅋

Spéc. Gaspacho de laitue à la mozzarella et aux girolles. Turbot de ligne rôti au melon d'eau. Côte de veau de lait fermier aux câpres de Pantelleria.

♦ Superbe salle de restaurant - majestueuse évocation du Grand Trianon - ouverte sur un ravissant jardin intérieur. Ambiance raffinée et talentueuse cuisine classique.

Les Ambassadeurs – Hôtel Crillon   🄰🄲 🍽 ⇄ 20/120, ⇄🍽 𝘝𝘐𝘚𝘈 ⓜⓞ 🄰🄴

10 pl. Concorde 🅜 Concorde – ✆ 01 44 71 16 16
– restaurants@crillon.com – Fax 01 44 71 15 02 – Fermé août, lundi midi
et dim.   DZ **24**

Rest – 70 € (déj.) et carte 140/230 € ⅌ ⅋

Spéc. Blanc à manger d'œuf, truffe noire (janv.-mars). Pigeonneau désossé, foie gras, jus à l'olive. Comme un vacherin, au parfum de saison.

♦ Cette splendide salle à manger dont les ors et les marbres se reflètent dans d'immenses glaces est l'ancienne salle de bal d'un hôtel particulier du 18e s. Cuisine raffinée.

XXXXX 〖〗〖〗〖〗 **Ledoyen** ⓀⒸ ⚒ ⇔ 10/80, ⟶ Ⓟ VISA ⓂⓄ ⒶⒺ
carré Champs-Élysées Ⓜ *Champs-Elysées Clemenceau* – ℰ 01 53 05 10 01
– *pavillon.ledoyen @ ledoyen.com* – Fax 01 47 42 55 01 – Fermé 31 juil.-
27 août, lundi midi, sam. et dim. CZ **40**
Rest – 73 € (déj.), 188/274 € bc et carte 145/200 € � 𝄞

Spéc. Grosses langoustines bretonnes croustillantes, émulsion d'agrumes à
l'huile d'olive. Blanc de turbot de ligne braisé, pommes rattes truffées. Noix
de ris de veau en brochette de bois de citronnelle, jus d'herbes.
♦ Délicieuse cuisine "terre et mer", superbe décor Napoléon III et vue sur les
jardins dessinés par Hittorff en ce pavillon néo-classique édifié en 1792 sur
les Champs-Élysées.

XXXXX 〖〗〖〗〖〗 **Alain Ducasse au Plaza Athénée** – Hôtel Plaza Athénée
25 av. Montaigne Ⓜ *Alma Marceau* – ℰ 01 53 67 65 00 ⓀⒸ VISA ⓂⓄ ⒶⒺ Ⓞ
– *adpa @ alain-ducasse.com* – Fax 01 53 67 65 12 – Fermé 13 juil.-22 août,
22-31 déc., lundi midi, mardi midi, merc. midi, sam. et dim. BZ **2**
Rest – 200/300 € et carte 195/255 €

Spéc. Langoustines rafraîchies, nage réduite, caviar osciètre royal. Volaille de
Bresse, sauce albuféra aux truffes d'Alba (15 oct. au 31 déc.). Coupe glacée de
saison.
♦ Somptueux décor Régence relooké dans un esprit "design et organza",
plats inventifs d'une équipe talentueuse "coachée" par A. Ducasse et 1001
vins choisis : la vie de palace !

XXXXX 〖〗〖〗 **Le Bristol** – Hôtel Bristol ⌂ ⓀⒸ ⚒ ⟶ VISA ⓂⓄ ⒶⒺ Ⓞ
112 r. Fg St-Honoré Ⓜ *Miromesnil* – ℰ 01 53 43 43 00 – *resa @
lebristolparis.com* – Fax 01 53 43 43 01 CY **44**
Rest – 80 € (déj.)/175 € et carte 115/240 € ♟ 𝄞

Spéc. Macaroni truffés farcis d'artichaut et foie gras, gratinés au parmesan.
Filets de sole poudrés à la chapelure de mousserons. Poularde de Bresse cuite
en vessie au vin jaune.
♦ Avec ses splendides boiseries, la salle à manger d'hiver ressemble à un petit
théâtre. Celle d'été s'ouvre largement sur le magnifique jardin de l'hôtel.
Talentueuse cuisine personnalisée.

XXXXX 〖〗〖〗〖〗 **Taillevent** ⓀⒸ ⚒ ⇔ 5/36, VISA ⓂⓄ ⒶⒺ Ⓞ
15 r. Lamennais Ⓜ *Charles de Gaulle-Etoile* – ℰ 01 44 95 15 01 – *mail @
taillevent.com* – Fax 01 42 25 95 18 – Fermé 29 juil.-28 août, sam., dim. et
fériés BY **39**
Rest – (nombre de couverts limité, prévenir) 70 € (déj.), 140/190 € et carte
130/195 € 𝄞

Spéc. Royale de homard au fenouil. Pastilla de lapin rex du Poitou. Craquant
au chocolat et au caramel.
♦ Boiseries, œuvres d'art... L'ex-hôtel particulier (19e s.) du duc de Morny est
devenu un lieu de mémoire de la haute gastronomie française. Cuisine
exquise, cave somptueuse.

XXXXX 〖〗〖〗 **Apicius** (Vigato) ⌂ ⓀⒸ ⇔ 10/25, ⟶ Ⓟ VISA ⓂⓄ ⒶⒺ Ⓞ
20 rue d'Artois Ⓜ *St-Philippe du Roule* – ℰ 01 43 80 19 66
– *restaurant-apicius @ wanadoo.fr* – Fax 01 44 40 09 57 – Fermé août, sam. et
dim. BY **82**
Rest – 140/150 € et carte 100/150 € 𝄞

Spéc. Foie gras de canard aux radis noirs confits. Compote de cèpes et
sabayon à la truffe blanche d'Alba (automne-hiver). Soufflé au chocolat noir
et chantilly sans sucre.
♦ Tableaux flamands du 19e s. et sculptures indiennes du 17e s. ornent cet
élégant restaurant installé dans un hôtel particulier. Carte au goût du jour et
superbe livre de cave.

XXXXX **Lasserre**   AC 🖼 ♻ 6/55, ⌖ VISA ⓂⓄ AE ①
⿻⿻ *17 av. F.-D.-Roosevelt Ⓜ Franklin D. Roosevelt – ℰ 01 43 59 53 43*
– lasserre@lasserre.fr – Fax 01 45 63 72 23 – Fermé août, sam. midi, lundi
midi, mardi midi, merc. midi et dim.   BZ **21**
Rest – 75 € (déj. en sem.)/185 € et carte 140/215 € ♀ ⽊
Spéc. Macaroni aux truffes noires et foie gras. Rouget croustillant à la marjolaine et courgette-fleur (mai à déc.). Fraises des bois à l'eau de rose, granité
à la chartreuse.
♦ L'adresse est une institution du Paris gourmand. Dans la salle à manger
néo-classique, étonnant toit ouvrant décoré d'une sarabande de danseuses.
Superbe carte des vins.

XXXXX **Laurent**   🏠 ♻ 6/60, ⌖ VISA ⓂⓄ AE ①
⿻⿻ *41 av. Gabriel Ⓜ Champs Elysées Clemenceau*
– ℰ 01 42 25 00 39 – info@le-laurent.com – Fax 01 45 62 45 21
– Fermé sam. midi, dim. et fériés   CZ **22**
Rest – 75/160 € et carte 133/208 € ♀ ⽊
Spéc. Araignée de mer dans ses sucs en gelée, crème de fenouil. Grosses
langoustines "tandoori" poêlées, copeaux d'avocat à l'huile d'amande. Flan-
chet de veau braisé, blettes à la moelle et au jus.
♦ Le pavillon à l'antique bâti par Hittorff, d'élégantes terrasses ombragées et
une cuisine de grande tradition : un petit coin de paradis dans les Jardins des
Champs-Élysées.

XXXX **Les Élysées** – Hôtel Vernet   AC 🖼 ⌖ VISA ⓂⓄ AE ①
⿻ *25 r. Vernet Ⓜ Charles de Gaulle-Etoile – ℰ 01 44 31 98 98 – reservations@*
hotelvernet.com – Fax 01 44 31 85 69 – Fermé 31 juil.-28 août, lundi midi,
sam. et dim.   AY **9**
Rest – 62 € (déj.)/130 € et carte 105/160 € ♀
Spéc. Tourteau breton, crème froide au vin jaune. Homard bleu cuit sur sel
aux aromates, jus au naturel, fenouil, artichaut, gnocchi. Epaule d'agneau de
Lozère fondante aux aromates, harissa, figue fraîche.
♦ Cuisine inventive et maîtrisée, aux saveurs subtiles, à déguster sous la
splendide verrière Belle Époque signée Eiffel, qui baigne la salle à manger
d'une douce lumière.

XXXX **Pierre Gagnaire** – Hôtel Balzac   AC ⌖ VISA ⓂⓄ AE ①
⿻⿻⿻ *6 r. Balzac Ⓜ George V – ℰ 01 58 36 12 50 – p.gagnaire@wanadoo.fr*
– Fax 01 58 36 12 51 – Fermé 10-16 avril, 17-30 juil., 23-29 nov., 25-31 déc.,
19-25 fév., dim. midi et sam.   AY **26**
Rest – 90 € (déj.), 225/400 € et carte 220/330 € ♀
Spéc. Langoustines de trois façons. Bar de ligne. Agneau de Lozère.
♦ Le sobre et chic décor contemporain (boiseries blondes, œuvres d'art
moderne) s'efface devant la partition débridée jouée par un chef-jazzman
envoûtant. Musique, maestro !

XXXX **Jardin** – Hôtel Royal Monceau   🏠 AC 🖼 ⌖ VISA ⓂⓄ AE ①
⿻ *37 av. Hoche Ⓜ Charles de Gaulle-Etoile – ℰ 01 42 99 98 70 – restauration@*
royalmonceau.com – Fax 01 42 99 89 94 – Fermé 1er-21 août, lundi midi, sam.
et dim.   BY **25**
Rest – 60 € (déj.)/110 € (dîner) et carte 95/125 € ⽊
Spéc. Céviche de langoustines au yusu (printemps-été). Turbot de nos
côtes rôti au café de Birmanie (hiver-printemps). Pigeonneau rôti à la
canelle.
♦ Évocation d'une élégante tente d'inspiration napoléonienne côté décor et
subtile cuisine méditerranéenne dans l'assiette. Terrasse et jardin ont également été remodelés.

XXXX **Clovis** – Hôtel Sofitel Arc de Triomphe   🅰🅲 ➡️ 𝗩𝗜𝗦𝗔 ⓜⓞ 🄰🄴 ⓞ
☼ *14 r. Beaujon ⓂCharles de Gaulle-Etoile – ℰ 01 53 89 50 50 – h1296@*
accor.com – Fax 01 53 89 50 51 – Fermé 29 juil.-28 août, 23 déc.-2 janv., sam.,
dim. et fériés. BY **6**
Rest – 39 € (déj.), 45/85 € et carte 70/110 € ♀, Enf. 15 €
Spéc. Queues de langoustines en fritto. Vapeur de sole en impression d'herbes. Ris de veau de lait en fine croûte truffée.
◆ Esprit classique revisité (tons beige et brun) pour le décor, service attentif et souriant, cuisine raffinée : les gourmets du quartier en ont fait leur "cantine".

XXX **Table du Lancaster** – Hôtel Lancaster   🏫 🅰🅲 🕸 ➡️ 𝗩𝗜𝗦𝗔 ⓜⓞ 🄰🄴 ⓞ
☼ *7 r. Berri ⓂGeorge V – ℰ 01 40 76 40 18 – restaurant@hotel-lancaster.fr*
– Fax 01 40 76 40 00 – Fermé 23 juil.-23 août, sam. midi et dim. midi
Rest – 60 € (déj.)/120 € et carte 70/130 € BY **27**
Spéc. Cuisses de grenouilles sautées au tamarin. Bouillon de cabillaud au riz "koshi-hikari". Canon de chevreuil, noisette, sauge frite (oct. à fév.).
◆ Astucieuse et inventive cuisine supervisée par Michel Troisgros et plaisant cadre contemporain (estampes chinoises) ouvrant sur le jardin : une vraie Table pour le Lancaster.

XXX **La Maison Blanche**   ≼ 🏫 🛗 🅰🅲 ➡️ 𝗩𝗜𝗦𝗔 ⓜⓞ 🄰🄴 ⓞ
15 av. Montaigne ⓂAlma Marceau – ℰ 01 47 23 55 99 – info@
maison-blanche.fr – Fax 01 47 20 09 56 CY **9**
Rest – carte 77/133 €
◆ Sur le toit du théâtre des Champs-Élysées, loft-duplex design dont l'immense verrière est tournée sur le dôme doré des Invalides. Le Languedoc influence la cuisine.

XXX **Fouquet's**   🏫 ⇔ 10/80, 𝗩𝗜𝗦𝗔 ⓜⓞ 🄰🄴 ⓞ
99 av. Champs Élysées ⓂGeorge V – ℰ 01 47 23 50 00 – fouquets@
lucienbarriere.com – Fax 01 47 23 60 02 BY **65**
Rest – 78 € et carte 61/142 €
◆ Salle à manger classée revue et corrigée par J. Garcia, terrasse très prisée été comme hiver et cuisine de brasserie : Le Fouquet's régale depuis 1899 sa clientèle sélecte.

XXX **Senderens**   🅰🅲 🕸 ⇔ 15/25, ➡️ 𝗩𝗜𝗦𝗔 ⓜⓞ 🄰🄴 ⓞ
☼☼ *9 pl. Madeleine ⓂMadeleine – ℰ 01 42 65 22 90 – restaurant@senderens.fr*
– Fax 01 42 65 06 23 DZ **23**
Rest – carte 70/110 € ♀ 🕸
Rest Bar le Passage – ℰ 01 42 65 56 66 – carte environ 50 € ♀
Spéc. Chipirons à la plancha, artichauts barigoule, tomates confites. Lotte et moules au curry vert. Millefeuille à la vanille, zestes d'orange confite
◆ Mobilier contemporain et boiseries Art nouveau signées Majorelle se marient avec art dans cette luxueuse brasserie, toujours très animée. Cuisine créative ; belles associations mets et vins. Au Bar Le Passage : ambiance de salon-fumoir et carte éclectique proposant alcools, cigares, tapas, sushis, etc.

XXX **La Marée**   🅰🅲 ➡️ 𝗩𝗜𝗦𝗔 ⓜⓞ 🄰🄴 ⓞ
☼ *1 r. Daru ⓂTernes – ℰ 01 43 80 20 00 – lamaree@wanadoo.fr*
– Fax 01 48 88 04 04 – Fermé août, sam. midi et dim. AX **2**
Rest – 70 € (déj.) et carte 85/120 € ♀ 🕸
Spéc. Ravigote de homard aux câpres. Queues de gambas à la vapeur parfumée de citronnelle. Lotte rôtie aux aromates, pommes grenaille.
◆ Jolie façade à colombages, vitraux, tableaux flamands et boiseries chaleureuses composent le décor raffiné de ce restaurant où l'on sert une belle cuisine de la mer.

XXX 👑 **Le W** – Hôtel Warwick   AC ⌛ ⌘ VISA ◑ AE ⓪
☃ 5 r. Berri ⓜ George V – ℂ 01 45 61 82 08 – lerestaurantw@
warwickhotels.com – Fax 01 43 59 00 98 – Fermé août, sam., dim. et fériés
Rest – 49 €   BY **5**
Spéc. Huîtres Prat ar Coum raidies dans leur jus. Caneton sauvageon désossé
et farci. Croustillant caramélisé.
♦ "W" pour Warwick : dans le chaleureux décor contemporain du restaurant,
discrètement installé au sein de l'hôtel, vous dégusterez une belle cuisine
ensoleillée.

XXX **Carpaccio** – Hôtel Royal Monceau   AC ⌘ VISA ◑ AE ⓪
☃ 37 av. Hoche ⓜ Charles de Gaulle-Etoile – ℂ 01 42 99 98 90 – reception@
royalmonceau.com – Fax 01 42 99 89 94 – Fermé août   E **8**
Rest – carte 65/120 €
Spéc. Macaroni à la tomate Pachino et basilic. Risotto au citron et langoustines en ragoût. Côtelettes d'agneau au basilic et aubergines en ragoût.
♦ Franchissez le hall de l'hôtel Royal Monceau pour vous attabler dans un
élégant décor évoquant la "Sérénissime" (lustres en verre de Murano). Goûteuse cuisine italienne.

XXX **L'Astor** – Hôtel Astor Saint Honoré   AC VISA ◑ AE ⓪
11 r. d'Astorg ⓜ St-Augustin – ℂ 01 53 05 05 20
– restaurant@astor.3ahotels.com – Fax 01 53 05 05 30
– Fermé 29 juil.-28 août, 23-30 déc., sam. et dim.   CY **68**
Rest – 47 € (déj. en sem.), 33 € bc (dîner)/76 € et carte 65/85 €
♦ Élégante salle de restaurant coiffée d'une verrière diffusant une douce
lumière. Murs couleur sable parsemés d'étoiles et mobilier en bois foncé de
style Directoire. Carte classique personnalisée.

XXX **L'Obélisque** – Hôtel Crillon   AC ⌛ VISA ◑ AE
6 r. Boissy d'Anglas ⓜ Concorde – ℂ 01 44 71 15 15 – restaurants@
crillon.com – Fax 01 44 71 15 02 – Fermé 16-31 juil. et 7-11 fév.   DZ **8**
Rest – 50 €
♦ Salle agrémentée de boiseries, glaces et verre gravé, où les mètres carrés
seraient presque moins nombreux que les convives : normal, la cuisine est
goûteuse et soignée !

XXX **Marcande**   ⌂ VISA ◑ AE
52 r. Miromesnil ⓜ Miromesnil – ℂ 01 42 65 19 14 – info@marcande.com
– Fax 01 42 65 76 85 – Fermé 24 déc.-2 janv., 7-22 août, vend. soir d'oct.
à avril, sam. sauf le midi de mai à sept. et dim.   CY **5**
Rest – (34 €), 19 € (dîner), 40 € (déj.)/90 € bc et carte 79/116 €
♦ Discret restaurant fréquenté par une clientèle d'affaires. Salle à manger
contemporaine tournée vers l'agréable patio-terrasse, qui marche fort aux
beaux jours.

XXX 👑 **Copenhague**   ⌂ AC ⌘ VISA ◑ AE ⓪
☃ 142 av. Champs-Élysées ⓜ George V – ℂ 01 44 13 86 26 – floradanica@
wanadoo.fr – Fax 01 44 13 89 44 – Fermé 29 juil.-21 août, sam. et dim.
Rest – 51 € (déj.), 70/105 € et carte 85/115 €   AY **27**
Rest *Flora Danica* – 35 € ♀
Spéc. Tartare de Saint-Jacques en écume d'oursin (oct. au 15 avril). Dos de
cabillaud demi-sel au bouillon mousseux de palourdes. Noisettes de renne
rôties sauce civet, croustillant de speck à la danoise.
♦ Cuisine scandinave, élégant design danois, vue sur les Champs-Élysées et
terrasse tournée vers un ravissant jardin pour ce restaurant installé dans la
Maison du Danemark. Au Flora Danica, les produits de la boutique et la carte
mettent le saumon à l'honneur.

XXX ❋ **Chiberta**   AC VISA ◯◯ AE

3 r. Arsène-Houssaye ◍ *Charles de Gaulle-Etoile –* ☏ *01 53 53 42 00*
– chiberta@guysavoy.com – Fax 01 45 62 85 08 – Fermé 1er-21 août, sam.
midi et dim.   AY **24**

Rest – 60/100 € et carte 65/100 €

Spéc. Crême de langoustines et carottes "citronnelle-gingembre". Noix de ris de veau rissolée en brochette. Autour de la rose et de la framboise.

♦ Le Chiberta repart sur de nouvelles bases avec un décor signé J.-M. Wilmotte (tons sombres, insolites "murs à bouteilles") et une cuisine inventive supervisée par Guy Savoy.

XXX **El Mansour**   AC VISA ◯◯ AE ◐

7 r. Trémoille ◍ *Alma Marceau –* ☏ *01 47 23 88 18*
– Fax 01 40 70 13 53   BZ **8**

Rest – carte 47/76 €

♦ Salle à manger revêtue de chaleureuses boiseries et égayée de petites notes orientales : un restaurant marocain feutré au cœur du Triangle d'Or.

XXX **Indra**   AC VISA ◯◯ AE ◐

10 r. Cdt-Rivière ◍ *St-Philippe du Roule –* ☏ *01 43 59 46 40 – toutounat@*
wanadoo.fr – Fax 01 42 25 00 32 – Fermé sam. midi et dim.   BY **29**

Rest – 40 € (déj.)/65 € et carte 35/54 €

♦ Murs en patchwork, boiseries finement ouvragées, belle mise en place... Un lieu ravissant et une carte explorant le patrimoine culinaire de l'Union indienne.

XX **Spoon**   AC ⊂⊃ VISA ◯◯ AE ◐

14 r. Marignan ◍ *Franklin D. Roosevelt –* ☏ *01 40 76 34 44 – spoonfood@*
marignan-elysees.fr – Fax 01 40 76 34 37 – Fermé 1er-13 mars, 22 juil.-21 août,
24 déc.-2 janv., sam. et dim.   BZ **56**

Rest – 45/85 € et carte 50/82 € ▨

♦ Mobilier design, bois exotique et cuisine ouverte sur la salle : un décor contemporain "zen" pour découvrir une carte modulable et une cave empruntant aux cinq continents.

XX **Rue Balzac**   AC ⊂⊃ VISA ◯◯ AE

3 r. Balzac ◍ *George V –* ☏ *01 53 89 90 91 – ruebalzac@wanadoo.fr*
– Fax 01 53 89 90 94 – Fermé 5-25 août, sam. midi et dim. midi   AY **4**

Rest – carte 34/80 €

♦ Le décor de cette immense salle de style appartement bourgeois s'inspi-rerait du Cirque 2000 de New-York. L'adresse est "tendance" puisque pro-mue par Johnny "himself".

XX ❋ **La Luna**   AC ⊁ VISA ◯◯ AE

69 r. Rocher ◍ *Villiers –* ☏ *01 42 93 77 61 – mchoisnluna@noos.fr*
– Fax 01 40 08 02 44 – Fermé 30 juil.-22 août, dim. et fériés   CX **16**

Rest – carte 65/100 €

Spéc. Galette de langoustines aux jeunes poireaux. Cassolette de homard aux petits légumes. Le "vrai baba" de Zanzibar.

♦ Sobre cadre Art déco et fine cuisine aux saveurs iodées, nourries des arrivages quotidiens de belles marées du littoral atlantique. Le baba ? Il vous laissera... "baba" !

XX **Relais Plaza** – Hôtel Plaza Athénée   VISA ◯◯ AE ◐

25 av. Montaigne ◍ *Alma Marceau –* ☏ *01 53 67 64 00 – reservation@*
plaza-athenee-paris.com – Fax 01 53 67 66 66 – Fermé août   BZ **20**

Rest – 45 € et carte 75/115 €

♦ La "cantine" chic et intime des maisons de couture voisines. Une rénova-tion subtile a redonné tout son lustre au cadre Art déco original. Cuisine classique épurée.

XX **Tante Louise**　　　　　　　　　　　AC VISA ⓂⒸ AE ⓞ
41 r. Boissy-d'Anglas Ⓜ *Madeleine –* ℰ *01 42 65 06 85 – tantelouise@
bernard-loiseau.com – Fax 01 42 65 28 19 – Fermé août, sam.,
dim. et fériés*　　　　　　　　　　　　　　　　　　DY **30**
Rest – 34 € (déj. en sem.), 40/65 € et carte 48/75 € ♀

♦ L'enseigne évoque la "Mère" parisienne qui tenait naguère ce restaurant au discret cadre Art déco. Carte actuelle agrémentée de recettes bourguignonnes revisitées.

XX **Flora**　　　　　　　　　　　　　AC VISA ⓂⒸ
36 av. George V Ⓜ *George V –* ℰ *01 40 70 10 49 – Fax 01 47 20 52 87
– Fermé août, sam. midi et dim.*　　　　　　　　　　BZ **7**
Rest – (26 €), 34 € et carte 52/88 € ♀

♦ Flora, la maîtresse de maison de ce restaurant chic et feutré, mitonne une cuisine qui fleure bon les saveurs méditerranéennes : huile d'olive, citron confit, parmesan, etc.

XX **Chez Catherine**　　　　　　　　AC VISA ⓂⒸ AE ⓞ
3 r. Berryer Ⓜ *George V –* ℰ *01 40 76 01 40 – Fax 01 40 76 03 96 – Fermé 1er-
9 mai, 29 juil.-28 août, sam., dim. et fériés*　　　　　　BY **2**
Rest – (40 €), 45 € (déj. en sem.), 50/65 €

♦ Élégante salle à manger contemporaine ouverte sur les cuisines et en partie coiffée d'une verrière : une adresse chic et feutrée où déguster des recettes classiques.

XX **1728**　　　　　　　　　　　AC ⇼ VISA ⓂⒸ AE
8 r. d'Anjou Ⓜ *Madeleine –* ℰ *01 40 17 04 77
– restaurant1728@wanadoo.fr – Fax 01 42 65 53 87 – Fermé août, sam. midi,
dim. et fériés*　　　　　　　　　　　　　　　　CY **45**
Rest – carte 50/90 €

♦ Hôtel particulier (18e s.) où La Fayette vécut de 1827 à sa mort. Cuisine actuelle aux accents asiatiques servie dans d'élégants salons : boiseries et mobilier de style.

XX **Table d'Hédiard**　　　　　　　AC ⌂♟ VISA ⓂⒸ AE
21 pl. Madeleine Ⓜ *Madeleine –* ℰ *01 43 12 88 99 – latablehediard@
hediard.fr – Fax 01 43 12 88 98 – Fermé août et dim.*　　DY **9**
Rest – carte 50/75 € ♀

♦ Décor un brin exotique et cuisine aux mille épices : vous êtes conviés à un "safari" culinaire... après avoir parcouru les appétissants rayons de la célèbre épicerie de luxe.

XX **Sarladais**　　　　　　　　　AC ⅍ VISA ⓂⒸ AE ⓞ
2 r. Vienne Ⓜ *St-Augustin –* ℰ *01 45 22 23 62 – Fax 01 45 22 23 62 – Fermé
20-28 Mai, 24-31 déc., août, sam. sauf le soir du 23 sept. au 31 avril, dim. et
fériés*　　　　　　　　　　　　　　　　　　　　DY **18**
Rest – 29 € (dîner), 35 € (déj.)/54 € et carte 60/80 €

♦ Lambris, tons chaleureux, tableaux et compositions florales composent le joli décor de cette confortable salle à manger où l'on propose de solides spécialités périgourdines.

XX **Fermette Marbeuf 1900**　　　　AC VISA ⓂⒸ AE ⓞ
5 r. Marbeuf Ⓜ *Alma Marceau –* ℰ *01 53 23 08 00 – fermettemarbeuf@
blanc.net – Fax 01 53 23 08 09*　　　　　　　　　BZ **13**
Rest – 25 € (sem.)/30 € et carte 30/65 €

♦ Le décor Art nouveau de la salle à manger-verrière, où vous réserverez votre table, date de 1898 et a été retrouvé par hasard lors de travaux de rénovation. Plats classiques.

Maxan ⁂   AC VISA MO AE

37 r. de Miromesnil Ⓜ *Miromesnil* – ℰ *01 42 65 78 60* – Fax 01 49 24 96 17
– *Fermé 1er-25 août, lundi soir, sam. midi et dim.*   CY **74**
Rest – (30 €) et carte 44/67 € Ⓨ

♦ Le décor contemporain réalisé par Pierre Pozzi est d'une grande sobriété,
comme pour souligner que l'essentiel se trouve ici dans l'assiette. Cuisine au
goût du jour et sincère.

Marius et Janette ⁂   🛱 AC 🍴 VISA MO AE ①

❁

4 av. George-V Ⓜ *Alma Marceau* – ℰ *01 47 23 41 88* – Fax 01 47 23 07 19
Rest – (46 € bc), 48 € et carte 65/95 €   BZ **33**
Spéc. Poissons crus en tartare et carpaccio. Merlan de ligne frit, sauce tartare.
Bar de ligne grillé.

♦ L'enseigne évoque l'Estaque et les films de Robert Guédiguian. Élégant
décor façon "yacht", agréable terrasse sur l'avenue, et la "grande bleue" dans
vos assiettes.

Stella Maris (Yoshino) ⁂   AC 🍴 VISA MO AE ①

❁

4 r. Arsène Houssaye Ⓜ *Charles de Gaulle-Etoile* – ℰ *01 42 89 16 22*
– *stella.maris.paris @ wanadoo.fr* – Fax 01 42 89 16 01 – *Fermé 7-21 août,
sam. midi et dim.*   AY **5**
Rest – (43 €), 85/130 € et carte 90/120 €
Spéc. Millefeuille de thon rouge mariné et aubergine. Tête de veau en
cocotte, crête de coq et œuf frit. Parfait pina colada, sablé, lait de coco au
tapioca.

♦ Un plaisant restaurant près de l'Arc de Triomphe : cuisine française au goût
du jour joliment troussée par un habile chef japonais, décor épuré et accueil
charmant.

Sens par la Compagnie des Comptoirs ⁂   AC 🍴(soir) VISA MO AE

23 r. de Ponthieu Ⓜ *Franklin D. Roosevelt* – ℰ *01 42 25 95 00*
– *resacdcparis @ wanadoo.fr* – Fax 01 42 25 95 02 – *Fermé sam.
midi et dim.*   BY **84**
Rest – (25 €) et carte 43/75 €

♦ L'adresse parisienne des Frères Pourcel occupe une vaste salle coiffée
d'une verrière et doublée d'une mezzanine (bar et billard). Décor contemporain aux tons gris et cuisine au goût du jour.

Ginger ⁂   🍴(soir) VISA MO AE

11 r. de la Trémoille Ⓜ *Alma Marceau* – ℰ *01 47 23 37 32* – Fax 01 47 23 00 26
– *Fermé août, sam. midi et dim.*   BZ **25**
Rest – carte 40/70 € Ⓨ

♦ Laos, Cambodge, Vietnam... Saveurs et parfums d'Asie se pressent sur la
carte bien inspirée de ce restaurant au nom piquant. Décor minimaliste,
service discret et souriant.

Stresa ⁂   AC VISA MO AE ①

7 r. Chambiges Ⓜ *Alma Marceau* – ℰ *01 47 23 51 62* – Fermé 1er-8 mai, août,
20 déc.-3 janv., sam. et dim.*   BZ **55**
Rest – (prévenir) carte 60/110 €

♦ Trattoria du Triangle d'Or fréquentée par une clientèle très "jet-set".
Tableaux de Buffet, compressions de César... les artistes aussi apprécient
cette cuisine italienne.

Berkeley ⁂   🛱 AC 🍴 VISA MO AE ①

7 av. Matignon Ⓜ *Franklin D. Roosevelt* – ℰ *01 42 25 72 25*
– *Fax 01 45 63 30 06*   CY **2**
Rest – (28 €), 41 € bc/72 € bc et carte 36/74 € Ⓨ

♦ L'incontournable J. Garcia a métamorphosé cette vénérable brasserie en
une adresse "mode" : décor de salle des ventes - Christie's est à deux pas - et
de bibliothèque feutrée.

XX **Bistrot du Sommelier** AC ⇄ 12, VISA MO AE
97 bd Haussmann M *St-Augustin – ℰ 01 42 65 24 85*
– bistrot-du-sommelier@noos.fr – Fax 01 53 75 23 23 – Fermé 28 juil.-
22 août, 23 déc.-2 janv., sam. et dim. CY **12**
Rest – (32 €), 39 € (déj.), 60 € bc/100 € bc et carte 48/70 € ♀ ঌ, Enf. 14 €
♦ Le bistrot de Philippe Faure-Brac, honoré du titre de meilleur sommelier du
monde en 1992, compose un hymne à Bacchus, nourri du feu roulant de
dives bouteilles.

XX **L'Angle du Faubourg** AC � VISA MO AE ①
⌘ *195 r. Fg St-Honoré* M *Ternes – ℰ 01 40 74 20 20 – angledufaubourg@*
cavestaillevent.com – Fax 01 40 74 20 21 – Fermé 29 juil.-28 août, sam., dim.
et fériés BY **1**
Rest – 35/70 € (dîner) et carte 55/75 € ♀ ঌ
Spéc. Sablé de thon aux épices. Foie de canard poêlé au banyuls. Macaron
aux fruits de saison.
♦ À l'angle des rues du Faubourg-St-Honoré et Balzac. Ce "bistrot" moderne,
qui n'a pas l'âme faubourienne, propose une cuisine classique habilement
actualisée. Cadre épuré.

XX **Market** AC ⅸ VISA MO AE
15 av. Matignon M *Franklin D. Roosevelt – ℰ 01 56 43 40 90 – prmarketsa@*
aol.com – Fax 01 43 59 10 87 CY **4**
Rest – (34 €), 43 € (déj.), 46 € (dîner)/87 € et carte 53/76 €
♦ Emplacement prestigieux, décor de bois et de marbre, masques africains
logés dans des niches et cuisine métissée (française et asiatique) :
une adresse "trendy".

XX **Village d'Ung et Li Lam** AC VISA MO AE ①
10 r. J. Mermoz M *Franklin D. Roosevelt – ℰ 01 42 25 99 79*
– Fax 01 42 25 12 06 – Fermé sam. midi et dim. midi CY **25**
Rest – 19/35 € et carte 38/45 € ♀, Enf. 12 €
♦ Ung et Li vous accueillent dans un cadre asiatique original : aquariums
suspendus et sol en pâte de verre avec inclusions de sable. Cuisine sino-
thaïlandaise.

XX **Al Ajami** AC ⅸ VISA MO AE ①
58 r. François 1er M *George V – ℰ 01 42 25 38 44 – ajami@free.fr*
– Fax 01 42 25 38 39 BY **8**
Rest – (18 €), 23 € (dîner en sem.), 26/39 € et carte 35/45 € ♀
♦ L'ambassade de la cuisine traditionnelle libanaise. Plats mitonnés de père
en fils depuis 1920. Décor orientalisant, ambiance familiale et clientèle
d'habitués.

XX **Kinugawa** AC VISA MO AE ①
4 r. St-Philippe du Roule M *St-Philippe du Roule – ℰ 01 45 63 08 07*
– Fax 01 42 60 57 36 – Fermé 24 déc.-7 janv., sam. midi, dim. et fériés
Rest – 30 € (déj.), 72/108 € et carte 45/95 € ♀ BY **67**
♦ Cette discrète façade proche de l'église St-Philippe-du-Roule dissimule un
intérieur japonisant où l'on vous soumettra une longue carte de spécialités
nipponnes.

X **Dominique Bouchet** AC ⅸ VISA MO AE
11 r. Treilhard M *St-Augustin – ℰ 01 45 61 09 46 – dominiquebouchet@*
yahoo.fr – Fax 01 42 89 11 14 – Fermé août, vacances de fév., sam., dim.
et fériés CY **30**
Rest – 48/85 € et carte 50/80 €
♦ Plaisante étape entre le parc Monceau et St-Augustin dans un élégant
décor associant murs de pierre blonde et mobilier contemporain. Cuisine
traditionnelle.

Bistro de l'Olivier
AC VISA CO AE ①

13 r. Quentin Bauchart ⓂGeorge V – ℰ 01 47 20 78 63 – Fax 01 47 20 74 58
– Fermé 10-25 août, sam. midi et dim. midi AZ **2**
Rest – (nombre de couverts limité, prévenir) 26/34 € et carte 43/90 €

♦ Carrés provençaux et tableaux évoquant le Sud égayent la salle à manger très chaleureuse de ce restaurant situé près de l'avenue George V. Cuisine méditerranéenne.

Le Cou de la Girafe
AC ⌁ VISA CO AE

7 r. Paul Baudry Ⓜ St-Philippe du Roule – ℰ 01 56 88 29 55 – contact@
coudelagirafe.com – Fax 01 42 25 28 82 – Fermé août, sam. midi et dim.
Rest – (39 €) et carte 44/76 € BY **86**

♦ Sobre décor contemporain signé Pierre-Yves Rochon et savoureuse cuisine dans l'air du temps : pour son installation en terre parisienne, Grégory Coutanceau a mis tous les atouts de son côté !

Café Lenôtre-Pavillon Elysée
⌂ AC ⌸ 20/80, ⌁

10 Champs-Elysées Ⓜ Champs-Elysées Clemenceau **P. VISA CO AE ①**
– ℰ 01 42 65 85 10 – Fax 01 42 65 76 23 – Fermé 1er-15 août, 1er-7 fév., dim.
soir et lundi soir en hiver CZ **77**
Rest – carte 40/70 €

♦ Cet élégant pavillon bâti pour l'Exposition universelle de 1900 a fait peau neuve et abrite, outre une boutique et une école de cuisine, un restaurant résolument contemporain.

Cap Vernet
⌂ AC VISA CO AE ①

82 av. Marceau Ⓜ Charles de Gaulle-Etoile – ℰ 01 47 20 20 40
– Fax 01 47 20 95 36 – Fermé sam. midi et dim. AY **37**
Rest – carte 50/75 €

♦ Salle à manger "transatlantique" en bleu-blanc-chrome, parcourue de coursives et bastingages, et ambiance feutrée autour d'une cuisine tournée vers l'océan.

L'Appart'
AC VISA CO AE

9 r. Colisée Ⓜ Franklin D. Roosevelt – ℰ 01 53 75 42 00 – de.appart@
blanc.net – Fax 01 53 75 42 09 BY **4**
Rest – 23 € (déj. en sem.)/30 € et carte 47/62 € ⵌ

♦ Salon, bibliothèque ou cuisine ? Choisissez une des pièces de cet "appartement" reconstitué pour déguster une cuisine au goût du jour. Brunch dominical et accueil charmant.

Toi
AC ⌁ VISA CO AE ①

27 r. du Colisée Ⓜ Franklin D. Roosevelt – ℰ 01 42 56 56 58 – restaurant.toi@
wanadoo.fr – Fax 01 42 56 09 60 BY **76**
Rest – 20 € (déj.)/50 € et carte 48/68 €

♦ Couleurs vives (rouges, orange) et mobilier design : décor d'esprit "seventies" pour ce restaurant-bar "tendance" et chaleureux proposant une cuisine actuelle et créative.

Devez
⌂ AC ⌁ VISA CO AE

5 pl. de l'Alma Ⓜ Alma Marceau – ℰ 01 53 67 97 53 – contact@
devezparis.com – Fax 01 47 23 09 48 BZ **75**
Rest – carte 32/65 € ⵌ, Enf. 12 €

♦ Amoureux de sa terre d'origine, le patron - également éleveur - propose une cuisine au goût du jour axée sur la viande d'Aubrac. Bel intérieur contemporain et table d'hôte.

✗ **Saveurs et Salon**   Ⓐ Ⓒ *VISA* Ⓜ Ⓔ Ⓞ
3 r. Castellane Ⓜ *Madeleine –* ℰ *01 40 06 97 97 – Fax 01 40 06 98 06 – Fermé sam. midi*
                                                                          DY **14**
Rest – 20 € (déj.)/36 € et carte 35/40 €
♦ Les recettes concoctées selon les arrivages du marché sont à déguster dans une minisalle au cadre contemporain ou au sous-sol, dans un caveau en pierres apparentes.

✗ **Bocconi**   🍴 Ⓐ Ⓒ *VISA* Ⓜ
10bis r. Artois Ⓜ *St-Philippe du Roule –* ℰ *01 53 76 44 44 – bocconi @ wanadoo.fr – Fax 01 45 61 10 08 – Fermé sam. midi et dim.*   BY **64**
Rest – carte 41/60 €
♦ Sobre salle à manger de style contemporain et agréable terrasse d'été pour cette trattoria qui vous régale des mille et une saveurs de l'Italie.

✗ **Le Boucoléon**   *VISA* Ⓜ
10 r. Constantinople Ⓜ *Europe –* ℰ *01 42 93 73 33 – Fax 01 42 93 95 44 – Fermé 5-26 août, sam. midi, dim. et fériés*   CX **19**
Rest – (nombre de couverts limité, prévenir) carte 37/49 € ♀
♦ Ce plaisant petit bistrot de quartier connaît un franc succès grâce à une cuisine du marché bien troussée et à prix doux. C'est l'ardoise qui annonce les festivités.

✗ **Bistrot de Marius**   🍴 ⌸♀ *VISA* Ⓜ Ⓔ
6 av. George V Ⓜ *Alma Marceau –* ℰ *01 40 70 11 76 – Fax 01 40 70 17 08*
Rest – (24 €) et carte 35/55 €   BZ **22**
♦ Cette sympathique "annexe" de "Marius et Janette" offre un cadre provençal vivement coloré. Petites tables serrées, dressées simplement. Cuisine de la mer.

✗ **Daru**   Ⓐ Ⓒ ⌸♀ (soir) *VISA* Ⓜ Ⓔ
19 r. Daru Ⓜ *Courcelles –* ℰ *01 42 27 23 60 – Fax 01 47 54 08 14 – Fermé août et dim.*   BX **2**
Rest – (20 €), 29/34 € et carte 48/190 €
♦ Fondée en 1918, la maison Daru fut la première épicerie russe de Paris. Elle continue de régaler ses hôtes de zakouskis, blinis et caviars, dans un décor en rouge et noir.

✗ **Cô Ba Saigon**   Ⓐ Ⓒ � *VISA* Ⓜ Ⓔ
181 r. Fg St-Honoré Ⓜ *Charles de Gaulle-Etoile –* ℰ *01 45 63 70 37 – cobasaigon@wanadoo.fr – Fax 01 45 63 70 37 – Fermé 31 juil.-20 août et sam. midi*   BY **19**
Rest – 18 € (déj. en sem.)/26 € et carte 25/49 € ♀
♦ La belle Cô Ba fut représentée sur un timbre-poste émis en Indochine coloniale. Intérieur en noir et rouge agrémenté de photos du pays et cuisine vietnamienne.

✗ **Shin Jung**   *VISA* Ⓜ
7 r. Clapeyron Ⓜ *Rome –* ℰ *01 45 22 21 06 – Fax 01 42 94 10 96 – Fermé dim. midi et midi fériés*   DX **13**
Rest – (8,50 €) et carte 25/40 € ♀
♦ Salle de restaurant un rien "zen", dont les murs sont agrémentés de calligraphies. Cuisine sud-coréenne et spécialités de poissons crus. Accueil sympathique.

S. Sauvignier/MICHELIN

Opéra, Grands Boulevards

9e arrondissement   ✉ 75009 – PLAN 11

🏨🏨🏨🏨 Intercontinental Le Grand Hôtel

2 r. Scribe Ⓜ *Opéra – ℰ 01 40 07 32 32*
– paris.reservations@ichotelsgroup.com
– Fax 01 42 66 12 51   AY **3**
464 ch – ♦610/900 € ♦♦610/900 €, ⌸ 35 € – 15 suites
voir rest. *Café de la Paix* ci-après

♦ Le célèbre palace, inauguré en 1862, a rouvert ses portes en 2003 après une rénovation complète. Esprit Second Empire judicieusement préservé et confort d'aujourd'hui.

🏨🏨🏨🏨 Scribe

1 r. Scribe Ⓜ *Opéra – ℰ 01 44 71 24 24 – h0663@accor.com*
– Fax 01 42 65 39 97   AY **22**
208 ch – ♦450/540 € ♦♦500/735 €, ⌸ 28 € – 5 suites
voir rest. *Les Muses* ci-après
Rest *Jardin des Muses* – ℰ *01 44 71 24 19 (fermé le soir en août)* 26/32 € et carte 39/47 €

♦ Cet immeuble haussmannien abrite un hôtel apprécié pour son luxe discret. En 1895, le public y découvrait en première mondiale le cinématographe des Frères Lumière. Décor de style anglais et cuisine du terroir au Jardin des Muses, situé au sous-sol du Scribe.

🏨🏨🏨 Millennium Opéra

12 bd Haussmann Ⓜ *Richelieu Drouot – ℰ 01 49 49 16 00 – opera@mill-cop.com – Fax 01 49 49 17 00*   BY **4**
151 ch – ♦180/400 € ♦♦200/400 €, ⌸ 25 € – 6 suites
Rest *Brasserie Haussmann* – ℰ *01 49 49 16 64* – 40 € bc/80 € bc, Enf. 15 €

♦ Cet hôtel de 1927 n'a rien perdu de son lustre des années folles. Chambres garnies de meubles Art déco et aménagées avec un goût sûr. Équipements modernes. Cadre judicieusement revisité et actualisé, et plats typiques du genre à la Brasserie Haussmann.

🏨🏨🏨 Ambassador

16 bd Haussmann Ⓜ *Richelieu Drouot – ℰ 01 44 83 40 40 – ambass@concorde-hotels.com – Fax 01 42 46 19 84*   BY **40**
290 ch – ♦360 € ♦♦360/450 €, ⌸ 22 € – 4 suites
rest. *16 Haussmann* ci-après

♦ Panneaux de bois peint, lustres en cristal, meubles et objets anciens décorent cet élégant hôtel des années 1920. Les chambres rénovées (2e et 3e étages) offrent un sobre décor contemporain, les autres sont plus classiques.

🏨🏨🏨 Villa Opéra Drouot sans rest

2 r. Geoffroy Marie Ⓜ *Grands Boulevards – ℰ 01 48 00 08 08 – drouot@leshotelsdeparis.com – Fax 01 48 00 80 60*   BY **8**
29 ch – ♦199/289 € ♦♦235/298 €, ⌸ 20 €, 2 duplex

♦ Laissez-vous surprendre par le subtil mélange d'un décor baroque et du confort très cossu en ces chambres agrémentées de tentures, velours, soieries et boiseries.

Pavillon de Paris sans rest   🛗 ⟰ 🅰🅲 ↬ ⚦ ☎ 🅿 VISA 🆎 AE ①
7 r. Parme ⓜ Liège – ℰ 01 55 31 60 00 – mail@pavillondeparis.com
– Fax 01 55 31 60 01   AX **3**
30 ch – 🛉203/240 € 🛉🛉255/296 €, � 16 €
◆ Décor contemporain d'esprit "zen" et technologie de pointe (accès à Internet par la TV, fax et boîte vocale) caractérisent les chambres de cet hôtel sobrement luxueux.

Mercure Opéra Lafayette sans rest   🛗 ⟰ 🅰🅲 ↬
49 r. La Fayette ⓜ Le Peletier – ℰ 01 42 85 05 44 ⚦cuisinette VISA 🆎 AE ①
– h2802-gm@accor.com – Fax 01 49 95 06 60   BX **2**
96 ch – 🛉115/199 € 🛉🛉125/259 €, ⊇ 14 € – 7 suites
◆ Élégance du beige et du bois dans le hall, esprit Directoire et papiers peints style toile de Jouy dans les chambres. Cadre de jardin d'hiver pour les petits-déjeuners.

St-Pétersbourg sans rest   🛗 🅰🅲 ⚦ ☎ ⟁ 25, VISA 🆎 AE ①
33 r. Caumartin ⓜ Havre Caumartin – ℰ 01 42 66 60 38
– hotel.st-petersbourg@wanadoo.fr – Fax 01 42 66 53 54   AY **23**
100 ch ⊇ – 🛉145/184 € 🛉🛉184/225 €
◆ Les chambres, meublées dans le style Louis XVI, sont souvent spacieuses et orientées côté cour. Salon assez cossu, éclairé par une verrière colorée.

Astra Opéra sans rest   🛗 🅰🅲 ↬ ⚦ ☎ VISA 🆎 AE ①
29 r. Caumartin ⓜ Havre Caumartin – ℰ 01 42 66 15 15
– hotel.astra@astotel.com – Fax 01 42 66 98 05   AY **29**
82 ch – 🛉216/259 € 🛉🛉250/294 €, ⊇ 20 €
◆ Immeuble haussmannien abritant des chambres assez amples et confortables. Le joli salon sous verrière reçoit régulièrement des expositions d'art contemporain.

Richmond Opéra sans rest   🛗 🅰🅲 ⚦ VISA 🆎 AE ①
11 r. Helder ⓜ Chaussée d'Antin – ℰ 01 47 70 53 20 – paris@
richmond-hotel.com – Fax 01 48 00 02 10   AY **33**
59 ch – 🛉132/147 € 🛉🛉152/223 €, ⊇ 10 €
◆ Les chambres, spacieuses et élégantes, donnent presque toutes sur la cour. Le salon est bourgeoisement décoré dans le style Empire.

Carlton's Hôtel sans rest   🛗 ⚦ VISA 🆎 AE ①
55 bd Rochechouart ⓜ Anvers – ℰ 01 42 81 91 00 – carltons@
club-internet.fr – Fax 01 42 81 97 04   BX **44**
111 ch – 🛉122/130 € 🛉🛉130/179 €, ⊇ 9 €
◆ Le point fort de cet établissement est sa position dominante offrant un panorama sur tout Paris. Chambres confortables, bien insonorisées côté boulevard.

Opéra Cadet sans rest   🛗 🅰🅲 ↬ ⚦ ☎ ⟁ 50, 🅖 VISA 🆎 AE ①
24 r. Cadet ⓜ Cadet – ℰ 01 53 34 50 50 – infos@operacadet.com
– Fax 01 53 34 50 60   BX **9**
85 ch ⊇ – 🛉120/166 € 🛉🛉133/298 €
◆ Laissez votre voiture dans le garage, installez-vous dans cet hôtel contemporain et vivez la capitale à pied. Pour plus de tranquillité, préférez les chambres côté jardin.

Opéra Franklin sans rest   🛗 ↬ ⚦ ☎ VISA 🆎 AE ①
19 r. Buffault ⓜ Cadet – ℰ 01 42 80 27 27 – info@operafranklin.com
– Fax 01 48 78 13 04   BX **12**
68 ch – 🛉139/163 € 🛉🛉152/208 €, ⊇ 13 €
◆ Dans une rue paisible, chambres garnies d'un élégant mobilier inspiré des campagnes militaires de l'époque napoléonienne. Insolite trompe-l'œil naïf à l'accueil.

Libertel-Caumartin sans rest
27 r. Caumartin Ⓜ *Havre Caumartin –* ℰ *01 47 42 95 95 – h2811@accor.com – Fax 01 47 42 88 19*
AY **8**
40 ch – †151/180 € ††162/190 €, ⏜ 14 €
♦ Chambres contemporaines meublées en bois blond et joliment décorées. Agréable salle des petits-déjeuners ornée de peintures hautes en couleur.

Grand Hôtel Haussmann sans rest
6 r. Helder Ⓜ *Opéra –* ℰ *01 48 24 76 10 – ghh@club-internet.fr – Fax 01 48 00 97 18*
AY **18**
59 ch – †130/153 € ††143/170 €, ⏜ 11 €
♦ Cette discrète façade dissimule des chambres de tailles variées, douillettes, personnalisées et rénovées par étapes. Presque toutes donnent sur l'arrière.

Blanche Fontaine sans rest
34 r. Fontaine Ⓜ *Blanche –* ℰ *01 44 63 54 95 – tryp.blanchefontaine@solmelia.com – Fax 01 42 81 05 52*
AX **24**
66 ch – †105/188 € ††105/209 €, ⏜ 16 € – 5 suites
♦ À l'écart de l'animation citadine, hôtel dont les chambres, spacieuses, sont régulièrement rafraîchies. Agréable salle des petits-déjeuners.

Anjou-Lafayette sans rest
4 r. Riboutté Ⓜ *Cadet –* ℰ *01 42 46 83 44 – hotel.anjou.lafayette@wanadoo.fr – Fax 01 48 00 08 97*
BX **43**
39 ch – †98/108 € ††118/150 €, ⏜ 11,50 €
♦ Près du verdoyant square Montholon orné de grilles du Second Empire, chambres de bon confort, insonorisées et entièrement rénovées dans un style contemporain.

Trois Poussins sans rest
15 r. Clauzel Ⓜ *St-Georges –* ℰ *01 53 32 81 81 – h3p@les3poussins.com – Fax 01 53 32 81 82*
BX **48**
40 ch – †106/153 € ††119/189 €, ⏜ 10 €
♦ Élégantes chambres offrant plusieurs niveaux de confort. Vue sur Paris depuis les derniers étages. Salle des petits-déjeuners joliment voûtée. Petite cour-terrasse.

Opéra d'Antin sans rest
75 r. Provence Ⓜ *Chaussée d'Antin –* ℰ *01 48 74 12 99 – reservation@hoteloperadantin.com – Fax 01 48 74 16 14*
AY **26**
30 ch – †145/180 € ††145/260 €, ⏜ 12 €
♦ Hôtel restauré proche des célèbres Galeries Lafayette. Salle des petits-déjeuners aménagée sous une verrière et plaisantes chambres optant pour le style Art déco.

Celte La Fayette sans rest
25 r. Buffault Ⓜ *Cadet –* ℰ *01 49 95 09 49 – reservation@parishotelcelte.com – Fax 01 49 95 01 88*
BX **32**
50 ch – †110/135 € ††135/250 €, ⏜ 12 €
♦ Dans une rue calme, au cœur du quartier des banques et des assurances. Les chambres, régulièrement rénovées, sobres et modernes, donnent presque toutes sur une cour.

Langlois sans rest
63 r. St-Lazare Ⓜ *Trinité –* ℰ *01 48 74 78 24 – info@hotel-langlois.com – Fax 01 49 95 04 43*
AX **1**
24 ch – †89/104 € ††104/120 €, ⏜ 10 € – 3 suites
♦ Bâti en 1870, l'immeuble abrita d'abord une banque puis un hôtel à partir de 1896. Art nouveau, Art déco ou années 1950, toutes les chambres ont un caractère bien marqué.

Mercure Monty sans rest 　　　　🛗 AC ↳ ☎ ♨️50, VISA ⓒⓞ AE ①
5 r. Montyon Ⓜ Grands Boulevards – 𝒞 01 47 70 26 10 – hotel@
mercuremonty.com – Fax 01 42 46 55 10 　　　　　　　　BY **3**
70 ch – ♦125/195 € ♦♦130/200 €, ☲ 13 €
♦ Belle façade des années 1930, cadre Art déco à l'accueil et équipements
standard de la chaîne caractérisent ce Mercure situé dans la perspective des
Folies Bergère.

Pré sans rest 　　　　　　　　　　🛗 ⅀ VISA ⓒⓞ AE ①
10 r. P. Sémard Ⓜ Poissonnière – 𝒞 01 42 81 37 11 – hotel@duprehotels.com
– Fax 01 40 23 98 28 　　　　　　　　　　　　　　　BX **47**
40 ch – ♦90/95 € ♦♦108/132 €, ☲ 10 €
♦ Chambres modernes joliment colorées, salon garni de canapés Chester-
field, salle des petits-déjeuners et bar de style bistrot.

Résidence du Pré sans rest 　　　🛗 ↳ ⅀ VISA ⓒⓞ AE ①
15 r. P. Sémard Ⓜ Poissonnière – 𝒞 01 48 78 26 72 – residence@
duprehotels.com – Fax 01 42 80 64 83 　　　　　　　BX **27**
40 ch – ♦85 € ♦♦98/105 €, ☲ 10 €
♦ Non loin de son frère jumeau, cet hôtel propose des chambres de même
confort que celui-ci. Salon, salle des petits-déjeuners et coin bar au cadre
contemporain.

Acadia sans rest 　　　　　🛗 ♿ AC ⅀ ☎ VISA ⓒⓞ AE ①
4 r. Geoffroy Marie Ⓜ Grands Boulevards – 𝒞 01 40 22 99 99
– hotel.acadia@astotel.com – Fax 01 40 22 01 82 　　　BY **31**
36 ch – ♦120/181 € ♦♦160/181 €, ☲ 11 €
♦ Dans un quartier animé - de nuit comme de jour - ce petit immeuble abrite
des chambres bien équipées et bénéficiant d'un double vitrage. Tenue sans
reproche.

Axel sans rest 　　　　　　　🛗 AC ↳ ☎ VISA ⓒⓞ AE ①
15 r. Montyon Ⓜ Grands Boulevards – 𝒞 01 47 70 92 70 – axelopera@
my-paris.com – Fax 01 47 70 43 37 　　　　　　　　BY **10**
40 ch – ♦110/195 € ♦♦165/275 €, ☲ 13 €
♦ Dans cet hôtel situé au cœur d'un quartier très animé le soir, choisir une
chambre donnant côté cour ; elles sont toutes rénovées dans un sobre style
contemporain (couettes).

Peyris sans rest 　　　　　　　🛗 AC ↳ VISA ⓒⓞ AE ①
10 r. Conservatoire Ⓜ Poissonnière – 𝒞 01 47 70 50 83 – info@
hotel-peyris.com – Fax 01 40 22 95 91 　　　　　　　BY **19**
50 ch – ♦90 € ♦♦120/130 €, ☲ 12 €
♦ Les chambres sont dotées d'aménagements fonctionnels et de décors aux
tons jaune et bleu. Salon garni d'un mobilier Napoléon III. Accueil aimable.

Lorette Opéra sans rest 　　🛗 ♿ AC ↳ ⅀ VISA ⓒⓞ AE ①
36 r. Notre-Dame de Lorette Ⓜ St-Georges – 𝒞 01 42 85 18 81
– hotel.lorette@astotel.com – Fax 01 42 81 32 19 　　　BX **3**
84 ch – ♦112/204 € ♦♦180/204 €, ☲ 11 €
♦ Dans cet hôtel entièrement rénové, style contemporain et pierres de tailles
se mélangent en toute harmonie. Agréables et grandes chambres au décor
moderne épuré.

Monterosa sans rest 　　　　　　🛗 AC ☎ VISA ⓒⓞ
30 r. La Bruyère Ⓜ St-Georges – 𝒞 01 48 74 87 90 – hotel.monterosa@
wanadoo.fr – Fax 01 42 81 01 12 – Fermé 22 au 30 déc. 　　AX **13**
36 ch – ♦112 € ♦♦137/172 €, ☲ 8 €
♦ Dans une rue paisible de la Nouvelle Athènes, chambres de différentes
tailles, fonctionnelles et bien insonorisées ; la majorité d'entre elles vient
d'être rénovée.

⌂ **Riboutté-Lafayette** sans rest   🛗 𝚅𝙸𝚂𝙰 ⓂⓈ 🅐🅔 ⓪
5 r. Riboutté Ⓜ *Cadet –* ✆ *01 47 70 62 36*
– Fax 01 48 00 91 50   BX **20**
24 ch – ♦68/80 € ♦♦78/82 €, ☲ 6 €
♦ Il règne une atmosphère provinciale dans ce salon décoré de bibelots, de plantes vertes et de fleurs. Chambres simples, agrémentées de meubles chinés dans les brocantes.

⌂ **Villa Opéra Lamartine** sans rest   🛗 🄰🄲 ↔ 📞 𝚅𝙸𝚂𝙰 ⓂⓈ 🅐🅔 ⓪
39 r. Lamartine Ⓜ *Cadet –* ✆ *01 48 78 78 58 – lamartineopera @ wanadoo.fr*
– Fax 01 48 74 65 15   BX **28**
28 ch – ♦90/110 € ♦♦120/160 €, ☲ 12 €
♦ À deux pas de Notre-Dame-de-Lorette, cet hôtel revisite avec élégance le Paris des Romantiques. Chambres cossues, petit-déjeuner servi sous une belle voûte en pierre.

⌂ **Relais du Pré** sans rest   🛗 🕸 𝚅𝙸𝚂𝙰 ⓂⓈ 🅐🅔 ⓪
16 r. P. Sémard Ⓜ *Poissonnière –* ✆ *01 42 85 19 59 – relais @*
duprehotels.com – Fax 01 42 85 70 59   BX **5**
34 ch – ♦85 € ♦♦98/112 €, ☲ 10 €
♦ Proche de ses deux grands frères, cet hôtel propose les mêmes chambres - modernes et pimpantes - que ses aînés. Bar et salon contemporains, assez "cosy".

XXXX **Les Muses** – Hôtel Scribe   ₠ 🄰🄲 ⌫ 𝚅𝙸𝚂𝙰 ⓂⓈ 🅐🅔 ⓪
1 r. Scribe Ⓜ *Opéra –* ✆ *01 44 71 24 26*
– h0663-re @ accor.com – Fax 01 44 71 24 64 – Fermé août, 24-31 déc.,
sam. et dim.   AY **22**
Rest – 45 € (déj.), 70/120 € et carte 85/150 € ℆
♦ Au sous-sol de l'hôtel, salle de restaurant agrémentée d'une fresque et de quelques toiles évoquant le quartier de l'Opéra au 19e s. Cuisine au goût du jour.

XXX **Café de la Paix** – Intercontinental Le Grand Hôtel   ₠ 🄰🄲 🕸
12 bd Capucines Ⓜ *Opéra*   ⇱ 10/450, ⌫ 𝚅𝙸𝚂𝙰 ⓂⓈ 🅐🅔 ⓪
– ✆ *01 40 07 36 36 – Fax 01 40 07 36 13*   AY **12**
Rest – 39 € (déj.)/44 € et carte 60/100 € ℆, Enf. 18 €
♦ Belles fresques, lambris dorés et mobilier inspiré du style Second Empire : cette luxueuse et célèbre brasserie, ouverte de 7 h à minuit, reste le rendez-vous du Tout-Paris.

XX **16 Haussmann** – Hôtel Ambassador   🍴 🄰🄲 ⌫ 𝚅𝙸𝚂𝙰 ⓂⓈ 🅐🅔
16 bd Haussmann Ⓜ *Richelieu Drouot –* ✆ *01 48 00 06 38 – 16haussmann @*
concorde-hotels.com – Fax 01 44 83 40 57 – Fermé 31 juil.-20 août, sam. midi,
dim. et fériés   BY **32**
Rest – (34 €), 40 € et carte environ 45 €
♦ Bleu "parisien", jaune doré, bois blond-roux, sièges rouges signés Starck et larges baies vitrées donnant sur le boulevard, dont l'animation fait partie du décor.

XX **Au Petit Riche**   🄰🄲 ↔ ⇱ 6/50, 𝚅𝙸𝚂𝙰 ⓂⓈ 🅐🅔 ⓪
25 r. Le Peletier Ⓜ *Richelieu Drouot –* ✆ *01 47 70 68 68 – aupetitriche @*
wanadoo.fr – Fax 01 48 24 10 79 – Fermé dim.   BY **7**
Rest – (23 €), 25/30 € et carte 35/50 € ℆, Enf. 11 €
♦ Gracieux salons-salles à manger de la fin du 19e s., agrémentés de miroirs et chapelières. Peut-être serez-vous assis à la place favorite de Chevalier ou de Mistinguett ?

Bistrot Papillon
AC VISA MC AE ①

X X

*6 r. Papillon ⓜ Cadet – ℰ 01 47 70 90 03 – Fax 01 48 24 05 59
– Fermé 1er-8 mai, 5-28 août, 23 déc.-2 janv., sam. soir d'oct. à avril,
sam. et dim. de mai à sept.* BX **8**

Rest – 27 € et carte 45/55 € ♈

♦ Il règne une atmosphère provinciale dans ce restaurant aux murs habillés
de boiseries ou tendus de tissu. Carte classique complétée de plats choisis
selon le marché.

Chez Jean
VISA MC AE ①

X X

£3

*8 r. St-Lazare ⓜ Notre Dame de Lorette – ℰ 01 48 78 62 73 – chezjean @
wanadoo.fr – Fax 01 48 78 66 04 – Fermé 10-17 avril, 22 juil.-21 août,
sam. et dim.* BX **6**

Rest – 35/75 € et carte 55/70 € ♈

Spéc. Bouillon de champignons, coings, noisettes et reblochon-rhum. Saint
Jacques, flan de persil, nougat-gingembre et betterave acidulée. Ris de veau,
chèvre et épinards, jus de crevettes grises et chips réglisse-orange.

♦ Comptoir, lambris blonds, belle mosaïque au sol, banquettes, cuivres : ce
restaurant possède un chaleureux et élégant décor de brasserie. Salon
d'esprit oriental à l'étage. Séduisante cuisine créative.

La Petite Sirène de Copenhague
VISA MC

X

😊

*47 r. N.-D. de Lorette ⓜ St-Georges – ℰ 01 45 26 66 66 – Fermé août, 23 déc.-
2 janv., sam. midi, dim., lundi* AX **9**

Rest – (prévenir) 28 € (déj.)/32 € (dîner) et carte 46/58 €

♦ Une sobre salle à manger - murs chaulés, éclairage tamisé à la mode
danoise - pour des recettes originaires de la patrie d'Andersen. Accueil aux
petits soins.

L'Oenothèque
AC VISA MC AE

X

*20 r. St-Lazare ⓜ Notre Dame de Lorette – ℰ 01 48 78 08 76
– loenotheque2 @ wanadoo.fr – Fax 01 40 16 10 27 – Fermé 10-31 août,
23 déc.-2 janv., sam. et dim.* BX **10**

Rest – 20 € et carte 35/65 € ♈ ⅋⅋

♦ Adresse de quartier associant un restaurant simple et une boutique de vins.
Bon choix de bouteilles pour accompagner les petits plats traditionnels
présentés sur l'ardoise.

I Golosi
AC VISA MC

X

*6 r. Grange Batelière ⓜ Richelieu Drouot – ℰ 01 48 24 18 63 – i.golosi @
wanadoo.fr – Fax 01 45 23 18 96 – Fermé 7-20 août, sam. soir et dim.*

Rest – carte 25/46 € ♈ ⅋⅋ BY **9**

♦ Au 1er étage, design italien dont le "minimalisme" est compensé par la
jovialité du service. Au rez-de-chaussée, café, boutique et coin dégustation.
Cuisine transalpine.

Pré Cadet
AC VISA MC AE ①

X

😊

*10 r. Saulnier ⓜ Cadet – ℰ 01 48 24 99 64 – Fax 01 47 70 55 96
– Fermé 1er-8 mai, 1er-21 août, 24 déc.-1er janv., sam. midi et dim.*

Rest – (nombre de couverts limité, prévenir) 29 € et carte 40/54 € BY **45**

♦ Exposition - peinture ou sculpture - qui change chaque mois et plats
traditionnels, dont la tête de veau, font le succès de ce restaurant-galerie.
Belle carte de cafés.

I Virtuosi
AC VISA MC AE ①

X

*45 r. du Fg Montmartre ⓜ Le Peletier – ℰ 01 40 22 90 50 – gioste @
alicemail.fr – Fax 01 41 83 79 89 – Fermé en août, sam. midi et dim.*

Rest – 27 € et carte 33/51 € BY **5**

♦ Derrière une pimpante façade rouge, petit restaurant à l'atmosphère intime où l'on prend plaisir à déguster une cuisine italienne toute de
simplicité et d'authenticité.

✗ **Dell Orto**   VISA ⓂⒸ ⒶⒺ ⓄⒹ
45 r. St-Georges Ⓜ *St-Georges – ℰ 01 48 78 40 30 – Fermé août,*
dim. et lundi   BX **1**
Rest – (dîner seult) carte 32/60 €
♦ Agréable décor façon trattoria chic, ambiance chaleureuse, et aux fourneaux, un chef italien qui rehausse délicatement la cuisine de son pays de
saveurs venues d'ailleurs.

✗ **Da Claudio**   🍴 VISA ⓂⒸ ⒶⒺ ⓄⒹ
10 av. Trudaine Ⓜ *Anvers – ℰ 01 48 78 55 81 – Fax 01 48 78 06 01*
– Fermé août et 24-31 déc.   BX **13**
Rest – 20 € bc (déj.), 30 € bc/55 € bc et carte environ 35 €
♦ Les généreuses saveurs du Sud de l'Italie sont à l'honneur dans ce restaurant à la discrète décoration d'esprit bistrot (murs crème, banquettes,
tableaux en exposition-vente).

✗ **Le Paprika**   🍴 VISA ⓂⒸ
⊜ *28 av. Trudaine* Ⓜ *Anvers – ℰ 01 44 63 02 91 – domi @ le-paprika.com*
– Fax 01 44 63 09 62   BX **14**
Rest – 15 € (déj. en sem.)/30 € ⚲
♦ Salle à manger d'esprit Art déco et authentique cuisine hongroise en ce
restaurant situé à l'écart du tumulte de Pigalle. Musique tzigane certains soirs
et petite boutique de produits magyars.

✗ **Relais Beaujolais**   VISA ⓂⒸ
3 r. Milton Ⓜ *Notre Dame de Lorette – ℰ 01 48 78 77 91 – Fermé août, sam.,*
dim. et fériés   BX **18**
Rest – bistrot – (19 €), 29 € et carte 26/50 €
♦ Cet authentique bistrot propose spécialités lyonnaises et vins choisis du
Beaujolais dans une atmosphère conviviale. Rue Milton, le Paradis perdu...
retrouvé.

✗ **Sizin**   VISA ⓂⒸ
47 r. St-Georges Ⓜ *St-Georges – ℰ 01 44 63 02 28 – ekilic @ free.fr – Fermé*
7-30 août.   BX **33**
Rest – (13,50 € bc), 18 € bc et carte 21/37 € ⚲
♦ Gravures anciennes et faïences d'Izmir donnent le ton : c'est du côté de la
Turquie et de ses richesses gastronomiques que vous emmène cet
accueillant restaurant.

Gare de l'Est, Gare du Nord, Canal St-Martin

10e arrondissement ✉ 75010 – PLAN 12

Mercure Terminus Nord sans rest 🛗 ᴄ ⇆
12 bd Denain Ⓜ Gare du Nord
– ✆ 01 42 80 20 00 – h2761@accor.com 🕭 30/130, VISA ⓒ AE ①
– Fax 01 42 80 63 89 CX **4**
236 ch – ♦135/200 € ♦♦145/200 €, ⌷ 14 €
♦ Une habile rénovation a redonné à cet hôtel de 1865 son éclat d'antan.
Vitraux Art nouveau, décor "british" et atmosphère "cosy" lui donnent un air
de belle demeure victorienne.

Holiday Inn Paris Opéra 🛗 ᴄ ch, AC ⇆ ch, 🕻
38 r. Échiquier Ⓜ Bonne Nouvelle – ✆ 01 42 46 92 75 🕭 45, VISA ⓒ AE ①
– information@hi-parisopera.com – Fax 01 42 47 03 97 BY **13**
92 ch – ♦150/299 € ♦♦249/355 €, ⌷ 19 €
Rest – (16 €), 21/37 € ♀
♦ À deux pas des Grands Boulevards et de sa kyrielle de théâtres et brasseries,
hôtel abritant de vastes chambres décorées dans l'esprit de la Belle Époque.
La salle à manger est un petit joyau 1900 : mosaïques, verrière, boiseries et
beau mobilier Art nouveau.

Albert 1er sans rest 🛗 AC ⇆ ⚘ 🕻 VISA ⓒ AE ①
162 r. Lafayette Ⓜ Gare du Nord – ✆ 01 40 36 82 40 – paris@
albert1erhotel.com – Fax 01 40 35 72 52 CX **14**
55 ch – ♦97/102 € ♦♦115/119 €, ⌷ 12 €
♦ Hôtel dont les chambres, modernes et bien aménagées, sont équipées
d'un double vitrage et bénéficient d'efforts constants de rénovation. Atmosphère conviviale.

Mercure Terminus Est sans rest ↳ 🛗 ᴄ AC ⇆
5 r. 8 Mai 1945 Ⓜ Gare de l'Est – ✆ 01 55 26 05 05 🕭 6/75, VISA ⓒ AE ①
– h3126-re@accor.com – Fax 01 55 26 05 00 CX **5**
180 ch – ♦165/210 € ♦♦175/280 €, ⌷ 14 € – 20 suites
♦ Hôtel entièrement rénové abritant des chambres spacieuses et modernes
dont l'esprit "zen" procure confort et repos. Statues et vitraux ornent la salle
de petits-déjeuners.

Paris-Est sans rest 🛗 AC ⇆ ⚘ 🕭 24/450, VISA ⓒ AE ①
4 r. 8 Mai 1945 Ⓜ Gare de l'Est – ✆ 01 44 89 27 00
– hotelparisest-bestwestern@autogrill.net – Fax 01 44 89 27 49
45 ch – ♦89/110 € ♦♦99/182 €, ⌷ 10 € CX **42**
♦ Bien que jouxtant la gare, cet établissement propose des chambres
calmes, car tournées vers une arrière-cour ; elles sont refaites et insonorisées.

Printania sans rest 🛗 ᴄ ⇆ ⚘ 🕻 VISA ⓒ AE ①
19 r. Château d'Eau Ⓜ République – ✆ 01 42 01 84 20 – reservation@
hotelprintania.fr – Fax 01 42 39 55 12 CY **29**
51 ch – ♦102/110 € ♦♦115/138 €, ⌷ 12 €
♦ Hôtel situé dans une rue commerçante. La plupart des chambres, pas très
grandes mais confortables, s'ouvrent sur un patio ; quelques terrasses au
dernier étage.

🏨 **Opéra Grands Boulevards** sans rest 🛗 ₠ 🔤 📞 𝘝𝘐𝘚𝘈 ⓂⓈ 🄰🄴 ⓪
42 r. Petites-Écuries Ⓜ *Bonne Nouvelle*
– ☎ 01 42 46 91 86 – reservation@parishotelopera.com
– Fax 01 40 22 90 85   BY **27**
49 ch – ♦135/155 € ♦♦135/215 €, ☷ 12 €
♦ Comme l'indique l'enseigne, les Grands Boulevards sont proches, mais la plupart des chambres donnent sur une cour. Joli mobilier et tonalités harmonieuses.

🏨 **Paix République** sans rest 🛗 𝘝𝘐𝘚𝘈 ⓂⓈ 🄰🄴 ⓪
2bis bd St-Martin Ⓜ *République* – ☎ 01 42 08 96 95 – hotelpaix@wanadoo.fr
– Fax 01 42 06 36 30   CY **45**
45 ch – ♦78/101 € ♦♦95/199 €, ☷ 8 €
♦ Plus calmes côté rue que côté boulevard, chambres aux tons pastel garnies de meubles rustiques ou en bois stratifié. Profonds sièges en cuir dans le coin salon.

🏠 **Du Nord** sans rest 🛗 ⅓ 𝘝𝘐𝘚𝘈 ⓂⓈ
47 r. Albert Thomas Ⓜ *Jacques Bonsergent* – ☎ 01 42 01 66 00 – contact@
hoteldunord-leparivelo.com – Fax 01 42 01 92 10   CY **11**
23 ch – ♦65 € ♦♦65/95 €, ☷ 7 €
♦ Cet hôtel situé dans une rue tranquille se distingue par son cachet rustique et le charme de ses petites chambres personnalisées. Belle salle voûtée pour le petit-déjeuner. Vélo prêté gratuitement.

🏠 **Strasbourg-Mulhouse** sans rest 🛗 ⅓ 📞 𝘝𝘐𝘚𝘈 ⓂⓈ 🄰🄴 ⓪
87 bd Strasbourg Ⓜ *Gare de l'Est* – ☎ 01 42 09 12 28 – h2753-gm@
accor.com – Fax 01 42 09 48 12   CX **17**
32 ch – ♦107/112 € ♦♦112/119 €, ☷ 10 €
♦ Cet hôtel joliment meublé offre peu d'espace, mais bénéficie d'agencements astucieux. Les chambres, à l'atmosphère "cosy", sont plus calmes sur l'arrière.

🏠 **Alane** sans rest 🛗 ⅓ 𝘝𝘐𝘚𝘈 ⓂⓈ 🄰🄴 ⓪
72 bd Magenta Ⓜ *Gare de l'Est* – ☎ 01 40 35 83 30 – alanehotel@
wanadoo.fr – Fax 01 46 07 44 03   CX **10**
32 ch – ♦59/90 € ♦♦69/96 €, ☷ 7,50 €
♦ Hôtel pratique car situé face à la gare de l'Est. Petites chambres bien tenues, décorées sans fantaisie ; celles du dernier étage sont mansardées. Agréable salon habillé de rotin.

🏠 **Ibis** 🛗 ₠ 🔤 ch, ⅓ ch, 🍴 rest, 📞 🚗 𝘝𝘐𝘚𝘈 ⓂⓈ 🄰🄴 ⓪
197 r. Lafayette Ⓜ *Château Landon* – ☎ 01 44 65 70 00
– Fax 01 44 65 70 07   CX **8**
165 ch – ♦69/81 € ♦♦69/81 €, ☷ 6,50 €
Rest – (dîner seult) (12 €), 20 € ☷, Enf. 6 €
♦ Espace et équipements modernes sont les atouts de cet hôtel de chaîne. Les chambres du dernier étage, côté rue, offrent une vue sur le Sacré-Cœur. Le décor du restaurant s'inspire des cafés populaires d'antan ; petits plats façon bistrot.

✗✗ **Brasserie Flo** 🏮 🔤 ⅓ 🍽(soir) 𝘝𝘐𝘚𝘈 ⓂⓈ 🄰🄴 ⓪
7 cour Petites-Écuries Ⓜ *Château d'Eau* – ☎ 01 47 70 13 59
– Fax 01 42 47 00 80   CY **23**
Rest – 25 € bc/35 € bc et carte 45/72 € ☷, Enf. 14 €
♦ Au sein de la pittoresque cour des Petites-Écuries. Le beau décor de boiseries sombres, vitres colorées et panneaux peints évoquant l'Alsace, date du début du 20e s.

XX **Terminus Nord**   AC ⇔ ⇔ 6/12, VISA MO AE
23 r. Dunkerque Ⓜ Gare du Nord – 𝒞 01 42 85 05 15
– Fax 01 40 16 13 98   CX **9**
Rest – carte 25/57 € ⚑, Enf. 13,50 €
♦ Haut plafond, fresques, affiches et sculptures se reflètent dans les miroirs de cette brasserie où Art déco et Art nouveau s'unissent pour le meilleur. Clientèle cosmopolite.

X **L'Hermitage**   AC VISA MO AE ①
☺ 5 bd de Denain Ⓜ Gare du Nord – 𝒞 01 48 78 77 09
– restaurantlhermitage@wanadoo.fr – Fax 01 42 85 17 27
– Fermé 1ᵉʳ-20 août, lundi, sam. midi, dim. et fériés   CX **56**
Rest – 26 € ⚑
♦ L'enseigne évoque le célèbre vignoble de la vallée du Rhône, région d'origine des patrons. Intérieur aux couleurs chaudes, savoureuse cuisine au goût du jour.

H. Le Gac/MICHELIN

Nation, Voltaire, République

11e arrondissement ⊠ 75011 – PLAN 4

Holiday Inn Ⅰ6 |≋| 齿ch, Ⅶ ↔ch, ℛrest, ଓ 烫25/150,
10 pl. République ⓜ République – ℰ 01 43 14 43 50 𝘝𝘐𝘚𝘈 ⓜⓒ ₳Ⅰ ⓞ
– pardl.reservations@ichotelsgroup.com – Fax 01 47 00 32 34 BX **4**
318 ch – ♦152/247 € ♦♦152/397 €, ⌑ 22 €
Rest – (fermé 15 juil.-15 août) 17/30 €
♦ Dans cet édifice du 19ᵉ s., un bel escalier en fer forgé (classé) mène aux
chambres fonctionnelles ; réservez-en une donnant sur la cour intérieure de
style Napoléon III. Restaurant de style Belle Époque prolongé d'une véranda-
terrasse. Atmosphère conviviale.

Les Jardins du Marais ⌗ |≋| 齿ch, Ⅶ ↔ch,cuisinette ଓ
74 r. Amelot ⓜ St-Sébastien Froissart 烫10/80, 𝘝𝘐𝘚𝘈 ⓜⓒ ₳Ⅰ ⓞ
– ℰ 01 40 21 20 00 – resabastille@homeplazza.com – Fax 01 47 00 82 40
– Fermé dim. soir BY **30**
201 ch – ♦137/295 € ♦♦137/295 €, ⌑ 20 € – 64 suites
Rest – carte 32/56 €
♦ Nuits tranquilles garanties dans cet hôtel composé de plusieurs bâtiments
donnant sur un grand jardin intérieur. Style Art déco dans les chambres et les
espaces communs.

Le Général sans rest Ⅰ6 |≋| 齿 Ⅶ ଓ 𝘝𝘐𝘚𝘈 ⓜⓒ ₳Ⅰ ⓞ
5 r. Rampon ⓜ République – ℰ 01 47 00 41 57 – info@legeneralhotel.com
– Fax 01 47 00 21 56 BX **5**
47 ch – ♦135/155 € ♦♦165/265 €, ⌑ 12 €
♦ Élégant décor et mobilier design qualifient ce séduisant hôtel situé à
proximité de la place de la République. Connexion wi-fi, petit "business
center" et agréable fitness.

Marais Bastille sans rest |≋| ଓ 𝘝𝘐𝘚𝘈 ⓜⓒ ₳Ⅰ ⓞ
36 bd Richard Lenoir ⓜ Bréguet Sabin – ℰ 01 48 05 75 00 – maraisbastille@
wanadoo.fr – Fax 01 43 57 42 85 CY **3**
36 ch – ♦100/145 € ♦♦100/145 €, ⌑ 10 €
♦ L'hôtel longe le boulevard (squares) qui couvre le canal St-Martin depuis
1860. Intérieur rénové : hall-salon avec fauteuils de cuir et meubles en chêne
dans les chambres.

Patio Saint Antoine sans rest |≋| Ⅶ ↔ ℛcuisinette
289bis r. Fg St-Antoine ⓜ Nation – ℰ 01 40 09 40 00 烫15, 𝘝𝘐𝘚𝘈 ⓜⓒ ₳Ⅰ ⓞ
– resanation@homeplazza.com – Fax 01 40 09 11 55 DZ **28**
89 ch – ♦129/189 € ♦♦149/219 €, ⌑ 18 €
♦ Deux patios-jardins contribuent au charme de cet hôtel proche de la
Nation. Les chambres, décorées dans le style des années 1920, profitent du
calme et de la verdure.

Croix de Malte sans rest |≋| ↔ ଓ 𝘝𝘐𝘚𝘈 ⓜⓒ ₳Ⅰ ⓞ
5 r. Malte ⓜ Oberkampf – ℰ 01 48 05 09 36 – h2752-gm@accor.com
– Fax 01 42 09 48 12 BY **7**
29 ch – ♦97/115 € ♦♦107/125 €, ⌑ 10 €
♦ Ambiance tropicale dans cet établissement au nom chevaleresque : mobilier coloré, (faux) perroquet et salle des petits-déjeuners conçue comme un
jardin d'hiver.

🏠 **Grand Hôtel Français** sans rest 🛗 📞 VISA ⑩ 🅰🅴
223 bd Voltaire Ⓜ *Nation – ℰ 01 43 71 27 57 – grand-hotel-francais@*
wanadoo.fr – Fax 01 43 48 40 05 DZ **2**
36 ch – 🛏95/105 € 🛏🛏105/115 €, ☕ 10 €
♦ Immeuble d'angle de style haussmannien dans un quartier populaire typiquement parisien. Chambres fonctionnelles, sans fioriture, mais récemment rénovées. Bonne insonorisation.

🏠 **Beaumarchais** sans rest 🛗 🅰🅲 📞 VISA ⑩ 🅰🅴
3 r. Oberkampf Ⓜ *Oberkampf – ℰ 01 53 36 86 86 – reservation@*
hotelbeaumarchais.com – Fax 01 43 38 32 86 BY **1**
32 ch – 🛏75/90 € 🛏🛏110/150 €, ☕ 10 €
♦ Les petites chambres, peintes dans des couleurs éclatantes et dotées de meubles contemporains, ne manquent pas de charme. Verdoyante courette intérieure, bienvenue l'été.

🏠 **Prince Eugène** sans rest 🛗 🅰🅲 📞 VISA ⑩ 🅰🅴 ⓞ
247 bd Voltaire Ⓜ *Nation – ℰ 01 43 71 22 81 – hotelprinceeugene@*
wanadoo.fr – Fax 01 43 71 24 71 DZ **26**
35 ch – 🛏61/74 € 🛏🛏72/79 €, ☕ 7 €
♦ L'enseigne rend honneur au fils adoptif de Napoléon Ier. Chambres actuelles, munies d'un double vitrage efficace ; celles du 6e étage, mansardées, sont plus grandes.

🏠 **Nord et Est** sans rest 🛗 🚭 📞 VISA ⑩ 🅰🅴 ⓞ
49 r. Malte Ⓜ *Oberkampf – ℰ 01 47 00 71 70 – info@hotel-nord-est.com*
– Fax 01 43 57 51 16 BX **6**
45 ch – 🛏75/90 € 🛏🛏90/100 €, ☕ 8 € – 1 suite
♦ La chaleureuse ambiance familiale a su fidéliser les clients de cet hôtel proche de la République. Les chambres déjà rénovées sont plaisantes ; les autres restent bien tenues.

🏠 **Grand Prieuré** sans rest 🛗 📞 VISA ⑩ 🅰🅴 ⓞ
20 r. Grand Prieuré Ⓜ *Oberkampf – ℰ 01 47 00 74 14 – gprieure@yahoo.fr*
– Fax 01 49 23 06 64 BX **7**
32 ch – 🛏58/63 € 🛏🛏66/75 €, ☕ 5,50 €
♦ Vous passerez des nuits sans histoire dans cette rue tranquille proche du canal St-Martin. Accueil aimable et chambres un brin démodées, mais assez spacieuses et bien tenues.

🍴🍴 **L'Aiguière** 🅰🅲 ⇦ 12, VISA ⑩ 🅰🅴 ⓞ
37 bis r. Montreuil Ⓜ *Faidherbe Chaligny – ℰ 01 43 72 42 32*
– patrick-masbatin1@wanadoo.fr – Fax 01 43 72 96 36 – Fermé sam. midi,
dim. et fériés DZ **20**
Rest – 24 € (sem.)/64 € et carte 63/89 € 🍷
♦ Camaïeu de jaune et tissus chatoyants composent un joli cadre d'inspiration gustavienne. Collection d'aiguières. Cuisine évoluant au gré des saisons et belle carte des vins.

🍴🍴 **Vin et Marée** 🅰🅲 VISA ⑩ 🅰🅴
276 bd Voltaire Ⓜ *Nation – ℰ 01 43 72 31 23 – vin.maree@wanadoo.fr*
– Fax 01 40 09 05 24 DZ **12**
Rest – carte 40/55 € ⚲
♦ Comme pour les autres "Vin et Marée", les produits de la mer sont proposés chaque jour à l'ardoise. L'arrière-salle au décor marin offre une échappée sur les cuisines.

XX **Mansouria** 　　　　　　　　　　　　　AC ⅃⊬ VISA ⬤⬤

😊　*11 r. Faidherbe* Ⓜ *Faidherbe Chaligny –* ℰ *01 43 71 00 16*
– Fax 01 40 24 21 97 – Fermé 14-20 août, lundi midi,
mardi midi et dim.　　　　　　　　　　　　　　　　CZ **12**
Rest – 30/46 € bc et carte 33/50 € ⧠

● Tenu par une ancienne ethnologue, figure parisienne de la cuisine marocaine. Fins et parfumés, les plats sont préparés par des femmes et servis dans
un décor mauresque.

XX **Les Jumeaux** 　　　　　　　　　　　　　　　　VISA ⬤⬤

73 r. Amelot Ⓜ *Chemin Vert –* ℰ *01 43 14 27 00 – Fax 01 43 14 27 00 – Fermé*
en août, sam. midi, dim. et lundi　　　　　　　　　　BY **14**
Rest – 20 € (déj. en sem.), 27/33 € ⧠

● Jumeaux et flamands, les patrons de ce restaurant proche du Cirque
d'Hiver concoctent une cuisine du marché. La salle à manger est égayée de
tableaux contemporains.

X **Repaire de Cartouche** 　　　　　　　　　　　VISA ⬤⬤

99 r. Amelot Ⓜ *St-Sébastien Froissart –* ℰ *01 47 00 25 86 – Fax 01 43 38 85 91*
– Fermé août, vacances de fév., 1 sem. en mai, dim. et lundi　BY **15**
Rest – 25 € (déj.) et carte 35/62 € ⧉

● Cartouche, l'impétueux bandit d'honneur, se réfugia près d'ici entre deux
mauvais coups : les fresques du restaurant retracent son épopée. Séduisante
carte des vins.

X **Auberge Pyrénées Cévennes** 　　　　　AC VISA ⬤⬤ AE

106 r. Folie-Méricourt Ⓜ *République –* ℰ *01 43 57 33 78 – Fermé 28 juil.-*
22 août, sam. midi et dim.　　　　　　　　　　　　　BX **14**
Rest – 27 € et carte 30/59 €

● Files de jambons et saucissons suspendus, nappes à petits carreaux, tables
accolées, cuisine "canaille" et "lyonnaiseries", ambiance chaleureuse : pisse-
vinaigre s'abstenir !

X **Astier** 　　　　　　　　　　　　　　　　　　VISA ⬤⬤

😊　*44 r. J.-P. Timbaud* Ⓜ *Parmentier –* ℰ *01 43 57 16 35 – Fermé 7-14 avril, août,*
23 déc.-3 janv., sam., dim. et fériés　　　　　　　　CX **14**
Rest – (prévenir) 25 € (déj. en sem.)/29 € ⧉

● Une sympathique ambiance règne dans ce typique bistrot où le service est
parfois gentiment débordé et l'atmosphère bruyante. Cuisine du marché et
richissime carte des vins.

X **Villaret** 　　　　　　　　　　　　　　⅊ VISA ⬤⬤ AE

13 r. Ternaux Ⓜ *Parmentier –* ℰ *01 43 57 75 56 – Fermé 1ᵉʳ-10 mai,*
1ᵉʳ-30 août, 23 déc.-3 janv., sam. midi et dim.　　　　CX **1**
Rest – 21 € (déj. en sem.), 26/50 € et carte 35/50 € ⧠ ⧉

● Ambiance conviviale, carte composée de plats "canailles", beau choix de
bourgognes et de côtes-du-rhône : ce bistrot au cadre sans prétention a tout
pour séduire !

X **C'Amelot** 　　　　　　　　　　　　　　　　VISA ⬤⬤ AE

😊　*50 r. Amelot* Ⓜ *Chemin Vert –* ℰ *01 43 55 54 04 – Fax 01 43 14 77 03*
– Fermé sam. midi, lundi midi et dim.　　　　　　　BY **29**
Rest – 17 € (déj.), 24/32 € ⧠

● Un bistrot de quartier plébiscité par les habitués pour ses petits plats (menu
unique), son décor d'objets chinés, sa grande table d'hôte et son atmosphère
bon enfant.

S. Sauvignier/MICHELIN

Bastille, Bercy, Gare de Lyon

12e arrondissement ⊠ 75012 – PLAN 14

Sofitel Paris Bercy 🛋 🗜 🗐 ⅙ch, 🔝 ⅙ch, 🔝250, *VISA* **◎** 🅐🅔 **◎**
1 r. Libourne Ⓜ *Cour St-Emilion* – ℰ *01 44 67 34 00*
– h2192@accor.com – Fax 01 44 67 34 01   CY **16**
376 ch – ♦370/475 € ♦♦370/475 €, ☶ 25 € – 10 suites, 10 duplex
Rest *Café Ké* – *(fermé sam. et dim.)* (25 €), 33 € ♀
♦ Belle façade en verre, intérieur contemporain dans les tons brun, beige et bleu, équipements "dernier cri" et quelques chambres offrant une vue sur Paris. Le Café Ké avec son nouveau décor design constitue une halte sympathique au cœur du "village" de Bercy ; carte au goût du jour.

Novotel Gare de Lyon 🛋 🗔 🗐 ⅙ch, 🔝 ⅙ch, 📞 🔝75,
2 r. Hector Malot Ⓜ *Gare de Lyon* – ℰ *01 44 67 60 00*   🚗 *VISA* **◎** 🅐🅔 **◎**
– h1735@accor.com – Fax 01 44 67 60 60   FH **3**
253 ch – ♦155/185 € ♦♦165/250 €, ☶ 13,50 €
Rest – (dîner seult. le week-end) carte 23/37 € ♀, Enf. 8 €
♦ Bâtiment récent donnant sur une place calme. Les chambres, fonctionnelles, ont une terrasse au 6e étage. Piscine ouverte 24 h sur 24 et espace enfant bien aménagé. Cadre contemporain et cuisine traditionnelle au restaurant Côté Jardin.

Holiday Inn Bastille sans rest 🗐 ⅙ 🔝 ⅙ 🕸 🔝75, *VISA* **◎** 🅐🅔
11 r. Lyon Ⓜ *Gare de Lyon* – ℰ *01 53 02 20 00*
– resa.hinn@guichard.fr – Fax 01 53 02 20 01   FH **5**
125 ch – ♦159/199 € ♦♦159/269 €, ☶ 15 €
♦ La façade de l'hôtel date de 1913. Dans les chambres habillées de boiseries et de belles tentures cohabitent meubles de style et modernes. Joli salon d'inspiration baroque.

Novotel Bercy 🛋 🗐 ⅙ch, 🔝 ⅙ch, 🔝80, *VISA* **◎** 🅐🅔 **◎**
85 r. Bercy Ⓜ *Bercy* – ℰ *01 43 42 30 00* – *h0935@accor.com*
– Fax 01 43 45 30 60   CY **2**
150 ch – ♦105/175 € ♦♦105/203 €, ☶ 14 €
Rest – (21 €), 24 € ♀, Enf. 8 €
♦ Les chambres de ce Novotel ont adopté depuis peu les nouvelles normes de la chaîne. À vos pieds : le parc de Bercy qui a succédé à l'ancienne "petite ville pinardière". Salle à manger-véranda et terrasse prise d'assaut à la belle saison.

Mercure Gare de Lyon sans rest 🗐 ⅙ 🔝 ⅙ 🔝15/90, *VISA* **◎** 🅐🅔 **◎**
2 pl. Louis Armand Ⓜ *Gare de Lyon*
– ℰ 01 43 44 84 84 – h2217@accor.com
– Fax 01 43 47 41 94   FH **1**
315 ch – ♦140/185 € ♦♦150/215 €, ☶ 15 €
♦ La façade en verre de cet hôtel récent offre un heureux contraste avec le beffroi de la gare de Lyon auquel elle s'adosse. Chambres meublées en bois cérusé et bien insonorisées. Également, bar à vins.

Paris Bastille sans rest — 25, VISA MC AE JCB

67 r. Lyon Ⓜ Bastille – ✆ 01 40 01 07 17 – infosbastille@wanadoo.fr – Fax 01 40 01 07 27 — EG **27**

37 ch – 155 € 163/200 €, 12 €

◆ Confort moderne, mobilier actuel et teintes choisies caractérisent les chambres de cet hôtel rajeuni, situé face à l'Opéra.

Claret — ch, 10/20, VISA MC AE JCB

44 bd Bercy Ⓜ Bercy – ✆ 01 46 28 41 31 – resa@hotel-claret.com – Fax 01 49 28 09 29 — CY **3**

52 ch – 85 € 120/160 €, 10 €

Rest – *(fermé sam., dim. et fériés)* (19 €) et carte environ 28 €

◆ Cet ex-relais de poste est l'un des derniers vestiges du Bercy d'antan. Les chambres "cosy" ont conservé leurs poutres apparentes. Plats de bistrot et recettes lyonnaises servis dans une salle à manger égayée de jolies couleurs ocre et terre, prolongée d'une terrasse.

Terminus-Lyon sans rest — VISA MC AE JCB

19 bd Diderot Ⓜ Gare de Lyon – ✆ 01 56 95 00 00 – info@hotelterminuslyon.com – Fax 01 43 44 09 00 — FH **24**

60 ch – 102/112 € 102/112 €, 8,50 €

◆ Face à la gare de Lyon, hôtel bien tenu aux chambres sobrement meublées, mais chaleureusement colorées et dotées d'un double vitrage ; elles sont plus grandes côté boulevard.

Bercy Gare de Lyon sans rest — 20, VISA MC AE JCB

209 r. Charenton Ⓜ Dugommier – ✆ 01 43 40 80 30 – bercy@leshotelsdeparis.com – Fax 01 43 40 81 30 — CY **20**

48 ch – 121/146 € 147/172 €, 12 €

◆ Cet immeuble d'angle construit en 1997 se trouve au pied du métro et à deux pas de la mairie du 12e arrondissement. Petites chambres fonctionnelles et bien tenues.

XXX **Le Train Bleu** — VISA MC AE JCB

Gare de Lyon 1er étage Ⓜ Gare de Lyon – ✆ 01 43 43 09 06 – reservation.trainbleu@ssp.fr – Fax 01 43 43 97 96 — FH **7**

Rest – 43 € bc/84 € bc et carte 50/88 €, Enf. 15 €

◆ Superbe et exceptionnel buffet de gare inauguré en 1901 : profusion de dorures, stucs et fresques évoquant la mythique ligne PLM. Recettes classiques et plats de brasserie.

XXX **L'Oulette** — VISA MC AE JCB

15 pl. Lachambeaudie Ⓜ Cour St-Emilion – ✆ 01 40 02 02 12 – info@l-oulette.com – Fax 01 40 02 04 77 – Fermé sam. et dim. — CY **15**

Rest – (25 €), 32 € (déj. en sem.), 39/80 € bc et carte 48/65 €

◆ Dans le quartier du nouveau Bercy, ce restaurant résolument contemporain propose une cuisine inventive aux accents du Sud-Ouest. Terrasse abritée derrière des thuyas.

XX ✿ **Au Trou Gascon** — A/C VISA MC AE JCB

40 r. Taine Ⓜ Daumesnil – ✆ 01 43 44 34 26 – Fax 01 43 07 80 55 – Fermé août, 25 déc.-2 janv., sam. et dim. — CY **13**

Rest – 44 € (déj.)/58 € et carte 60/84 €

Spéc. Persillé de foie gras, ris de veau et girolles (automne). Filet de pigeonneau cuit rosé, flanqué de foie gras caramélisé (printemps-été). Nage de pêches rôties, glace au lait d'amande (été).

◆ Le décor de cet ancien bistrot 1900 marie moulures d'époque, mobilier design et tons gris. À la carte, produits des Landes, de la Chalosse et de l'océan ; vins du Sud-Ouest.

XX **Janissaire** ⌂ *VISA* **MO** **AE** **①**
🕭 *22 allée Vivaldi* Ⓜ *Daumesnil – ℰ 01 43 40 37 37 – Fax 01 43 40 38 39*
– Fermé sam. midi et dim. CX **5**
Rest – 13 € (déj. en sem.), 23/42 € et carte 24/40 €
♦ Ambiance et cuisine placées sous le signe de la Turquie, comme l'indique l'enseigne désignant un soldat d'élite de l'infanterie ottomane. Franchissez la Sublime Porte !

XX **Gourmandise** *AC* 🕭 *VISA* **MO** **AE**
271 av. Daumesnil Ⓜ *Porte Dorée – ℰ 01 43 43 94 41 – posmaster @*
restaurant-lagourmandise.com – Fax 01 43 45 59 78 DY **3**
Rest – 25 € (déj. en sem.), 32/60 € et carte 45/65 € ♀
♦ Murs "blanc cassé", rideaux saumon, lustres d'inspiration Art déco et sièges Restauration : décor apprêté en ce restaurant où le service est d'une rare gentillesse.

X **Ô Rebelle** *AC* *VISA* **MO**
24 r. Traversière Ⓜ *Gare de Lyon – ℰ 01 43 40 88 98 – info @ o-rebelle.fr*
– Fax 01 43 40 88 99 – Fermé 1ᵉʳ-12 sept., 1ᵉʳ-6 janv., sam. midi et dim.
Rest – 20/35 € FH **12**
♦ Cuisine inventive proposant d'originales associations de saveurs, carte des vins tentant le tour du monde et cadre coloré : plus globe-trotter que rebelle !

X **Traversière** *VISA* **MO** **AE** **①**
40 r. Traversière Ⓜ *Ledru Rollin – ℰ 01 43 44 02 10 – Fax 01 43 44 64 20*
– Fermé 1ᵉʳ-20 août, dim. soir et lundi FH **15**
Rest – 22 € (déj. en sem.), 30/40 € et carte 39/59 €
♦ Ce restaurant a conservé son esprit d'auberge provinciale (façade, poutres) mais est meublé dans un style contemporain. Cuisine traditionnelle ; gibier en saison.

X **Jean-Pierre Frelet** *AC* *VISA* **MO**
🕭 *25 r. Montgallet* Ⓜ *Montgallet – ℰ 01 43 43 76 65 – marie_rene.frelet @*
club-internet.fr – Fermé août, vacances de fév., sam. midi et dim.
Rest – (19 €), 27 € (dîner) et carte 40/55 € ♀ CX **28**
♦ Un décor volontairement dépouillé, des tables serrées invitant à la convivialité et une généreuse cuisine du marché font le charme de ce restaurant de quartier.

X **Pataquès** *VISA* **MO** **AE**
40 bd Bercy Ⓜ *Bercy – ℰ 01 43 07 37 75 – pataquesbercy @ aol.com*
– Fax 01 43 07 36 64 – Fermé dim. CY **6**
Rest – 30/35 € ♀
♦ Ce bistrot est la "cantine" du ministère de l'Économie et des Finances. Plats méridionaux et cadre coloré font vite oublier le pataquès des énièmes réformes de la fiscalité...

X **Bistrot de la Porte Dorée** *AC* *VISA* **MO** **AE**
5 bd Soult Ⓜ *Porte Dorée – ℰ 01 43 43 80 07 – Fax 01 43 43 80 07*
Rest – 34 € bc DY **7**
♦ Les murs de ce restaurant spacieux et chaleureux sont ornés, ça et là, de trombines de vedettes du showbiz. Cuisine traditionnelle et spécialités : rognons et tête de veau.

X **Quincy** *AC*
28 av. Ledru-Rollin Ⓜ *Gare de Lyon – ℰ 01 46 28 46 76 – Fax 01 46 28 46 76*
– Fermé 12 août-12 sept., sam., dim. et lundi EH **10**
Rest – carte 50/75 €
♦ Une ambiance chaleureuse règne dans ce bistrot rustique où vous est servie une cuisine roborative qui, comme "Bobosse", le jovial patron, ne manque pas de caractère.

Biche au Bois

VISA *MC* *AE* *DC*

☺

45 av. Ledru-Rollin Ⓜ *Gare de Lyon –* ☏ *01 43 43 34 38 – Fermé 23 juil.-
23 août, 24 déc.-2 janv., lundi midi, sam. et dim.*   EH **18**
Rest – 24 € et carte 32/50 € ♀

♦ Salle de restaurant au décor simple et à l'atmosphère bruyante et enfumée, mais service attentionné et copieuse cuisine traditionnelle privilégiant le gibier en saison.

L'Auberge Aveyronnaise

AC *VISA* *MC* *AE*

40 r. Lamé Ⓜ *Cour St-Emilion –* ☏ *01 43 40 12 24 – lesaubergistes@
hotmail.fr – Fax 01 43 40 12 15 – Fermé 1ᵉʳ-17 août*   CY **3**
Rest – 18 € (déj. en sem.), 20/25 € ♀

♦ Nappes à carreaux rouges et blancs et tables dressées sans chichi dans ce bistrot-brasserie moderne. Comme l'indique l'enseigne, on y sert des spécialités aveyronnaises.

Place d'Italie, Gare d'Austerlitz, Bibliothèque Nationale de France

13ᵉ arrondissement ✉ 75013 – PLAN 13

 Holiday Inn Bibliothèque de France sans rest 🖨 ⅙ 🏧 ⇄
21 r. Tolbiac Ⓜ *Bibliothèque F. Mitterrand* ⅍ ⅍ 25, ⌾ VISA ⍟ AE ⍟
– ℰ 01 45 84 61 61 – hibdf@wanadoo.fr – Fax 01 45 84 43 38 BY **4**
71 ch – ♦87/187 € ♦♦87/187 €, � 13 €
◆ Dans une rue passante, à 20 m de la station de métro, immeuble abritant des chambres confortables, équipées d'un double vitrage et bien tenues. Restauration d'appoint le soir.

 Mercure Place d'Italie sans rest 🖨 ⅙ 🏧 ⇄ ⌕ ⅍ 20, VISA ⍟ AE ⍟
25 bd Blanqui Ⓜ *Place d'Italie – ℰ 01 45 80 82 23*
– h1191@accor.com – Fax 01 45 81 45 84 AY **2**
50 ch – ♦140/170 € ♦♦145/200 €, ⊃ 13 €
◆ À proximité de la Manufacture des Gobelins, cet établissement propose des chambres fonctionnelles, chaleureuses et bien insonorisées.

 Demeure sans rest 🖨 🏧 ⅍ ⌕ VISA ⍟ AE ⍟
51 bd St-Marcel Ⓜ *Les Gobelins – ℰ 01 43 37 81 25 – la_demeure@*
netcourrier.com – Fax 01 45 87 05 03 AY **5**
37 ch – ♦155 € ♦♦190 €, ⊃ 13 € – 6 suites
◆ Immeuble ancien situé sur un boulevard passant entre la gare d'Austerlitz et la Manufacture des Gobelins. Le hall et les chambres ont bénéficié d'une récente rénovation.

 Résidence Vert Galant sans rest ⌾ VISA ⍟ AE ⍟
43 r. Croulebarbe Ⓜ *Les Gobelins – ℰ 01 44 08 83 50 – hotel-vert.galant@*
gmail – Fax 01 44 08 83 69 AY **7**
15 ch – ♦87 € ♦♦90/100 €, ⊃ 7 €
◆ Dans un environnement calme, accueillante résidence aux chambres coquettes, donnant toutes sur un jardin bordé de ceps de vignes où l'on petit-déjeune en été.

 Manufacture sans rest 🖨 🏧 ⌕ VISA ⍟ AE ⍟
8 r. Philippe de Champagne Ⓜ *Place d'Italie – ℰ 01 45 35 45 25*
– lamanufacture.paris@wanadoo.fr – Fax 01 45 35 45 40 AY **19**
57 ch – ♦90/145 € ♦♦90/255 €, ⊃ 10 €
◆ Accueil cordial, élégant décor et bonne tenue sont les atouts de cet hôtel où les chambres manquent parfois d'ampleur. Ambiance provençale dans la salle des petits-déjeuners.

Touring Hôtel Magendie sans rest 🖨 ⅙ ⅍ 30, ⌾ VISA ⍟ AE ⍟
6 r. Corvisart Ⓜ *Corvisart – ℰ 01 43 36 13 61*
– magendie@vvf-vacances.fr – Fax 01 43 36 47 48 AY **3**
112 ch – ♦65 € ♦♦75 €, ⊃ 7 €
◆ Dans une rue tranquille, hôtel aux petites chambres meublées en bois stratifié, bien insonorisées. Un effort particulier est fait pour les personnes à mobilité réduite.

🏠 **Arts** sans rest 　　　　🛗 🍴 📞 *VISA* ⓜⓒ 🅰🅴
8 r. Coypel ⓜ Place d'Italie – ℰ 01 47 07 76 32 – arts @ escapade-paris.com
– Fax 01 43 31 18 09 　　　　　　　　　　　　　　　　AY **30**
37 ch – ♦54/67 € ♦♦54/72 €, ☎ 6,50 €
♦ Cet hôtel fréquenté par une clientèle d'habitués est à deux pas de la place
d'Italie. Préférez une chambre rénovée ; les autres sont assez modestes. Prix
sages... pour Paris !

✕✕ **Petit Marguery** 　　　　　　　　　　　*VISA* ⓜⓒ 🅰🅴
9 bd Port-Royal ⓜ Les Gobelins – ℰ 01 43 31 58 59 – marguery @ wanadoo.fr
– Fax 01 43 36 73 34 – Fermé août, dim. et lundi 　　　　AY **1**
Rest – (24 €), 27 € (déj.)/35 € ♀
♦ Sympathiques salles à manger "rétro" pour ce restaurant où règne une
aimable convivialité. Les plats "bistrotiers" typiques sont appréciés par de
nombreux fidèles.

✕✕ **Chez Jacky** 　　　　　　　　　　　🅰🅲 *VISA* ⓜⓒ
109 r. du Dessous-des-Berges ⓜ Bibliothèque F. Mitterrand
– ℰ 01 45 83 71 55 – Fax 01 45 86 57 73 – Fermé 31 juil.-28 août,
sam. et dim. 　　　　　　　　　　　　　　　　　　BY **25**
Rest – 43 € et carte 49/60 € ♀
♦ Proche de la Bibliothèque F. Mitterrand, ce restaurant affirme son statut
d'auberge provinciale bien française. Cuisine traditionnelle servie avec une
grande gentillesse.

✕ **L'Avant Goût** 　　　　　　　　　　　🅰🅲 🍴 *VISA* ⓜⓒ
26 r. Bobillot ⓜ Place d'Italie – ℰ 01 53 80 24 00 – Fax 01 53 80 00 77
– Fermé 1er-9 mai, 13 août-4 sept., 1er-8 janv., sam., dim. et lundi
Rest – (nombre de couverts limité, prévenir) (14 € bc), 31 € et carte 　AY **14**
30/45 € ❀
♦ Ce bistrot moderne est souvent bondé. Les raisons du succès ? La cuisine
du marché, le bon choix de vins au verre et l'ambiance décontractée vous en
donnent un avant-goût.

✕ **Auberge Etchegorry** 　　　　　　　　*VISA* ⓜⓒ 🅰🅴 ⓪
41 r. Croulebarbe ⓜ Les Gobelins – ℰ 01 44 08 83 51 – Fax 01 44 08 83 69
– Fermé 6-22 août, dim. et lundi 　　　　　　　　　　AY **6**
Rest – (20 € bc), 26/33 € et carte 35/50 € ♀, Enf. 7 €
♦ Une brochure vous contera l'histoire du quartier et de ce restaurant
basque. Accrochés au plafond, saucissons, jambons, piments d'Espelette et
ails donnent le la.

✕ **Sukhothaï** 　　　　　　　　　　　　　*VISA* ⓜⓒ
12 r. Père Guérin ⓜ Place d'Italie – ℰ 01 45 81 55 88 – Fermé 7-26 août, lundi
midi et dim. 　　　　　　　　　　　　　　　　　　AY **4**
Rest – (10 € bc), 19/23 € et carte 25/35 €
♦ L'enseigne évoque l'ancienne capitale d'un royaume thaïlandais (13e et
14e s.). Cuisine chinoise et thaï servie sous l'œil bienveillant de Bouddha
(sculptures artisanales).

Vivre en Italien

PELLEGRINO

Tous les jours, un nouveau monde à découvrir.

Avec Voyage, partez à la rencontre de peuples inconnus, de contrées inexplorées, de paysages idylliques... Grâce à des reportages, magazines d'information, grands documentaires ou émissions culturelles, Voyage vous propose de partager les richesses de notre planète.

VOYAGE
La télé de tous les voyages

Sur le câble et **CANAL**SAT

Montparnasse, Denfert-Rochereau

14e arrondissement   ✉ **75014 – PLAN 16**

Méridien Montparnasse   ⇐ 🍴 ⅃⅄ 🔲 ⅋ch, 🔲 ⅋ch, ⅍rest,
19 r. Cdt Mouchotte ⓂMontparnasse Bienvenüe 🛗 25/2000, 🔲 🔲 🔲 🔲
– ℰ 01 44 36 44 36 – meridien.montparnasse@lemeridien.com
– Fax 01 44 36 49 00   **CX 3**
918 ch – ♦360/455 € ♦♦360/455 €, ⚌ 25 € – 35 suites
voir rest. **Montparnasse 25** ci-après
Rest *Justine* – ℰ 01 44 36 44 00 – 38/46 € (déj. seul. le dim.) Ⓨ,
Enf. 23 €
♦ La plupart des chambres de ce building en verre et béton ont été relookées;
elles sont spacieuses et très modernes. Belle vue sur la capitale depuis les
derniers étages. À la table de Justine, décor façon jardin d'hiver, terrasse
verdoyante, formules buffets.

Bleu Marine   🍴 ⅃⅄ 🔲 ⅋ 🔲ch, ⅋ch, ⅖ 🛗80, 🅿 🔲 🔲 🔲 🔲
40 r. Cdt Mouchotte Ⓜ Gaîté – ℰ 01 56 54 84 00
– restauration.montparnasse@bleumarine.fr – Fax 01 56 54 84 84
354 ch – ♦120/250 € ♦♦120/250 €, ⚌ 13 €   **CX 28**
Rest – *(fermé 15 juil.-15 août)* (23 €), 26 €, Enf. 7,50 €
♦ Cet hôtel flambant neuf, campé sur la place de Catalogne, a mis toutes les
chances de son côté : chambres calmes et raffinées, jardin intérieur, fitness,
bar. Le restaurant - bois exotiques et tissus colorés - propose buffets et plats
à la carte.

Aiglon sans rest   🔲 🔲 ⅖ 🚗 🔲 🔲 🔲 🔲
232 bd Raspail Ⓜ Raspail – ℰ 01 43 20 82 42 – aiglon@espritfrance.com
– Fax 01 43 20 98 72   **DX 19**
38 ch – ♦92/153 € ♦♦118/153 €, ⚌ 9,50 € – 9 suites
♦ La façade discrète cache un bel intérieur de style Empire. Les chambres,
plaisantes et pourvues d'un double vitrage efficace, sont parfois assez petites.

Villa Royale Montsouris sans rest   🔲 ⅋ 🔲 ⅋ ⅍
144 r. Tombe-Issoire Ⓜ Porte d'Orléans   ⅖ 🔲 🔲 🔲 🔲
– ℰ 01 56 53 89 89 – montsouris@leshotelsdeparis.com
– Fax 01 56 53 89 80   **D2 1**
36 ch – ♦110/150 € ♦♦120/200 €, ⚌ 20 €
♦ Dépaysement garanti dans ce bel hôtel savamment décoré dans les styles
andalou et mauresque. Chambres un peu petites, mais très "cosy", baptisées
de noms de villes marocaines.

Lenox Montparnasse sans rest   🔲 🔲 ⅖ 🔲 🔲 🔲 🔲
15 r. Delambre Ⓜ Vavin – ℰ 01 43 35 34 50 – hotel@
lenoxmontparnasse.com – Fax 01 43 20 46 64   **DX 31**
58 ch – ♦135 € ♦♦135/290 €, ⚌ 14 €
♦ Établissement fréquenté par le milieu de la mode et de l'élégance. Chambres de style, mignonnes salles de bains, agréables suites au 6e étage. Bar et
salons plaisants.

Nouvel Orléans sans rest 🎿 AC ↩ ⚘ VISA ⓜⓞ AE ①
25 av. Gén. Leclerc Ⓜ Mouton Duvernet – ℰ 01 43 27 80 20
– nouvelorleans@aol.com – Fax 01 43 35 36 57 DY **7**
46 ch – †90/120 € ††90/175 €, ⬚ 10 €
♦ Décryptage de l'enseigne : hôtel entièrement rénové et situé à 800 m de la porte d'Orléans. Mobilier contemporain et chaleureux tissus colorés décorent les chambres.

Delambre sans rest 🎿 AC & ⚘ ⓛⓦ VISA ⓜⓞ AE
35 r. Delambre Ⓜ Edgar Quinet – ℰ 01 43 20 66 31 – delambre@
club-internet.fr – Fax 01 45 38 91 76 DX **6**
30 ch – †85/105 € ††90/160 €, ⬚ 9 €
♦ André Breton séjourna dans cet hôtel situé dans une rue tranquille proche de la gare Montparnasse. Décor d'esprit contemporain ; chambres sobres et gaies, souvent spacieuses.

Mercure Raspail Montparnasse sans rest 🎿 & AC ↩
207 bd Raspail Ⓜ Vavin – ℰ 01 43 20 62 94 ⓛⓦ VISA ⓜⓞ AE ①
– h0351@accor.com – Fax 01 43 27 39 69 DX **28**
63 ch – †145/160 € ††150/190 €, ⬚ 13,50 €
♦ Faites étape dans cet immeuble haussmannien proche des célèbres brasseries du quartier Montparnasse. Chambres actuelles garnies de meubles modernes en bois clair.

Apollinaire sans rest 🎿 AC ⓛⓦ VISA ⓜⓞ AE ①
39 r. Delambre Ⓜ Edgar Quinet – ℰ 01 43 35 18 40 – infos@
hotel.apollinaire.com – Fax 01 43 35 30 71 CX **8**
36 ch – †105 € ††125/135 €, ⬚ 7,50 €
♦ L'enseigne rend hommage au poète qui fréquentait écrivains et artistes à Montparnasse. Les chambres, colorées, sont fonctionnelles et bien tenues. Confortable salon.

Midi sans rest 🎿 AC ⚘ ⓛⓦ 🛋 VISA ⓜⓞ AE
4 av. René Coty Ⓜ Denfert Rochereau – ℰ 01 43 27 23 25 – info@
midi-hotel-paris.com – Fax 01 43 21 24 58 DY **3**
46 ch – †68/88 € ††88/158 €, ⬚ 9 €
♦ Proximité de la place Denfert-Rochereau, chambres refaites, insonorisées et parfois dotées de baignoires hydromassantes : ne cherchez plus Midi... à quatorze heures !

Châtillon Hôtel sans rest 🎿 ⚘ ⓛⓦ VISA ⓜⓞ ①
11 square Châtillon Ⓜ Porte d'Orléans – ℰ 01 45 42 31 17 – chatillon.hotel@
wanadoo.fr – Fax 01 45 42 72 09 CY **18**
31 ch – †64 € ††68/74 €, ⬚ 7 €
♦ Adresse fréquentée par des habitués, sensibles au calme du lieu : les chambres, assez spacieuses et bien tenues, donnent sur un square au bout d'une impasse. Accueil familial.

Istria sans rest 🎿 AC ⚘ VISA ⓜⓞ ①
29 r. Campagne Première Ⓜ Raspail – ℰ 01 43 20 91 82 – hotel.istria@
wanadoo.fr – Fax 01 43 22 48 45 DX **39**
26 ch – †96/140 € ††110/149 €, ⬚ 10 €
♦ Aragon immortalisa cet hôtel dans "Il ne m'est Paris que d'Elsa". Petites chambres simples, agréable salon, salle des petits-déjeuners dans une jolie cave voûtée.

⌂ **Daguerre** sans rest   🔊 ⅙ ℅ 𝘝𝘐𝘚𝘈 ⓂⓄ 🇦🇪 ⓪
94 r. Daguerre Ⓜ Gaîté – ℘ 01 43 22 43 54 – hoteldaguerre@wanadoo.fr
– Fax 01 43 20 66 84   CY **14**
30 ch – ♦75/95 € ♦♦69/140 €, ☞ 10 €
♦ Immeuble du début du 20e s. abritant des chambres un peu menues, mais bien meublées. Plaisante salle des petits-déjeuners dressée dans l'ancienne cave (pierres apparentes).

⌂ **Apollon Montparnasse** sans rest   🔊 🇦🇨 ☎ 𝘝𝘐𝘚𝘈 ⓂⓄ 🇦🇪 ⓪
91 r. Ouest Ⓜ Pernety – ℘ 01 43 95 62 00 – apollonm@wanadoo.fr
– Fax 01 43 95 62 10   CY **12**
33 ch – ♦69/79 € ♦♦85/91 €, ☞ 7 €
♦ Proximité de la gare Montparnasse et des navettes Air France, accueil courtois et chambres coquettes sont les atouts de cet hôtel bordant une rue assez calme.

⌂ **Paix** sans rest   🔊 ℅ 𝘝𝘐𝘚𝘈 ⓂⓄ 🇦🇪
225 bd Raspail Ⓜ Raspail – ℘ 01 43 20 35 82 – resa@hoteldelapaix.com
– Fax 01 43 35 32 63   DX **8**
39 ch – ♦69/91 € ♦♦72/103 €, ☞ 7,50 €
♦ Hôtel meublé dans le goût des années 1970, où vous trouverez des chambres fonctionnelles et bien tenues, progressivement redécorées dans un style actuel. Accueil charmant.

⌂ **Cécil** sans rest   🚾 🔊 ⅙ ☎ 𝘝𝘐𝘚𝘈 ⓂⓄ 🇦🇪 ⓪
47 r. Beaunier Ⓜ Porte d'Orléans – ℘ 01 45 40 93 53 – cecil-hotel@
wanadoo.fr – Fax 01 45 40 43 26   DZ **4**
25 ch – ♦62 € ♦♦75 €, ☞ 7 €
♦ Un hôtel pétri de charme dans une rue tranquille proche du parc Montsouris. Meubles et objets chinés confèrent à chaque chambre sa personnalité. Salon-bibliothèque, jardinet.

XXXX **Montparnasse 25** – Hôtel Méridien Montparnasse   🇦🇨 ℅
❀ *19 r. Cdt Mouchotte Ⓜ Montparnasse Bienvenüe*   🅿 𝘝𝘐𝘚𝘈 ⓂⓄ 🇦🇪 ⓪
– ℘ 01 44 36 44 25 – meridien.montparnasse@lemeridien.com
– Fax 01 44 36 49 03 – Fermé 1er-7 mai, 10 juil.-27 août, 25 déc.-7 janv., sam.,
dim. et fériés   CX **3**
Rest – 49 € (déj.)/108 € et carte 90/120 € ♀ ℁
Spéc. Langoustines au galanga (printemps-été). Pâté chaud de colvert (saison). Canard au tamarin.
♦ Le cadre contemporain sur fond de laque noire peut surprendre, mais ce restaurant s'avère confortable et chaleureux. Cuisine au goût du jour, superbes chariots de fromages.

XXX **Le Duc**   🇦🇨 ☞ 𝘝𝘐𝘚𝘈 ⓂⓄ 🇦🇪 ⓪
❀ *243 bd Raspail Ⓜ Raspail – ℘ 01 43 20 96 30 – Fax 01 43 20 46 73*
– Fermé 29 juil.-21août, 24 déc.-3 janv., sam. midi et lundi   DX **18**
Rest – 46 € (déj. en sem.) et carte 60/100 €
Spéc. Poissons crus. Queues de langoustines aux épices. Lotte aux endives caramélisées (oct. à mai).
♦ Cuisine de la mer alliant qualité et simplicité servie dans un décor de confortable cabine de yacht avec lambris d'acajou, appliques à thème marin et cuivres rutilants.

XXX **Le Dôme**   🇦🇨 𝘝𝘐𝘚𝘈 ⓂⓄ 🇦🇪 ⓪
108 bd Montparnasse Ⓜ Vavin – ℘ 01 43 35 25 81 – Fax 01 42 79 01 19
– Fermé dim. et lundi en août   DX **2**
Rest – carte 75/95 €
♦ L'un des temples de la bohème littéraire et artistique des années folles, devenu une brasserie chic tendance "rive gauche", au cadre Art déco préservé. Produits de la mer.

%% **Maison Courtine** (Charles) · AC VISA MC
157 av. Maine Ⓜ Mouton Duvernet – ℰ 01 45 43 08 04 – yves.charles @
wanadoo.fr – Fax 01 45 45 91 35 – Fermé août, sam. midi, lundi
midi et dim. · CY **25**
Rest – 38 € ♈

Spéc. Escalopes de foie gras de canard poêlées aux raisins. Canard sauvage
rôti entier au poivre long (oct. à fév.). Médaillon de veau de lait et lentilles
blondes de la Planèze.
♦ Tour de France des terroirs côté cuisine, intérieur contemporain aux
couleurs vives et mobilier de style Louis-Philippe côté décor : la maison
compte nombre de fidèles.

%% **Pavillon Montsouris** · VISA MC
20 r. Gazan ⓂCité Universitaire – ℰ 01 43 13 29 00 – Fax 01 43 13 29 02
– Fermé vacances de fév. · DZ **2**
Rest – 49/75 € ♈
♦ Ce pavillon créé à la Belle Epoque dans le parc Montsouris offre le calme de
la campagne en plein Paris. Jolie verrière, décor d'esprit colonial et terrasse
face à la verdure.

%% **La Coupole** · AC VISA MC AE ①
102 bd Montparnasse ⓂVavin – ℰ 01 43 20 14 20 – lejeune @ groupeflo.fr
– Fax 01 43 35 46 14 · DX **41**
Rest – (25 € bc), 35 € bc et carte 45/60 € ♈
♦ Le cœur de Montparnasse bat encore dans cette immense brasserie Art
déco inaugurée en 1927. Les 32 piliers sont décorés d'œuvres d'artistes de
l'époque. Ambiance animée.

%% **Vin et Marée** · AC VISA MC AE
108 av. Maine ⓂGaîté – ℰ 01 43 20 29 50 – vin.maree @ wanadoo.fr
– Fax 01 43 27 84 11 · CY **4**
Rest – carte 40/55 € ♈
♦ Les produits de la mer, spécialités de la maison, sont dévoilés chaque jour
sur l'ardoise, selon le bon plaisir de Neptune. Salles à manger décorées dans
le style marin.

%% **Monsieur Lapin** · AC VISA MC
11 r. R. Losserand ⓂGaîté – ℰ 01 43 20 21 39 – Fax 01 43 21 84 86
– Fermé août, sam. midi et lundi · CY **28**
Rest – (nombre de couverts limité, prévenir) (25 €), 34 € et carte 45/75 € ♈
♦ Tel le personnage d'Alice au pays des merveilles, Monsieur Lapin est
partout : dans la décoration de la salle à manger comme sur la carte qui
l'accommode à moult sauces.

%% **Les Vendanges** · VISA MC AE ①
40 r. Friant ⓂPorte d'Orléans – ℰ 01 45 39 59 98 – guy.tandif @ wanadoo.fr
– Fax 01 45 39 74 13 – Fermé 29 juil.-27 août, 23 déc.-2 janv., sam. sauf
de nov. à janv. et dim. · CZ **1**
Rest – (25 €), 35 € ♈ ♨
♦ La façade ornée de grappes de raisins annonce la couleur : un très beau livre
de cave (bon choix de vins de propriétaires) accompagne la cuisine classique,
orientée Sud-Ouest.

% **Les Petites Sorcières** · VISA MC AE
12 r. Liancourt ⓂDenfert Rochereau – ℰ 01 43 21 95 68 – Fax 01 43 21 95 68
– Fermé mi-juil.-mi-août, sam. midi, lundi midi et dim. · DY **4**
Rest – (22 €), 30 €
♦ C'est, dit-on, le rendez-vous des sorcières parisiennes : elles s'y retrouvent
lors de sabbats gourmands, laissent de nombreux bibelots et repartent en
enfourchant leur balai.

Régalade
🕽🕽 AC VISA MC

49 av. J. Moulin Ⓜ *Porte d'Orléans –* ℰ *01 45 45 68 58 – la_regalade @*
yahoo.fr – Fax 01 45 40 96 74 – Fermé 5-25 août, sam. et dim. CZ **21**
Rest – (prévenir) 30 € ✿

♦ Un accueil tout sourire, une savoureuse cuisine du terroir, un cadre sobre : voici les atouts de ce sympathique petit bistrot voisin de la porte de Châtillon.

L'O à la Bouche
🕽 AC ⇄ VISA MC AE

124 bd Montparnasse Ⓜ *Vavin –* ℰ *01 56 54 01 55 – loalabouche2 @*
wanadoo.fr – Fax 01 43 21 07 87 – Fermé 6-21 août, dim. et lundi
Rest – 19 € (déj.)/29 € DX **9**

♦ Il règne un esprit "bistrot" et une sympathique ambiance dans ce restaurant au décor discrètement méditerranéen. La lecture de la carte vous mettra... l'eau à la bouche !

Cerisaie
🕽 VISA MC

70 bd E. Quinet Ⓜ *Edgar Quinet –* ℰ *01 43 20 98 98 – Fax 01 43 20 98 98*
– Fermé 1er-8 mai, 25 juil.-25 août, sam., dim. et fériés CX **1**
Rest – (prévenir) 29/34 €

♦ Restaurant de poche (non-fumeurs) situé en plein quartier "breton". Chaque jour, le patron écrit sur l'ardoise les plats du Sud-Ouest qu'il a consciencieusement mitonnés.

L'Amuse Bouche
🕽 VISA MC

186 r. Château Ⓜ *Mouton Duvernet –* ℰ *01 43 35 31 61 – Fax 01 45 38 96 60*
– Fermé 12 août-4 sept., dim. et lundi CY **3**
Rest – 30 €

♦ Atmosphère conviviale et animée dans ce restaurant redécoré (murs oranges et verts, mobilier rustique), où l'on prépare une cuisine au goût du jour inspirée par le marché.

Bistrot du Dôme
🕽 AC VISA MC AE

1 r. Delambre Ⓜ *Vavin –* ℰ *01 43 35 32 00 – Fermé dim. et lundi en août*
Rest – carte 40/57 € DX **7**

♦ "L'annexe" du Dôme, spécialisée elle aussi dans les produits de la mer. Ambiance décontractée dans la grande salle à manger au plafond orné de feuilles de vignes.

A La Bonne Table
🕽 AC VISA MC AE ①

42 r. Friant Ⓜ *Porte d'Orléans –* ℰ *01 45 39 74 91 – Fax 01 45 43 66 92*
– Fermé 9-30 juil., 24 déc.-1er janv., 27 fév.-4 mars, sam. midi et dim. CZ **12**
Rest – 25 € (déj.)/29 € et carte 31/50 €

♦ Le chef, d'origine japonaise, prépare une cuisine française traditionnelle relevée de son savoir-faire nippon. Confortable salle à manger en longueur, d'esprit "rétro".

Severo
🕽 VISA MC

8 r. Plantes Ⓜ *Mouton Duvernet –* ℰ *01 45 40 40 91 – Fermé 22 juil.-21 août,*
23 déc.-2 janv., 19-26 fév., sam. et dim. CY **7**
Rest – (18 €) et carte 27/45 € ♈ ✿

♦ Les produits d'Auvergne (viandes, charcuteries) jouent les vedettes sur l'ardoise du jour de ce chaleureux bistrot. Quant à la carte des vins, elle fait preuve d'éclectisme.

De Bouche à Oreille
🕽 VISA MC

34 r. Gassendi Ⓜ *Denfert Rochereau –* ℰ *01 43 27 73 14 – baobenoit @*
hotmail.com – Fax 01 43 25 14 23 – Fermé lundi midi, sam. midi et dim.
Rest – carte 35/50 € ♈ CY **2**

♦ Ambiance simple et conviviale, cadre d'esprit bistrot, goûteux plats traditionnels inscrits sur tableau noir : une sympathique petite adresse de quartier qui mérite le détour.

X

⊝⊜

Château Poivre   🌐 🆖 🅰🅴 ⓘ

145 r. Château Ⓜ *Pernety –* 𝒞 *01 43 22 03 68 – chateaupoivre@noos.fr*
– Fermé 6-23 août, 24 déc.-3 janv., dim. et fériés   CY **45**
Rest – 17 € (sem.) et carte 25/50 € ⟨, Enf. 8,50 €

♦ Luminaire design et chaudes teintes jaune ou orangée rajeunissent cette
salle à manger de style "rétro". Copieuse cuisine d'esprit méridional à prix
doux et vins du Languedoc.

X

Millésimes 62   🍴 ⇔ 🌐 🆖 🅰🅴

13 pl. Catalogne Ⓜ *Gaité –* 𝒞 *01 43 35 34 35 – Fax 01 43 20 26 21 – Fermé*
5-25 août et 24 déc.-2 janv.   CXY **33**
Rest – 19/26 € ⟨

♦ À proximité des grands hôtels et des théâtres de Montparnasse, avenant
restaurant au décor contemporain. Vous y apprécierez une goûteuse cuisine
du marché à prix serrés.

Porte de Versailles, Vaugirard, Beaugrenelle

15e arrondissement   ⊠ 75015 – PLAN 15

Sofitel Porte de Sèvres   ⪡ ⅃ℰ 🖥 ⊫ &.ch, ℺ ⅍ch, ⬚450,
8 r. L. Armand Ⓜ Balard – ℰ 01 40 60 30 30   ⇌ 𝘝𝘐𝘚𝘈 ⑩⑤ Ⓐⓔ ⓪
– h0572@accor.com – Fax 01 40 60 30 00   AY **29**
608 ch – †310/390 € ††310/440 €, ☟ 25 € – 12 suites
voir rest. *Relais de Sèvres* ci-après
Rest *Brasserie* – ℰ 01 40 60 33 77 *(fermé sam. midi et dim. midi)* (21 €)
et carte 35/60 €

♦ Face à l'héliport, hôtel proposant des chambres insonorisées, en partie
refaites dans un élégant style contemporain. Joli panorama sur l'Ouest
parisien aux derniers étages. Brasserie au cadre évoquant les années folles :
mosaïques, coupole, banquettes, etc.

Novotel Tour Eiffel   ⪡ ⅃ℰ 🖥 ⊫ &.ch, ℺ ⅍ch, ⬚ ⬚500,
61 quai Grenelle Ⓜ Charles Michels   ⇌ 𝘝𝘐𝘚𝘈 ⑩⑤ Ⓐⓔ ⓪
– ℰ 01 40 58 20 00 – h3546@accor.com – Fax 01 40 58 24 44   BV **15**
752 ch – †260/450 € ††290/450 €, ☟ 20 € – 12 suites
Rest *Tour Eiffel Café* – ℰ 01 40 58 20 75 – (25 €) et carte 30/50 € ☸,
Enf. 8 €

♦ L'hôtel, entièrement rénové, dispose de confortables chambres contemporaines (bois, teintes claires), majoritairement tournées vers la Seine. Centre de conférences high-tech. Plaisant décor épuré, carte au goût du jour et
espace épicerie fine au Tour Eiffel Café.

Mercure Paris Tour Eiffel Suffren   ⌂ ⅃ℰ ⊫ ℺ ⬚ ⬚30/100,
20 r. Jean Rey Ⓜ Bir-Hakeim – ℰ 01 45 78 50 00   �ℙ 𝘝𝘐𝘚𝘈 ⑩⑤ Ⓐⓔ ⓪
– h2175@accor.com – Fax 01 45 78 91 42   BV **1**
405 ch – †150/300 € ††250/415 €, ☟ 21 €
Rest – carte 32/50 € ☸

♦ Rénovation complète et soignée, et nouvelle décoration sur le thème
"nature et jardin" pour cet hôtel parfaitement insonorisé. Certaines chambres regardent la tour Eiffel. Salle à manger ouverte sur l'agréable terrasse
entourée d'arbres et de verdure.

Novotel Vaugirard   ⌂ ⅃ℰ ⊫ & .ch, ℺ ⅍ch,
257 r. Vaugirard Ⓜ Vaugirard   ⬚25/300, ⇌ 𝘝𝘐𝘚𝘈 ⑩⑤ Ⓐⓔ
– ℰ 01 40 45 10 00 – h1978@accor.com – Fax 01 40 45 10 10   BX **37**
186 ch – †158/184 € ††183/209 €, ☟ 13 €
Rest – carte environ 35 € ☸, Enf. 8 €

♦ Au cœur du 15e arrondissement, ce vaste établissement propose de
grandes chambres modernes, équipées d'un double vitrage. Au Novotel
Café, nouveau décor actuel, terrasse d'été entourée de verdure, service
non-stop et suggestions du jour cuites à la plancha.

Mercure Tour Eiffel sans rest   ⅃ℰ ⊫ & ℺ ⅍ ℺ ⬚25/40,
64 bd Grenelle Ⓜ Dupleix – ℰ 01 45 78 90 90   ⇌ 𝘝𝘐𝘚𝘈 ⑩⑤ Ⓐⓔ ⓪
– hotel@mercuretoureiffel.com – Fax 01 45 78 95 55   BV **9**
76 ch – †190/300 € ††200/360 €, ☟ 19 €

♦ Le bâtiment principal abrite des chambres aménagées selon les standards
de la chaîne ; dans l'aile récente, elles offrent un confort supérieur et de
nombreux petits "plus".

Mercure Porte de Versailles sans rest 🛗 AK ↳ ☎ 🛏50/250,
69 bd Victor Ⓜ Porte de Versailles – ℰ 01 44 19 03 03 🚗 VISA 🐼 AE ⓪
– h1131@accor.com – Fax 01 48 28 22 11 BY **14**
91 ch – †90/270 € ††90/400 €, �ⴰ 15 €
◆ Face au parc des Expositions, immeuble des années 1970 où vous choisirez de préférence l'une des chambres rénovées ; les autres sont sobrement fonctionnelles.

Holiday Inn Paris Montparnasse sans rest 🛗 ⅙ AK ⅜ ☎
10 r. Gager Gabillot Ⓜ Vaugirard 🛏30, 🚗 VISA 🐼 AE ⓪
– ℰ 01 44 19 29 29 – reservations@hiparis-montparnasse.com
– Fax 01 44 19 29 39 CX **9**
60 ch – †90/205 € ††90/205 €, ⅃ 13 €
◆ Bâtisse moderne située dans une rue calme. Hall relooké et salon contemporain sous une pyramide de verre. Préférez les chambres refaites, joliment décorées.

Eiffel Cambronne sans rest AK ⅙ VISA 🐼 AE ⓪
46 r. Croix-Nivert Ⓜ Av. Emile Zola – ℰ 01 56 58 56 78 – hotel@
eiffelcambronne.com – Fax 01 56 58 56 79 BX **4**
31 ch – †118/168 € ††128/168 €, ⅃ 12 €
◆ Coloris ensoleillés et fauteuils mœlleux au salon, literie neuve et couettes immaculées dans les chambres. On sert le petit-déjeuner dans un patio coiffé d'une verrière.

Mercure Paris XV sans rest 🛗 ⅙ AK ⅙ 🛏30, 🚗 VISA 🐼 AE ⓪
6 r. St-Lambert Ⓜ Boucicaut – ℰ 01 45 58 61 00 – h0903@accor.com
– Fax 01 45 54 10 43 BX **21**
56 ch – †103/141 € ††111/147 €, ⅃ 11 €
◆ Adresse située à 800 m de la porte de Versailles. Accueil et salons sont aménagés dans le style contemporain, de même que les chambres, confortables et bien tenues.

Alizé Grenelle sans rest 🛗 AK ☎ VISA 🐼 AE ⓪
87 av. É. Zola Ⓜ Charles Michels – ℰ 01 45 78 08 22 – info@alizeparis.com
– Fax 01 40 59 03 06 BX **13**
50 ch – †86/115 € ††90/116 €, ⅃ 11 €
◆ Cette façade en briques des années 1930 abrite des chambres fonctionnelles et pourvues d'une insonorisation efficace. Salon équipé d'un accès Internet haut débit.

Beaugrenelle St-Charles sans rest 🛗 ☎ VISA 🐼 AE ⓪
82 r. St-Charles Ⓜ Charles Michels – ℰ 01 45 78 61 63 – info@
beaugrenelleparis.com – Fax 01 45 79 04 38 BX **34**
49 ch – †78/111 € ††87/204 €, ⅃ 11 €
◆ Une rénovation complète est venue réveiller cet hôtel situé au pied du métro St-Charles, à deux pas du centre Beaugrenelle. Chambres fraîches et insonorisées.

Carladez Cambronne sans rest 🛗 ☎ VISA 🐼 AE ⓪
3 pl. Gén. Beuret Ⓜ Vaugirard – ℰ 01 47 34 07 12 – carladez@
club-internet.fr – Fax 01 40 65 95 68 BX **7**
27 ch – †74/86 € ††76/91 €, ⅃ 7,50 € – 1 suite
◆ L'hôtel a pris des couleurs depuis sa rénovation : bleu, saumon ou vert dans les petites chambres fraîches et bien tenues. Le sourire est compris dans l'addition.

🏠 **Aberotel** sans rest   🖹 & ⇆ 📞 **VISA** **MC** **AE** **①**
24 r. Blomet 🅜 *Volontaires –* ℰ *01 40 61 70 50 – aberotel@wanadoo.fr*
– Fax 01 40 61 08 31   CX **12**
28 ch – †60/110 € ††70/135 €, � 8 €
♦ Une adresse prisée : plaisant salon orné de peintures sur bois évoquant les cartes à jouer, coquettes chambres rénovées et cour intérieure où l'on petit-déjeune en été.

🏠 **Lilas Blanc** sans rest   🖹 **VISA** **MC** **①**
5 r. Avre 🅜 *La Motte Picquet Grenelle –* ℰ *01 45 75 30 07 – hotellilasblanc@*
minitel.net – Fax 01 45 78 66 65 – Fermé août et 23-30 déc.   BX **3**
32 ch – †65/70 € ††69/77 €, ⊋ 7 €
♦ Dans une rue calme le soir, hôtel proposant des petites chambres colorées, sobrement meublées en stratifié ; celles du rez-de-chaussée sont moins lumineuses.

🏠 **Val Girard** sans rest   🖹 📞 **VISA** **MC** **AE**
14 r. Pétel 🅜 *Vaugirard –* ℰ *01 48 28 53 96 – valgirar@club-internet.fr*
– Fax 01 48 28 69 94   BX **8**
39 ch – †92/100 € ††100/120 €, ⊋ 10 €
♦ Hôtel familial proche de la mairie d'arrondissement. Chambres rajeunies, simplement aménagées et parfois dotées de meubles en rotin. Petit-déjeuner servi en véranda.

�Xx̂x̂ **Relais de Sèvres** – Hôtel Sofitel Porte de Sèvres   **AC** 🖨 **P**
🌀 *8 r. L. Armand* 🅜 *Balard –* ℰ *01 40 60 33 66*   **P** **VISA** **MC** **AE** **①**
– h0572@accor.com – Fax 01 40 60 30 00 – Fermé 29 juil.-28 août, 23 déc.-
2 janv., 17-26 fév., vend. soir, sam., dim. et fériés   AY **29**
Rest – (déj. seult le vend.) 55/72 € et carte 75/105 € ♈
Spéc. Pied de cochon en ballotine à la truffe et foie gras de canard. Carré d'agneau du Limousin rôti, darphin aux olives et champignons. Dégustation de grands crus de chocolat.
♦ Cuisine au goût du jour, belle carte des vins et élégant décor bourgeois valorisant le bleu de Sèvres : un restaurant bien séduisant, pour clientèle d'affaires et gourmands.

Xx̂x̂ **Benkay**   ≤ **AC** ⇆ ⇳ 6/32, 🖨 **P** **VISA** **MC** **AE** **①**
61 quai Grenelle 🅜 *Bir-Hakeim –* ℰ *01 40 58 21 26 – h3546@accor.com*
– Fax 01 40 58 21 30   BU **2**
Rest – 26 € (déj.), 60/125 € et carte 60/125 €
♦ Au dernier étage d'un petit immeuble, restaurant ménageant une belle vue sur la Seine. Décor empreint d'une grande sobriété (marbre et bois), comptoir à sushis et teppanyakis.

Xx̂x̂ **Chen-Soleil d'Est**   **AC** ⇳ 4/14, **VISA** **MC** **AE** **①**
🌀 *15 r. Théâtre* 🅜 *Charles Michels –* ℰ *01 45 79 34 34 – Fax 01 45 79 07 53*
– Fermé août et dim.   BV **14**
Rest – 40 € (déj. en sem.)/75 € et carte 60/150 €
Spéc. Fleurs de courgettes aux corps de tourteaux. Pigeonneau aux cinq parfums. Tan Yuang aux fleurs de laurier.
♦ Glissez-vous sous les immeubles du front de Seine pour y découvrir un authentique petit coin d'Asie : cuisine au "wok" et à la vapeur, meubles et boiseries importés de Chine.

X̂X̂ **Le Quinzième Cuisine Attitude**   🛋 🖨 **VISA** **MC** **AE**
14 r. Cauchy 🅜 *Javel –* ℰ *01 45 54 43 43 – resa@lequinzieme.com – Fermé*
5-20 août, sam. midi et dim.   AX **4**
Rest – 85 € et carte 40/80 €
♦ Cadre design, ambiance "branchée", table d'hôte avec vue sur les fourneaux et goûteuse cuisine actuelle : la formule imaginée par Cyril Lignac suite à l'émission "Oui Chef !" s'avère fort séduisante !

XX **Harumi** AC ✗ VISA ◍ AE
99 r Blomet ◍ Vaugirard – ℰ 01 42 50 22 27 – Fermé mi-juil.-mi août, dim.
soir et lundi BX **10**
Rest – 38 € et carte environ 45 € ♀
• Le Japon, pays d'origine de la patronne qui exerce ses talents aux fourneaux, influence la cuisine au goût du jour et le décor de cet élégant restaurant. Bon choix de vins.

XX **La Dînée** VISA ◍ AE ◉
85 r. Leblanc ◍ Balard – ℰ 01 45 54 20 49 – Fax 01 40 60 73 76 – Fermé sam.
et dim. AY **9**
Rest – (31 €), 34 € ♀
• Cette salle de restaurant actuelle agrémentée de tableaux contemporains propose des recettes au goût du jour soignées. Cuisine "à la plancha" servie dans le bistrot attenant.

XX **Gauloise** 🕍 ⇄ 16, VISA ◍ AE
59 av. La Motte-Picquet ◍ La Motte Picquet Grenelle – ℰ 01 47 34 11 64
– Fax 01 40 61 09 70 BV **12**
Rest – (22 €) et carte 30/57 €, Enf. 12 €
• Cette brasserie des années 1900 a dû voir passer bon nombre de personnalités, à en juger par les photos dédicacées tapissant les murs. Plaisante terrasse sur le trottoir.

XX **Thierry Burlot** AC VISA ◍ AE
8 r. Nicolas Charlet ◍ Pasteur – ℰ 01 42 19 08 59 – Fax 01 45 67 09 13
– Fermé sam. midi et dim. CX **24**
Rest – (26 €), 32/50 € ♀
• Atmosphère paisible et feutrée dans un cadre assez sobre, ponctué de photos réalisées par le maître des lieux. La cuisine, au goût du jour, suit le fil des saisons.

XX **Caroubier** AC VISA ◍ AE
⊜
82 bd Lefebvre ◍ Porte de Vanves – ℰ 01 40 43 16 12 – Fax 01 40 43 16 12
– Fermé 22 juil.-22 août et lundi BY **6**
⊛ **Rest** – 15 € (déj. en sem.)/27 € et carte 27/45 € ♀, Enf. 9 €
• Décor contemporain rehaussé de touches orientales, chaleureuse ambiance familiale et accueil prévenant au service d'une cuisine marocaine généreuse et gorgée de soleil.

XX **Fontanarosa** 🕍 AC VISA ◍
28 bd Garibaldi ◍ Cambronne – ℰ 01 45 66 97 84 – Fax 01 47 83 96 30
Rest – (17 €), 30 € et carte 38/72 € ♀ ⊛ CX **57**
• Oublié le métro aérien et l'agitation parisienne ! Cette trattoria dissimule un vrai petit coin de Sardaigne : délicieux patio-terrasse, plats et bon choix de vins de là-bas.

XX **L'Épopée** VISA ◍ AE ◉
89 av. É. Zola ◍ Charles Michels – ℰ 01 45 77 71 37 – Fax 01 45 77 71 37
– Fermé 24 juil.-23 août, sam. midi et dim. BX **27**
Rest – (27 €), 32/41 € ♀ ⊛
• Loin de prétendre à des développements épiques, ce petit restaurant favorise la convivialité. Les habitués reviennent pour sa belle carte des vins et ses plats traditionnels.

XX **Erawan** AC ✗ VISA ◍ AE
⊜
76 r. Fédération ◍ La Motte Picquet Grenelle – ℰ 01 47 83 55 67
– Fax 01 47 34 85 98 – Fermé 5-20 août et dim. BV **58**
Rest – 12,50 € (déj. en sem.), 23/38 € et carte 29/44 €
• Bois sculptés, tons pastel et objets asiatiques composent le cadre feutré de ce restaurant. Goûteux plats thaïlandais, service assuré en costume du pays et accueil charmant.

XX **Le Père Claude**　　　　　　　　🍽 AC VISA MC AE
51 av. de la Motte Picquet ⓂLa Motte-Picquet Grenelle – ℰ 01 47 34 03 05
– lepereclaude@free.fr – Fax 01 40 56 97 84　　　　　BV **52**
Rest – (27 €), 32 € et carte 41/76 € ♈
♦ Pièces rôties à la broche, recettes de tradition et spécialités de tapas : cette institution du quartier du Champ-de-Mars répondra à toutes vos envies gourmandes. Cadre feutré et belle terrasse d'été.

X **Banyan**　　　　　　　　　　　　　　　AC
⊛ *24 pl. E. Pernet ⓂFélix Faure – ℰ 01 40 60 09 31 – Fax 01 40 60 09 20*
– Fermé dim.　　　　　　　　　　　　BX **20**
Rest – 13 € (déj. en sem.), 33/53 € et carte 35/60 €
♦ Dépaysement des papilles assuré en ce petit restaurant thaïlandais qui concocte une cuisine subtilement parfumée. Plaisant cadre contemporain et accueil familial.

X **Stéphane Martin**　　　　　　　AC ⌀ VISA MC AE
67 r. Entrepreneurs ⓂCharles Michels – ℰ 01 45 79 03 31
– resto.stephanemartin@free.fr – Fax 01 45 79 44 69 – Fermé 30 juil.-21 août,
23 déc.-2 janv., dim. et lundi　　　　　　BX **19**
Rest – 32/40 €
♦ Chaleureux restaurant décoré dans l'esprit d'une bibliothèque (fresque figurant des rayonnages de livres), où l'on propose une cuisine au goût du jour inspirée par le marché.

X **Kim Anh**　　　　　　　　　　AC VISA MC AE
51 av. Emile Zola ⓂCharles Michels – ℰ 01 45 79 40 96 – Fax 01 40 59 49 78
– Fermé 20-25 août et lundi soir　　　　　BX **31**
Rest – (dîner seult) 34 € et carte 43/82 €
♦ Un rideau d'arbustes protège le restaurant des rumeurs de l'avenue. Son cadre ne paie pas de mine, mais vous serez séduits par sa cuisine vietnamienne, alléchante et parfumée.

X **Copreaux**　　　　　　　　　　AC VISA MC
15 r. Copreaux ⓂVolontaires – ℰ 01 43 06 83 35 – Fermé 1er-25 août, dim. et lundi　　　　　　　　　　　CX **11**
Rest – (16 €), 26 € bc et carte 29/46 € ♈
♦ Petite adresse (non-fumeurs) à la charmante atmosphère provinciale, servant une cuisine familiale dans un cadre rustique et chaleureux. Exposition de tableaux.

X **Bistro d'Hubert**　　　　　　VISA MC AE ①
41 bd Pasteur ⓂPasteur – ℰ 01 47 34 15 50 – message@bistrodhubert.com
– Fax 01 45 67 03 09 – Fermé sam. midi, lundi midi et dim.　　CX **5**
Rest – 35 € et carte 43/77 € ♈
♦ Bocaux et bonnes bouteilles sur les étagères, nappes à carreaux, vue directe sur les fourneaux et les cuivres rutilants : le décor de ce bistrot évoque une ferme landaise.

X **Beurre Noisette**　　　　　　⌀ VISA MC AE
⊛ *68 r. Vasco de Gama ⓂLourmel – ℰ 01 48 56 82 49 – Fax 01 48 56 82 49*
– Fermé 1er-21 août, 1er-7 janv., dim. et lundi　　　　BY **5**
😋 Rest – 15 € (déj. en sem.), 20/32 € ♈
♦ Cuisine au goût du jour mitonnée avec soin et suggestions, au gré du marché, à découvrir sur ardoise. Bon choix de vins au verre. Deux salles contemporaines aux tons chauds.

L'Ami Marcel
AC VISA ⓂⒸ AE
*33 r. Georges Pitard Ⓜ Plaisance – 𝒞 01 48 56 62 06 – lamimarcel@
wanadoo.fr – Fax 01 48 56 62 06 – Fermé 1er-21 août, dim.,
lundi et fériés*
CY **7**
Rest – (19 €), 30 € Ⓨ
♦ Ce bistrot de quartier conjugue bonne cuisine traditionnelle, prix doux et accueil sympathique. Quelques détails choisis (bar en zebrano, tableaux) personnalisent le décor.

Clos Morillons
VISA ⓂⒸ
*50 r. Morillons Ⓜ Convention – 𝒞 01 48 28 04 37 – Fax 01 48 28 70 77
– Fermé août, lundi et dim.*
BY **13**
Rest – (18 € bc), 26 €
♦ Murs jaune pâle, mobilier en rotin et bambou, et tables simplement dressées (plaque de verre et argenterie) en ce restaurant proposant une cuisine au goût du jour.

Le Troquet
VISA ⓂⒸ
*21 r. F. Bonvin Ⓜ Cambronne – 𝒞 01 45 66 89 00 – Fax 01 45 66 89 83
– Fermé 2-10 mai, 2-23 août, 23 déc.-2 janv., dim. et lundi*
CX **32**
Rest – 24 € (déj.)/38 €
♦ Authentique "troquet" parisien : menu unique proposé sur ardoise, salle à manger de style "rétro" et goûteuse cuisine du marché. Pour les titis... et les autres !

Gastroquet
VISA ⓂⒸ AE
*10 r. Desnouettes Ⓜ Convention – 𝒞 01 48 28 60 91 – Fax 01 45 33 23 70
– Fermé août, sam. et dim.*
BY **50**
Rest – (20 €), 29 € et carte 48/76 €
♦ La cuisine traditionnelle mijotée avec soin en ce "gastronomique troquet" familial séduit gourmands du quartier et visiteurs du parc des Expositions de la porte de Versailles.

Villa Corse
AC ⌀ 🖙 VISA ⓂⒸ AE
*164 bd Grenelle Ⓜ La Motte Picquet Grenelle – 𝒞 01 53 86 70 81
– Fax 01 53 86 90 73*
BX **1**
Rest – carte 40/50 €
♦ Chacune des trois charmantes salles de ce restaurant corse offre une atmosphère différente : bibliothèque, bar-salon et "terrasse". Savoureuse cuisine et vins insulaires.

Du Marché
⟳ 10, VISA ⓂⒸ
*59 r. Dantzig Ⓜ Porte de Versailles – 𝒞 01 48 28 31 55 – Fax 01 48 28 18 31
– Fermé août, dim. et lundi*
BY **12**
Rest – 16 € bc (déj. en sem.), 24/29 €
♦ Près du parc Georges-Brassens, ce sympathique bistrot dont le cadre évoque les années 1950 propose ses bons petits plats traditionnels servis "à la bonne franquette".

Fleur de Sel
VISA ⓂⒸ AE
*32 bd Montparnasse Ⓜ Falguière – 𝒞 01 45 48 52 03
– restaurant.fleurdesel@wanadoo.fr – Fax 01 45 48 52 17 – Fermé 24-31 déc.,
sam. midi, dim. et midi fériés*
CX **51**
Rest – 20/25 € et carte environ 44 €
♦ Ce bistrot sert une cuisine du marché assortie de plats du Sud-Ouest et de suggestions du jour inscrites sur tableau noir. Aux murs, vieilles affiches publicitaires et photos.

✗ **L'Alchimie** ⬛ *VISA* **MC**
34 r. Letellier Ⓜ *La Motte Piquet Grenelle –* ℰ *01 45 75 55 95*
– Fermé 1er-10 mars, 1er-22 août, 24 déc.-1er janv., dim. et lundi BX **5**
Rest – (22 €), 27 €
♦ Ce restaurant du quartier Grenelle séduit par sa goûteuse cuisine traditionnelle évoluant en fonction des produits de saison, son cadre sobre et son
accueil prévenant.

✗ **Mûrier** ⬛ *VISA* **MC**
42 r. Olivier de Serres Ⓜ *Convention –* ℰ *01 45 32 81 88 – lepimpecmartin@*
yahoo.fr – Fermé lundi midi, sam. midi et dim. BY **5**
Rest – (15 €), 19 € (déj.)/25 € ⵏ
♦ Sympathique pause-repas dans ce restaurant proche des boutiques de la
rue de la Convention. Salle à manger ornée de vieilles affiches et recettes
traditionnelles.

✗ **Le Bélisaire** ⬛ *VISA* **MC** **AE**
2 r. Marmontel Ⓜ *Vaugirard –* ℰ *01 48 28 62 24 – Fax 01 48 28 62 24*
– Fermé 2-10 avril, 5-25 août, 20-31 déc., sam. midi et dim. BXY **33**
Rest – 19 € (déj. en sem.)/30 € ⵏ
♦ Ce bistrot au cadre soigné s'est bâti une solide réputation dans le quartier
Convention grâce à la bonne tenue de sa cuisine au goût du jour et à la qualité
de son accueil.

✗ **Le Dirigeable** *VISA* **MC** **AE**
37 r. d' Alleray Ⓜ *Vaugirard –* ℰ *01 45 32 01 54 – Fermé 1er-22 août, 23 déc.-*
2 janv., dim. et lundi CY **22**
Rest – (16 €), 19 € (déj. en sem.) et carte 33/57 €
♦ Ambiance décontractée, cadre sans prétention et petits plats de tradition
à prix attractifs : embarquez sans tarder pour une croisière à bord du Dirigeable !

G. Targat/MICHELIN

Étoile, Trocadéro, Passy, Bois de Boulogne, Auteuil

16e arrondissement ⊠ 75016 – PLAN 17-18

Raphael
🗔 *Lô* 🔊 AC ↳ch, ⅐10/70, VISA ⚥ AE ①
17 av. Kléber ⊠ 75116 Ⓜ Kléber – ☏ 01 53 64 32 00 – reservation@
raphael-hotel.com – Fax 01 53 64 32 01   FG **23**
61 ch – ♦325 € ♦♦465/560 €, � 36 € – 25 suites
Rest *La Salle à Manger* – ☏ 01 53 64 32 11 (fermé sam. et dim.) 50 € bc
(déj.)/65 € bc
Rest *Les Jardins Plein Ciel* – rest.-terrasse – ☏ 01 53 64 32 30 (ouvert mai-
oct.) 75 € (déj.)/100 €
♦ Superbe galerie habillée de boiseries, chambres raffinées, toit-terrasse
panoramique et bar anglais "mondain" sont les trésors du Raphael (1925).
Belle Salle à Manger d'esprit "palace". Belle vue sur Paris et cuisine traditionnelle aux Jardins Plein Ciel (7e étage).

St-James Paris ⌖
🗔 *Lô* 🚗 🔊 AC ↳ch, ⅙rest, ☎ ⅐25,
43 av. Bugeaud ⊠ 75116 Ⓜ Porte Dauphine   P VISA ⚥ AE ①
– ☏ 01 44 05 81 81 – contact@saint-james-paris.com – Fax 01 44 05 81 82
38 ch – ♦360 € ♦♦470/510 €, ⊷ 28 € – 10 suites   EG **9**
Rest – (fermé sam., dim. et fériés) (résidents seult) 47 €
♦ Bel hôtel particulier élevé en 1892 par Mme Thiers au sein d'un jardin
arboré. Escalier majestueux, chambres spacieuses et bar-bibliothèque à
l'atmosphère de club anglais.

Sofitel Le Parc ⌖
Lô 🔊 AC ↳ ☎ ⅐40/250, VISA ⚥ AE ①
55 av. R. Poincaré ⊠ 75116 Ⓜ Victor Hugo – ☏ 01 44 05 66 66 – h2797@
accor.com – Fax 01 44 05 66 00   EH **6**
95 ch – ♦420/550 € ♦♦420/550 €, ⊷ 26 € – 21 suites, 3 duplex
voir rest. *Le Relais du Parc* ci-après
♦ Les chambres, élégantes et délicieusement "british", sont bien équipées
(système wi-fi) et réparties autour d'une terrasse-jardin. Décor du bar en
partie signé Arman.

Sofitel Baltimore
Lô 🔊 AC ↳ ⅙rest, ☎ ⅐15/50,
88 bis av. Kléber ⊠ 75116 Ⓜ Boissière   ⬄ VISA ⚥ AE ①
– ☏ 01 44 34 54 54 – welcome@hotelbaltimore.com – Fax 01 44 34 54 44
103 ch – ♦395/495 € ♦♦395/1015 €, ⊷ 27 €   FH **13**
voir rest. *Table du Baltimore* ci-après
♦ Mobilier épuré, tissus "tendance", photos anciennes de la ville de Baltimore : le décor contemporain des chambres contraste avec l'architecture de
cet immeuble du 19e s.

Costes K. sans rest
Lô 🔊 🚻 AC ↳ ☎ ⬄ VISA ⚥ AE ①
81 av. Kléber ⊠ 75116 Ⓜ Trocadéro – ☏ 01 44 05 75 75 – costes.k@
wanadoo.fr – Fax 01 44 05 74 74   FH **2**
83 ch – ♦250 € ♦♦300/500 €, ⊷ 20 €
♦ Signé Ricardo Bofill, cet hôtel ultra-moderne est une invite discrète à la
sérénité avec ses vastes chambres aux lignes épurées ordonnées autour d'un
joli patio japonisant.

Square 🏢 ⚃.ch, 🎿 📞 ⚙20, 🚗 VISA ⚫ AE ①
3 r. Boulainvilliers ⊠ 75016 Ⓜ Mirabeau – ℰ 01 44 14 91 90 – hotel.square@
wanadoo.fr – Fax 01 44 14 91 99   BY **6**
22 ch – †260 € ††260/340 €, � 20 € – 2 suites
Rest *Zébra Square* – ℰ 01 44 14 91 91 – (22 €), 50/65 €
♦ Fleuron de l'architecture contemporaine face à la Maison de la Radio.
Courbes, couleurs, équipements high-tech et toiles abstraites : un hymne à
l'art moderne ! Décor design zébré, cave-bibliothèque et carte dans l'air du
temps côté restaurant.

Trocadero Dokhan's sans rest 🏢 🎿 ⇄ ⚡ 📞 VISA ⚫ AE ①
117 r. Lauriston ⊠ 75116 Ⓜ Trocadéro – ℰ 01 53 65 66 99 – welcome@
dokhans.com – Fax 01 53 65 66 88   EH **22**
41 ch – †400/480 € ††430/500 €, � 28 € – 4 suites
♦ On ne peut qu'être séduit par ce bel hôtel particulier (1910) à l'architecture
palladienne et au décor intérieur néoclassique. Boiseries céladon du 18ᵉ s. au
salon.

La Villa Maillot sans rest 🗝 🏢 ⚃ 🎿 ⇄ 📞 ⚙15, VISA ⚫ AE ①
143 av. Malakoff ⊠ 75116 Ⓜ Porte Maillot – ℰ 01 53 64 52 52 – resa@
lavillamaillot.fr – Fax 01 45 00 60 61   EG **3**
39 ch – †250/330 € ††250/380 €, � 25 € – 3 suites
♦ À proximité de la porte Maillot. Couleurs douces, grand confort et bonne
isolation phonique pour les chambres. Verrière ouverte sur la verdure pour
les petits-déjeuners.

Majestic sans rest 🏢 🎿 ⇄ 📞 VISA ⚫ AE ①
29 r. Dumont d'Urville ⊠ 75116 Ⓜ Kléber – ℰ 01 45 00 83 70
– management@majestic-hotel.com – Fax 01 45 00 29 48   FG **15**
27 ch – †255 € ††335/355 €, � 16 € – 3 suites
♦ À deux pas des Champs-Élysées, cette discrète façade des années 1960
abrite des chambres calmes, au confort bourgeois, bien dimensionnées et
impeccablement tenues.

Pergolèse sans rest 🏢 ⚃ 🎿 ⇄ 📞 VISA ⚫ AE ①
3 r. Pergolèse ⊠ 75116 Ⓜ Argentine – ℰ 01 53 64 04 04 – hotel@
pergolese.com – Fax 01 53 64 04 40   EG **30**
40 ch – †190/250 € ††250/380 €, � 18 €
♦ Une sage façade du "beau 16ᵉ", mais une insolite porte bleue qui donne le
ton : l'intérieur design marie avec bonheur acajou, briques de verre, chromes
et couleurs vives.

Élysées Régencia sans rest 🏢 🎿 ⇄ ⚡ 📞 ⚙20, VISA ⚫ AE ①
41 av. Marceau ⊠ 75116 Ⓜ George V – ℰ 01 47 20 42 65 – info@
regencia.com – Fax 01 49 52 03 42   FH **22**
43 ch – †180/260 € ††200/500 €, � 18 €
♦ Trois styles de chambres sont proposés derrière cette gracieuse façade :
Louis XVI, Empire "retour d'Égypte" et contemporain. Élégants salon, bar et
bibliothèque.

Régina de Passy sans rest 🏢 🎿 cuisinette 📞 VISA ⚫ AE ①
6 r. Tour ⊠ 75116 Ⓜ Passy – ℰ 01 55 74 75 75 – regina@gofornet.com
– Fax 01 45 25 23 78   AY **12**
63 ch – †129/150 € ††150 €, ⊻ 14,50 €
♦ Immeuble des années 1930 à deux pas des boutiques de la rue de Passy.
Chambres de style Art déco ou contemporaines ; certaines offrent une
échappée sur la tour Eiffel.

Waldorf Trocadero sans rest   🕭 AC 4 📞 VISA 🐵 AE ⓪

97 r. Lauriston Ⓜ *Boissière – ℰ 01 45 53 83 30 – trocadero @
hotelswaldorfparis.com – Fax 01 47 55 92 52*   EH **27**
44 ch – ✝305/325 € ✝✝325/395 €, ⌨ 18 €

♦ Cet ancien hôtel particulier situé entre l'Arc de Triomphe et le Trocadéro
offre des aménagements récents et un joli décor contemporain. Chambres
d'ampleurs variées.

Garden Élysée sans rest 🕊   🕭 🖨 AC 4 ≉ 📞 VISA 🐵 AE ⓪

12 r. St-Didier ⊠ *75116* Ⓜ *Boissière – ℰ 01 47 55 01 11 – garden.elysee @
wanadoo.fr – Fax 01 47 27 79 24*   EH **14**
46 ch – ✝190/339 € ✝✝229/550 €, ⌨ 22 €

♦ En retrait de la rue, au calme d'une verdoyante cour intérieure où l'on sert
le petit-déjeuner en été, chambres actuelles et joli salon habillé de boiseries.

Alexander sans rest   🖨 AC 4 ≉ rest, VISA 🐵 AE ⓪

102 av. V. Hugo ⊠ *75116* Ⓜ *Victor Hugo – ℰ 01 56 90 61 00
– melia.alexander @ solmelia.com – Fax 01 56 90 61 01*   EH **5**
59 ch – ✝195/370 € ✝✝215/450 €, ⌨ 16 €

♦ Immeuble bourgeois sur une avenue chic. Bonne ampleur, intérieurs
cossus et récent rafraîchissement caractérisent les chambres ; celles sur
l'arrière sont plus calmes.

Kléber sans rest   🖨 AC 4 ≉ 📞 ♨20, VISA 🐵 AE ⓪

7 r. Belloy ⊠ *75116* Ⓜ *Boissière – ℰ 01 47 23 80 22 – kleberhotel @ aol.com
– Fax 01 49 52 07 20*   FH **8**
25 ch – ✝99/299 € ✝✝99/399 €, ⌨ 14 € – 1 suite

♦ Les salons de cet hôtel construit en 1853 abritent meubles de style
Louis XV, fresques originales et toiles anciennes. Murs de pierres apparentes
et parquet dans les chambres.

La Résidence Bassano sans rest   🖨 AC 4 ≉ 📞 VISA 🐵 AE ⓪

15 r. Bassano ⊠ *75116* Ⓜ *George V – ℰ 01 47 23 78 23 – info @
hotel-bassano.com – Fax 01 47 20 41 22*   FH **10**
28 ch – ✝160/230 € ✝✝180/280 €, ⌨ 18 € – 3 suites

♦ Ambiance douillette, mobilier en fer forgé, tissus ensoleillés : cette "maison
d'ami" évoque la Provence alors que les Champs-Élysées sont à quelques
centaines de mètres.

Étoile Résidence Impériale sans rest   🖨 AC 4 ≉ rest,

155 av. de Malakoff ⊠ *75116* Ⓜ *Porte Maillot*   📞 VISA 🐵 AE ⓪
– ℰ 01 45 00 23 45 – res.imperiale @ wanadoo.fr – Fax 01 45 01 88 82
37 ch – ✝130/160 € ✝✝150/225 €, ⌨ 13 €   EG **7**

♦ Chambres à thème ("Afrique", "Asie", etc.) récemment rénovées et bien
insonorisées ; certaines ont gardé leurs poutres apparentes, d'autres sont de
plain-pied avec le patio.

Passy Eiffel sans rest   🖨 📞 VISA 🐵 AE ⓪

10 r. Passy ⊠ *75016* Ⓜ *Passy – ℰ 01 45 25 55 66 – contact @ passyeiffel.com
– Fax 01 42 88 89 88*   BX **21**
49 ch – ✝110/145 € ✝✝110/215 €, ⌨ 11 €

♦ Dans une rue animée, hôtel familial disposant de chambres pratiques et
bien tenues donnant sur la rue (certaines regardent la tour Eiffel) ou sur un joli
patio fleuri.

Chambellan Morgane sans rest   🖨 AC 📞 ♨20, VISA 🐵 AE ⓪

6 r. Keppler ⊠ *75116* Ⓜ *George V – ℰ 01 47 20 35 72
– chambellan-morgane @ wanadoo.fr – Fax 01 47 20 95 69*   FG **9**
20 ch – ✝152 € ✝✝168 €, ⌨ 12 €

♦ Petit hôtel de caractère dont les chambres portent les couleurs de la
Provence et profitent toutes du calme ambiant. Agréable salon Louis XVI
décoré de boiseries peintes.

Victor Hugo sans rest   🛗 AC 🛁 ⌖ 📞 VISA 🅼🅾 AE ①
19 r. Copernic ⊠ *75116* Ⓜ *Victor Hugo –* ✆ *01 45 53 76 01 – resa @*
hotel-victor-hugo.com – Fax 01 45 53 69 93   FH **19**
76 ch – 🛏146/194 € 🛏🛏164/350 €, ⌁ 15 €
♦ Face aux réservoirs de Passy, hôtel ayant bien évolué : chambres refaites, mobilier de style, salles de bains neuves et, aux derniers étages, balcons offrant une vue dégagée.

Les Jardins du Trocadéro sans rest   🛗 AC 🛁 📞 VISA 🅼🅾 AE ①
35 r. Franklin ⊠ *75116* Ⓜ *Trocadéro –* ✆ *01 53 70 17 70 – jardintroc @*
aol.com – Fax 01 53 70 17 80   EH **7**
17 ch – 🛏129/299 € 🛏🛏139/399 €, ⌁ 18 € – 1 suite
♦ Cet édifice bâti sous Napoléon III offre un intérieur de caractère. "Turque-ries" sur les portes, tissus choisis et meubles de style compensent la petite taille des chambres.

Floride Étoile sans rest   🛗 AC 🛁 🎣 📞 ⚙️30, VISA 🅼🅾 AE ①
14 r. St-Didier ⊠ *75116* Ⓜ *Boissière –* ✆ *01 47 27 23 36 – floride.etoile @*
wanadoo.fr – Fax 01 47 27 82 87   EH **18**
63 ch – 🛏120/174 € 🛏🛏145/215 €, ⌁ 12,50 €
♦ À quelques pas du Trocadéro. Chambres fonctionnelles rénovées ; celles côté cour sont plus petites mais aussi plus tranquilles. Salon fleuri, meublé avec goût.

Résidence Foch sans rest   🛗 🎣 📞 VISA 🅼🅾 AE ①
10 r. Marbeau ⊠ *75116* Ⓜ *Porte Maillot –* ✆ *01 45 00 46 50 – residence @*
foch.com – Fax 01 45 01 98 68   EG **28**
25 ch – 🛏135/150 € 🛏🛏135/220 €, ⌁ 11 €
♦ Voisin de l'aristocratique avenue Foch, ce petit hôtel familial héberge une agréable salle de petits-déjeuners et des chambres fonctionnelles, réguliè-rement entretenues.

Du Bois sans rest   📞 VISA 🅼🅾 AE ①
11 r. Dôme ⊠ *75116* Ⓜ *Kléber –* ✆ *01 45 00 31 96 – reservations @*
hoteldubois.com – Fax 01 45 00 90 05   FG **24**
41 ch – 🛏115/169 € 🛏🛏139/195 €, ⌁ 13 €
♦ Cet hôtel "cosy" a élu domicile dans la rue la plus montmartroise du 16e où Baudelaire rendit son dernier soupir. Chambres coquettes et claires, salon de style géorgien.

Windsor Home sans rest   🛁 📞 VISA 🅼🅾 AE
3 r. Vital ⊠ *75016* Ⓜ *La Muette –* ✆ *01 45 04 49 49 – whparis @ wanadoo.fr*
– Fax 01 45 04 59 50   EH **30**
8 ch – 🛏110/150 € 🛏🛏120/160 €, ⌁ 11 €
♦ Cette charmante demeure centenaire devancée d'un jardinet est aména-gée comme une maison particulière : meubles anciens, moulures, coloris lumineux et touches contemporaines.

Marceau Champs Élysées sans rest   🛗 AC 📞 VISA 🅼🅾 AE ①
37 av. Marceau ⊠ *75016* Ⓜ *George V –* ✆ *01 47 20 43 37 – info @*
hotelmarceau.com – Fax 01 47 20 14 76   FH **20**
30 ch – 🛏128/148 € 🛏🛏138/168 €, ⌁ 12 €
♦ Sur une avenue passante, façade classique abritant des chambres actuel-les, équipées de salles de bains en marbre. Espace salon-petits-déjeuners au 1er étage.

⌂ **Gavarni** sans rest   🔲 🔲 ⚭ ⚭ *VISA* ⓒⓞ 🔲 ⓞ
5 r. Gavarni ⊠ *75116* Ⓜ *Passy –* ✆ *01 45 24 52 82 – reservation @*
gavarni.com – Fax 01 40 50 16 95   BX **29**
25 ch – ♦92/125 €, ♦♦130/340 €, ⊊ 10 €
♦ Cet immeuble de briques rouges vous propose des chambres certes
petites mais coquettes et bien équipées ; celles des deux derniers étages sont
plus cossues.

⌂ **Queen's Hôtel** sans rest   🔲 🔲 ⚭ ⚭ *VISA* ⓒⓞ 🔲 ⓞ
4 r. Bastien Lepage ⊠ *75016* Ⓜ *Michel Ange Auteuil –* ✆ *01 42 88 89 85*
– info @ hotel-queens-hotel.com – Fax 01 40 50 67 52   BY **25**
22 ch – ♦82/107 €, ♦♦102/125 €, ⊊ 10 €
♦ Des tableaux d'artistes contemporains égayent le joli hall ainsi que la
plupart des chambres ; leur coquet aménagement fait vite oublier la peti-
tesse des surfaces.

⌂ **Nicolo** sans rest ⌛   🔲 ⚭ *VISA* ⓒⓞ 🔲 ⓞ
3 r. Nicolo ⊠ *75116* Ⓜ *Passy –* ✆ *01 42 88 83 40 – hotel.nicolo @ wanadoo.fr*
– Fax 01 42 24 45 41   BX **5**
28 ch ⊊ – ♦113 €, ♦♦120 €
♦ On accède à ce vénérable hôtel par une paisible arrière-cour. Meubles
indonésiens ou d'antiquaires et bibelots asiatiques agrémentent les chambres, pour la plupart rénovées.

⌂ **Boileau** sans rest   ⚮ ⚭ *VISA* ⓒⓞ 🔲 ⓞ
81 r. Boileau ⊠ *75016* Ⓜ *Exelmans –* ✆ *01 42 88 83 74 – info @*
hotel-boileau.com – Fax 01 45 27 62 98   AZ **42**
31 ch – ♦55/72 €, ♦♦65/92 €, ⊊ 8,50 €
♦ Toiles et bibelots chinés contant Bretagne et Maghreb, minipatio fleuri et
meubles rustiques : une adresse sympathique aux chambres discrètement
personnalisées.

⌂ **Au Palais de Chaillot** sans rest   🔲 ⚭ ⚭ *VISA* ⓒⓞ 🔲 ⓞ
35 av. R. Poincaré ⊠ *75116* Ⓜ *Trocadéro –* ✆ *01 53 70 09 09*
– palaisdechaillot-hotel @ magic.fr – Fax 01 53 70 09 08   EH **9**
23 ch – ♦105 €, ♦♦120/140 €, ⊊ 9 €
♦ Bel emplacement près du Trocadéro pour cet hôtel aux couleurs du Sud.
Petites chambres fraîches et fonctionnelles. Salle des petits-déjeuners garnie
de meubles en rotin.

⌂ **Le Hameau de Passy** sans rest ⌛   🔲 ⚭ *VISA* ⓒⓞ 🔲 ⓞ
48 r. Passy ⊠ *75016* Ⓜ *La Muette –* ✆ *01 42 88 47 55 – hameau.passy @*
wanadoo.fr – Fax 01 42 30 83 72   BX **30**
32 ch ⊊ – ♦109/114 €, ♦♦119/131 €
♦ Une impasse mène à ce discret hameau et à sa charmante cour intérieure
envahie de verdure. Nuits calmes assurées dans des chambres petites, mais
actuelles et bien tenues.

XXXXX **Hiramatsu**   🔲 ⚮ ◁▷(midi) *VISA* ⓒⓞ 🔲 ⓞ
⌘ *52 rue de Longchamp* Ⓜ *Trocadéro –* ✆ *01 56 81 08 80 – paris @*
hiramatsu.co.jp – Fax 01 56 81 08 81 – Fermé 29 juil.-28 août, 30 déc.-
8 janv., sam. et dim.   EH **2**
Rest – (nombre de couverts limité, prévenir) 70 € (déj.), 130/180 € et carte
110/145 € ♀ ♨
Spéc. Foie gras de canard aux choux frisés, jus de truffe. Fines lamelles
d'agneau, compotée d'oignons blancs, jus de viande. Risotto de riz noir au
vin rouge et framboises (dessert).
♦ L'équipe de l'Hiramatsu parisien a repris ses quartiers dans le 16e arrondissement : nouveau décor et cuisine inventive toujours aussi talentueuse.
La haute gastronomie à la japonaise !

XXX **Jamin** (Guichard)　　　　　　　　　AC ⅍ ⇌ 15, VISA ⊕◎ AE ⓪
⁂⁂ *32 r. Longchamp* ⊠ *75116* Ⓜ *Iéna – ℰ 01 45 53 00 07 – reservation@*
jamin.fr – Fax 01 45 53 00 15 – Fermé 8-17 avril, 29 juil.-21 août, sam., dim. et
fériés　　　　　　　　　　　　　　　　　　　　　　　　FH **31**
Rest – 53 € (déj.), 95/130 € et carte 105/150 €
Spéc. Ravioli de langoustines de petite pêche. Filet de grosse sole sauce
normande. Pigeonneau grillé au foie gras.
♦ Derrière la façade délicatement colorée, sobre et élégante salle à manger
servant de cadre à une savoureuse cuisine personnalisée attentive à la
qualité des produits.

XXX **Relais d'Auteuil** (Pignol)　　　　　　　AC ⌂ᵽ VISA ⊕◎ AE ⓪
⁂⁂ *31 bd. Murat* ⊠ *75016* Ⓜ *Michel Ange Molitor – ℰ 01 46 51 09 54*
– pignol-p@wanadoo.fr – Fax 01 40 71 05 03 – Fermé août, vacances de
Noël, lundi midi, sam. midi et dim.　　　　　　　　　　　AY **16**
Rest – 49 € (déj. en sem.), 115/145 € et carte 105/140 € ❀
Spéc. Petits chaussons de céleri-rave et truffes (nov. à fév.). Ris de veau à la
cardamome. Beignets de chocolat bitter.
♦ Cadre plaisant associant touches modernes et mobilier de style. En cuisine,
le raffinement le dispute à la virtuosité. Le superbe livre de cave mérite aussi
le détour.

XXX **La Table de Joël Robuchon**　　　　　　AC ⌂ᵽ VISA ⊕◎
⁂⁂ *16 av. Bugeaud* ⊠ *75116* Ⓜ *Victor Hugo – ℰ 01 56 28 16 16*
– latabledejoelrobuchon@wanadoo.fr – Fax 01 56 28 16 78　　EG **8**
Rest – 55 € bc (déj.)/150 € et carte 56/140 € ♀ ❀
Spéc. Œuf mollet et friand au caviar oscietre. Bar, gros macaroni à la ricotta
et basilic, jus à l'olive noire. Chocolat sensation, crème au chocolat araguani,
glace chocolat.
♦ Cuisine d'inspiration classique subtilement revisitées par Joël Robuchon,
assiettes de dégustation façon tapas et cadre élégant : c'est un vrai plaisir de
se mettre à Table !

XXX **La Table du Baltimore** – Hôtel Sofitel Baltimore　　AC ⅍
⁂ *1 r. Léo Delibes* ⊠ *75016* Ⓜ *Boissière*　　　　⌂ᵽ VISA ⊕◎ AE ⓪
– ℰ 01 44 34 54 34 – latable@hotelbaltimore.com – Fax 01 44 34 54 44
– Fermé 29 juil.-28 août, 23 déc.-1erjanv., sam., dim. et fériés　　FH **13**
Rest – 45 € bc (déj.)/95 € bc et carte 60/100 €
Spéc. Langoustine cuite en feuille de bananier. Epaule d'agneau préparée en
petits farcis. Bar rôti en croûte d'épices.
♦ Le cadre du restaurant associe subtilement boiseries anciennes, mobilier
contemporain, couleurs chaleureuses et collection de dessins. Belle cuisine
au goût du jour.

XXX **Le Pergolèse** (Gaborieau)　　　　　　　AC ⌂ᵽ VISA ⊕◎ AE
⁂ *40 r. Pergolèse* ⊠ *75116* Ⓜ *Porte Maillot – ℰ 01 45 00 21 40*
– le-pergolese@wanadoo.fr – Fax 01 45 00 81 31 – Fermé 5-25 août, sam. et
dim.　　　　　　　　　　　　　　　　　　　　　　　　　EG **5**
Rest – 38/80 € et carte 70/90 €
Spéc. Mœlleux de sardines marinées en filets, fondue de poivrons basquaise.
Bar de ligne vapeur, tian de légumes, jus au corail d'oursin. Double côte de
veau rôtie en cocotte.
♦ Tentures jaunes, boiseries claires et sculptures insolites jouent avec les
miroirs et forment un décor élégant à deux pas de la sélecte avenue Foch.
Belle cuisine classique revisitée.

XXX **Astrance** (Barbot) $ VISA Ⓜⓒ AE Ⓞ
ⓈⓈ 4 r. Beethoven ✉ 75016 Ⓜ Passy – ℰ 01 40 50 84 40
– Fermé 28 juil.-28 août, 27 oct.-7 nov., 26 fév.-4 mars, sam.,
dim. et lundi   CX 2
Rest – (nombre de couverts limité, prévenir) 70 € (déj.), 150/250 € bc
et carte 105/150 € ⌂
Spéc. Foie gras mariné au verjus, galette de champignons de Paris. Langoustines dorées, coulis de peau de tomate, jus de roquette (été). Pigeon cuit au sautoir, pâte de chocolat fumé.
♦ Délicieuse cuisine inventive, menu surprise au dîner, vins bien choisis et joli décor contemporain : l'Astrance (une fleur, du latin aster, étoile...) brille de mille feux.

XXX **Pavillon Noura**   AC ⌐❄ VISA Ⓜⓒ AE Ⓞ
21 av. Marceau ✉ 75116 Ⓜ Alma Marceau – ℰ 01 47 20 33 33 – noura @
noura.fr – Fax 01 47 20 60 31   FH 5
Rest – 36 € (déj.), 44/64 €
♦ Jolie salle aux murs ornés de fresques levantines. Le Liban se laisse découvrir à travers ses mezzés, ses petits plats chauds ou froids et ses traditionnels verres d'arack.

XXX **Les Arts**   ⌂ VISA Ⓜⓒ AE Ⓞ
9 bis av. Iéna ✉ 75116 Ⓜ Iéna – ℰ 01 40 69 27 53 – maison.des.am @
sodexho.prestige.fr – Fax 01 40 69 27 08 – Fermé 28 juil.-29 août,
23 déc.-1er janv., sam. et dim.   FH 18
Rest – 36 € et carte 52/80 €
♦ Hôtel particulier bâti en 1892 devenu maison des "gadzarts" depuis 1925. Salle à manger (colonnades, moulures, tableaux) et jardin-terrasse sont désormais ouverts au public.

XXX **Passiflore** (Durand)   AC ⌐❄ VISA Ⓜⓒ AE
ⓈⓈ 33 r. Longchamp ✉ 75016 Ⓜ Trocadéro – ℰ 01 47 04 96 81 – passiflore @
club-internet.fr – Fax 01 47 04 32 27   FH 42
Rest – 35 € (déj.), 38/54 € et carte 70/110 €
Spéc. Soupe de grenouilles et champignons au galanga (mars à sept.). Riz noir et langoustines au satay citron. Lièvre à la royale (oct.-nov.).
♦ Sobre et élégant décor d'inspiration ethnique (camaïeu de jaune et boiseries), cuisine classique personnalisée : ce "comptoir" du beau Paris fait voyager les papilles.

XXX **Port Alma**   AC VISA Ⓜⓒ AE Ⓞ
10 av. New York ✉ 75116 Ⓜ Alma Marceau
– ℰ 01 47 23 75 11 – Fax 01 47 20 42 92 – Fermé août, 24 déc.-2 janv.,
dim. et lundi   FH 24
Rest – 35 € et carte 45/130 € ⍨
♦ Sur les quais de Seine, salle à manger-véranda aux poutres bleues, faisant la part belle aux saveurs de la mer. Fraîcheur des produits et accueil souriant.

XX **Cristal Room Baccarat**   AC VISA Ⓜⓒ AE
11 pl. des Etats-Unis ✉ 75116 Ⓜ Boissière – ℰ 01 40 22 11 10
– cristalroom @ baccarat.fr – Fax 01 40 22 11 99 – Fermé dim.   FH 1
Rest – (prévenir) 59 € (déj.)/120 € et carte 50/115 €
♦ M.-L. de Noailles tenait salon dans cet hôtel particulier investi par la maison Baccarat. Décor "starckien", plats actuels et prix V.I.P. : la beauté n'est pas raisonnable !

XX £3 **Le Relais du Parc** – Hôtel Sofitel Le Parc 🛏 AC ⬚ VISA ⓂⓄ AE ⓪
59 av. R. Poincaré ⊠ 75116 Ⓜ Victor Hugo
– ℰ 01 44 05 66 10 – le.relaisduparc@wanadoo.fr
– Fax 01 44 05 66 39 – Fermé 15-26 août, 26 déc.-6 janv., sam. midi,
dim. et lundi EH **15**
Rest – 58 € et carte 50/80 € ♀ ❀
Spéc. Cocotte de légumes. Tendron de veau aux carottes fondantes. Tarte aux pralines.
♦ Au rez-de-chaussée de l'hôtel particulier de la Belle Époque, élégante salle à manger contemporaine ouverte sur une ravissante cour-terrasse arborée. Cuisine soignée évoluant au gré des saisons.

XX **Giulio Rebellato** AC ℅ VISA ⓂⓄ AE
136 r. Pompe ⊠ 75116 Ⓜ Victor Hugo – ℰ 01 47 27 50 26 EH **35**
Rest – carte 46/78 € ♀
♦ Beaux tissus, gravures anciennes et scintillements des miroirs président à un chaleureux intérieur d'inspiration vénitienne signé Garcia. Recettes de l'Italie septentrionale.

XX £3 **Tang** AC ⬚(soir) VISA ⓂⓄ AE
125 r. de la Tour ⊠ 75116 Ⓜ Rue de la Pompe – ℰ 01 45 04 35 35
– charlytang16@yahoo.fr – Fax 01 45 04 58 19 – Fermé 1er-15 août, 24 déc.-
3 janv., 5-15 fév., dim. et lundi BX **38**
Rest – 39 € (déj.), 65/98 € et carte 70/115 €
Spéc. Symphonie d'amuse-gueule. Croustillants de langoustines en sauce caramélisée. Pigeonneau laqué épicé aux cinq parfums.
♦ Derrière les larges baies vitrées, une salle haute sous plafond, dont le décor classique est rehaussé de touches asiatiques. Spécialités chinoises et thaïlandaises.

XX **La Petite Tour** AC ✄ VISA ⓂⓄ AE
11 r. de la Tour ⊠ 75116 Ⓜ Passy – ℰ 01 45 20 09 97 – Fax 01 45 20 09 31
– Fermé 1er-20 août, sam. midi, dim. et fériés BX **18**
Rest – (28 €) et carte 50/70 € ♀
♦ Cette discrète adresse abrite une salle à manger tout en longueur récemment redécorée dans un esprit actuel. Tables bien espacées et registre culinaire classique.

XX **Paul Chêne** AC ⬚(soir) VISA ⓂⓄ AE ⓪
123 r. Lauriston ⊠ 75116 Ⓜ Trocadéro – ℰ 01 47 27 63 17
– Fax 01 47 27 53 18 – Fermé août, sam. et dim. EH **17**
Rest – 38/48 € et carte 40/90 €
♦ Cette adresse a gardé son âme des années 1950 : vieux zinc, confortables banquettes, tables serrées... et ambiance animée. Plats traditionnels dont le fameux merlan en colère.

XX **Roland Garros** 🛏 ⬚(midi) VISA ⓂⓄ AE ⓪
2 bis av. Gordon Bennett ⊠ 75016 Ⓜ Porte d'Auteuil – ℰ 01 47 43 49 56
– contact@laffiche.fr – Fax 01 40 71 83 24 – Fermé 1er-23 août, 23 déc.-
3 janv., dim. soir et lundi soir AY **40**
Rest – 65 € et carte 53/87 € ♀
♦ Dans l'enceinte du stade, un havre de verdure et de bien-être qui - heureusement - n'est pas réservé qu'aux licenciés de la FFT ! Carte actuelle supervisée par Marc Veyrat.

XX **Conti**　　　　　　　　　　　　　　　　　🆔 🆅🆂🅰 🅼🅲 🅰🅴 🅾

72 r. Lauriston ⊠ 75116 🅜 Boissière – ℰ 01 47 27 74 67 – Fax 01 47 27 37 66
– Fermé 29 juil.-20 août, 24 déc.-1er janv., sam., dim. et fériés　　　　FH **26**
Rest – 31 € (déj.) et carte 40/69 € ♈ 🕸

♦ Les deux couleurs fétiches de Stendhal se retrouvent dans le décor de ce restaurant où brillent miroirs et lustres de cristal. Cuisine italienne et belle carte des vins.

XX **Marius**　　　　　　　　　　　　　　　🕌 🍴 🆅🆂🅰 🅼🅲 🅰🅴

82 bd Murat ⊠ 75016 🅜 Porte de St-Cloud – ℰ 01 46 51 67 80
– Fax 01 40 71 83 75 – Fermé août, sam. midi et dim.　　　　　　AZ **6**
Rest – carte 42/62 €

♦ Chaises de velours jaune, murs clairs, stores en tissus et grands miroirs caractérisent la salle à manger de ce restaurant dédié aux produits de la mer. Vins choisis.

XX **L'Acajou**　　　　　　　　　　　　　　　🆔 🆅🆂🅰 🅼🅲

35 bis r. La Fontaine ⊠ 75016 🅜 Jasmin – ℰ 01 42 88 04 47
– Fax 01 42 88 95 12 – Fermé août et dim.　　　　　　　　BY **4**
Rest – 35 € (sem.)/74 € et carte 60/90 € ♈

♦ Cuisine au goût du jour bien ficelée, décor moderne préservant d'anciennes boiseries et accueil convivial : l'ex-Fontaine d'Auteuil a bénéficié d'un sérieux coup de jeune.

XX **Le Vinci**　　　　　　　　　　　　🆔 🍴(soir) 🆅🆂🅰 🅼🅲 🅰🅴

23 r. P. Valéry ⊠ 75116 🅜 Victor Hugo – ℰ 01 45 01 68 18 – levinci@
wanadoo.fr – Fax 01 45 01 60 37 – Fermé 29 juil.-27 août,
sam. et dim.　　　　　　　　　　　　　　　　　FG **33**
Rest – 32 € et carte 50/70 € ♈

♦ Goûteuse cuisine italienne, sympathique intérieur coloré et service aimable : un petit établissement très prisé à deux pas de la commerçante et huppée avenue Victor-Hugo.

XX **Essaouira**　　　　　　　　　　　　　　↯ 🆅🆂🅰 🅼🅲
🍴

135 r. Ranelagh ⊠ 75016 🅜 Ranelagh – ℰ 01 45 27 99 93
– Fax 01 45 27 56 36 – Fermé août, lundi midi et dim.　　　BY **3**
Rest – 15 € (déj.) et carte 40/55 € ♈

♦ L'ancienne Modagor a prêté son nom à ce restaurant marocain décoré d'une fontaine en mosaïque, de tapis et d'objets artisanaux. Couscous, tajines et méchoui comme là-bas !

XX **Chez Géraud**　　　　　　　　　　　　　　🆅🆂🅰 🅼🅲
😊

31 r. Vital ⊠ 75016 🅜 La Muette – ℰ 01 45 20 33 00 – Fax 01 45 20 46 60
– Fermé 28 juil.-28 août, 22 déc.-2 janv., sam. et dim.　　　BX **28**
Rest – carte 50/75 €

♦ La façade, puis la fresque intérieure, toutes deux en faïence de Longwy, attirent l'œil. Cadre de bistrot chic assorti à une cuisine privilégiant le gibier en saison.

XX **La Butte Chaillot**　　　　　　　　　🆔 ↯ 🆅🆂🅰 🅼🅲 🅰🅴 🅾

110 bis av. Kléber ⊠ 75116 🅜 Trocadéro – ℰ 01 47 27 88 88
– buttechaillot@guysavoy.com – Fax 01 47 27 41 46 – Fermé 6-29 août et
sam. midi　　　　　　　　　　　　　　　　　EH **8**
Rest – 33 € (déj.)/50 € et carte 36/65 € ♈

♦ Près du palais de Chaillot, restaurant de type bistrot version 21e s. : décor contemporain couleur cuivre, mobilier moderne et cuisine au goût du jour.

XX **6 New-York**   AE ⌖ VISA ⓸ ⓪

6 av. New-York ⊠ 75016 Ⓜ Alma Marceau – ℰ 01 40 70 03 30 – 6newyork @ wanadoo.fr – Fax 01 40 70 04 77 – Fermé 31 juil.-20 août, sam. midi et dim.   FH **25**

Rest – (30 €), 35 € (déj.) et carte 46/62 € ♀
♦ Si l'enseigne vous renseigne sur l'adresse, elle ne vous dit pas que ce bistrot chic concocte une cuisine en parfaite harmonie avec le cadre : résolument moderne et épurée.

X **A et M Restaurant**   ⌖ ⌖ VISA ⓸ AE

136 bd Murat ⊠ 75016 Ⓜ Porte de St-Cloud – ℰ 01 45 27 39 60 – am-bistrot-16 @ wanadoo.fr – Fax 01 45 27 69 71 – Fermé août, sam. midi et dim.   AZ **25**

Rest – 30 € et carte 32/52 €
♦ Restaurant contemporain "tendance", situé à deux pas de la Seine : sobriété du décor aux tons crème et havane, éclairage design et cuisine au goût du jour soignée.

X **Bistrot de l'Étoile Lauriston**   AE VISA ⓸ AE

19 r. Lauriston ⊠ 75116 Ⓜ Kléber – ℰ 01 40 67 11 16 – Fax 01 45 00 99 87 – Fermé 10-20 août, sam. midi et dim.   FG **2**

Rest – 26 € (déj.)/49 € et carte 43/61 €
♦ Ambiance décontractée près de la place de l'Étoile. La cuisine, au goût du jour, servie dans un cadre contemporain épuré, attire une clientèle d'inconditionnels.

X **Le Petit Pergolèse**   AE ⌖ VISA ⓸

38 r. Pergolèse Ⓜ Porte Maillot – ℰ 01 45 00 23 66 – Fax 01 45 00 44 03 – Fermé août, sam. et dim.   EG **6**

Rest – carte 38/52 €
♦ On mange un peu au coude à coude dans ce bistrot chic du 16e arrondissement. Décor contemporain, cuisine visible de tous et répertoire culinaire dans l'air du temps.

X **Table Lauriston**   AE VISA ⓸ AE

129 r. Lauriston ⊠ 75016 Ⓜ Trocadéro – ℰ 01 47 27 00 07 – Fax 01 47 27 00 07 – Fermé 7-28 août, sam. midi et dim.   EH **39**

Rest – 25 € (déj.) et carte 42/55 €
♦ Cette table des beaux quartiers mise sur la simplicité et la qualité : une belle cuisine traditionnelle à déguster avec bonne humeur dans un décor de bistrot actuel.

X **Rosimar**   AE VISA ⓸ AE

26 r. Poussin ⊠ 75016 Ⓜ Michel Ange Auteuil – ℰ 01 45 27 74 91 – Fax 01 45 20 75 05 – Fermé 31 juil.-31 août, 23-31 déc., sam., dim. et fériés

Rest – 32/34 € bc et carte 35/55 €   AY **12**
♦ Cette salle à manger agrandie de miroirs contient toutes les saveurs de l'Espagne traditionnelle. "Hombre" ! Une sympathique petite affaire familiale !

X **Oscar**   ⇔ VISA ⓸ AE
☺
6 r. Chaillot ⊠ 75016 Ⓜ Iéna – ℰ 01 47 20 26 92 – Fax 01 47 20 27 93 – Fermé 7-20 août, sam. et dim.   FH **14**

Rest – 21 € et carte environ 35 €
♦ Discrète façade, tables serrées, ardoise de suggestions du jour : le degré zéro du marketing et pourtant le "cœur de cible" de ce bistrot s'étend bien au-delà du quartier !

au Bois de Boulogne – ✉ 75016

XXXX Pré Catelan ⚜⚜

🛱 🚗 🅀 🖼 🅿 *VISA* ⓿ 🆎 ⓪

rte Suresnes ✉ 75016 Ⓜ Porte Dauphine – ℰ 01 44 14 41 14
– leprecatelan-restaurant @ lenotre.fr – Fax 01 45 24 43 25 – Fermé 26 oct.-
7 nov., 4-28 fév., dim. sauf le midi de mai à oct. et lundi   AX **22**
Rest – 70 € (déj. en sem.), 135/175 € et carte 160/210 € ♀ ⅋

Spéc. L'os à mœlle en deux façons. L'étrille en coque, fine gelée de corail et
caviar, soupe au parfum de fenouil. Le café "expresso" en sabayon, ganache
fouettée, crème glacée brûlée, amandes écrasées.

♦ Élégant pavillon de style Napoléon III au cœur du bois, près de l'insolite
théâtre Shakespeare. Décor signé Caran d'Ache, délicieuse terrasse et cuisine
inventive réussie.

XXXX Grande Cascade ⚜

🛱 ⇄ 6/47, 🖼 🅿 *VISA* ⓿ 🆎 ⓪

allée de Longchamp ✉ 75016 Ⓜ Porte d'Auteuil – ℰ 01 45 27 33 51
– grandecascade @ wanadoo.fr – Fax 01 42 88 99 06 – Fermé vacances
de Noël
Rest – 70/165 € et carte 130/175 €

Spéc. Chair de tourteau et avocat au caviar d'Aquitaine, crème de langoustines. Homard bleu à la vanille. Déclinaison de gourmandises en deux
services.

♦ Un des paradis de la capitale, au pied de la Grande Cascade (10 m !) du bois
de Boulogne. Cuisine raffinée, servie dans le beau pavillon 1850 ou sur
l'exquise terrasse.

S. Sauvignier/MICHELIN

Palais des Congrès, Wagram, Ternes, Batignolles

17ᵉ arrondissement ✉ 75017 – PLAN 19-20

🏨🏨🏨 Méridien Étoile 📶 ₺ch, 🆔 ↔ch, ♨50/1200, VISA ⬤ AE ⓪
81 bd Gouvion St-Cyr Ⓜ *Neuilly-Porte Maillot –* ℰ *01 40 68 34 34*
– guest.etoile@lemeridien.com – Fax 01 40 68 31 31 **EG 2**
1008 ch – 🛏385/450 € 🛏🛏385/495 €, ⌣ 24 € – 17 suites
Rest *L'Orenoc – (fermé 23 juil.-23 août, vacances de Noël, dim. et lundi)* carte
40/68 € ♈
Rest *La Terrasse du Jazz –* ℰ *01 40 68 30 85 (fermé 7-15 avril, 1ᵉʳ-22 juil.,*
vend. et sam.) 38 € (buffet)
♦ Face au palais des congrès, ce gigantesque hôtel intégrant club de jazz, bar
et boutiques est entièrement rénové. Granit noir et camaïeu de beige dans
les chambres. Cuisine actuelle et chaleureux décor colonial à l'Orenoc. Carte
simple et buffets à la Terrasse.

🏨🏨🏨 Concorde La Fayette ≤ 📶 ₺ 🆔 ↔ch,
3 pl. Gén. Koenig Ⓜ *Porte Maillot* ♨40/2000, VISA ⬤ AE ⓪
– ℰ 01 40 68 50 68 – booking@concorde-hotels.com
– Fax 01 40 68 50 43 **EG 14**
931 ch – 🛏169 € 🛏🛏338 €, ⌣ 24 € – 19 suites
Rest *La Fayette –* ℰ *01 40 68 51 19 –* 31/45 € et carte 37/55 €
♦ Intégrée au palais des congrès, cette tour de 33 étages offre une vue
imprenable sur Paris depuis la plupart des chambres, entièrement refaites, et
le bar panoramique. Repas servis sous forme de buffets à volonté au restaurant La Fayette.

🏨🏨 Splendid Étoile sans rest 📶 🆔 📞 ♨18, VISA ⬤ AE ⓪
1 bis av. Carnot Ⓜ *Charles de Gaulle-Etoile –* ℰ *01 45 72 72 00 – hotel@*
hsplendid.com – Fax 01 45 72 72 01 **FH 25**
50 ch – 🛏265 € 🛏🛏265/295 €, ⌣ 23 € – 7 suites
♦ Belle façade d'immeuble classique agrémentée de balcons ouvragés.
Chambres spacieuses et de caractère, meublées Louis XV ; certaines
s'ouvrent sur l'Arc de Triomphe.

🏨🏨 Regent's Garden sans rest 🚗 📶 🆔 ↔ ⚘ 📞 🅿 VISA ⬤ AE ⓪
6 r. P. Demours Ⓜ *Ternes –* ℰ *01 45 74 07 30 – hotel.regents.garden@*
wanadoo.fr – Fax 01 40 55 01 42 **FG 3**
39 ch – 🛏116/285 € 🛏🛏131/285 €, ⌣ 13 €
♦ Hôtel particulier, commande de Napoléon III pour son médecin, séduisant
par son raffinement. Vastes chambres de style, donnant parfois sur le jardin,
très agréable l'été.

🏨🏨 Balmoral sans rest 📶 🆔 📞 VISA ⬤ AE ⓪
6 r. Gén. Lanrezac Ⓜ *Charles de Gaulle-Etoile –* ℰ *01 43 80 30 50 – hotel@*
hotelbalmoral.fr – Fax 01 43 80 51 56 **FH 4**
57 ch – 🛏120/130 € 🛏🛏145/175 €, ⌣ 10 €
♦ Accueil personnalisé et calme ambiant caractérisent cet hôtel ancien
(1911) situé à deux pas de l'Étoile. Chambres aux couleurs vives ; belles
boiseries dans le salon.

Ampère

令 📶 & ch, 🅰🅲 🏤 40/100, 🚗 𝐕𝐈𝐒𝐀 ⓜⓞ 🅐🅔 ⓞ

102 av. Villiers Ⓜ *Pereire –* ℰ *01 44 29 17 17 – resa@hotelampere.com*
– Fax 01 44 29 16 50   BY **9**
97 ch – ♦195/250 € **♦♦**195/530 €, ⌚ 16 €
Rest *Jardin d'Ampère –* ℰ *01 44 29 16 54 (fermé 31 juil.-20 août et dim. soir)*
(30 €), 34 € et carte 45/70 € �🍷

♦ Hall modernisé, élégant piano-bar, connexion Internet sans fil, douillettes
chambres contemporaines donnant parfois sur la cour intérieure : un hôtel
en perpétuelle évolution. Décor soigné et jolie terrasse au Jardin d'Ampère
(dîners-concerts aux beaux jours).

Novotel Porte d'Asnières

📶 🅰🅲 ↝ch, 🍽️rest,

34 av. Porte d'Asnières Ⓜ *Pereire –* ℰ *01 44 40 52 52*   🏤 250, 𝐕𝐈𝐒𝐀 ⓜⓞ 🅐🅔 ⓞ
– h4987@accor.com – Fax 01 44 40 44 23   BX **1**
139 ch – ♦155/165 € **♦♦**165/175 €, ⌚ 14 €
Rest – carte 24/40 €

♦ Architecture moderne proche du périphérique, mais très bien insonorisée.
À partir du 7ᵉ étage, les chambres profitent d'une vue agréable. Salle de
restaurant au décor contemporain où l'on propose des recettes de type
brasserie.

Banville sans rest

📶 🅰🅲 📞 𝐕𝐈𝐒𝐀 ⓜⓞ 🅐🅔 ⓞ

166 bd Berthier Ⓜ *Porte de Champerret –* ℰ *01 42 67 70 16 – info@*
hotelbanville.fr – Fax 01 44 40 42 77   BY **6**
38 ch – ♦175/205 € **♦♦**235/335 €, ⌚ 15 €

♦ Immeuble de 1926 aménagé avec beaucoup de goût. Le charme agit dès
l'entrée grâce aux élégants salons, puis dans les chambres, personnalisées et
particulièrement raffinées.

Quality Pierre sans rest

📶 & 🅰🅲 ↝ 📞 🏤 30, 𝐕𝐈𝐒𝐀 ⓜⓞ 🅐🅔 ⓞ

25 r. Th.-de-Banville Ⓜ *Pereire –* ℰ *01 47 63 76 69*
– amarante-arcdetriomphe@jjwhotels.com – Fax 01 43 80 63 96
50 ch – ♦190/210 € **♦♦**210/240 €, ⌚ 22 €   BY **15**

♦ Cet hôtel récent vous accueille dans des chambres de style Directoire
refaites et plébiscitées par la clientèle d'affaires ; certaines s'ouvrent sur le
patio.

Villa Alessandra sans rest ⌂

📶 🅰🅲 🚗 𝐕𝐈𝐒𝐀 ⓜⓞ 🅐🅔 ⓞ

9 pl. Boulnois Ⓜ *Ternes –* ℰ *01 56 33 24 24 – alessandra@*
leshoteldeparis.com – Fax 01 56 33 24 30   FG **25**
49 ch – ♦226/271 € **♦♦**278 €, ⌚ 18 €

♦ Cet hôtel des Ternes bordant une ravissante placette retirée est apprécié
pour sa tranquillité. Chambres aux couleurs du Sud, avec lits en fer forgé et
meubles en bois peint.

Villa Eugénie sans rest

📶 & 🅰🅲 ↝ 📞 🏤 20, 𝐕𝐈𝐒𝐀 ⓜⓞ 🅐🅔 ⓞ

167 r. Rome Ⓜ *Rome –* ℰ *01 44 29 06 06 – eugenie@leshotelsdeparis.com*
– Fax 01 44 29 06 07   CY **7**
41 ch – ♦224/305 € **♦♦**294/363 €, ⌚ 18 €

♦ Salon chaleureux et coquettes chambres garnies de meubles de style
Empire, de papiers peints et de tissus façon toile de Jouy composent l'atmosphère romantique de cet hôtel.

Princesse Caroline sans rest

📶 🅰🅲 𝐕𝐈𝐒𝐀 ⓜⓞ 🅐🅔 ⓞ

1 bis r. Troyon Ⓜ *Charles de Gaulle-Etoile –* ℰ *01 58 05 30 00 – contact@*
hotelprincessecaroline.fr – Fax 01 42 27 49 53   FH **10**
53 ch – ♦160 € **♦♦**160/211 €, ⌚ 14 €

♦ Dans une petite rue à deux pas de l'Étoile, cet hôtel entièrement refait
propose des chambres bourgeoises, lumineuses et "cosy" ; elles sont très
calmes côté cour intérieure.

Champerret Élysées sans rest 🛗 🕸 ⇄ 🕻 📶 VISA ⓜⓞ AE ①
129 av. Villiers Ⓜ *Porte de Champerret –* ℰ *01 47 64 44 00 – reservation @*
champerret-elysees.fr – Fax 01 47 63 10 58 BY **4**
45 ch – ♦91/140 € ♦♦125/140 €, ☷ 13 €
♦ Les internautes apprécieront les chambres (plus tranquilles sur cour) de ce
"cyberhôtel" : Internet ADSL, système wi-fi, double ligne téléphonique privée
et fax à disposition.

Mercure Wagram Arc de Triomphe sans rest 🛗 ⴟ 🕸 ⇄ 🕸
3 r. Brey Ⓜ *Charles de Gaulle-Etoile –* ℰ *01 56 68 00 01* 🕻 VISA ⓜⓞ AE ①
– h2053 @ accor.com – Fax 01 56 68 00 02 FH **9**
43 ch – ♦140/230 € ♦♦150/240 €, ☷ 15 €
♦ Entre l'Étoile et les Ternes, chaleureuse réception et petites chambres
douillettes habillées de tissus chatoyants et de boiseries claires évoquant
l'univers marin.

Mercure Square des Batignolles sans rest ⴟ
165 r. Rome Ⓜ *Malesherbes –* ℰ *01 56 79 29 29* 🕸 VISA ⓜⓞ AE ①
– h3381 @ accor.com – Fax 01 56 79 29 20 CY **8**
44 ch – ♦132/138 € ♦♦164/210 €, ☷ 14 €
♦ Immeuble parisien traditionnel à deux pas du square des Batignolles.
Intérieur entièrement rénové abritant des petites chambres fonctionnelles
et bien insonorisées.

Villa des Ternes sans rest 🛗 ⴟ 🕸 🕻 VISA ⓜⓞ AE ①
97 av. Ternes Ⓜ *Neuilly-Porte Maillot –* ℰ *01 53 81 94 94 – hotel @*
hotelternes.com – Fax 01 53 81 94 95 EG **44**
39 ch – ♦140/170 € ♦♦170/260 €, ☷ 13 €
♦ À côté du Palais des Congrès, hôtel récent convenant parfaitement à la
clientèle d'affaires. Tons chaleureux dans les chambres, équipées de salles de
bains modernes.

Magellan sans rest ⴾ 🚗 🛗 🕸 🕻 VISA ⓜⓞ AE ①
17 r. J.B.-Dumas Ⓜ *Porte de Champerret –* ℰ *01 45 72 44 51 – paris @*
hotelmagellan.com – Fax 01 40 68 90 36 BY **27**
72 ch – ♦131 € ♦♦146 €, ☷ 12 €
♦ Chambres fonctionnelles et spacieuses, aménagées dans un bel immeuble
1900 complété par un petit pavillon situé au fond du jardinet. Salon de style
Art déco.

Tilsitt Étoile sans rest 🛗 🕸 🕸 🕻 ♨20, VISA ⓜⓞ AE ①
23 r. Brey Ⓜ *Charles de Gaulle-Etoile –* ℰ *01 43 80 39 71 – info @ tilsitt.com*
– Fax 01 47 66 37 63 FH **16**
38 ch – ♦119/131 € ♦♦146/195 €, ☷ 12 €
♦ L'hôtel est situé dans une discrète rue du quartier de l'Étoile. Petites
chambres "cosy" (tissus colorés et tons pastel) ; celles du rez-de-chaussée
disposent de terrassettes.

Étoile Park Hôtel sans rest 🛗 🕸 🕻 VISA ⓜⓞ AE ①
10 av. Mac Mahon Ⓜ *Charles de Gaulle-Etoile –* ℰ *01 42 67 69 63 – ephot @*
easynet.fr – Fax 01 43 80 18 99 FH **2**
28 ch – ♦93/139 € ♦♦143/159 €, ☷ 12 €
♦ Bel emplacement à deux pas de l'Étoile pour cet édifice en pierres de taille.
Intérieur joliment rénové dans un style contemporain. Agréable salle des
petits-déjeuners.

Star Hôtel Étoile sans rest   📶 AC 🛎18, VISA ⓪ AE ⓪
18 r. Arc de Triomphe Ⓜ *Charles de Gaulle-Etoile – 𝒞 01 43 80 27 69
– star.etoile.hotel @ wanadoo.fr – Fax 01 40 54 94 84*   FG **26**
62 ch – ♦110/150 € ♦♦140/220 €, ⊡ 12 €
♦ Un décor récent d'inspiration médiévale habille la réception, le salon et la salle des petits-déjeuners. Chambres peu spacieuses mais claires, gaies et assez calmes.

Monceau Élysées sans rest   📶 ♿ ↯ ※ 📞 VISA ⓪ AE ⓪
108 r. Courcelles Ⓜ *Courcelles – 𝒞 01 47 63 33 08 – monceau-elysees @ wanadoo.fr – Fax 01 46 22 87 39*   BY **41**
29 ch – ♦125 € ♦♦140/148 €, ⊡ 10 €
♦ Près de l'élégant parc Monceau, ce petit hôtel entièrement rénové propose des chambres couleur saumon, égayées de tissus imprimés. Salle des petits-déjeuners voûtée.

Astrid sans rest   📶 AC VISA ⓪ AE ⓪
27 av. Carnot Ⓜ *Charles de Gaulle-Etoile – 𝒞 01 44 09 26 00 – paris @ hotel-astrid.com – Fax 01 44 09 26 01*   FH **8**
40 ch – ♦96/119 € ♦♦136/152 €, ⊡ 10 €
♦ À 100 m de l'Arc de Triomphe, un hôtel tenu par la même famille depuis 1936, où chaque chambre adopte un style différent : Directoire, tyrolien, provençal...

Flaubert sans rest   📶 ♿ VISA ⓪ AE ⓪
19 r. Rennequin Ⓜ *Ternes – 𝒞 01 46 22 44 35 – paris @ hotelflaubert.com – Fax 01 43 80 32 34*   FG **10**
41 ch – ♦96 € ♦♦111 €, ⊡ 9 €
♦ L'atout maître de cet hôtel est son paisible patio verdoyant sur lequel donnent certaines chambres. Décor clair et rajeuni ; salle des petits-déjeuners façon jardin d'hiver.

XXXX **Guy Savoy**   AC ⇔ 4/12, ⊃ VISA ⓪ AE ⓪
🏵🏵🏵 *18 r. Troyon* Ⓜ *Charles de Gaulle-Etoile – 𝒞 01 43 80 40 61 – reserv @ guysavoy.com – Fax 01 46 22 43 09 – Fermé août, 24 déc.-2 janv., sam. midi, dim. et lundi*   FH **17**
Rest – 230/285 € et carte 125/235 € ♀ ⅋
Spéc. Soupe d'artichaut à la truffe noire, brioche feuilletée aux champignons et truffes. "Côte" de gros turbot à l'œuf en salade et soupe. Ris de veau rissolés, "petits chaussons" de pommes de terre et truffes.
♦ Verre, cuir et wengé, œuvres signées des grands noms de l'art contemporain, sculptures africaines, cuisine raffinée et inventive : "l'auberge du 21ᵉ s." par excellence.

XXXX **Michel Rostang**   AC ⇔ 6/20, ⊃ VISA ⓪ AE ⓪
🏵🏵 *20 r. Rennequin* Ⓜ *Ternes – 𝒞 01 47 63 40 77 – rostang @ relaischateaux.fr – Fax 01 47 63 82 75 – Fermé 1ᵉʳ-21 août, lundi midi, sam. midi et dim.*   FG **31**
Rest – 70 € (déj.)/175 € et carte 120/185 € ⅋
Spéc. "Menu truffes" (15 déc. au 15 mars). Soufflé de quenelle de brochet sauce homard, façon Jo Rostang. Palet chocolat pur Caraïbes, gelée des Pères Chartreux.
♦ Boiseries, figurines de Robj, œuvres de Lalique et vitrail Art déco composent ce décor à la fois luxueux et insolite. Belle cuisine maîtrisée et magnifique carte des vins.

XXX **Sormani** (Fayet)　　　　　　　　　ⒶⒸ ⇆ 10/20, ☐ 𝗩𝗜𝗦𝗔 ⓜⓒ ⒶⒺ
🛇
4 r. Gén. Lanrezac Ⓜ Charles de Gaulle-Etoile – ℰ 01 43 80 13 91
– sasormani@wanadoo.fr – Fax 01 40 55 07 37 – Fermé 29 juil.-21 août,
sam., dim. et fériés　　　　　　　　　　　　　　　　　　　FH **5**
Rest – 75 € (déj.) et carte 70/120 € ♀ ⌘

Spéc. Tortellini aux cèpes (sept. à nov.). Risotto à la truffe blanche (fin sept. à
fin janv.). Œufs au plat, polenta et truffes noires (fin nov. à fin mars).
◆ Charme latin dans ce restaurant proche de la place de l'Étoile : nouveau
décor (couleurs rouges, lustres de Murano), ambiance "dolce vita" et cuisine
italienne élaborée.

XXX **Pétrus**　　　　　　　　　　　　ⒶⒸ ⇆ 20, ☐ 𝗩𝗜𝗦𝗔 ⓜⓒ ⒶⒺ ⓞ
12 pl. Mar. Juin Ⓜ Pereire – ℰ 01 43 80 15 95 – Fax 01 47 66 49 86
– Fermé août　　　　　　　　　　　　　　　　　　　　　BY **8**
Rest – (35 €), 42 € et carte 55/105 €, Enf. 15 €
◆ Dans un plaisant cadre marin, produits de la mer à profusion : véritable
pêche miraculeuse qui, venant de l'apôtre Pierre, n'est pas pour surprendre !

XX **Petit Colombier**　　　　　　　　　ⒶⒸ ⇆ 8/20, 𝗩𝗜𝗦𝗔 ⓜⓒ ⒶⒺ
42 r. Acacias Ⓜ Argentine – ℰ 01 43 80 28 54 – le.petit.colombier@
wanadoo.fr – Fax 01 44 40 04 29 – Fermé août, sam. midi et dim.
Rest – 38/80 € et carte 66/110 €　　　　　　　　　　　　FH **6**
◆ Boiseries patinées, horloges anciennes et chaises Louis XV donnent un
charme bien provincial à ce restaurant qui conserve le souvenir du passage
de grands hommes d'État.

XX **Les Béatilles** (Bochaton)　　　　　　　　　ⒶⒸ 𝗩𝗜𝗦𝗔 ⓜⓒ
🛇
11 bis r. Villebois-Mareuil Ⓜ Ternes – ℰ 01 45 74 43 80 – Fax 01 45 74 43 81
– Fermé août, vacances de Noël, sam., dim. et fériés　　　　FG **24**
Rest – 45/80 € et carte 75/100 €
Spéc. Nems d'escargots et champignons des bois. Pastilla de pigeon et foie
gras aux épices. La "Saint-Cochon" (nov. à mars).
◆ Accueil attentionné, cuisine bien ficelée et volontairement épurée, sobre
et contemporaine salle à manger : décidément, cette enseigne flirte avec une
douce béatitude !

XX **Dessirier**　　　　　　　　　　　ⒶⒸ ☐ 𝗩𝗜𝗦𝗔 ⓜⓒ ⒶⒺ ⓞ
9 pl. Mar. Juin Ⓜ Pereire – ℰ 01 42 27 82 14 – dessirier@michelrostang.com
– Fax 01 47 66 82 07 – Fermé sam. et dim. en juil.-août　　　BY **42**
Rest – carte 51/92 €
◆ Établissement plein de vie, dont le style "brasserie", les fauteuils et banquettes capitonnés et la carte de produits de la mer génèrent une bonne
humeur communicative.

XX **Timgad**　　　　　　　　　　　ⒶⒸ ⌘ ☐ 𝗩𝗜𝗦𝗔 ⓜⓒ ⒶⒺ ⓞ
21 r. Brunel Ⓜ Argentine – ℰ 01 45 74 23 70 – contact@timgad.fr
– Fax 01 40 68 76 46　　　　　　　　　　　　　　　　EG **4**
Rest – carte 40/75 €
◆ Retrouvez un peu de la splendeur passée de la cité de Timgad : le décor
mauresque raffiné des salles fut réalisé par des stucateurs marocains. Cuisine
parfumée du Maghreb.

XX **Graindorge**　　　　　　　　　　　　　　𝗩𝗜𝗦𝗔 ⓜⓒ ⒶⒺ
😊
15 r. Arc de Triomphe Ⓜ Charles de Gaulle-Etoile – ℰ 01 47 54 00 28
– le.graindorge@wanadoo.fr – Fax 01 47 54 00 28 – Fermé 31 juil.-20 août,
sam. midi et dim.　　　　　　　　　　　　　　　　　　FH **13**
Rest – 28 € (déj. en sem.), 32/60 € et carte 40/70 € ♀
◆ Sélection de bières ou carte des vins, généreuse cuisine flamande ou
attrayants plats du marché : à vous de choisir selon l'humeur du jour ! Joli
cadre Art déco.

XX **La Braisière** (Faussat)   AC VISA MC AE ⑩

🕸 *54 r. Cardinet* Ⓜ *Malesherbes –* 𝒞 *01 47 63 40 37 – labraisiere @ free.fr*
– Fax 01 47 63 04 76 – Fermé août, sam. midi et dim.   CY **5**
Rest – 30 € (déj.) et carte 50/65 €
Spéc. Gâteau de pommes de terre au foie gras. Croustillant de lotte aux
girolles. Tarte mirliton aux pommes.
♦ Confortable salle à manger à la modernité épurée. La carte a la jolie pointe
d'accent du Sud-Ouest, même si elle évolue au gré du marché et selon
l'inspiration du chef.

XX **Balthazar**   AC 🍴 VISA MC AE

73 av. Niel Ⓜ *Pereire –* 𝒞 *01 44 40 28 15 – balthazarparis @ aol.com*
– Fax 01 44 40 28 30   FY **3**
Rest – carte 34/60 € 𝖸
♦ Cadre sagement design, atmosphère conviviale favorisée par la proximité
des tables, personnel jeune et plats au goût du jour : quarté gagnant pour ce
restaurant "tendance" !

XX **L'Atelier Gourmand**   ⇵ 8, VISA MC AE

20 r. Tocqueville Ⓜ *Villiers –* 𝒞 *01 42 27 03 71 – Fax 01 42 27 03 71 – Fermé*
20-29 mai, 1ᵉʳ-21 août, sam. midi, lundi soir, dim. et sam. soir du 15 juin au
15 sept.   CY **34**
Rest – 29 € (déj. en sem.)/36 € 𝖸
♦ Cet atelier de peintre du 19ᵉ s. accueille désormais les amateurs d'art
classique... culinaire, dans une salle à manger pimpante et colorée, complétée d'un salon-mezzanine.

XX **Beudant**   AC ⇵ 15, VISA MC AE ⑩

😊 *97 r. des Dames* Ⓜ *Rome –* 𝒞 *01 43 87 11 20 – lebeudant @ wanadoo.fr*
– Fax 01 43 87 27 35 – Fermé août, dim. et lundi   CY **23**
Rest – (20 €), 25 € et carte 26/44 € 𝖸
♦ Cette maison Second Empire voisine de la rue Beudant vous accueille dans
deux chaleureuses salles à manger habillées de boiseries claires. La carte a
l'accent marin.

XX **Ballon des Ternes**   ⇵ 12/30, VISA MC AE

103 av. Ternes Ⓜ *Porte Maillot –* 𝒞 *01 45 74 17 98 – leballondesternes @*
fr.oleane.com – Fax 01 45 72 18 84 – Fermé 1ᵉʳ-21 août   EG **37**
Rest – carte 45/70 €
♦ Non, vous n'avez pas trop bu de "ballons" ! La table dressée à l'envers au
plafond fait partie du plaisant décor 1900 de cette brasserie voisine du Palais
des Congrès.

XX **Chez Léon**   ⇵ 18, VISA MC ⑩

😊 *32 r. Legendre* Ⓜ *Villiers –* 𝒞 *01 42 27 06 82 – chezleon32 @ wanadoo.fr*
– Fax 01 46 22 63 67 – Fermé 28 juil.-28 août, 24 déc.-2 janv.,
sam. et dim.   CY **28**
Rest – (19 €), 19/25 € 𝖸
♦ "Le" bistrot des Batignolles, plébiscité depuis nombre d'années par une
cohorte de fidèles. Cuisine traditionnelle soignée servie dans trois salles,
dont une située à l'étage.

X **Caïus**   AC 🛇 VISA MC AE

6 r. Armaillé Ⓜ *Charles de Gaulle-Etoile –* 𝒞 *01 42 27 19 20*
– Fax 01 40 55 00 93   FG **19**
Rest – carte environ 38 € 𝖸
♦ Le nouveau décor contemporain et "cosy" convient parfaitement à la
cuisine du marché, goûteuse et personnalisée, que prépare le chef de ce
beau bistrot de quartier.

A l'École

🗶

🔲 𝘝𝘐𝘚𝘈 ⓪ ⒶⒺ ⓪

21 r. Brochant Ⓜ *Brochant –* 𝒞 *01 53 11 02 25 – alecole@wanadoo.fr*
– Fermé 24 déc.-1ᵉʳ janv., sam. midi et dim. soir CX **2**
Rest – (16,50 €), 20 € et carte 28/38 € ♀

♦ Premier de la classe ou bonnet d'âne, vous consulterez le tableau noir pour choisir votre menu dans ce sympathique bistrot à l'amusant décor évoquant une école à l'ancienne.

Montefiori

🗶

🔲 𝘝𝘐𝘚𝘈 ⓪ ⒶⒺ

19 rue de l'Etoile Ⓜ *Charles de Gaulle-Étoile –* 𝒞 *01 55 37 90 00*
– Fermé 1ᵉʳ-20 août, dim. et lundi FH **22**
Rest – (17 €), 21 € (déj. en sem.) et carte 18/66 € ♀ ⁂

♦ Nouvelle vie pour cette ancienne boulangerie : on y déguste désormais, dans un décor contemporain rouge et vert, des spécialités italiennes escortées d'un beau choix de vins.

Soupière

🗶

🔲 𝘝𝘐𝘚𝘈 ⓪ ⒶⒺ

154 av. Wagram Ⓜ *Wagram –* 𝒞 *01 42 27 00 73 – Fax 01 46 22 27 09*
– Fermé 5-25 août, sam. midi, dim. et fériés CY **15**
Rest – 30 € (sem.)/33 €

♦ L'accueil attentionné et la carte classique - avec menus "champignons" en saison - sur fond de trompe-l'œil font de cette Soupière une aimable petite adresse de quartier.

Table des Oliviers

🗶

🔲 𝘝𝘐𝘚𝘈 ⓪ ⒶⒺ ⓪

38 r. Laugier Ⓜ *Pereire –* 𝒞 *01 47 63 85 51 – latabledesoliviers@wanadoo.fr*
– Fax 01 47 63 85 81 – Fermé août, vacances de fév. et dim. BY **38**
Rest – 28 € (déj. en sem.), 28/60 € et carte 46/72 €

♦ Enseigne explicite : la cuisine provençale de ce restaurant a le goût de l'huile d'olive, du thym et du basilic... Peuchère, il ne manque plus que le chant des cigales !

Bistrot de l'Étoile Niel

🗶

🍽 𝘝𝘐𝘚𝘈 ⓪

75 av. Niel Ⓜ *Pereire –* 𝒞 *01 42 27 88 44 – gensdarmesb@aol.com*
– Fax 01 42 27 32 12 – Fermé sam. midi, dim. FY **4**
Rest – 28/43 € et carte 31/59 €

♦ La cuisine mitonnée dans cette sympathique maison panache influences bourgeoises, touches modernes et pincées d'épices. Le décor, modernisé, est convivial et chaleureux.

Le Café d'Angel

🗶

🔲 𝘝𝘐𝘚𝘈 ⓪

16 r. Brey Ⓜ *Charles de Gaulle-Etoile –* 𝒞 *01 47 54 03 33*
– Fax 01 47 54 03 33 – Fermé 30 juil.-21 août, 22 déc.-8 janv., sam., dim. et fériés FH **15**
Rest – 22 € (déj.), 31/43 € ♀

♦ Cette petite adresse a la nostalgie des bistrots parisiens d'antan : intérieur "rétro" avec banquettes en skaï, faïences aux murs et plats traditionnels énoncés sur ardoise.

Caves Petrissans

🗶

😊

🌦 🍽 𝘝𝘐𝘚𝘈 ⓪

30 bis av. Niel Ⓜ *Pereire –* 𝒞 *01 42 27 52 03 – cavespetrissans@noos.fr*
– Fax 01 40 54 87 56 – Fermé 28 juil.-29 août, sam. et dim. et fériés
Rest – (prévenir) 34 € et carte 38/58 € ♀ ⁂ FG **45**

♦ Céline, Abel Gance, Roland Dorgelès aimaient fréquenter ces caves plus que centenaires, à la fois boutique de vins et restaurant. Cuisine "bistrotière" bien ficelée.

X **Le Clou** VISA ⓂⒸ ⒶⒺ ⓪

132 r. Cardinet Ⓜ *Malesherbes – ℰ 01 42 27 36 78 – le.clou@wanadoo.fr*
– Fax 01 42 27 89 96 – Fermé 10-25 août, sam. midi, dim. et fériés
Rest – 30 € et carte 31/50 € CY **35**

♦ Les amateurs de viandes trouveront leur bonheur dans ce convivial bistrot de quartier. Tables simplement dressées. Produits du terroir et suggestions du marché.

X **Paris XVII** VISA ⓂⒸ

41 r. Guersant Ⓜ *Porte Maillot – ℰ 01 45 74 75 27 – Fermé 18-22 avril,*
1er-21 août, 26 déc.-2 janv., dim. et lundi YA **2**
Rest – 24 € ⚲

♦ La cuisine "bistrotière" du chef, mitonnée en fonction du marché, est suggérée sur ardoise. Un modeste restaurant familial fort éloigné de la "branchitude" parisienne...

X **L'Huîtrier** ⒶⒸ VISA ⓂⒸ ⒶⒺ

16 r. Saussier-Leroy Ⓜ *Ternes – ℰ 01 40 54 83 44 – Fax 01 40 54 83 86*
– Fermé dim. de mai à août et lundi FG **22**
Rest – carte 29/69 € ⚲

♦ À l'entrée, le banc d'écailler vous mettra l'eau à la bouche. Vous dégusterez là huîtres et fruits de mer, au coude à coude, dans une salle à manger sagement contemporaine.

X **L'Entredgeu** VISA ⓂⒸ

ⓒ *83 r.Laugier* Ⓜ *Porte de Champerret – ℰ 01 40 54 97 24 – Fax 01 40 54 96 62*
– Fermé 5-25 août, vacances de Noël, dim. et lundi. BY **47**
Rest – 22 € (déj. en sem.)/30 €

♦ Accueil souriant, mobilier bistrot, menu annoncé sur l'ardoise, cuisine élaborée au gré du marché : entraînez-vous à prononcer le nom de ce restaurant, il en vaut la peine !

S. Sauvignier/MICHELIN

Montmartre, Pigalle

18e arrondissement   ⊠ 75018 – PLAN 21

Terrass'Hôtel   🍽 🛗 AC ⅍ch, 📞 🏄25/100, VISA ⓒ AE ⓪
12 r. J. de Maistre ⓜ Place de Clichy – ℰ 01 46 06 72 85 – reservation @
terrass-hotel.com – Fax 01 42 52 29 11   EH **2**
85 ch – †248/334 € ††248/334 €, ⇩ 19 € – 15 suites
Rest Le Diapason – ℰ 01 44 92 34 00 – (fermé août et dim. soir) (18 €), 28 €
et carte 37/59 € ⏍
♦ Au pied du Sacré-Cœur. Vue imprenable sur Paris depuis les chambres des
étages supérieurs, côté rue. Intérieur soigné et chaleureux ; salon doté d'une
belle cheminée. Décor contemporain épuré (tons sable, gris et noir) au
Diapason doté d'un espace spécialement dédié au vin.

Kube sans rest   🛁 🛗 AC ⅍ 📞 🚗 VISA ⓒ AE ⓪
1-5 passage Ruelle ⓜ La Chapelle – ℰ 01 42 05 20 00 – paris @
kubehotel.com – Fax 01 42 05 21 01   BX **2**
41 ch – †250 € ††300 €, ⇩ 25 €
♦ La façade du 19e s. dissimule un hôtel du 21e s. résolument design et
high-tech. Le bar entièrement construit en glace (-5°) constitue une expérience insolite, à ne surtout pas rater !

Mercure Montmartre sans rest   🛗 ይ AC ⅍ 📞
3 r. Caulaincourt ⓜ Place de Clichy   🏄20/70, VISA ⓒ AE ⓪
– ℰ 01 44 69 70 70 – h0373 @ accor.com – Fax 01 44 69 70 71   EH **12**
305 ch – †160/185 € ††170/195 €, ⇩ 14 €
♦ Hôtel à deux pas du célèbre bal du Moulin-Rouge. Préférez l'une des
chambres logées aux trois derniers étages de l'hôtel pour profiter de la vue
sur les toits de "Paname".

Holiday Inn Garden Court Montmartre sans rest   🛗 ይ AC
23 r. Damrémont ⓜ Lamarck Caulaincourt   ⅍ 📞 🏄20, VISA ⓒ AE ⓪
– ℰ 01 44 92 33 40 – hiparmm @ aol.com – Fax 01 44 92 09 30   EG **12**
54 ch – †130/221 € ††130/221 €, ⇩ 13 €
♦ Dans une rue montmartroise pentue, bâtiment récent abritant des chambres fraîches et fonctionnelles. Salle des petits-déjeuners ornée d'un joli
trompe-l'œil.

Timhôtel sans rest   🛗 AC ⅍ 📞 VISA ⓒ AE ⓪
11 r. Ravignan ⓜ Abbesses – ℰ 01 42 55 74 79 – montmartre @ timhotel.fr
– Fax 01 42 55 71 01   EH **6**
59 ch – †130/160 € ††130/160 €, ⇩ 8,50 €
♦ Sur l'une des plus charmantes places du quartier, hôtel coquettement
rénové. Les chambres des 5e et 6e étages offrent une vue imprenable sur la
capitale.

Roma Sacré Cœur sans rest   🛗 VISA ⓒ AE ⓪
101 r. Caulaincourt ⓜ Lamarck Caulaincourt – ℰ 01 42 62 02 02
– hotel.roma @ wanadoo.fr – Fax 01 42 54 34 92   FG **5**
57 ch – †75/85 € ††85/105 €, ⇩ 7,50 €
♦ Tout le charme de Montmartre : un jardin sur le devant, des escaliers sur le
côté et le Sacré-Cœur au-dessus ! Des couleurs vives égaient les chambres
rajeunies.

Damrémont sans rest ▯ 🛇 𝗩𝗜𝗦𝗔 ⓒⓞ
110 r. Damrémont Ⓜ *Jules Joffrin – 𝒞 01 42 64 25 75 – hotel.damremont@
wanadoo.fr – Fax 01 46 06 74 64* EG **7**
35 ch – ♦60/75 € ♦♦85 €, ☑ 7 €
♦ Près de Montmartre, chambres actuelles plus calmes côté cour, pas très
spacieuses, mais régulièrement entretenues et équipées d'un plaisant mobilier couleur acajou.

XXX **A Beauvilliers** 🛱 ✿ 10/15, 𝗩𝗜𝗦𝗔 ⓒⓞ ㏂
52 r. Lamarck Ⓜ *Lamarck Caulaincourt – 𝒞 01 42 55 05 42 – Fermé dim. soir
et lundi* FG **10**
Rest – 35 € (déj. en sem.)/45 € et carte 48/83 € ♈
♦ Un vent de nouveauté souffle sur cette institution montmartroise : délicieuse cuisine au goût du jour personnalisée et élégant décor bourgeois. Plaisante terrasse pour les beaux jours.

XX **Cottage Marcadet** ㏂ 𝗩𝗜𝗦𝗔 ⓒⓞ
151 bis r. Marcadet Ⓜ *Lamarck Caulaincourt – 𝒞 01 42 57 71 22
– Fax 01 42 57 71 22 – Fermé 14-24 avril, août et dim.* EG **22**
Rest – 29/39 € et carte 45/86 € ♈
♦ Une ambiance intime vous attend dans cette salle à manger classique dotée d'un confortable mobilier Louis XVI. Cuisine traditionnelle soignée.

XX **Moulin de la Galette** 🛱 ㏂ 𝗩𝗜𝗦𝗔 ⓒⓞ ㏂
83 r. Lepic Ⓜ *Abbesses – 𝒞 01 46 06 84 77 – Fax 01 46 06 84 78*
Rest – 25 € (déj. en sem.) et carte 40/60 € ♈ EH **11**
♦ Moulin dès 1622, puis bal populaire peint par Renoir et Toulouse-Lautrec,
chanté par Lucienne Delyle, c'est aujourd'hui un plaisant restaurant doté
d'une charmante terrasse.

XX **Au Clair de la Lune** 𝗩𝗜𝗦𝗔 ⓒⓞ ㏂
9 r. Poulbot Ⓜ *Abbesses – 𝒞 01 42 58 97 03 – Fax 01 42 55 64 74
– Fermé 15 août-15 sept., lundi midi et dim.* FH **19**
Rest – 30 € et carte 40/65 €
♦ L'ami Pierrot vous ouvre la porte de son auberge située juste derrière la
place du Tertre. Ambiance conviviale sur fond de fresques représentant le
vieux Montmartre.

X **L'Oriental** 🛇 𝗩𝗜𝗦𝗔 ⓒⓞ ㏂
😋 *76 r. Martyrs* Ⓜ *Pigalle – 𝒞 01 42 64 39 80 – Fax 01 42 64 39 80 – Fermé
22 juil.-23 août, dim. et lundi* FH **5**
Rest – 14,50 € (déj. en sem.)/34 € et carte 30/46 €
♦ Accueil tout sourire et joli cadre orientalisant (tables garnies de zelliges et
moucharabiehs) en ce restaurant nord-africain au cœur de l'animation cosmopolite de Pigalle.

X **Histoire de ...** 𝗩𝗜𝗦𝗔 ⓒⓞ ㏂ ⓪
14 r. Ferdinand Flocon Ⓜ *Jules Joffrin – 𝒞 01 42 52 24 60 – Fermé 5-30 août,
lundi midi et dim.* FG **8**
Rest – 18 € (déj. en sem.)/32 €
♦ Petit restaurant de quartier situé derrière la mairie du 18e, où l'accueil est
roi et la cuisine bien façonnée et personnalisée. Histoire de... passer un bon
moment !

X **L'Étrier** ㏂ 𝗩𝗜𝗦𝗔 ⓒⓞ
154 r. Lamarck Ⓜ *Guy Môquet – 𝒞 01 42 29 14 01 – Fax 01 46 27 19 15
– Fermé 5-25 août, 15-22 sept., 1er-10 janv., dim. et lundi* EG **15**
Rest – (15 €), 18 € (déj.), 30/50 € ♈
♦ Atmosphère de bistrot (comptoir, tables proches) dans ce restaurant de
poche où les patrons renouvellent régulièrement les plats, traditionnels et
inscrits sur une ardoise.

Ph. Gajic/MICHELIN

La Villette Cité des Sciences, Buttes-Chaumont

19e arrondissement ⊠ 75019 – PLAN 22

Holiday Inn
216 av. J. Jaurès Ⓜ *Porte de Pantin* – ℰ *01 44 84 18 18*
– hilavillette@alliance-hospitality.com – Fax 01 44 84 18 20 CX **14**
182 ch – ♦205/600 € ♦♦205/600 €, ⊇ 17 €
Rest – *(fermé sam., dim. et fériés)* 25 € 𝖸, Enf. 7 €
♦ Construction moderne face à la Cité de la Musique. Les chambres, spacieuses et insonorisées, offrent un confort actuel. Station de métro à quelques mètres. Sobre salle à manger de style brasserie et petite terrasse isolée de la rue par un rideau de verdure.

Laumière sans rest
4 r. Petit Ⓜ *Laumière* – ℰ *01 42 06 10 77 – lelaumiere@wanadoo.fr*
– Fax 01 42 06 72 50 CX **5**
54 ch – ♦54/68 € ♦♦55/63 €, ⊇ 7,50 €
♦ En manque d'espaces verts ? Cet hôtel qui a bénéficié d'une cure de jouvence, vous invite à profiter de son riant jardinet et du parc des Buttes-Chaumont tout proche.

Abricôtel sans rest
15 r. Lally Tollendal Ⓜ *Jaurès* – ℰ *01 42 08 34 49 – abricotel@wanadoo.fr*
– Fax 01 42 40 83 95 CX **10**
39 ch – ♦48/53 € ♦♦55/62 €, ⊇ 6 €
♦ Cette petite affaire familiale donnant sur une rue animée abrite des chambres simples et de faible ampleur, mais fonctionnelles et à prix sages.

Crimée sans rest
188 r. Crimée Ⓜ *Crimée* – ℰ *01 40 36 75 29 – hotelcrimee19@wanadoo.fr*
– Fax 01 40 36 29 57 CV **15**
31 ch – ♦55/60 € ♦♦63/77 €, ⊇ 6,50 €
♦ Adresse située à 300 m du canal de l'Ourcq. Les chambres, bien insonorisées, climatisées et équipées d'un mobilier fonctionnel, sont parfois tournées sur un jardinet.

Relais des Buttes
86 r. Compans Ⓜ *Botzaris* – ℰ *01 42 08 24 70 – Fax 01 42 03 20 44*
– Fermé août, 20-31 déc., sam. midi et dim. CX **16**
Rest – 32 € et carte 44/62 € 𝖸
♦ À deux pas du parc des Buttes-Chaumont. L'hiver, on apprécie la cheminée de la salle contemporaine, l'été, la paisible cour-terrasse et, toute l'année, les plats classiques.

Cave Gourmande
10 r. Gén. Brunet Ⓜ *Botzaris* – ℰ *01 40 40 03 30 – lacavegourmande@*
wanadoo.fr – Fax 01 40 40 03 30 – Fermé 5-25 août, vacances de fév., sam. et dim. CX **21**
Rest – 33 € 𝖸
♦ Ambiance conviviale, décor de casiers à bouteilles, tables en bois et plats du marché font bon ménage dans ce sympathique bistrot voisin du parc des Buttes-Chaumont.

Chez Vincent

AC VISA ⓂⓄ AE

5 r. Tunnel Ⓜ *Buttes Chaumont –* ℰ *01 42 02 22 45 – Fax 01 40 18 95 83*
– Fermé sam. midi et dim.   CX **24**

Rest – (prévenir) 35/40 € et carte 45/70 €

♦ Bistrot au cadre rustique simple, mais authentique cuisine italienne et ambiance conviviale assurée ; certains soirs le patron vient en salle pousser la chansonnette !

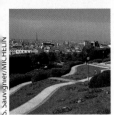

S. Sauvignier/MICHELIN

Père-Lachaise, Belleville

20e arrondissement ⊠ 75020 – PLAN 22

Palma sans rest 🔊 AC VISA CO AE ①
77 av. Gambetta Ⓜ *Gambetta* – ℰ *01 46 36 13 65* – *hotel.palma@
wanadoo.fr* – *Fax 01 46 36 03 27* DY **3**
32 ch – ♦59/64 € ♦♦65/74 €, ☐ 6 €
♦ Cet hôtel jouxte la place Gambetta et le célèbre cimetière du Père-Lachaise.
Les chambres, petites et un brin désuètes, conservent leur style des années
1970.

Les Allobroges VISA CO AE
71 r. Grands-Champs Ⓜ *Maraîchers* – ℰ *01 43 73 40 00* – *Fax 01 40 09 23 22*
– *Fermé 16-24 avril, août, 24 déc.-1er janv., dim., lundi et fériés* DZ **4**
Rest – 20/34 €
♦ Sortez des "quartiers battus" pour découvrir ce sympathique restaurant
proche de la porte de Montreuil. Décor à la fois sobre et coquet ; délicieuses
recettes au goût du jour.

Le Bistrot des Soupirs "Chez les On" VISA CO
49 r. Chine Ⓜ *Gambetta* – ℰ *01 44 62 93 31* – *Fax 01 44 62 77 83*
– *Fermé août, 25 déc.-3 janv., vacances de fév., dim. et lundi* DY **6**
Rest – 19 € bc (déj.) et carte 33/50 € ♀
♦ Jouxtant le pittoresque passage des Soupirs, cette petite auberge met à
l'honneur les plats auvergnats et lyonnais dans un cadre agreste. Bonne
humeur garantie.

Autour
de Paris
(Environ 40 km)

Around Paris
(Approx. 40 km)

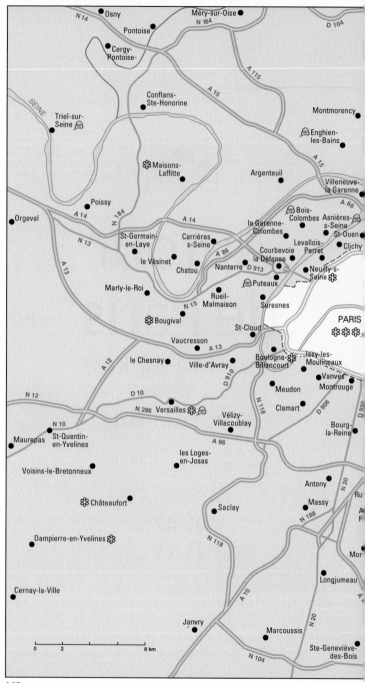

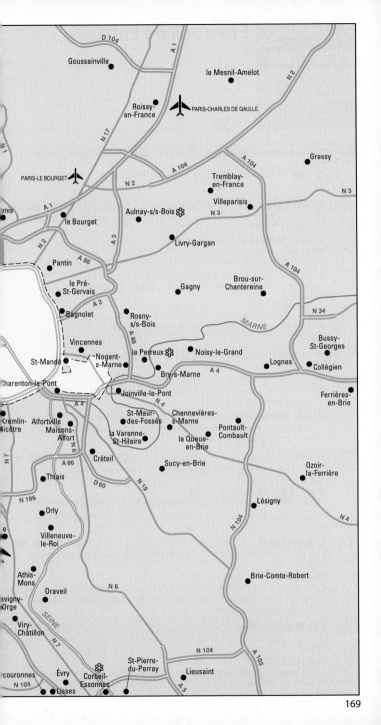

Ph. Gajic/MICHELIN

Environs de Paris

cartes 18-21

ALFORTVILLE – 94 Val-de-Marne – 312 D3 – 101 27 – 36 232 h. – alt. 32 m – ✉ 94140

Paris 9 – Créteil 6 – Maisons-Alfort 2 – Melun 40

Chinagora ch, ch, 15/200, VISA MC AE

1 pl. du Confluent France-Chine – ☎ 01 43 53 58 88 – hotel@chinagora.fr – Fax 01 49 77 57 17

183 ch – †84 € ††92 €, ☕ 9 € – 4 suites

Rest – carte environ 25 €

◆ Où confluent la Chine et la France : complexe d'architecture "mandchoue" et chambres de style occidental, ouvrant presque toutes sur un jardin exotique. Grande galerie marchande. Restaurant proposant des spécialités coréennes.

Le rouge est la couleur de la distinction : nos valeurs sûres !

ANTONY – 92 Hauts-de-Seine – 311 J3 – 101 25 – 59 855 h. – alt. 80 m – ✉ 92160

Paris 13 – Bagneux 6 – Corbeil-Essonnes 28 – Nanterre 23 – Versailles 16

Syndicat d'initiative, place Auguste Mounié ☎ 01 42 37 57 77, Fax 01 46 66 30 80

Sceaux : parc★★ et musée de l'Île-de-France★ N : 4 km - Châtenay-Malabry : église St-Germain-l'Auxerrois★, Maison de Chateaubriand★ NO : 4 km, Île de France.

Alixia sans rest 20, VISA MC AE

1 r. Providence – ☎ 01 46 74 92 92 – alixia-antony@wanadoo.fr – Fax 01 46 74 50 55

38 ch – †81 € ††84/107 €, ☕ 9 €

◆ Hôtel récent situé dans une rue tranquille. Les chambres sur l'arrière sont très calmes et bénéficient de la climatisation ; toutes sont aménagées avec soin.

L'Amandier 15, VISA MC

8 rue Église – ☎ 01 46 66 22 02 – Fermé 1er-15 août, sam. midi, dim. soir et lundi

Rest – 38/55 €, Enf. 19 €

◆ Ce restaurant du vieil Antony abrite une spacieuse et confortable salle à manger mi-classique, mi-contemporaine. La carte, au goût du jour, est renouvelée régulièrement.

Les Philosophes VISA MC AE

53 av. Division Leclerc – ☎ 01 42 37 23 22 – Fermé août, sam. midi, dim. soir et lundi

Rest – (17 €), 23 € ♀

◆ Une jeune équipe pleine d'allant vous accueille à cette table installée en bordure de la nationale. Cuisine actuelle selon le marché ; cadre actuel minimaliste et coloré.

La Tour de Marrakech AC VISA MO AE

72 av. Division Leclerc – ℰ 01 46 66 00 54 – Fax 01 46 66 12 99 – Fermé août et lundi

Rest – 22 € (déj. en sem.) et carte 25/45 €, Enf. 8,50 €

♦ Décor mauresque et plats nord-africains pour retrouver la magie du Maroc… au bord de la N 20 ! Salles superposées ; plus de clarté au 1er étage. Accueil et service prévenants.

ARGENTEUIL – 95 Val-d'Oise – **305** E7 – **101** 14 – 93 961 h. – alt. 33 m – ⊠ 95100 Ile de France

▣ Paris 16 – Chantilly 38 – Pontoise 20 – St-Germain-en-Laye 19

La Ferme d'Argenteuil VISA MO AE

2 bis r. Verte – ℰ 01 39 61 00 62 – lafermedargenteuil@wanadoo.fr – Fax 01 30 76 32 31 – Fermé août, lundi soir, mardi soir et dim.

Rest – 32/68 € et carte 53/74 € ♀

♦ Le vin d'Argenteuil, le "picolo", a eu ses heures de gloire. Il souffle encore aujourd'hui un petit air de campagne dans ce restaurant. Accueil aimable, cuisine classique.

ASNIÈRES-SUR-SEINE – 92 Hauts-de-Seine – **311** J2 – **101** 15 – 75 837 h. – alt. 37 m – ⊠ 92600 Ile de France

▣ Paris 10 – Argenteuil 6 – Nanterre 8 – Pontoise 26 – St-Denis 8 – St-Germain-en-Laye 20

Van Gogh ⌂ AC ⇔ 4/10, P VISA MO AE ①

2 quai Aulagnier (accès par Cimetière des Chiens) – ℰ 01 47 91 05 10 – levangogh@wanadoo.fr – Fax 01 47 93 00 93 – Fermé 7-27 août, sam. et dim.

Rest – carte 55/75 € ♀

♦ Accueil personnalisé, service prévenant, poisson reçu en direct de l'Atlantique et jolie terrasse face à la Seine, en ce lieu où Van Gogh immortalisa le restaurant de la Sirène.

La Petite Auberge VISA MO

118 r. Colombes – ℰ 01 47 93 33 94 – Fax 01 47 93 33 94 – Fermé 1er-8 mai, 1er-29 août, merc. soir, dim. soir et lundi

Rest – 29/39 €

♦ Petite auberge de bord de route à l'ambiance sympathique. Objets anciens, tableaux et collection d'assiettes décorent la salle à manger rustique. Cuisine traditionnelle.

ATHIS-MONS – 91 Essonne – **312** D3 – **101** 36 – 29 427 h. – alt. 85 m – ⊠ 91200

▣ Paris 18 – Créteil 16 – Évry 12 – Fontainebleau 48

La Rotonde sans rest ⌂ P VISA MO

25 bis r. H. Pinson – ℰ 01 69 38 97 78 – citotel-la-rotonde@wanadoo.fr – Fax 01 69 38 48 02

22 ch – ♥57/60 € ♥♥60/64 €, ⊃ 6 €

♦ Dans un quartier résidentiel, pavillon des années 1960 abritant des chambres petites et meublées simplement, mais bien tenues. Navettes gratuites pour l'aéroport d'Orly.

Un hôtel charmant pour un séjour très agréable ?
Réservez dans un hôtel avec pavillon rouge : ⌂ … ⌂⌂⌂⌂.

AULNAY-SOUS-BOIS – 93 Seine-Saint-Denis – 305 F7 – 101 18 – 80 021 h. – alt. 46 m – ⊠ 93600

> ◘ Paris 19 – Bobigny 9 – Lagny-sur-Marne 23 – Meaux 30 – St-Denis 16 – Senlis 38

Novotel 🍴 🏊 🚲 📶 ₺ch, AC 🗲ch, ✆ 🛗200, P VISA 🐵 AE ⓪

carrefour de l'Europe N 370 – ℰ 01 58 03 90 90 – h0387@accor.com – Fax 01 58 03 90 99
139 ch – †96/135 € ††105/145 €, ⊇ 12 €
Rest – *(fermé vend. soir, sam. et dim.)* (18 €) et carte environ 35 € 🦪, Enf. 8 €

♦ Hôtel dont les chambres spacieuses ont adopté les nouvelles harmonies de la chaîne. Pour garder le contact : "cyberterrasse" et branchement Internet. Salle de restaurant moderne ; aux beaux jours, les tables sont dressées côté piscine et jardin.

🍴🍴🍴 Auberge des Saints Pères (Cahagnet) AC VISA 🐵 AE ⓪

❀ *212 av. Nonneville – ℰ 01 48 66 62 11 – info@auberge-des-saints-peres.com – Fax 01 48 66 67 44 – Fermé 7-25 août, 27 nov.-1er déc., 1er-3 mars, merc. soir, sam. et dim.*
Rest – 38/60 € et carte 55/75 € 🦪 ⅋

Spéc. Brochettes de thon marinées à la tomate safranée. Rascasse rôtie sur gâteau d'endives confites. Saucisse de lapereau sur pomme flambée au calvados.

♦ Maison massive au cœur d'un quartier résidentiel. Intérieur cossu et très feutré, doté de beaux meubles de style ; belle cuisine au goût du jour et carte des vins étoffée.

Une nuit douillette sans se ruiner ? Repérez les Bib Hôtel 🛏.

AUVERS-SUR-OISE – 95 Val-d'Oise – 305 E6 – 106 6 – 101 3 – 6 820 h. – alt. 30 m – ⊠ 95430 📗 Ile de France

> ◘ Paris 36 – Beauvais 52 – Chantilly 35 – Compiègne 84 – L'Isle-Adam 7 – Pontoise 10

> 🔢 Office de tourisme, rue de la Sansonne ℰ 01 30 36 10 06, Fax 01 34 48 08 47

> ◙ Maison de Van Gogh★ - Parcours-spectacle "voyage au temps des Impressionnistes"★ au château de Léry.

🍴🍴🍴 Hostellerie du Nord avec ch 🍴 AC ch, 🛗25, P VISA 🐵

6 rue Gén. de Gaulle – ℰ 01 30 36 70 74 – contact@hostelleriedunord.fr – Fax 01 30 36 72 75 – fermé dim. soir
10 ch – †95 € ††95/185 €, ⊇ 14 €
Rest – *(fermé août, sam. midi, dim. soir et lundi)* 43 € bc (déj. en sem.), 55/65 €

♦ Cet ancien relais de poste reçut jadis des peintres de renom. Les œuvres d'art ornant la salle à manger et les chambres témoignent de ce riche passé. Cuisine traditionnelle.

🍴 Auberge Ravoux 🦪 VISA 🐵 AE ⓪

face Mairie – ℰ 01 30 36 60 60 – info@vangoghfrance.com – Fax 01 30 36 60 61 – Ouvert 1er mars-29 oct. et fermé lundi et mardi
Rest – (nombre de couverts limité, prévenir) (déj. seult) (28 €), 35 €

♦ Atmosphère chaleureuse et cuisine simple des cafés d'artistes du 19e s. dans l'auberge où Van Gogh logea au crépuscule de sa vie. Visitez la petite chambre du peintre.

BAGNOLET – 93 Seine-Saint-Denis – **305** F7 – **101** 17 – 32 511 h. – alt. 96 m – ✉ 93170

▶ Paris 8 – Bobigny 6 – Lagny-sur-Marne 32 – Meaux 39

Novotel Porte de Bagnolet ╚🖥 🛏 ☂ ⬜ 🐱 ☒ ⬜ 🏠 🔒 ⌃ ☂, 🔒 500,
av. République, échangeur porte de Bagnolet   🚗 **VISA ⬤ AE ⬤**
– ℰ 01 49 93 63 00 – h0380@accor.com – Fax 01 43 60 83 95
609 ch – †99/182 € ††99/285 €, ⬜ 13 €
Rest – (17 €), 22 € ♈, Enf. 8 €

♦ À proximité de l'échangeur de l'autoroute, construction moderne abritant des chambres fonctionnelles efficacement insonorisées. Piano-bar. Hommes d'affaires, groupes et touristes du monde entier se croisent au restaurant, ouvert assez tard le soir.

BOIS-COLOMBES – 92 Hauts-de-Seine – **311** J2 – **101** 15 – 23 885 h. – alt. 37 m – ✉ 92270

▶ Paris 12 – Nanterre 6 – Pontoise 25 – St-Denis 11
– St-Germain-en-Laye 19

X **Le Chefson**   **VISA ⬤ AE**
🙄 17 r. Ch. Chefson – ℰ 01 42 42 12 05 – Fax 01 47 80 51 68 – Fermé août, vacances de fév., lundi soir, mardi soir, sam. et dim.
Rest – bistrot – (nombre de couverts limité, prévenir) (17 €), 23/32 € ♈

♦ On se bouscule parfois dans ce restaurant dont la salle à manger, il est vrai, est de petite capacité. Ambiance "bistrot" et cuisine traditionnelle simple et copieuse.

BOUGIVAL – 78 Yvelines – **311** I2 – **101** 13 – 8 432 h. – alt. 40 m – ✉ 78380
▮ Ile de France

▶ Paris 21 – Rueil-Malmaison 5 – St-Germain-en-Laye 6 – Versailles 8
– Le Vésinet 5

🅱 Syndicat d'initiative, 7 rue du Général Leclerc ℰ 01 39 69 21 23

Holiday Inn 📶 📶 ☂ ⬜ 🐱 ☒ ⬜ 🔒 15/200, 🚗 **VISA ⬤ AE ⬤**
10-12 r. Y. Tourgueneff (N 13) – ℰ 01 30 08 18 28 – holidayinn.parvb @
hotels-res.com – Fax 01 30 08 18 38
181 ch – †175/220 € ††175/220 €, ⬜ 15 €
Rest – (21 €), 26 € (dîner) et carte 24/38 € ♈, Enf. 10 €

♦ Façade "années 1970", mais intérieur totalement rénové et restructuré autour d'un patio. Chambres spacieuses ; une dizaine, au mobilier de style, ont vue sur la Seine. Côté restaurant, décor ensoleillé et cuisine traditionnelle aux accents du Sud.

Villa des Impressionnistes sans rest   🔈 ☂ ⌃
15 quai Rennequin Sualem (N 13)   🔒 25/50, 🚗 **VISA ⬤ AE**
– ℰ 01 30 08 40 00 – villa.impression @ wanadoo.fr – Fax 01 39 18 58 89
45 ch – †112/125 € ††140/178 €, ⬜ 11,50 €, 3 duplex

♦ Bibelots et mobilier choisis, couleurs vives et reproductions de toiles : le charmant décor de cet hôtel récent évoque le passé impressionniste des quais bougivalais.

XXX **Le Camélia** (Conte)   ⬜ ⬯ 6/18, **VISA ⬤ AE**
🕸 7 quai G. Clemenceau – ℰ 01 39 18 36 06 – info @ lecamelia.com
– Fax 01 39 18 00 25 – Fermé août, vacances de fév., dim. et lundi
Rest – 42/68 € et carte 85/130 € ♨

Spéc. Pot-au-feu de foie gras aux légumes oubliés (hiver). Filet de bœuf de Salers à l'esprit de vin (été). Millefeuille aux fruits de saison.

♦ Pimpante façade proche de la datcha-musée d'Ivan Tourgueniev. Cuisine classique, servie dans un cadre contemporain, chaleureux et coloré. Belle sélection de vins français.

BOULOGNE-BILLANCOURT ⊛ – 92 Hauts-de-Seine – 311 J2 – 101 24
– 106 360 h. - alt. 35 m – ⊠ 92100 ▯ Île de France

- ◘ Paris 10 – Nanterre 9 – Versailles 11
- ◙ Musée départemental Albert-Kahn★ : jardins★ - Musée Paul Landowski★.

🏨🏨🏨 Radisson SAS   🏡 ℩⅚ ⟷ 🛗 ╘ 🖾 ⅘ch, 🍽rest, 📞 🛗10/120,
33 av. E. Vaillant – ℰ 01 46 08 85 00 – info.boulogne@   🚗 VISA ⓜ ⒶⒺ ①
radissonsas.com – Fax 01 46 08 85 01
160 ch – ♦165/295 € ♦♦165/295 €, ⌑ 22 € – 10 suites
Rest A O C – *(fermé sam. et dim.)* (25 €), 30 € ⅂, Enf. 12 €

♦ Cet hôtel flambant neuf situé à deux pas du Parc des Princes dispose de belles chambres contemporaines et cossues, pourvues d'équipements technologiques de pointe. Le restaurant, design et "trendy", ouvre sur un joli patio-terrasse planté de vignes ; appétissante cuisine au goût du jour.

🏨🏨🏨 Mercure Porte de St-Cloud   🏡 🛗 ╘ch, 🖾 ⅘ch, 📞
37 pl. René Clair – ℰ 01 49 10 49 10 – info@   🛗150, VISA ⓜ ⒶⒺ ①
goldentulip-parispscld.com – Fax 01 46 08 26 16
171 ch – ♦125/160 € ♦♦135/260 €, ⌑ 15 € – 4 suites
Rest L'Entracte – ℰ 01 49 10 49 50 *(fermé vend. soir, sam.et dim.)* (21 €), 27 €

♦ Immeuble moderne en verre vous logeant dans des chambres de bon confort. Business-center complet et lounge-bar cossu orné de photos de stars par le studio Harcourt. Des fresques où apparaissent quelque 400 personnalités du monde du spectacle égayent la brasserie.

🏨🏨 Acanthe sans rest   🛗 ╘ ⅘ 🛗15/30, VISA ⓜ ⒶⒺ ①
9 rd-pt Rhin et Danube – ℰ 01 46 99 10 40 – hotel-acanthe@akamail.com
– Fax 01 46 99 00 05
69 ch – ♦180 € ♦♦180/214 €, ⌑ 14 €

♦ Voisin des studios de Boulogne et des insolites jardins du musée Albert-Kahn, hôtel insonorisé disposant de jolies chambres contemporaines. Agréable patio fleuri. Billard.

🏨🏨 Tryp   🏡 🛗 ╘ch, 🖾 ⅘ch, 🍽rest, 🛗20/80, 🚗 VISA ⓜ ⒶⒺ ①
20 r. Abondances – ℰ 01 48 25 80 80 – tryp.paris.boulogne@solmelia.com
– Fax 01 48 25 33 13
75 ch – ♦105/182 € ♦♦105/182 €, ⌑ 16 €
Rest – *(fermé 1ᵉʳ-25 août, sam., dim. et fériés)* (22 €), 27 € ⅂

♦ Dans un quartier calme de la ville qui faillit devenir le XXIᵉ arrondissement de Paris, hôtel proposant des chambres actuelles, souvent dotées de balcons. Coin salon-bar. Restaurant lumineux et contemporain agrémenté de tableaux ; cuisine traditionnelle.

🏨🏨 Sélect Hôtel sans rest   🛗 🖾 🛗15, 🅿 VISA ⓜ ⒶⒺ ①
66 av. Gén.-Leclerc – ℰ 01 46 04 70 47 – reception@select-hotel.fr
– Fax 01 46 04 07 77
61 ch – ♦93 € ♦♦106/112 €, ⌑ 9 €

♦ Sur la nationale conduisant de Paris à Versailles, établissement bien insonorisé dont les sobres chambres adoptent un mobilier et un décor d'inspiration Art nouveau.

🏨 Paris sans rest   🛗 🖾 VISA ⓜ ⒶⒺ ①
104 bis r. Paris – ℰ 01 46 05 13 82 – contact@hotel-paris-boulogne.com
– Fax 01 48 25 10 43
31 ch – ♦71 € ♦♦77 €, ⌑ 8 €

♦ Situé à un angle de rue, immeuble ancien en briques abritant de petites chambres avant tout pratiques et bien insonorisées. Accueil familial aimable et tenue méticuleuse.

Bijou Hôtel sans rest $\boxed{\$}$ $\boxed{VISA}$ $\boxed{MO}$ $\boxed{AE}$ $\boxed{O}$
15 r. V. Griffuelhes, pl. Marché – ☏ *01 46 21 24 98*
– Fax 01 46 21 12 98
50 ch – †60 € ††64/69 €, ☲ 8,50 €

♦ Une attachante atmosphère provinciale flotte dans cet immeuble d'angle mettant à votre disposition des chambres proprettes bien équipées, d'esprit rustique ou plus actuelles.

Olympic Hôtel sans rest $\boxed{\$}$ $\boxed{VISA}$ $\boxed{MO}$ $\boxed{AE}$
69 av. V. Hugo – ☏ *01 46 05 20 69 – olympic.hotel@free.fr*
– Fax 01 46 04 04 07 – Fermé 23 juil.-15 août
36 ch – †62/67 € ††67/77 €, ☲ 7 €

♦ Immeuble du début du 20ᵉ s. proche de l'intéressant musée des Années 30. Chambres peu spacieuses mais fonctionnelles. Petit-déjeuner servi dans une courette l'été.

✗✗✗   **Au Comte de Gascogne** (Charvet) $\boxed{AC}$ ⇔ 10, $\boxed{VISA}$ $\boxed{MO}$ $\boxed{AE}$ $\boxed{O}$
❀   *89 av. J.-B. Clément –* ☏ *01 46 03 47 27 – aucomtedegasc@aol.com*
– Fax 01 46 04 55 70 – Fermé 1ᵉʳ-17 août, lundi soir, sam. midi et dim.
Rest – 56 € bc (déj. en sem.)/110 € bc et carte 95/135 €
Spéc. Grande assiette de foies gras. Ragoût de homard aux pommes de terre safranées. Noix de ris de veau meunière.

♦ Décorée dans le style des jardins d'hiver, cette salle envahie de plantes exotiques luxuriantes est une oasis de fraîcheur qu'appréciait Lino Ventura. Cuisine au goût du jour.

✗✗   **L'Auberge** $\boxed{AC}$ ⇨ $\boxed{VISA}$ $\boxed{MO}$
86 av. J.-B. Clément – ☏ *01 46 05 67 19 – legoux.cyrille@numericable.fr*
– Fax 01 46 05 14 24 – Fermé sam. midi, dim. soir et lundi
Rest – (29 €), 33 €

♦ Décor illustrant le thème des fruits et légumes et ustensiles en cuivres composent le nouveau décor de cette coquette auberge où le chef mitonne une cuisine au goût du jour.

LE BOURGET – 93 Seine-Saint-Denis – $\boxed{305}$ F7 – $\boxed{101}$ 17 – 12 110 h. – alt. 47 m – ⊠ 93350 ▌ Ile de France

🚗 Paris 13 – Bobigny 6 – Chantilly 38 – Meaux 41 – St-Denis 8
– Senlis 38

👁 Musée de l'Air et de l'Espace★★.

Kyriad Prestige   ₝₆ $\boxed{\$}$ ₺ $\boxed{AC}$ ↔ch, ₷₰15/60, $\boxed{P}$ $\boxed{VISA}$ $\boxed{MO}$ $\boxed{AE}$ $\boxed{O}$
aéroport du Bourget - Zone aviation d'affaires – ☏ *01 49 34 10 38*
– lebourget@kyriadprestige.fr – Fax 01 49 34 10 35
86 ch – †95/140 € ††95/140 €, ☲ 12 €
Rest – (17 €), 26 €

♦ Fréquenté par le personnel des compagnies aériennes, hôtel dont les chambres sont joliment meublées et équipées du double vitrage. Au restaurant, cadre moderne et feutré, tables suffisamment espacées et formules buffets à volonté.

Novotel   🍴 ⛱ $\boxed{\$}$ ₺ch, $\boxed{AC}$ ↔ch, ₷₰200, $\boxed{P}$ $\boxed{VISA}$ $\boxed{MO}$ $\boxed{AE}$
2 r. Perrin, ZA pont Yblon au Blanc-Mesnil ⊠ *93150 –* ☏ *01 48 67 48 88*
– h0388-gm@accor.com – Fax 01 45 91 08 27
143 ch – †96/160 € ††105/170 €, ☲ 12 €
Rest – (19 €), 23/36 € et carte environ 30 €, Enf. 8 €

♦ Construction moderne située dans une zone industrielle proche de l'aéroport. Les chambres, fonctionnelles, sont spacieuses et bien insonorisées. Restaurant à clientèle d'affaires où l'on prépare sous vos yeux salades, grillades et grandes assiettes.

BOURG-LA-REINE – 92 Hauts-de-Seine – 311 J3 – 101 25 – 18 251 h. – alt. 56 m – ⊠ 92340

▣ Paris 10 – Boulogne-Billancourt 12 – Évry 24 – Versailles 18

🇮 Office de tourisme, 1 boulevard Carnot ℰ 01 46 61 36 41, Fax 01 46 61 61 08

◉ L'Hay-les-Roses : roseraie★★ E : 1,5 km, ▌Île de France.

🏨 **Alixia** sans rest ▐ ⇔cuisinette ᏚᏚ 15, ◌ VISA ◍ AE ◍

82 av. Gén. Leclerc – ℰ 01 46 60 56 56 – alixia-bourglareine@wanadoo.fr – Fax 01 46 60 57 34

40 ch – ♦81 € ♦♦88 €, ⌑ 9 €

♦ Façade avenante sur la N 20, à deux pas du ravissant parc de Sceaux. Chambres contemporaines, bien équipées et insonorisées. Plateaux-repas sur demande.

BRIE-COMTE-ROBERT – 77 Seine-et-Marne – 312 E3 – 101 39 – 13 397 h. – alt. 90 m – ⊠ 77170 ▌Ile de France

▣ Paris 30 – Brunoy 10 – Évry 20 – Melun 18 – Provins 63

🇮 Syndicat d'initiative, rue Gambetta ℰ 01 64 05 30 09

🖼 Clément Ader à Gretz-Armainvilliers Domaine du Château Péreire, NE : 12 km par D 216, ℰ 01 64 07 34 10 ; 🖼 de Marolles en Brie à Marolles-en-Brie Mail de la Justice, NO : 6 km, ℰ 01 45 95 18 18 ; 🖼 ASPTT Paris Golf des Corbuches à Lésigny Ferme des Hyverneaux, N : 6 km par N 104, ℰ 01 60 02 07 26 ; 🖼 du Réveillon à Lésigny Ferme des Hyverneaux, N : 6 km par N 104, ℰ 01 60 02 17 33.

◉ Verrière★ du chevet de l'église.

🏨 **A la Grâce de Dieu** P VISA ◍ ◍

79 r. Gén. Leclerc (N 19) – ℰ 01 64 05 00 76 – gracedie@wanadoo.fr – Fax 01 64 05 60 57

17 ch – ♦36/55 € ♦♦50/55 €, ⌑ 8 €

Rest – *(fermé dim. soir)* (20 €), 22 € (sem.)/36 € ♀

♦ Au 17ᵉ s., ce relais de poste était l'ultime halte avant de possibles rencontres avec les bandits de grands chemins. Enseigne restée certes, fataliste, mais confort actuel. Restaurant aux allures d'auberge provinciale (mobilier de style Louis XIII, fresque).

BRY-SUR-MARNE – 94 Val-de-Marne – 312 E2 – 101 18 – 15 000 h. – alt. 40 m – ⊠ 94360

▣ Paris 16 – Créteil 12 – Joinville-le-Pont 5 – Nogent-sur-Marne 3 – Vincennes 9

🇮 Syndicat d'initiative, 2 grande rue Charles-de-Gaulle ℰ 01 48 82 30 30

🍴🍴 **L'Auberge du Pont de Bry** VISA ◍

3 av. Gén. Leclerc – ℰ 01 48 82 27 70 – Fermé août, 1ᵉʳ-15 janv., merc. soir, dim. soir et lundi

Rest – 38 € et carte 45/55 €

♦ Discrète auberge située sur un rond-point, face au pont de Bry. La salle à manger, au cadre moderne, est prolongée d'une véranda. Cuisine au goût du jour.

CARRIÈRES-SUR-SEINE – 78 Yvelines – 311 J2 – 101 14 – 12 050 h. – alt. 52 m – ⊠ 78420

▣ Paris 19 – Argenteuil 8 – Nanterre 7 – Pontoise 28 – St-Germain-en-Laye 7

🖼 de l'Île Fleurie Carrières sur Seine, ℰ 01 39 52 61 61.

XX **Le Panoramic de Chine**

1 r. Fermettes – ✆ 01 39 57 64 58 – Fax 01 39 15 17 68 – Fermé août

Rest – 12 € (déj.), 15/28 €

◆ L'entrée "en pagode" de cette maison des années 1920 invite à goûter sa copieuse cuisine asiatique. Terrasse agréable aux beaux jours.

CERGY-PONTOISE P – 95 Val-d'Oise – 305 D6 – 106 5 – 101 2 – 178 656 h. – ✉ 95 Ile de France

Paris 35 – Mantes-la-Jolie 40 – Pontoise 3 – Rambouillet 60 – Versailles 33

18 de Cergy-Pontoise à Vauréal 2 allée de l'Obstacle d'Eau, O : 7 km par D 922, ✆ 01 34 21 03 48 ; 27 d'Ableiges à Ableiges Chaussée Jules César, NO : 14 km par rte d'Ableiges, ✆ 01 30 27 97 00 ; 18 de Gadancourt à Gadancourtpar rte de Rouen : 20 km, ✆ 01 34 66 12 97.

Cergy – 54 781 h. – alt. 30 m – ✉ 95000

Mercure sans rest — 20/40, VISA

3 r. Chênes Émeraude par bd Oise – ✆ 01 34 24 94 94 – h3452@accor.com – Fax 01 34 24 95 15 Y **a**

56 ch – 108/118 € 118/251 €, 12,50 €

◆ Construction récente abritant de vastes chambres, refaites peu à peu, très bien équipées et dotées d'un mobilier de style. Préférez celles situées à l'arrière, plus au calme.

CERGY-PONTOISE

Bougara (Av. Rédouane) . . . **BV** 4
Bouticourt (Bd Ch.) . . . . **BV** 6
Constellation (Av. de la) . . . . **AV** 13
Delarue (Av. du Gén.-G.) . . . **BV** 15
Genottes (Av. des) . . . . **AV** 28
Lavoye (R. Pierre) . . . . **BV** 40
Mendès-France (Mail) . . . . . **AX** 44
Mitterrand (Av. Fr.) . . . . **BVX** 45
Moulin à Vent (Bd du) . . . . . **AV** 47
Petit Albi (R. du) . . . . **AV** 55
Verdun (Av. de) . . . . **BX** 76
Viosne (Bd de la) . . . . **BVX** 83

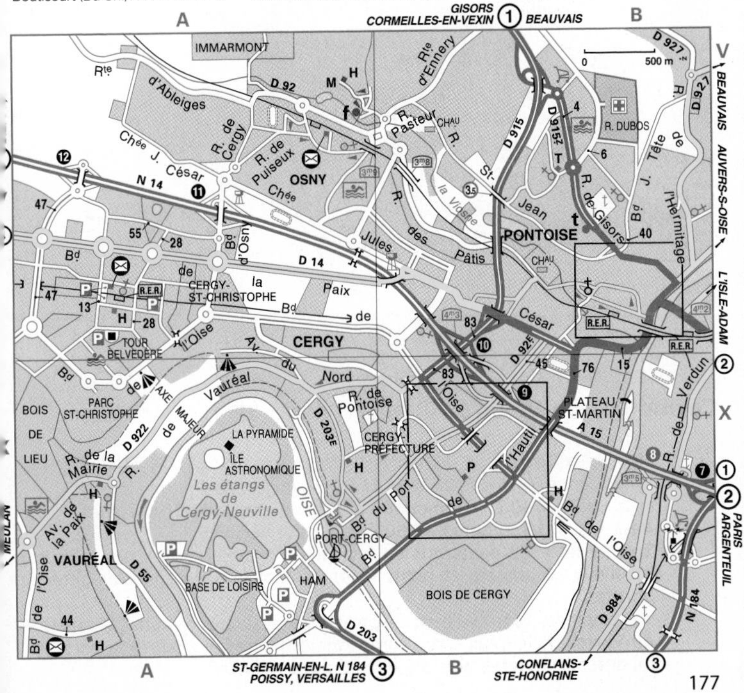

CERGY-PRÉFECTURE

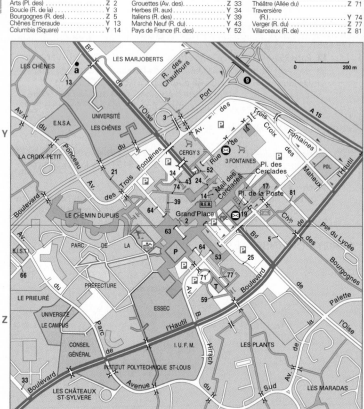

Cormeilles-en-Vexin par ① : 10 km – 863 h. – alt. 111 m – ✉ 95830

XXX **Maison Cagna** ⌂ ⊿ **P** **VISA** **MO** **AE** **①**
✿ *sur ancienne D 915 – ✆ 01 34 66 61 56 – saintejeanne@hotmail.com*
– Fax 01 34 66 40 31 – Fermé août, 22-28 janv., dim. et lundi sauf fériés
Rest – 32 € (déj. en sem.), 45/60 € bc et carte 45/55 €
Spéc. Poêlée de petits gris en fricassée forestière (avril à nov.). Risotto moelleux au homard et petits légumes. Moelleux au chocolat bitter et griottes.

◆ Les enfants Cagna veillent désormais aux destinées de cette jolie maison du Vexin. Chaleureux cadre campagnard (pierres et poutres apparentes) rehaussé de touches plus actuelles. Cuisine raffinée.

Hérouville au Nord-Est par D 927 : 8 km – 598 h. – alt. 120 m – ⊠ 95300

✗ **Les Vignes Rouges**   ⒶⒸ 𝗩𝗜𝗦𝗔 ⒸⒷ
*pl. Église – ℰ 01 34 66 54 73 – Fax 01 34 66 20 88
– Fermé 1ᵉʳ-12 mai, août, 25 déc.-12 janv., dim. soir, lundi et mardi*
Rest – 38 €
♦ L'enseigne de cette maison francilienne évoque une œuvre de Van
Gogh. Véranda tournée vers l'église, exposition de tableaux d'un peintre
local et plats traditionnels.

Méry-sur-Oise – 8 929 h. – alt. 29 m – ⊠ 95540

🅸 Syndicat d'initiative, 30 avenue Marcel Perrin
ℰ 01 34 64 85 15

✗✗✗ **Le Chiquito**   🚗 ⅋ ⒶⒸ ⅋ Ⓟ 𝗩𝗜𝗦𝗔 ⒸⒷ ⒶⒺ ⓪
*rte Pontoise, 1,5 km par D 922 – ℰ 01 30 36 40 23 – lechiquito @ free.fr
– Fax 01 30 36 42 22 – Fermé 2-9 janv., sam. midi, dim. soir et lundi*
Rest – 53 € ♈
♦ Cadre élégant - trois salles à manger tendues de toile de Jouy, une véranda
d'esprit Belle Époque - et cuisine au goût du jour ont assis la réputation de
cette adresse.

Osny – 14 309 h. – alt. 37 m – ⊠ 95520

✗✗ **Moulin de la Renardière**   🏠 ⅋ Ⓟ 𝗩𝗜𝗦𝗔 ⒸⒷ ⒶⒺ ⓪
*r. Gd Moulin – ℰ 01 30 30 21 13 – contact @ moulinrenardiere.fr
– Fax 01 34 25 04 98 – Fermé dim. soir, mardi soir et lundi*   AV **f**
Rest – 34 €
♦ Ancien moulin niché dans un parc. Attablez-vous dans la salle à grains
égayée d'une belle cheminée ou sur la terrasse ombragée, au bord de la
rivière.

Pontoise – 27 494 h. – alt. 48 m – ⊠ 95000

🅸 Office de tourisme, 6 place du Petit Martroy ℰ 01 30 38 24 45,
Fax 01 30 73 54 84
Office de tourisme, 6 place du Petit Martroy ℰ 01 30 38 24 45,
Fax 01 30 73 54 84

PONTOISE

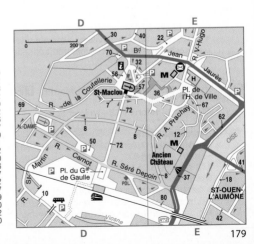

XX **Auberge du Cheval Blanc** 🚒 VISA ⓒⓞ AE

47 r. Gisors – ℰ 01 30 32 25 05 – aubergeduchevalblanc95@
wanadoo.fr – Fax 01 34 24 12 34 – Fermé 30 juil.-21 août, sam. midi, dim. et
lundi BV **t**
Rest – 36 € et carte 50/65 € ♀ ⅏

◆ Cet ancien relais de poste du Vexin français abrite un restaurant au cadre contemporain où sont exposées des peintures d'artistes régionaux. Cuisine traditionnelle.

CERNAY-LA-VILLE – 78 Yvelines – ③①① H3 – ①⓪⑥ 29 – ①⓪① 31 – 1 727 h.
– alt. 170 m – ✉ 78720

◧ Paris 45 – Chartres 52 – Longjumeau 31 – Rambouillet 12
– Versailles 25

◉ Abbaye ★ des Vaux-de-Cernay O : 2 km, ▮ Île de France.

🏨 **Abbaye des Vaux de Cernay** ⚘ ⇐ 🚗 ⌿ ✕ ◭ ▮ 👙 ⅗ch,
Ouest : 2,5 km par D 24 ↤rest, 🔔25/200, **P** VISA ⓒⓞ AE ⓞ
– ℰ 01 34 85 23 00 – reception.cernay@leshotelsparticuliers.com
– Fax 01 34 85 11 60
54 ch – ♦105/270 € ♦♦105/270 €, ⌒ 16 € – 3 suites
Rest – 30 € (déj. en sem.), 45/85 €

◆ Abbaye cistercienne du 12e s. restaurée au 19e s. par la famille Rothschild. Vastes chambres, vestiges gothiques et promenades méditatives dans le parc. Ambiance feutrée dans la salle de restaurant coiffée de superbes voûtes.

🏨 **La Ferme des Vallées** sans rest ⚘ 🚒 ⅗ 🔔6/50,
Ouest : 3,5 km par D24 – ℰ 01 30 46 32 42 – vallees@ **P** VISA ⓒⓞ AE ⓞ
leshotelsparticuliers.com – Fax 01 30 46 32 23
30 ch – ♦75/145 € ♦♦75/245 €, ⌒ 14 €

◆ Cette ancienne ferme nichée sur le domaine de l'abbaye des Vaux de Cernay abrite des chambres mansardées et diversement meublées ; elles sont plus simples à l'annexe (bergerie).

à La Celle-les-Bordes Sud : 4 km par D 72 – 842 h. – alt. 125 m – ✉ 78720

X **L'Auberge de l'Élan** 🚗 ⅗ ↤ VISA ⓒⓞ
5 r. du Village – ℰ 0134 85 15 55 – aubergelan@wanadoo.fr
– Fax 0134 85 15 55 – Fermé 4-17 sept., 19-25 fév., mardi et merc.
Rest – (23 €), 32 €

◆ Cette vieille maison de village a été rénovée mais a conservé son chaleureux cachet rustique. La cuisine, traditionnelle, valorise les produits régionaux. Épicerie attenante.

CHARENTON-LE-PONT – 94 Val-de-Marne – ③①② D3 – ①⓪① 26 – 26 582 h.
– alt. 45 m – ✉ 94220

◧ Paris 8 – Alfortville 3 – Ivry-sur-Seine 4

🏨 **Novotel Atria** 🚗 ▮ ⅗ ⒶⓀ ↤ch, 🔔6/240, ⌂ VISA ⓒⓞ AE ⓞ
5 pl. Marseillais (r. Paris) – ℰ 01 46 76 60 60 – h1549@accor.com
– Fax 01 49 77 68 00
132 ch – ♦135/151 € ♦♦143/169 €, ⌒ 13 € – 1 suite
Rest – 32 € bc/48 € bc ♀, Enf. 8 €

◆ Cet hôtel propose des chambres conformes au style de la chaîne et des équipements complets pour réunions et séminaires (du bureau individuel à la grande salle de conférences). Salle de restaurant contemporaine et cuisine traditionnelle.

CHATOU – 78 Yvelines – ᴨᴨᴨ I2 – ᴨᴨᴨ 13 – 28 588 h. – alt. 30 m – ✉ 78400
▌ Île de France

- ▣ Paris 17 – Maisons-Laffitte 8 – Pontoise 31 – St-Germain-en-Laye 6 – Versailles 13
- ⓗ Office de tourisme, place de la Gare ✆ 01 30 71 30 89
- ⓖ de l'Île Fleurie à Carrières sur Seine, ✆ 01 39 52 61 61.

※※ **Les Canotiers**   AC VISA MO AE O
16 av. Mar. Foch – ✆ 01 30 71 58 69 – didier.focus @ wanadoo.fr
– Fax 01 47 51 70 09 – Fermé août, vacances de Noël, sam. midi, dim. soir et lundi
Rest – (18 €), 25 € ♀
♦ Près de l'île où Renoir peignit le Déjeuner des canotiers, venez goûter une cuisine au goût du jour dans une salle comtemporaine ornée de toiles abstraites peintes par la patronne.

CHÂTEAUFORT – 78 Yvelines – ᴨᴨᴨ I3 – ᴨᴨᴨ 22 – 1 453 h. – alt. 153 m
– ✉ 78117

- ▣ Paris 28 – Arpajon 28 – Chartres 75 – Versailles 15
- ⓖ National à Guyancourt 2 avenue du Golf, NO : 7 km par D 36, ✆ 01 30 43 36 00.

※※※ **La Belle Époque** (Delaune)   VISA MO AE
🕃 *10 pl. Mairie – ✆ 01 39 56 95 48 – Fax 01 39 56 99 93*
– Fermé 1er-22 août, 25 déc.-9 janv., dim. et lundi
Rest – 35 € (déj. en sem.)/50 € et carte 55/70 € ♀
Spéc. Gâteau de topinambour et escargots petits gris (sept. à janv.). Filet de bar caramélisé, cromesquis d'orge perlée (janv. à juil.). Millefeuille de pomme de terre à l'andouille de Vire (sept. à janv.).
♦ Accueil charmant, élégant décor de style Belle Époque, terrasse ombragée avec vue sur la vallée de Chevreuse et délicieuse cuisine au goût du jour : que du plaisir !

CHENNEVIÈRES-**S**UR-**M**ARNE – 94 Val-de-Marne – ᴨᴨᴨ E3 – ᴨᴨᴨ 28
– 17 837 h. – alt. 108 m – ✉ 94430

- ▣ Paris 18 – Créteil 14 – Melun 35 – Nogent-sur-Marne 8

※※※ **L'Ecu de France**   P VISA MO
31 r. Champigny – ✆ 01 45 76 00 03 – info @ ecudefrance.com
– Fax 01 45 93 12 05 – Fermé 2-8 janv., dim. soir et lundi
Rest – carte 50/95 €
♦ Cette auberge, bâtie en 1717, abrite de charmantes salles à manger rustiques. Agréables terrasses fleuries en bord de Marne. Carte de tradition empreinte de touches actuelles.

CLAMART – 92 Hauts-de-Seine – ᴨᴨᴨ J3 – ᴨᴨᴨ 25 – 48 572 h. – alt. 102 m
– ✉ 92140

- ▣ Paris 10 – Boulogne-Billancourt 7 – Issy-les-Moulineaux 4 – Nanterre 15 – Versailles 13
- ⓗ Syndicat d'initiative, 22 rue Paul Vaillant Couturier ✆ 01 46 42 17 95

🏠 **La Brèche du Bois** sans rest   VISA MO AE
7 pl. J. Hunebelle – ✆ 01 46 42 29 06 – brechebois @ aol.com
– Fax 01 46 42 00 05
30 ch – ♦53/55 € ♦♦61/68 €, ☲ 6,50 €
♦ Cette ancienne guinguette proche du centre-ville héberge des chambres pratiques, plus calmes sur l'arrière. Les sentiers du bois de Clamart sont aux portes de l'hôtel.

Trosy sans rest ⌶ 🅿 *VISA* 🐵 𝔸𝔼
41 r. P. Vaillant-Couturier – ℰ 01 47 36 37 37 – hoteltrosy@aol.com
– Fax 01 47 36 88 38
40 ch – ♦46/60 € ♦♦46/70 €, ⌴ 7 €
♦ Cet immeuble moderne propose des chambres fonctionnelles bien tenues ; demandez-en une côté cour pour bénéficier du calme. Réception courtoise et ambiance familiale.

CLICHY – **92 Hauts-de-Seine** – 𝟛𝟙𝟙 J2 – 𝟙𝟘𝟙 15 – **50 179 h.** – **alt. 30 m** – ✉ **92110**

🔼 Paris 9 – Argenteuil 8 – Nanterre 9 – Pontoise 26
– St-Germain-en-Laye 21

🅰 Office de tourisme, 61 rue Martre ℰ 01 47 15 31 61, Fax 01 47 15 30 45

Sovereign sans rest ⌶ 🔀 ⌂ *VISA* 🐵 ⓞ
14 r. Dagobert – ℰ 01 47 37 54 24 – sovereign.clichy@wanadoo.fr
– Fax 01 47 37 30 05 80
42 ch – ♦79 € ♦♦79/95 €, ⌴ 8 €
♦ Accueil charmant, bar-salon-billard de style anglais, chambres bien équipées et salles de bains rénovées comptent parmi les atouts de cet hôtel. À noter : deux étages sont non-fumeurs.

Europe sans rest 🛦 🔲 ⌶ 🄰🄲 ⅀ₐ10/100, 🅿 *VISA* 🐵 𝔸𝔼 ⓞ
52 bd Gén. Leclerc – ℰ 01 47 37 13 10 – europe.hotel@wanadoo.fr
– Fax 01 40 87 11 06
83 ch – ♦90/140 € ♦♦95/150 €, ⌴ 8 €
♦ Cet immeuble en briques (1920) a bénéficié d'une cure de jouvence. Les chambres, confortables, arborent un décor reposant et "tendance". Espace détente complet et de qualité.

Résidence Europe ⌂ sans rest ⌶ *VISA* 🐵 𝔸𝔼 ⓞ
52 bd Gén. Leclerc – ℰ 01 47 37 12 13 – europe.hotel@wanadoo.fr
– Fax 01 40 87 11 06
28 ch – ♦90/140 € ♦♦95/150 €, ⌴ 8 €
♦ Dans une rue tranquille, établissement proposant des chambres rénovées et meublées en bois cérusé. Salles des petits-déjeuners au décor "marin".

XXX **La Romantica** 🍽 ⌂ 8/20, ⌑ *VISA* 🐵 𝔸𝔼
73 bd J. Jaurès – ℰ 01 47 37 29 71 – laromantica@wanadoo.fr
– Fax 01 47 37 76 32 – Fermé sam. midi et dim.
Rest – 38 € (déj.)/49 € et carte 65/88 € ⅋
♦ La façade un peu défraîchie dissimule une salle à manger agréable et feutrée, et un jardin où l'on dresse la terrasse aux beaux jours. Cuisine italienne et superbe carte des vins.

XX **La Barrière de Clichy** 🄰🄲 ⌂ 15, *VISA* 🐵 𝔸𝔼
1 r. Paris – ℰ 01 47 37 05 18 – labarrieredeclichy@free.fr – Fax 01 47 37 77 05
– Fermé 29 juil.-29 août, sam., dim. et fériés
Rest – 30/39 € ♀
♦ La "barrière" fut héroïquement défendue en 1814 contre les cosaques... Ce plaisant restaurant est fréquenté par une clientèle fidèle. Cadre soigné, plats au goût du jour.

CONFLANS-STE-HONORINE – **78 Yvelines** – 𝟛𝟙𝟙 I2 – 𝟙𝟘𝟙 3 – **33 327 h.** – **alt. 25 m** – ✉ **78700** ▮ Île de France

🔼 Paris 38 – Mantes-la-Jolie 39 – Poissy 10 – Pontoise 8 – Versailles 27

🅰 Office de tourisme, 1 rue René Albert ℰ 01 34 90 99 09, Fax 01 39 19 80 77

◉ ≤★ de la terrasse du parc du château - Musée de la Batellerie.

X **Au Bord de l'Eau** ⟨AC⟩ ⟨VISA⟩ ⟨MC⟩
15 quai Martyrs-de-la-Résistance – ℰ 01 39 72 86 51 – Fermé 11-31 août,
23 déc.-6 janv., le soir (sauf sam.) et lundi
Rest – 28 € (déj. en sem.), 49/53 €

♦ Plaques d'identité de bateaux et appareils de navigation : l'intérieur de ce restaurant familial posté sur les quais de Seine rend hommage à la batellerie conflanaise.

CORBEIL-ESSONNES – 91 Essonne – ⟨312⟩ D4 – ⟨101⟩ 37 – 39 378 h. – alt. 37 m – ⊠ 91100

🚗 Paris 36 – Fontainebleau 37 – Créteil 27 – Évry 6 – Melun 24

🏛 Syndicat d'initiative, 36 rue Saint-Spire ℰ 01 64 96 23 97

🏌 Blue Green Golf de Villeray à Saint-Pierre-du-Perray, E : 6 km,
ℰ 01 60 75 17 47 ; 🏌 de Greenparc à Saint-Pierre-du-Perray Route de Villepècle, NE : 6 km par D 947, ℰ 01 60 75 40 60.

XXX **Aux Armes de France** (Pacheco) ⟨AC⟩ ⟨P⟩ ⟨VISA⟩ ⟨MC⟩ ⟨AE⟩ ⟨①⟩
✿ *1 bd J. Jaurès sur N 7 – ℰ 01 64 96 24 04 – auxarmesdefrance@wanadoo.fr*
– Fax 01 60 88 04 00 – Fermé sam. midi, merc. et dim.
Rest – 38/80 € bc et carte 80/100 €
Spéc. Œuf mollet, langoustine, macaronade et foie gras. Royale de homard au Sainte Croix du Mont. Palette de sorbets et glaces maison.

♦ Bouquets de fleurs, sièges de style Directoire, trophées de chasse et argenterie composent le plaisant décor de cet ancien relais de poste. Brillante cuisine au goût du jour.

---

au Coudray-Montceaux Sud-Est : 6 km par N 7– 2 800 h. – alt. 81 m – ⊠ 91830

🏨 **Mercure** ⟨⟩ ⟨⟩ ⟨⟩ ⟨⟩ ⟨⟩ ⟨⟩ &ch, ⟨AC⟩ ch, ⟨⟩ch, ⟨⟩15/200,
rte Milly-la-Forêt – ℰ 01 64 99 00 00 ⟨P⟩ ⟨VISA⟩ ⟨MC⟩ ⟨AE⟩ ⟨①⟩
– h0977@accor.com – Fax 01 64 93 95 55
125 ch – ♦121 € ♦♦131 €, ⌂ 12 €
Rest – (13 € bc) et carte environ 36 € ⟨⟩

♦ À l'écart de la circulation, hôtel aux chambres spacieuses et contemporaines. Pour les clients attentifs à leur forme : vaste parc et nombreux aménagements sportifs. Salle à manger-véranda moderne prolongée d'une terrasse ouvrant sur la forêt et la campagne.

COURBEVOIE – 92 Hauts-de-Seine – ⟨311⟩ J2 – ⟨101⟩ 15 – 69 694 h. – alt. 28 m – ⊠ 92400 ▯ Île de France

🚗 Paris 10 – Asnières-sur-Seine 4 – Levallois-Perret 4 – Nanterre 5 – St-Germain-en-Laye 17

🏨 **George Sand** sans rest ⟨⟩ ⟨⟩ ⟨⟩ ⟨VISA⟩ ⟨MC⟩ ⟨AE⟩ ⟨①⟩
18 av. Marceau – ℰ 01 43 33 57 04 – george-sand@wanadoo.fr
– Fax 01 47 88 59 38
31 ch – ♦86/130 € ♦♦86/130 €, ⌂ 9 €

♦ Adoptez cet hôtel à jolie façade Art déco pour son intérieur raffiné évoquant l'univers de George Sand, son mobilier du 19e s. et son salon romantique où l'on écoute du Chopin.

🏨 **Central** sans rest ⟨⟩ ⟨P⟩ ⟨VISA⟩ ⟨MC⟩ ⟨①⟩
99 r. Cap. Guynemer – ℰ 01 47 89 25 25 – central-ladefence@wanadoo.fr
– Fax 01 46 67 02 21
55 ch – ♦75/80 € ♦♦75/80 €, ⌂ 6 €

♦ Près de la Défense, hôtel aux espaces communs rénovés dans l'esprit actuel, agréables à vivre, à l'image des chambres. Un peu plus calme côté rue que côté voie ferrée.

Quartier Charras

Mercure La Défense 5   🛗 &ch, 📺 ↳ch, ♨150,
18 r. Baudin – 𝒞 01 49 04 75 00 – h1546@accor.com   📧 *VISA* **◍** AE ①
– Fax 01 47 68 83 32
515 ch – ✝165/195 € ✝✝175/220 €, ☲ 14 € – 6 suites
Rest *Le Bistrot de l'Echanson* – bistrot – 𝒞 01 49 04 75 85 *(fermé vend. soir, dim. midi et sam.)* (14 €) et carte environ 29 € ♀

♦ Imposante architecture en arc de cercle abritant des chambres fonction-nelles et bien équipées ; à partir du 8e étage, certaines offrent une vue sur Paris ou la Défense. Ambiance chaleureuse et intéressante carte des vins au bar-restaurant le Bistrot de l'Échanson.

au Parc de Bécon

Les Trois Marmites   📺 *VISA* **◍** AE
215 bd St-Denis – 𝒞 01 43 33 25 35 – Fax 01 43 33 25 35 – Fermé 31 juil.-28 août, sam., dim. et fériés
Rest – (déj. seult) 36/52 €

♦ La clientèle d'affaires apprécie ce petit restaurant de quartier proche des quais, face au parc de Bécon et au musée Roybet-Fould (œuvres de Car-peaux). Carte traditionnelle.

CRÉTEIL 🅿 **– 94 Val-de-Marne –** 312 **D3 –** 101 **27 – 82 154 h. – alt. 48 m – ✉ 94000** ▯ **Île de France**

🚗 Paris 14 – Bobigny 22 – Évry 32 – Lagny-sur-Marne 29 – Melun 35

⛳ de Marolles-en-Brie à Marolles-en-Brie Mail de la Justice, SE : 10 km, 𝒞 01 45 95 18 18 ; ⛳ d'Ormesson à Ormesson-sur-Marne Chemin du Belvédère, E : 15 km, 𝒞 01 45 76 20 71.

◉ Hôtel de ville★ : parvis★.

Novotel ⦜   ⛲ ⁐ 🛗 ↳ch, ♨10/60, 🅿 *VISA* **◍** AE ①
au lac – 𝒞 01 56 72 56 72 – h0382@accor.com – Fax 01 56 72 56 73
110 ch – ✝75/145 € ✝✝75/145 €, ☲ 12 €
Rest – 32 € bc (sem.)/65 € bc ♀

♦ L'atout majeur de ce Novotel est son emplacement face au lac (base de loisirs et parcours de jogging). Les chambres, rénovées, donnent pour moitié sur le plan d'eau. Restaurant au cadre résolument design, animé par des écrans plasma. Cuisine traditionnelle.

DAMPIERRE-EN-YVELINES – 78 Yvelines – 311 **H3 –** 101 **31 – 1 051 h. – alt. 100 m – ✉ 78720**

🚗 Paris 38 – Chartres 57 – Longjumeau 32 – Rambouillet 16 – Versailles 21

🛈 Office de tourisme, 9 Grande Rue 𝒞 01 30 52 57 30, Fax 01 30 52 52 43

⛳ de Forges-les-Bains à Forges-les-Bains Route du Général Leclerc, SE : 14 km, 𝒞 01 64 91 48 18.

◉ Château de Dampierre★★, ▯ Île de France.

Auberge du Château "Table des Blot" avec ch   *VISA* **◍**
1 Grande rue – 𝒞 01 30 47 56 56 – Fax 01 30 47 51 75 – Fermé 21 août-5 sept., 24-29 déc., 19 fév.-6 mars, dim. soir, lundi et mardi
10 ch – ✝80/120 € ✝✝80/120 €, ☲ 8 €
Rest – 35 € (sem.)/51 €
Spéc. Lobe de foie gras poché au vin rouge. Travers de porc confit aux épices. Chocolat soufflé mi-cuit en mousse de chocolat blanc.

♦ Auberge du 17e s. où meubles anciens, objets chinés et sièges de style recouverts de tissus modernes s'harmonisent parfaitement. Cuisine tradi-tionnelle personnalisée.

XX **Les Écuries du Château** 🕭 **P** VISA ⓞⓒ AE ①
au château – ℰ *01 30 52 52 99 – lescuriesdedampierre@wanadoo.fr*
– Fax 01 30 52 59 90 – Fermé 30 juil.-23 août, 19 fév.-3 mars, mardi, merc. et le
soir sauf vend. et sam.
Rest – (26 €), 38/45 € ♀, Enf. 19 €
♦ Ces anciennes écuries transformées en restaurant bénéficient du voisinage du château de Dampierre. Plaisante salle à manger ; cuisine traditionnelle et gibier du domaine en saison.

XX **Auberge St-Pierre** VISA ⓞⓒ AE
1 r. Chevreuse – ℰ *01 30 52 53 53 – Fax 01 30 52 58 57 – Fermé août,*
vacances de fév., dim. soir, mardi soir et lundi
Rest – (25 €), 30 € ♀
♦ Maison à colombages située presque en face du château. Salon agrémenté
d'un vieux piano mécanique et salle à manger gentiment campagnarde
réchauffée par une cheminée.

Une nuit douillette sans se ruiner ? Repérez les Bib Hôtel 🔲 .

LA DÉFENSE – 92 Hauts-de-Seine – **311** J2 – **101** 14 – ✉ 92400 📗 Paris
🄳 Paris 10 – Courbevoie 1 – Nanterre 4 – Puteaux 2
◎ Quartier★★ : perspective★ du parvis.

🏨 **Sofitel Grande Arche** 🕭 *Fಔ* |📶| &ch, 🎬 ⟷ch, ⅍rest, 🛌10/100,
11 av. Arche, sortie Défense 6 ✉ 92081 🚗 VISA ⓞⓒ AE ①
– ℰ 01 47 17 50 00 – h3013@accor.com – Fax 01 47 17 55 66
352 ch – ♦345 € ♦♦397/431 €, ⷌ 25 € – 16 suites
Rest *Avant Seine* – rôtisserie – ℰ *01 47 17 59 99 (fermé 1er-20 août, 23 déc.-*
1er janv., vend. soir, sam., dim. et fériés) (29 €) et carte environ 46 €
♦ Belle architecture en proue de navire, toute de verre et de pierre ocre.
Chambres spacieuses et élégantes, salons et auditorium très bien équipés
(avec cabines de traduction). Décor design de qualité et cuisine à la broche
au restaurant l'Avant Seine.

🏨 **Renaissance** *Fಔ* |📶| &ch, 🎬 ⟷ch, ⅍ 🛌160, 🚗 VISA ⓞⓒ AE ①
60 Jardin de Valm, par bd circulaire, sortie La Défense 7 ✉ 92918
– ℰ 01 41 97 50 50 – rhi.parld.exec.sec@renaissancehotels.com
– Fax 01 41 97 51 51
324 ch – ♦195/315 € ♦♦195/340 €, ⷌ 24 € – 3 suites
Rest – *(fermé sam. midi, dim. midi et fériés le midi)* 29 € (déj. en sem.),
43/65 € ♀
♦ Au pied de la Grande Arche en marbre de Carrare, construction contemporaine abritant des chambres bien équipées et décorées avec raffinement.
Fitness complet. Côté restaurant, cadre tout bois, atmosphère de brasserie
"rétro" et vue sur les jardins de Valmy.

🏨 **Hilton La Défense** 🕭 |📶| &ch, 🎬 ⟷ch, ⅍ ☏ 🛌5/60, 🚗
2 pl. Défense ✉ 92053 – ℰ *01 46 92 10 10* **P** VISA ⓞⓒ AE ①
– parldhirm@hilton.com – Fax 01 46 92 10 50
139 ch – ♦240/540 € ♦♦240/540 €, ⷌ 26 € – 9 suites
Rest *Les Communautés* – ℰ *01 46 92 10 30 (fermé 24 déc.-1er janv., sam.,*
dim. et fériés) (dîner seult) 57 €
Rest *L'Échiquier* – club-house – ℰ *01 46 92 10 35* – 26 € (déj.)
et carte 35/60 €
♦ Hôtel entièrement rénové, situé dans l'enceinte du CNIT. Certaines chambres, design et chaleureuses, ont été pensées pour le bien-être de la clientèle
d'affaires. Cuisine au goût du jour et et jolie vue aux Communautés. Carte
traditionnelle à l'Échiquier.

Sofitel Centre ⌂ 𝟣𝟨 ▯ 𝒷 𝗔𝗖 ↤ch, 𝔰𝔞10/80, 🚗 𝖵𝖨𝖲𝖠 🆔

34 cours Michelet, par bd circulaire sortie La Défense 4 ⊠ *92060 Puteaux*
– ℰ 01 47 76 44 43 – h0912@accor.com – Fax 01 47 76 72 10
150 ch – ♦345/510 € ♦♦395/560 €, ☲ 25 € – 1 suite
Rest *La Tavola* – ℰ 01 47 76 72 30 *(fermé 14 juil.-15 août, 25 déc.-3 janv.,*
sam., dim. et fériés) (déj. seult.) (55 €), 68 € ⌂
Rest *L'Italian Lounge* – ℰ 01 47 76 72 40 *(fermé vend. soir, dim. midi,*
sam. et fériés) carte 37/52 € ⍩

♦ Architecture en arc de cercle nichée parmi les tours de la Défense. Chambres spacieuses et bien équipées, relookées dans un esprit "tendance". Cadre actuel et cuisine italienne à la Tavola. Ambiance plus décontractée à l'Italian Lounge.

Novotel La Défense 𝟣𝟨 ▯ 𝒷ch, 𝗔𝗖 ↤ch, 📞 𝔰𝔞130,

2 bd Neuilly, sortie Défense 1 – ℰ 01 41 45 23 23 🚗 𝖵𝖨𝖲𝖠 🆔 𝖠𝖤 ⓪
– h0747@accor.com – Fax 01 41 45 23 24
280 ch – ♦190/225 € ♦♦200/235 €, ☲ 15 €
Rest – buffet ou dîner thématique – (15 €) et carte 27/49 € ⍩, Enf. 8 €
♦ Sculpture et architecture : la Défense, vrai musée de plein air, est aux pieds de cet hôtel. Chambres pratiques ; certaines regardent Paris. Bar relooké dans un esprit "tendance". Décor contemporain dans la salle à manger dotée d'un espace buffet.

DRAVEIL – 91 Essonne – 𝟥𝟣𝟤 D3 – 𝟣𝟢𝟣 36 – 28 093 h. – alt. 55 m – ⊠ 91210

▯ Paris 23 – Corbeil Essonnes 11 – Créteil 14 – Versailles 30
🄳 Syndicat d'initiative, rue du Docteur François ℰ 01 69 03 09 39

✗✗ **Gibraltar** ⌂ 𝗣 𝖵𝖨𝖲𝖠 🆔

61 av. Libert – ℰ 01 69 42 32 05 – legibraltars@wanadoo.fr
– Fax 01 69 52 06 82 – Fermé 31 juil. au 17 août, 2-9 janv., merc. soir de sept.
à mars, dim. soir et lundi
Rest – 30 € (sem.), 38/50 €

♦ Cap sur Gibraltar... au bord de la Seine ! L'été, agréable terrasse face au fleuve, et l'hiver, salle agrémentée d'un vivier et d'une fresque évoquant une cabine de bateau.

ENGHIEN-LES-BAINS – 95 Val-d'Oise – 𝟥𝟢𝟧 E7 – 𝟣𝟢𝟣 5 – 10 368 h. – alt.
45 m – Stat. therm. : fermé, réouverture prévue en 2006 – Casino – ⊠ 95880
▯ Île de France

▯ Paris 17 – Argenteuil 7 – Chantilly 34 – Pontoise 22 – St-Denis 7
– St-Germain-en-Laye 25
🄳 Office de tourisme, 81 rue du Général-de-Gaulle ℰ 01 34 12 41 15,
Fax 01 39 34 05 76
🄶 de Domont Montmorency à Domont Route de Montmorency, N : 8 km,
ℰ 01 39 91 07 50.
◉ Lac★ - Deuil-la-Barre : chapiteaux historiés★ de l'église Notre-Dame
NE : 2 km.

Grand Hôtel Barrière ⌂ ≼ ⌂ 🚗 ▯ 𝒷 𝗔𝗖 ↤ch, ⍋rest,

85 r. Gén. de Gaulle – ℰ 01 39 34 10 00 𝔰𝔞20/40, 𝗣 𝖵𝖨𝖲𝖠 🆔 𝖠𝖤 ⓪
– grandhotelenghien@lucienbarriere.com – Fax 01 39 34 10 01
36 ch – ♦150/250 € ♦♦150/250 €, ☲ 18 € – 7 suites
Rest *L'Aventurine* – *(fermé 31 juil.- 20 août, le midi en sem. et dim. soir)*
45/95 €
♦ Cet établissement, sorti d'une cure de jouvence, a gardé son âme de grand hôtel de ville thermale. Hall feutré, bar "cosy" et chambres élégantes. Agréable restaurant avec boiseries, tentures soyeuses et fauteuils de style Louis-Philippe. Terrasse verdoyante.

Du Lac ⌂ ← 🛋 📶 ⚙ ch, 🅰️ rest, ⇆ ch, 🏊 10/100, 🚗 **VISA** **MO** **AE** **①**
89 r. Gén. de Gaulle – ✆ *01 39 34 11 00 – hoteldulac @ lucienbarriere.com*
– Fax 01 39 34 11 01
106 ch – 🛏125/205 € 🛏🛏120/205 €, ⭴ 14 €
Rest – *(fermé 17 juil.-20 août et sam. midi)* (22 €), 29 €, Enf. 12 €
♦ Cet hôtel récent propose de confortables chambres modernes ; côté lac,
elles bénéficient d'une agréable vue, côté jardin, elles sont plus au calme.
Chaleureuse salle à manger dont le décor rappelle les brasseries 1930 ;
plaisante terrasse face au plan d'eau.

🍴 **L'Auberge d'Enghien** 🅰️ ⇆ **VISA** **MO** **AE** **①**
32 bd d'Ormesson – ✆ *01 34 12 78 36 – auberge-enghein @ wanadoo.fr*
😊 *– Fax 01 34 12 22 78 – Fermé août, dim. soir et lundi*
Rest – (27 €), 31/56 € bc
♦ Ce restaurant du centre-ville est apprécié pour sa cuisine au goût du
jour soignée. Les trois salles à manger (dont une non-fumeurs) sont sagement rustiques. Accueil souriant.

ÉVRY 🅿 – 91 Essonne – **312** D4 – **101** 37 – ✉ **91000** 🏳 Ile de France
▶ Paris 32 – Chartres 80 – Créteil 30 – Étampes 36 – Fontainebleau 36
– Melun 23
◉ Cathédrale de la Résurrection ★ - 5 mai-janv. Epiphanies (Exposition).

Mercure 🛋 📶 ⚙ ch, 🅰️ ⇆ ch, 🍽 rest, ✆ 🏊 15/100,
52 bd Coquibus (face cathédrale) – ✆ *01 69 47 30 00* 🚗 **VISA** **MO** **AE** **①**
*– h1986 @ accor.com – Fax 01 69 47 30 10 – Fermé 22 juil.-16 août et 23 déc.-
2 janv.*
114 ch – 🛏75/112 € 🛏🛏85/122 €, ⭴ 12 €
Rest – *(fermé vend. soir, sam. et dim.)* 31 €
♦ Sur un boulevard passant, face à l'étonnante cathédrale de la Résurrection,
hôtel dont les chambres, bien insonorisées, sont équipées d'un mobilier
design confortable. Ambiance "paquebot" dans la moderne salle à manger
aux lignes courbes.

à Courcouronnes – 13 954 h. – alt. 80 m – ✉ **91080**
🏌 de Bondoufle à Bondoufle Départementale 31, O : 3 km,
✆ 01 60 86 41 71.

🍴🍴 **Canal** ⚙ 🍸 🍽 **VISA** **MO** **AE**
31 r. Pont Amar (près hôpital) – ✆ *01 60 78 34 72 – Fax 01 60 79 22 70*
– Fermé août, sam. et dim.
Rest – 20/29 € ♀
♦ À dénicher dans le tissu distendu de la ville nouvelle, un restaurant de
cuisine traditionnelle mettant à l'honneur le pied de cochon.

à Lisses – 7 206 h. – alt. 86 m – ✉ **91090**

Espace Léonard de Vinci 🛋 🔥 🏊 🧖 🍽 📶 ⚙ ch, 🅰️ rest, ✆
av. Parcs – ✆ *01 64 97 66 77* 🏊 100, 🅿 **VISA** **MO** **AE**
– contact @ leonard-de-vinci.com – Fax 01 64 97 59 21
72 ch – 🛏100/125 € 🛏🛏110/135 €, ⭴ 10 €
Rest – 27 € bc/55 € bc ♀
♦ À la campagne mais à deux pas d'une zone d'activités, ce complexe hôtelier
vous ouvre les portes de son centre de balnéothérapie et de ses chambres
pratiques. Espace brasserie ou restaurant classique plus cossu animé par un
piano.

GAGNY – 93 Seine-Saint-Denis – 305 G7 – 101 18 – 36 715 h. – alt. 70 m – ⊠ 93220

> 🔼 Paris 17 – Bobigny 11 – Raincy 3 – St-Denis 18
>
> 🅲 Syndicat d'initiative, 1 avenue Jean-Jaurès ℰ 01 43 81 49 09

※※ **Le Vilgacy**   🍴 VISA ⓒⓄ

😊 *45 av. H. Barbusse – ℰ 01 43 81 23 33 – Vilgacy @ wanadoo.fr – Fax 01 43 81 23 33 – Fermé 18-24 avril, 31 juil.-24 août, 19-28 fév., dim. soir, mardi soir et lundi*
Rest – (22 €), 27 € (sem.)/33 €

♦ Vous serez accueilli dans l'agréable décor contemporain des deux salles (tableaux en exposition-vente) ou dans le jardin-terrasse en été. Goûteuse cuisine traditionnelle.

LA GARENNE-COLOMBES – 92 Hauts-de-Seine – 311 J2 – 101 14 – 24 067 h. – alt. 40 m – ⊠ 92250

> 🔼 Paris 13 – Argenteuil 7 – Asnières-sur-Seine 5 – Courbevoie 2 – Nanterre 4 – Pontoise 27
>
> 🅲 Syndicat d'initiative, 24 rue d'Estienne-d'Orves ℰ 01 47 85 09 90, Fax 01 42 42 07 17

※※ **L'Instinct**   🍴 AC VISA ⓒⓄ

1 r. Voltaire – ℰ 01 56 83 82 82 – Fax 01 47 82 09 53 – Fermé 6-20 août, 24 déc.-2 janv., sam. midi, lundi soir et dim.
Rest – (prévenir) 28 € ♀, Enf. 12 €

♦ Face au marché couvert, nouveau restaurant au cadre résolument moderne et coloré. Salle claire et lumineuse et très beau bar en bois pour l'apéritif. Cuisine au goût du jour.

※ **L'Olivier**   AC VISA ⓒⓄ

18 av. Gén. de Gaulle – ℰ 01 47 85 81 48 – Fax 01 46 52 15 41 – Fermé 1er-27 août, sam. midi, dim. soir et lundi
Rest – 22/35 € ♀

♦ Décor provençal, miniterrasse couverte et cuisine, aux accents méridionaux, vagabondant chaque mois à travers les régions françaises : un séduisant restaurant de poche !

GOUSSAINVILLE – 95 Val-d'Oise – 305 F6 – 101 7 – 27 356 h. – alt. 95 m – ⊠ 95190

> 🔼 Paris 29 – Chantilly 24 – Pontoise 34 – Senlis 33
>
> 🅶 de Gonesse à Gonesse 5 avenue Pierre Salvi, S : 8 km par D 47, ℰ 01 39 87 02 70 ; 🅶 de Plessis Bellefontaine à Bellefontaine N : 11km, ℰ 01 34 71 05 02.

🏠 **Médian** sans rest   📶 🖔 AC ☆30, 🅿 VISA ⓒⓄ AE ①

2 av. F. de Lesseps (par D 47) – ℰ 01 39 88 93 93 – goussainville @ medianhotels.com – Fax 01 39 88 75 65
49 ch – †80/120 € ††80/120 €, ⊇ 11 € – 6 suites

♦ Sur un rond-point au trafic soutenu et à proximité de l'aéroport de Roissy, hôtel bénéficiant d'une bonne isolation phonique. Chambres pratiques bien tenues.

> Première distinction : l'étoile ⓈⒷ. Elle couronne les tables pour lesquelles on ferait des kilomètres !

GRESSY – 77 Seine-et-Marne – 312 F2 – 101 10 – 813 h. – alt. 98 m – ⊠ 77410

▶ Paris 32 – Meaux 20 – Melun 56 – Senlis 35

🏠🏠🏠 **Le Manoir de Gressy** ⚜   🛱 ⏖ 🚗 ⏃ ⅋ch, Ⓚ rest, ↲ch,
– ℰ 01 60 26 68 00 – information @   ⅏ 10/100, 🅿 𝗩𝗜𝗦𝗔 ⓜⓢ ㏂ ⓞ
manoirdegressy.com – Fax 01 60 26 45 46 – Fermé 23 déc.-1ᵉʳ janv.
85 ch – †130/230 € ††130/280 €, ⌑ 19 €
Rest – 46 € ♈

♦ Ce manoir construit à la fin du 20ᵉ s. marie les styles avec bonheur. Chaque chambre possède son propre décor ; toutes s'ouvrent sur le jardin intérieur. Murs patinés, parquets et mobilier d'inspiration provençale dans la salle à manger.

ISSY-LES-MOULINEAUX – 92 Hauts-de-Seine – 311 J3 – 101 25 – 52 647 h. – alt. 37 m – ⊠ 92130 🛈 Île de France

▶ Paris 8 – Boulogne-Billancourt 3 – Clamart 4 – Nanterre 11 – Versailles 14

🛈 Office de tourisme, esplanade de l'Hôtel de Ville ℰ 01 41 23 87 00, Fax 01 40 95 67 33

◉ Musée de la Carte à jouer★.

🍴🍴🍴 **La Table des Montquartiers**   Ⓐ🅒 𝗩𝗜𝗦𝗔 ⓜⓢ
5 Chemin Montquartiers – ℰ 01 46 44 05 45 – contact @ crayeres-montquartiers.com – Fax 01 46 45 66 55 – Fermé août, vacances de Noël, de fév., sam., dim. et fériés
Rest – (déj. seult) (30 €), 40 € ♈ ⅋

♦ Outre son cadre inhabituel, les galeries d'une ancienne carrière de craie, et sa belle cuisine au goût du jour, ce restaurant propose un choix exceptionnel de vins.

🍴🍴 **River Café**   🛱 ⏆ 𝗩𝗜𝗦𝗔 ⓜⓢ ㏂ ⓞ
Pont d'Issy, 146 quai Stalingrad – ℰ 01 40 93 50 20 – info @ lerivercafe.net – Fax 01 41 46 19 45 – Fermé sam. midi
Rest – (27 €), 32 € ♈

♦ Insolite restaurant aménagé dans une ex-barge pétrolière amarrée face à l'île St-Germain. Intérieur colonial, terrasse sur la berge, voiturier... À l'abordage, mille sabords !

🍴🍴 **L'Île**   🛱 Ⓚ ⏆ ⏆ 🅟 𝗩𝗜𝗦𝗔 ⓜⓢ ㏂ ⓞ
Parc Ile St-Germain, 170 quai Stalingrad – ℰ 01 41 09 99 99 – n.senecal @ restaurant-lile.com – Fax 01 41 09 99 19
Rest – 38 € bc (sem.)/60 € bc ♈

♦ C'est la fleur au fusil que l'on rejoint cette caserne postée sur une île de la Seine : un restaurant "tendance" y a élu domicile, aussitôt investi par une armée de Robinson.

🍴🍴 **Manufacture**   🛱 Ⓚ 𝗩𝗜𝗦𝗔 ⓜⓢ
20 espl. Manufacture (face au 30 r. E. Renan) – ℰ 01 40 93 08 98 – Fax 01 40 93 57 22 – Fermé 1ᵉʳ-15 août, sam. midi et dim.
Rest – (26 €), 32 € ♈

♦ Reconversion réussie pour l'ancienne manufacture de tabac (1904) qui abrite désormais logements, boutiques et ce restaurant design complété d'une belle terrasse.

🍴 **Coquibus**   𝗩𝗜𝗦𝗔 ⓜⓢ ⓞ
16 av. République – ℰ 01 46 38 75 80 – coquibus2 @ wanadoo.fr – Fax 01 41 08 95 80 – Fermé août et dim.
Rest – 22/29 € ♈, Enf. 10 €

♦ Boiseries, tableaux colorés et coqs en terre cuite donnent des airs de brasserie des années 1930 à ce restaurant du centre-ville. Cuisine traditionnelle et fruits de mer.

JANVRY – 91 Essonne – 312 B4 – 101 33 – 530 h. – alt. 160 m – ⊠ 91640

> ◘ Paris 35 – Briis s/s Forges 4 – Dourdan 20 – Palaiseau 19

X **Bonne Franquette**   *VISA* **⓪⓪**
*1 rue du Marchais – ℰ 01 64 90 72 06 – info@bonnefranquette.fr
– Fax 01 64 90 53 63 – Fermé 3- 17 avril, 14 août-11 sept., 25 déc.-8 janv. sam.
midi, dim. soir et lundi*
Rest – 32 €

♦ Ex-relais de poste situé face au château (17e s.) d'un joli village francilien.
Deux grandes ardoises annoncent la cuisine du jour servie dans un chaleureux décor rustique.

JOINVILLE-LE-PONT – 94 Val-de-Marne – 312 D3 – 101 27 – 17 117 h. – alt. 49 m – ⊠ 94340

> ◘ Paris 12 – Créteil 7 – Lagny-sur-Marne 22 – Maisons-Alfort 5
> – Vincennes 6
> 🛈 Office de tourisme, 23 rue de Paris ℰ 01 42 83 41 16,
> Fax 01 49 76 92 98

🏨 **Kyriad Prestige**   ⅃ᵇ 🖨 ᴢ ch, ℻ ↔ch, ♨80, 🚗 *VISA* **⓪⓪** ⴷ ⓪
*16 av. Gén. Gallieni – ℰ 01 48 83 11 99 – joinvillelepont@kyriadprestige.fr
– Fax 01 48 89 51 58*
91 ch – †94/114 € ††94/114 €, ⚏ 12 €
Rest – (17 €), 26 € ♈, Enf. 7,50 €

♦ Architecture contemporaine abritant des chambres spacieuses et insonorisées, agencées pour les loisirs (coin salon) ou pour le travail (bureau et
fauteuil idoine). Agréable salle à manger moderne et repas proposés sous
forme de buffets.

🏨 **Cinépole** sans rest   🖨 ᴢ 🚗 *VISA* **⓪⓪** ⴷ
*8 av. Platanes – ℰ 01 48 89 99 77 – cinepole@wanadoo.fr
– Fax 01 48 89 43 92*
34 ch – †54/57 € ††57 €, ⚏ 7 €

♦ L'enseigne de l'hôtel évoque les anciens studios de cinéma de Joinville.
Chambres pratiques et bien tenues. Minipatio où l'on sert les petits-déjeuners en été.

LE KREMLIN-BICÊTRE – 94 Val-de-Marne – 312 D3 – 101 26 – 23 724 h. – alt. 60 m – ⊠ 94270

> ◘ Paris 5 – Boulogne-Billancourt 11 – Évry 28 – Versailles 23

🏨 **Novotel Porte d'Italie**   🖨 ᴢ ℻ ↔ch, ♨30/60,
22 r. Voltaire – ℰ 01 45 21 19 09 – h5586@accor.com   🚗 *VISA* **⓪⓪** ⴷ ⓪
– Fax 01 45 21 12 60
168 ch – †90/180 € ††90/180 €, ⚏ 13 €
Rest – carte environ 30 € ♈

♦ Cette construction récente à la sobre façade de granit poli vous mettra à
5 minutes de la place d'Italie. Vastes chambres aménagées aux dernières
normes de la chaîne. Décor "tendance" plein de couleur au restaurant.
Cuisine traditionnelle.

🏨 **Express by Holiday Inn** sans rest   🖨 ᴢ ↔ ♨30, *VISA* **⓪⓪** ⴷ ⓪
*1-3 r. Elisée Reclus – ℰ 01 47 26 26 26 – reservation@
porteditalie.hiexpress.com – Fax 01 47 26 16 66*
89 ch ⚏ – †115/150 € ††125/150 €

♦ Discrète façade de briques roses pour cet hôtel situé à proximité immé-
diate des quartiers Sud de la capitale. Petites chambres habillées de bois clair
et de tissus bariolés.

LÉSIGNY – 77 Seine-et-Marne – 𝟑𝟏𝟐 E3 – 𝟏𝟎𝟏 29 – 7 647 h. – alt. 95 m
– ⊠ 77150

> ◘ Paris 33 – Brie-Comte-Robert 9 – Évry 29 – Melun 27 – Provins 65
> 🕸 du Réveillon Ferme des Hyverneaux, S : 2 km, ℰ 01 60 02 17 33 ;
> 🖾 ASPTT Paris Golf des Corbuches Ferme des Hyverneaux, S : 2 km,
> ℰ 01 60 02 07 26.

au golf par rte secondaire, Sud : 2 km ou par Francilienne : sortie n° 19
– ⊠ 77150 Lésigny

🏨 **Golf**   🎢 ⚓ch, 🔲 rest, ↝ ⚓ 🚻6/100, 🄿 𝗩𝗜𝗦𝗔 ⓜⓔ 🄰🄴 ⓞ
*ferme des Hyverneaux – ℰ 01 60 02 25 26 – reservation @ parisgolfhotel.com
– Fax 01 60 02 03 84*
48 ch – ♦65/108 € ♦♦65/108 €, ☷ 10 €
Rest – 20/30 € ☺, Enf. 9 €
♦ Cette abbaye du 12ᵉ s. agrandie d'une aile moderne dispose de chambres
actuelles, gaiement colorées, donnant sur la cour intérieure ou sur le golf.
Charpente massive, pierres apparentes et mobilier contemporain composent le cadre du restaurant.

LEVALLOIS-PERRET – 92 Hauts-de-Seine – 𝟑𝟏𝟏 J2 – 𝟏𝟎𝟏 15 – 54 700 h.
– alt. 30 m – ⊠ 92300

> ◘ Paris 9 – Argenteuil 8 – Nanterre 8 – Pontoise 27
> – St-Germain-en-Laye 20

🏨 **Evergreen Laurel**   🎢 🎢 ⚓ch, 🔲 ↝ch, 🎯 ⚓ 🚻150/450,
8 pl. G. Pompidou – ℰ 01 47 58 88 99 – elhpar @   🚗 𝗩𝗜𝗦𝗔 ⓜⓔ 🄰🄴 ⓞ
evergreen-hotels.com – Fax 01 47 58 88 88
338 ch – ♦330/370 € ♦♦330/370 €, ☷ 19 €
Rest *L'Evergarden* – *(fermé août, sam. midi et dim.)* 29/46 €
Rest *Café Laurel* – (déj. seult.) 24 €
♦ Luxe, élégance et luminosité : un hôtel neuf pensé pour la clientèle
d'affaires. Les chambres, dotées d'un plaisant mobilier en bois de rose, sont
spacieuses. Cuisine asiatique à l'Evergarden. Plats traditionnels sous
l'immense verrière du Café Laurel.

🏨 **Espace Champerret** sans rest   🎢 ⚓ ⚓ 𝗩𝗜𝗦𝗔 ⓜⓔ 🄰🄴
*26 r. Louise Michel – ℰ 01 47 57 20 71 – espace.champerret.hotel @
wanadoo.fr – Fax 01 47 57 31 39*
39 ch – ♦62/78 € ♦♦71/78 €, ☷ 7 €
♦ Une cour, où l'on sert le petit-déjeuner en été, sépare les deux bâtiments
de cet hôtel ; celui sur l'arrière est plus calme. Chambres rénovées, insonorisées et bien tenues.

🏨 **Parc** sans rest   🎢 𝗩𝗜𝗦𝗔 ⓜⓔ 🄰🄴
*18 r. Baudin – ℰ 01 47 58 61 60 – Fax 01 47 48 07 92 – Fermé 4-24 août et
22-29 déc.*
51 ch – ♦70/90 € ♦♦90/120 €, ☷ 8 €
♦ Établissement abritant des chambres au mobilier fonctionnel ou de style ;
trois d'entre elles sont de plain-pied avec une cour intérieure. Entretien suivi
et accueil charmant.

🏨 **ABC Champerret** sans rest   🎢 ⚓ ⚓ 𝗩𝗜𝗦𝗔 ⓜⓔ 🄰🄴 ⓞ
*63 r. Danton – ℰ 01 47 57 01 55 – reservation @ abcchamphotel.com
– Fax 01 47 57 54 23*
39 ch – ♦45/60 € ♦♦55/72 €, ☷ 6,70 €
♦ Pratique pour la clientèle d'affaires, hôtel disposant de chambres nettes,
garnies de meubles façon "bambou". L'été, le petit-déjeuner est servi dans le
patio fleuri.

ЖЖ **Le Petit Jardin** *VISA* **MO** **AE**

58 r. Kléber – ℰ 01 47 48 10 91 – flepetitjardin @ aol-com – Fax 01 47 48 11 28 – Fermé 22-28 mai, 31 juil.-20 août, vacances de fév., sam. et dim.
Rest – (16 € bc), 37 € bc/41 € ♀

♦ La salle de ce restaurant, moderne et verdoyante, est éclairée par une verrière - ouverte aux beaux jours - et équipée d'un mobilier de style "jardin". Cuisine traditionnelle.

Ж **Grain de Sel** **AK** *VISA* **MO**

46 r. Villiers – ℰ 01 40 89 09 21 – Fax 01 49 64 00 19 – Fermé 7-27 août, sam. midi et dim.
Rest – 31/50 € bc

♦ Ce petit restaurant au sobre décor propose une cuisine ensoleillée d'inspiration provençale. Sur les tables, fioles d'huile d'olive de la propriété familiale.

Ж **Mandalay** *VISA* **MO** **AE**

35 r. Carnot – ℰ 01 47 57 68 69 – Fax 01 40 89 76 05 – Fermé août, dim. et lundi
Rest – 30 €

♦ Subtile inspiration ethnique tant dans le décor que dans l'assiette : la cuisine, inventive, emprunte parfums et épices aux cinq continents. Ambiance animée et conviviale.

Ж **Les Autodidactes** 爵 *VISA* **MO** **AE**

9 Place Jean Zay – ℰ 01 47 39 54 02 – Fax 01 47 39 59 99 – Fermé août, 23 déc.-1er janv., sam., dim., le soir et fériés
Rest – carte 42/57 €

♦ Le patron, également artiste peintre, expose ses tableaux très colorés dans la salle de restaurant. Agréable terrasse ombragée et courte carte évoluant au gré du marché.

LIVRY-GARGAN – 93 Seine-Saint-Denis – **305** G7 – **101** 18 – 37 288 h. – alt. 60 m – ⊠ 93190

◘ Paris 19 – Aubervilliers 14 – Aulnay-sous-Bois 4 – Bobigny 8 – Meaux 26 – Senlis 42

🛈 Office de tourisme, 5 place François Mitterrand ℰ 01 43 30 61 60, Fax 01 43 30 48 41

ЖЖ **La Petite Marmite** 爵 **AK** *VISA* **MO**

8 bd République – ℰ 01 43 81 29 15 – Fax 01 43 02 69 59 – Fermé 7-31 août, dim. soir et merc.
Rest – 32 € ♀, Enf. 16 €

♦ Ce restaurant sert une cuisine traditionnelle généreuse dans un cadre gentiment rustique. La terrasse installée dans la cour intérieure est prise d'assaut en été.

LES LOGES-EN-JOSAS – 78 Yvelines – **311** I3 – **101** 23 – 1 451 h. – alt. 160 m – ⊠ 78350

◘ Paris 21 – Bièvres 7 – Chevreuse 13 – Palaiseau 12 – Versailles 6

🛱 de Saint-Marc à Jouy-en-Josas Chemin de Viltain, E par D120 et N 446 : 6 km, ℰ 01 30 97 25 25.

🏠 **Le Relais de Courlande** ॐ 爵 *ҍ* 🚗 |🏊| 🕁 ⇔ch, 🏋100,
23 av. Div. Leclerc – ℰ 01 30 83 84 00 **P** *VISA* **MO** **AE** **①**
– relais.de.courlande @ wanadoo.fr – Fax 01 39 56 06 72
53 ch – †105 € ††120/185 €, ⌑ 11 €
Rest – (fermé 1er-21 août, dim. soir et lundi) 33/58 € ♀

♦ Ancienne ferme du 17e s. et tour de garde postée dans le jardin jouxtent un bâtiment plus récent qui abrite des chambres fonctionnelles ou rajeunies. Poutres, cheminée et mobilier Louis XIII agrémentent la salle à manger installée dans une étable restaurée.

LONGJUMEAU – 91 Essonne – **312** C3 – **101** 35 – 19 957 h. – alt. 78 m – ⊠ 91160

▶ Paris 20 – Chartres 70 – Dreux 84 – Évry 15 – Melun 41 – Orléans 113 – Versailles 27

✗✗ **St-Pierre**   AC VISA Ⓜⓒ AE Ⓞ

42 r. F. Mitterrand – ✆ 01 64 48 81 99 – saint-pierre@wanadoo.fr – Fax 01 69 34 25 53 – Fermé 16-23 avril, 31 juil.-21 août, lundi soir, merc. soir, sam. midi et dim.

Rest – 30/45 € ♈, Enf. 16 €

♦ Ce restaurant mitonne une cuisine nourrie des saveurs du Sud-Ouest, utilisant des produits en arrivage direct du Gers. Coquette salle à manger rustique.

MAISONS-ALFORT – 94 Val-de-Marne – **312** D3 – **101** 27 – 51 103 h. – alt. 37 m – ⊠ 94700 ▯ Ile de France

▶ Paris 10 – Créteil 4 – Évry 34 – Melun 39

✗✗ **La Bourgogne**   AC ✧ch, VISA Ⓜⓒ AE

164 r. J. Jaurès – ✆ 01 43 75 12 75 – restaurant.labourgogne@wanadoo.fr – Fax 01 43 68 05 86 – Fermé 18-23 avril, 7-27 août, sam. midi et dim.

Rest – 28 € ♈

♦ Atmosphère d'auberge provinciale et solide cuisine traditionnelle sont les atouts de ce restaurant qui sert, comme le précise l'enseigne, des spécialités bourguignonnes.

MAISONS-LAFFITTE – 78 Yvelines – **311** I2 – **101** 13 – 21 856 h. – alt. 38 m – ⊠ 78600 ▯ Ile de France

▶ Paris 21 – Mantes-la-Jolie 38 – Poissy 9 – Pontoise 17 – St-Germain-en-Laye 8 – Versailles 19

🛈 Office de tourisme, 41 avenue de Longueil ✆ 01 39 62 63 64, Fax 01 39 12 02 89

◉ Château★.

✗✗✗ **Tastevin** (Blanchet)   🛏 🚃 ⅙ P VISA Ⓜⓒ AE Ⓞ
⿻

9 av. Eglé – ✆ 01 39 62 11 67 – Fax 01 39 62 73 09 – Fermé 2-25 août, 20 fév.-8 mars, lundi et mardi

Rest – 43 € (déj. en sem.), 62/72 € et carte 75/105 € ♈ ✧

Spéc. Escalope de foie gras de canard au vinaigre de cidre. Gibier (saison). Sanciaux aux pommes (sept. à mars).

♦ Accueillante maison de maître du "lotissement Laffitte". Service attentionné, cuisine classique et belle carte des vins : "tastez" donc ce restaurant mansonnin.

MARLY-LE-ROI – 78 Yvelines – **312** B2 – **101** 12 – 16 759 h. – alt. 90 m – ⊠ 78160

▶ Paris 24 – Bougival 5 – St-Germain-en-Laye 5 – Versailles 9

🛈 Office de tourisme, avenue des Combattants ✆ 01 39 16 16 01

✗✗ **Le Village**   AC VISA Ⓜⓒ AE Ⓞ
😊

3 Grande Rue – ✆ 01 39 16 28 14 – tomohirouido@club-internet.fr – Fax 01 39 58 62 60 – Fermé 7-28 août, sam. midi, dim. soir et lundi

Rest – 34/68 €, Enf. 12 €

♦ Cet avenant restaurant du vieux Marly abrite une salle à manger ornée d'une fresque. Le chef, d'origine japonaise, propose une goûteuse cuisine française personnalisée.

MARNE-LA-VALLÉE – 77 Seine-et-Marne – 312 E2 – 101 19 – 246 607 h.
– ⊠ 77206 ▮ Ile de France

  ▶ Paris 27 – Meaux 29 – Melun 40

  🖿 de Bussy-Saint-Georges à Bussy-Saint-Georges Promenade des
  Golfeurs, ℰ 01 64 66 00 00 ; 🎠 Disneyland Paris à Magny-le-Hongre
  Allée de la Mare Houleuse, ℰ 01 60 45 68 90.

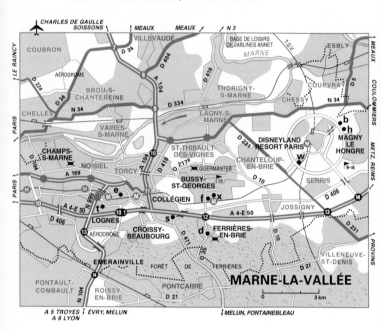

à Bussy-St-Georges – 9 194 h. – alt. 105 m – ⊠ 77600

🏠   **Holiday Inn**   🛜 ᵭͼ ☒ 🛉 ㅺch, 🆔 ⁄ch, ✆ ᵴᴬ6/120,
     39 bd Lagny – ℰ 01 64 66 35 65 – reception @   ☎ 𝗩𝗜𝗦𝗔 ⓂⓄ ᴬᴱ ⓪
     hibussy.com – Fax 01 64 66 03 10   **f**
     120 ch – 🛉160/175 € 🛉🛉175/205 €, � 15 €
     Rest – (16 €), 25/33 € ₽, Enf. 11 €
     ◆ En bordure d'une large avenue, chambres spacieuses à la tenue sans
     défaut, équipées d'un double vitrage. Agréable bar. La sobre salle à manger
     au cadre contemporain est prolongée d'une terrasse dressée autour de la
     piscine.

🏠   **Tulip Inn Marne la Vallée**   🛗 ㅺch, 🆔 ⁄ᴬ ᵴᴬ12/40,
     44 bd A. Girout – ℰ 01 64 66 11 11   ☎ 𝗩𝗜𝗦𝗔 ⓂⓄ ᴬᴱ ⓪
🔗   *– tulip.reservations @ wanadoo.fr – Fax 01 64 66 29 05*   **x**
     87 ch – 🛉89/109 € 🛉🛉89/119 €, � 10 €
     Rest – *(fermé sam. et dim.)* (11,50 €), 14 € ₽, Enf. 8 €
     ◆ Intégré à un grand ensemble immobilier, face à la station RER, hôtel aux
     chambres fonctionnelles et bien insonorisées. Bar décoré dans l'esprit "Loui-
     siane". Salle à manger décorée de fresques évoquant l'Italie. Sur la carte,
     pâtes et pizzas.

à Collégien – 2 983 h. – alt. 105 m – ⊠ 77090

 Novotel 🍃 🏊 🚗 | & ch, 🔟 ↩ch, 📞 🛎10/180, 🅿 𝗩𝗜𝗦𝗔 ⓂⓄ 🄰🄴 ⓪
– ℰ 01 64 80 53 53 – h0385-sb@accor.com – Fax 01 64 80 48 37 **s**
195 ch – †96/103 € ††110/115 €, � 12 €
Rest – (19 €), 26 € ♌, Enf. 9,50 €
◆ Ce Novotel accueille les visiteurs du parc Disneyland et les hommes d'affaires. Les chambres rénovées arborent un joli décor contemporain (mobilier en bois, belles teintes). Le restaurant ne déroge pas aux normes de la chaîne, mais son décor design est réussi.

à Disneyland Resort Paris accès par autoroute A 4
et bretelle Disneyland – ⊠ 77777

◉ Disneyland Paris ★★★ (voir Guide Vert Île-de-France)-Centrale de réservations hôtels : ℰ (00 33) 08 25 30 60 30 (0,15 €/mn), Fax (00 33) 01 64 74 57 50 - Les hôtels du Parc Disneyland Resort Paris pratiquent des forfaits journaliers comprenant le prix de la chambre et l'entrée aux parcs à thèmes - Ces prix varient selon la saison, nous vous suggérons de prendre contact avec la centrale de réservation.

à Ferrières-en-Brie – 1 655 h. – alt. 108 m – ⊠ 77164

 St-Rémy 🍃 & ch, 🛎20/40, 𝗩𝗜𝗦𝗔 ⓂⓄ 🄰🄴 ⓪
24 r. J. Jaurès – ℰ 01 64 76 74 00 – rkhater@hotel-st-remy.fr
– Fax 01 64 76 74 01 **d**
25 ch – †61 € ††70 €, � 7 €
Rest – (fermé sam. et dim.) carte 38/56 €
◆ Découvrez à l'étage de cette pimpante maison du 19e s. la jolie salle des fêtes créée par la famille Rothschild. Petites chambres de bon confort au décor épuré. Coquette salle à manger égayée de couleurs chaudes et cuisine au goût du jour.

à Lognes – 14 215 h. – alt. 97 m – ⊠ 77185

 Le Roi du Lac ≤ 🍃 🌿 🏊 🏖 & ch, 🔟 rest, ↩ch, cuisinette 🛎2/150,
61 r. Tour d'Auvergne – ℰ 01 60 06 12 12 🚗 🅿 𝗩𝗜𝗦𝗔 ⓂⓄ 🄰🄴 ⓪
– reservations@leroidulac.com – Fax 0160 06 12 00 **e**
63 ch – †90/130 € ††102/140 €, � 12 € – 26 suites
Rest – (fermé vend. soir, sam. et dim.) carte 24/37 € ♌, Enf. 9 €
◆ Ce complexe hôtelier moderne propose des chambres contemporaines, assez originales, toutes tournées vers le lac ; certaines possèdent un balcon. Squash, sauna et hammam. Au restaurant, cuisine aux accents du Sud et belle terrasse dominant le plan d'eau.

 Mercure 🍃 🏖 🏊 & ch, ↩ch, 🛎20/60, 🚗 🅿 𝗩𝗜𝗦𝗔 ⓂⓄ 🄰🄴 ⓪
55 bd Mandinet – ℰ 01 64 80 02 50 – h2210@accor.com
– Fax 01 64 80 02 70 **t**
57 ch – †90/92 € ††102/122 €, � 12 € – 28 suites
Rest – (fermé vend. soir, sam. et dim.) 20 € ♌, Enf. 9 €
◆ Dans un quartier résidentiel, établissement fonctionnel et bien tenu proposant des chambres au cadre actuel. Duplex pratiques pour les familles. L'ancienne usine des chocolats Meunier de Noisiel a inspiré le décor de la salle à manger-véranda.

à Magny-le-Hongre – 1 791 h. – alt. 117 m – ⌧ 77700

Holiday Inn ⟨symbols⟩
20 av. de la Fosse des Pressoirs – ℰ 01 64 63 37 37 — **P** *VISA* **◐◉** ⟨AE⟩ ⟨O⟩
– pardi.sales@holiday-inn.fr – Fax 01 64 63 37 38 **h**
396 ch – †65/170 € ††180/206 €, ⌴ 15,50 € – 6 suites
Rest – (dîner seult) carte 32/58 €, Enf. 16 €
♦ L'univers du cirque compose le thème du décor intérieur haut en couleurs de ce nouvel hôtel construit près de Disneyland Paris. Au restaurant, piste centrale, colonnes et fresques évoquent l'atmosphère d'un chapiteau.

Mövenpick Dream Castle ⟨symbols⟩
40 av. Fosse des Pressoirs – ℰ 01 64 17 90 00 ⟨symbols⟩ 12/150, **P** *VISA* **◐◉** ⟨AE⟩ ⟨O⟩
– hotel.dreamcastle@moevenpick.com – Fax 01 64 17 90 10 **b**
400 ch – †223 € ††223/445 €, ⌴ 15 €
Rest – 25/41 € ⟨symbol⟩
♦ L'architecture et la décoration intérieure de cet hôtel récent font référence au thème des châteaux. Chambres élégantes et spacieuses ; salles de bains fonctionnelles. Des buffets à thème (asiatique, italien, oriental, etc.) vous attendent à l'heure des repas.

à Serris – 2 320 h. – alt. 129 m – ⌧ 77700

L'Élysée Val d'Europe ⟨symbols⟩
7 cours Danube, (face gare RER) ⟨symbols⟩ 30/120, **P** *VISA* **◐◉**
– ℰ 01 64 63 33 33 – info@hotelelysee.com – Fax 01 64 63 33 30 **w**
152 ch – †115/170 € ††115/170 €, ⌴ 9 €
Rest – 21/30 € ⟨symbol⟩
♦ Belle architecture de style haussmannien dans un nouveau quartier. Élégant salon et jardin original coiffé d'une verrière façon Baltard. Chambres spacieuses et bien pensées. Brasserie au cadre actuel servant plats ad hoc et grillades ; formule rapide au bar.

Une bonne table sans se ruiner ? Repérez les Bib Gourmand ⟨symbol⟩.

MASSY – 91 Essonne – ⟨312⟩ C3 – ⟨101⟩ 25 – 37 712 h. – alt. 78 m – ⌧ 91300
▶ Paris 19 – Arpajon 19 – Évry 20 – Palaiseau 4 – Rambouillet 45

Mercure ⟨symbols⟩
21 av. Carnot (Gare T. G. V.) – ℰ 01 69 32 80 20 – h1176@accor.com
– Fax 01 69 32 80 25
116 ch – †125/130 € ††135 €, ⌴ 13 €
Rest – (fermé août et vacances de Noël) (20 €) et carte environ 30 € ⟨symbol⟩
♦ Situation commode entre gares TGV et RER pour cet hôtel résolument contemporain. Chambres fonctionnelles bénéficient d'une bonne isolation phonique. Salle à manger moderne et cuisine traditionnelle sensible au rythme des saisons.

Le Pavillon Européen ⟨symbols⟩
5 av. Gén. de Gaulle – ℰ 01 60 11 17 17 – Fax 01 69 20 05 60
– Fermé août, dim. soir et merc.
Rest – 30/49 €
♦ La salle à manger et les petits salons de ce restaurant au plaisant décor actuel disposent de baies vitrées largement ouvertes sur le lac. Cuisine dans l'air du temps.

MAUREPAS – 78 Yvelines – 311 H3 – 101 21 – 19 586 h. – alt. 165 m
– ⊠ 78310

> ■ Paris 40 – Houdan 29 – Palaiseau 35 – Rambouillet 17
> – Versailles 21

> ◎ France Miniature★ NE : 3 km, ▮ Île de France.

🏨 **Mercure** 🛜 ▯ 🗚 ⇆ch, 🖎 25/80, **P.** 𝗩𝗜𝗦𝗔 ⓜⓒ 𝖠𝖤 ⓞ
N 10 – ℰ 01 30 51 57 27 – h0378@accor.com – Fax 01 30 66 70 14
91 ch – 🛏91/107 € 🛏🛏101/117 €, ⌷ 12 €
Rest – (fermé vend. soir, dim. soir et sam.) carte environ 26 € ♀
◆ La petite route qui part de la N 10 vous conduira jusqu'à cet hôtel dont les chambres, spacieuses et bien insonorisées, sont peu à peu rénovées. Le restaurant fonctionne sur le mode « bar à vins » : plats et tapas annoncés sur ardoise, vin au verre.

LE MESNIL-AMELOT – 77 Seine-et-Marne – 312 E1 – 101 9 – 565 h. – alt.
80 m – ⊠ 77990

> ■ Paris 34 – Bobigny 25 – Goussainville 15 – Meaux 28
> – Melun 67

🏰 **Radisson SAS** 🛜 🖰 ▤ ☖ 🚅 ▯ ₠ch, 🖎 ⇆ch, 🖎 25/250, ☁
rue de la Chapelle – ℰ 01 60 03 63 00 **P** 𝗩𝗜𝗦𝗔 ⓜⓒ 𝖠𝖤 ⓞ
– radisson.sas@hotels-res.com – Fax 01 60 03 74 40
240 ch – 🛏200 € 🛏🛏300 €, ⌷ 18 €
Rest – (21 €) et carte 35/55 € ♀, Enf. 10 €
◆ Escale pratique à proximité de l'aéroport de Roissy : nombreux équipements de loisirs et de séminaires, vaste hall, salon-bar et chambres actuelles. Ambiance animée dans la grande brasserie au décor moderne ; les entrées y sont servies sous forme de buffets.

MEUDON – 92 Hauts-de-Seine – 311 J3 – 101 24 – 43 663 h. – alt. 100 m
– ⊠ 92190 ▮ Île de France

> ■ Paris 11 – Boulogne-Billancourt 4 – Clamart 4 – Nanterre 12
> – Versailles 10

> ◎ Terrasse★ : ※★ - Forêt de Meudon★.

au sud à Meudon-la-Forêt – ⊠ 92360

🏰 **Mercure Ermitage de Villebon** 🛜 ▯ ₠ch, 🖎 ch, 📞
rte Col. Moraine – ℰ 01 46 01 46 86 🖎 15/90, ☁ **P** 𝗩𝗜𝗦𝗔 ⓜⓒ 𝖠𝖤
– mercure.meudon@wanadoo.fr – Fax 01 46 01 46 99
65 ch – 🛏119 € 🛏🛏127/145 €, ⌷ 11,50 €
Rest – (21 €), 40/45 € ♀
◆ À l'orée de la forêt de Meudon et au bord de la voie rapide, hôtel bien insonorisé dont les chambres sont décorées dans un esprit Directoire. Salle à manger bourgeoise dans une maison de la fin du 19e s. et plaisante terrasse entourée d'un rideau de verdure.

MONTMORENCY ⊛ – 95 Val-d'Oise – 305 E7 – 101 5 – 20 599 h. – alt. 82 m
– ⊠ 95160 ▮ Île de France

> ■ Paris 19 – Enghien-les-Bains 4 – Pontoise 24 – St-Denis 9

> 🛈 Office de tourisme, 1 avenue Foch ℰ 01 39 64 42 94

> ◎ Collégiale St-Martin★.

> ◧ Château d'Écouen★★ : musée de la Renaissance★★ (tenture de David et de Bethsabée★★★).

XX **Au Cœur de la Forêt** P VISA MC

av. Repos de Diane et accès par chemin forestier – ✆ 01 39 64 99 19 – Fax 01 34 28 17 52 – Fermé août, vacances de fév., jeudi soir, dim. soir et lundi

Rest – 31 € et carte 45/50 € ♀

◆ La romantique avenue du Repos de Diane vous conduira "Au Cœur de la Forêt". Coquette salle à manger au décor chaleureux. Cuisine traditionnelle simple, produits choisis.

MONTROUGE – 92 Hauts-de-Seine – **311** J3 – **101** 25 – 37 733 h. – alt. 75 m – ✉ 92120

Paris 5 – Boulogne-Billancourt 8 – Longjumeau 18 – Nanterre 16 – Versailles 16

Mercure ch, AC ch, 15/100, P VISA MC AE

13 r. F.-Ory – ✆ 01 58 07 11 11 – h0374@accor.com – Fax 01 58 07 11 21

181 ch – 145/165 € 155/175 €, 14 € – 6 suites

Rest – *(fermé sam. et dim.)* (18 €), 25 € ♀

◆ En léger retrait du périphérique, vaste construction abritant des chambres fonctionnelles de notre temps, climatisées et bien insonorisées. Salle à manger actuelle égayée de lithographies sur le thème des légumes (clin d'œil au passé maraîcher de Montrouge).

MORANGIS – 91 Essonne – **312** D3 – **101** 35 – 10 611 h. – alt. 85 m – ✉ 91420

Paris 21 – Évry 14 – Longjumeau 5 – Versailles 23

XXX **Sabayon** AC VISA MC AE

15 r. Lavoisier – ✆ 01 69 09 43 80 – Fax 01 64 48 27 28 – Fermé août, sam. midi, lundi soir, mardi soir, merc. soir et dim.

Rest – 38/75 €

◆ Restaurant à dénicher dans une ZI. Dans la salle à manger aux couleurs "mode", œuvres contemporaines, nombreuses plantes vertes et fauteuils de style anglais.

Un hôtel charmant pour un séjour très agréable ?
Réservez dans un hôtel avec pavillon rouge : ... .

NANTERRE P – 92 Hauts-de-Seine – **311** J2 – **101** 14 – 84 281 h. – alt. 35 m – ✉ 92000

Paris 13 – Beauvais 81 – Rouen 124 – Versailles 15

Syndicat d'initiative, 4 rue du Marché ✆ 01 47 21 58 02, Fax 01 47 25 99 02

Mercure La Défense Parc ch, AC ch, 130, VISA MC AE

r. des 3 Fontanot – ✆ 01 46 69 68 00 – h1982@accor.com – Fax 01 47 25 46 24 – Fermé 23 juil.-21 août et 24 déc.-1er janv.

160 ch – 140/210 € 180/245 €, 14 €

Rest – *(fermé dim. midi, vend. soir et sam.)* 29 € (déj. en sem.), 40/45 € ♀, Enf. 13 €

◆ Immeuble moderne et son annexe situés à côté du parc André Malraux. Meubles design, équipement complet : demandez une chambre rénovée. Cuisine du monde à déguster dans une chaleureuse et confortable salle à manger dotée d'une ligne de mobilier contemporain.

Quality Inn 🖹 &ch. 🖾 ⇄ch. 🗣 🔒30, ⇌ 𝘝𝘐𝘚𝘈 ⓂⓄ ＡＥ ①
2 av. B. Frachon – ℰ *01 46 95 08 08 – shgl@wanadoo.fr – Fax 01 46 95 01 24*
83 ch – ⫯135/175 € ⫯⫯155/190 €, ⥮ 15 € – 2 suites
Rest – *(fermé 15 juil.-15 août, 24 déc.-2 janv., vend. soir, sam. et dim.)* (21 €),
26 € ℤ

♦ Construction de 1992 dont les chambres, plus ou moins spacieuses, sont joliment meublées et bénéficient d'un double vitrage. Chaleureuse et lumineuse salle de restaurant d'esprit colonial. Chaises cannées, tables rondes et cuisine traditionnelle.

NEUILLY-SUR-SEINE – 92 Hauts-de-Seine – 🖳🖳🖳 J2 – 🖳🖳🖳 15 – 59 848 h.
– alt. 34 m – ⊠ 92200 Île de France

🖸 Paris 9 – Argenteuil 10 – Nanterre 6 – Pontoise 29
– St-Germain-en-Laye 18 – Versailles 17

 Courtyard 🛋 🖹 &ch. 🖾 ⇄ch. 🔒140, ⇌ 𝘝𝘐𝘚𝘈 ⓂⓄ ＡＥ ①
58 bd V. Hugo – ℰ *01 55 63 64 65 – cy.parcy.dom@courtyard.com*
– Fax 01 55 63 64 66
173 ch – ⫯169/325 € ⫯⫯169/325 €, ⥮ 18 €
Rest – carte 34/47 € ℤ, Enf. 10 €

♦ Près de l'hôpital américain, immeuble des années 1970 dont les chambres, joliment meublées, répondent aux exigences du confort moderne. Salons confortables et bar "cosy". Restaurant, façon bistrot, luxueux et convivial ; cuisine de brasserie et repas à thème.

🖸🖸🖸 **Paris Neuilly** sans rest 🖹 & 🖾 ⇄ 𝘝𝘐𝘚𝘈 ⓂⓄ ＡＥ ①
1 av. Madrid – ℰ *01 47 47 14 67 – h0883@accor.com – Fax 01 47 47 97 42*
74 ch – ⫯90/225 € ⫯⫯90/235 €, ⥮ 15 € – 6 suites

♦ Hôtel aux chambres diversement décorées. Petits-déjeuners servis dans le patio couvert orné d'une fresque représentant le château de Madrid bâti par François 1er en 1528.

🖸🖸 **Jardin de Neuilly** sans rest 🛋 🖹 🖾 🕉 𝘝𝘐𝘚𝘈 ⓂⓄ ＡＥ ①
5 r. P. Déroulède – ℰ *01 46 24 51 62 – hotel.jardin.de.neuilly@wanadoo.fr*
– Fax 01 46 37 14 60
22 ch – ⫯130/150 € ⫯⫯160/220 €, ⥮ 15 € – 8 suites

♦ Hôtel particulier du 19e s. à 50 m du bois de Boulogne. Chambres personnalisées, dotées d'un mobilier chiné. Certaines donnent côté jardin : la campagne aux portes de Paris !

🖸🖸 **De la Jatte** sans rest 🖹 & 🖾 ⇄ 🗣 𝘝𝘐𝘚𝘈 ⓂⓄ ＡＥ ①
4 bd Parc – ℰ *01 46 24 32 62 – hoteldelajatte@wanadoo.fr – Fax 01 46 40 77 31*
69 ch – ⫯110 € ⫯⫯140/170 €, ⥮ 10 € – 2 suites

♦ Sur l'île de la Jatte, autrefois plébiscitée par les peintres, aujourd'hui lieu de résidence "branché". Décor design (couleurs "tendance", bois sombre), plaisante véranda.

🖸 **Neuilly Park Hôtel** sans rest 🖹 🗣 𝘝𝘐𝘚𝘈 ⓂⓄ ＡＥ ①
23 r. M. Michelis – ℰ *01 46 40 11 15 – hotel@neuillypark.com*
– Fax 01 46 40 14 78
30 ch – ⫯130 € ⫯⫯140 €, ⥮ 11 €

♦ Cet hôtel du quartier des Sablons a achevé sa rénovation : meubles de style Art nouveau et tissus tendus personnalisent les menues chambres. Accueil charmant.

✗✗ **Foc Ly** 🖾 ⇄ 𝘝𝘐𝘚𝘈 ⓂⓄ ＡＥ
79 av. Ch. de Gaulle – ℰ *01 46 24 43 36 – Fax 01 46 24 48 46 – Fermé 7-20 août*
Rest – (17 €) et carte 35/58 € ℤ, Enf. 12,50 €

♦ Deux lions encadrent l'entrée de ce restaurant qui déploie en façade sa "terrasse-pagode". Intérieur repensé dans un esprit contemporain. Cuisines thaï et chinoise.

XX **La Truffe Noire** (Hardy) ⬚ *VISA* **MO** **AE**

⅍ *2 pl. Parmentier – ℰ 01 46 24 94 14 – patchef.hardy @ wanadoo.fr*
– Fax 01 46 24 94 60 – Fermé 15-23 avril, 1er-21 août, sam. et dim.
Rest – 38/120 € et carte 65/120 €

Spéc. Oeuf mollet, pomme de terre fondante, crème de lard et truffe. Mousseline de brochet beurre blanc. Cocotte de travers et ris de veau caramélisés et lamelles de truffe.

♦ Cette jolie maison récemment rénovée célèbre le "diamant noir" mais aussi - en hommage à Parmentier qui fit aux "Sablons" ses premiers essais de culture - la pomme de terre.

XX **Jarasse L'Ecailler de Paris** **AC** ↭ ⬚ 20, *VISA* **MO** **AE** **①**

4 av. de Madrid – ℰ 01 46 24 07 56 – almorillon @ wanadoo.fr
– Fax 01 40 88 35 60 – Fermé août, sam. midi et dim.
du 1er mai au 15 sept.
Rest – (prévenir) 38 € et carte 70/110 € ⵌ

♦ Salles entièrement refaites dans un style contemporain : matériaux modernes et tons pastels procurent une atmosphère reposante. Cuisine de produits de la mer, banc d'écailler.

X **Les Feuilles Libres** ⌂ **AC** ⬚ 6, ⌂⌐ *VISA* **MO** **AE**

34 r. Perronet – ℰ 01 46 24 41 41 – restaurant @ feuilles-libres.com – Fermé sam. midi et dim.
Rest – 41 €

♦ Atmosphère de maison particulière dans ce restaurant au décor à la fois sobre et chic. Salons cossus, caves à vin et à cigares. Cuisine au goût du jour.

X **Entrées Libres** ⌂ *VISA* **MO** **AE**

49 r. Madeleine Michelis – ℰ 01 46 24 00 84 – restaurant @ feuilles-libres.com – Fermé dim.
Rest – carte 34/47 €

♦ Entrée libre, mais nombre de places limité dans ce bistrot égayé de briquettes et de miroirs : pensez-donc à réserver pour déguster œufs mimosa, tartare ou andouillette.

X **Le Bistrot d'à Côté Neuilly** ⌂⌐ *VISA* **MO** **AE**

4 r. Boutard – ℰ 01 47 45 34 55 – bistrot @ michelrostang.com
– Fax 01 47 45 15 08 – Fermé 6-20 août, 24-31 déc., sam. midi et dim.
Rest – (29 €), 35 €

♦ Service décontracté, boiseries, collection de moulins à café, ardoises de suggestions du jour et vin servi "à la ficelle" (on paie ce que l'on boit) : un "vrai-faux bistrot".

X **A la Coupole** *VISA* **MO** **AE** **①**

3 r. Chartres – ℰ 01 46 24 82 90 – pascalroudin @ free.fr – Fermé août, sam., dim. et fériés
Rest – carte 30/52 € ⵌ

♦ Des véhicules miniatures réalisés à Madagascar à partir de métal récupéré égayent la sobre salle à manger de ce restaurant familial. Cuisine traditionnelle, huîtres en saison.

X **Aux Saveurs du Marché** **AC** *VISA* **MO** **AE** **①**

4 rue de l' Eglise – ℰ 01 47 45 72 11 – auxsaveursdumarche @
wanadoo.fr – Fax 01 46 37 72 13 – Fermé 1er-23 août, 26 fév.-4 mars,
sam. et dim.
Rest – bistrot – carte 40/55 € ⵌ

♦ Proche du marché, bistrot rétro avec banquettes en velours et original plafond fait de bois et glaces. Plats "canailles" à lire sur ardoises. On est au coude à coude le midi.

✕ **Il Punto** ↳ VISA ⓜⓞ
2 r. Gén. H. Bertier – ℰ *01 46 24 21 06*
Rest – carte 34/50 €

♦ Invitation au "giro" mais à celui de la cuisine italienne ! Décor soigné et confortable pour une salle à manger dont le décor est partagé entre Venise et le sud de l'Italie.

NOGENT-SUR-MARNE ◉ – **94 Val-de-Marne** – **312** D2 – **101** 27 – **28 191 h.** – **alt. 59 m** – ⊠ **94130** ▮ Île de France

▶ Paris 14 – Créteil 10 – Montreuil 6 – Vincennes 6

🇮 Office de tourisme, 5 avenue de Joinville ℰ 01 48 73 73 97, Fax 01 48 73 75 90

🏨 **Mercure Nogentel** 🍴 ▮ ᕆ ch, Ⓚ ch, ↳ ch, 🛋15/200,
8 r. Port – ℰ *01 48 72 70 00 – h1710@accor.com* 🗪 VISA ⓜⓞ ⒜Ⓔ ⓞ
– Fax 01 48 72 86 19
60 ch – ♦110 € ♦♦130 €, ⊐ 13 €
Rest *Le Canotier* – *(fermé sam. midi et lundi du 17 juil. au 20 août et dim. soir)* 33 € Ⓨ

♦ Hôtel des bords de Marne proposant des chambres actuelles. L'esprit de Nogent flotte encore sur la berge, le long de la promenade fleurie. La spacieuse salle à manger du Canotier (décor marin) ouvre sur le port de plaisance ; table traditionnelle.

NOISY-LE-GRAND – **93 Seine-Saint-Denis** – **305** G7 – **101** 18 – **58 217 h.** – **alt. 82 m** – ⊠ **93160** ▮ Île de France

▶ Paris 19 – Bobigny 17 – Lagny-sur-Marne 14 – Meaux 38

🇮 Syndicat d'initiative, 167 rue Pierre Brossolette ℰ 01 43 04 51 55, Fax 01 43 03 79 48

🏨 **Novotel Atria** 🍴 ⊼ ▮ ᕆ Ⓚ ↳ch, 🛋400, 🗪 🄿 VISA ⓜⓞ ⒜Ⓔ ⓞ
2 allée Bienvenue-quartier Horizon – ℰ *01 48 15 60 60 – h1536@accor.com*
– Fax 01 43 04 78 83
144 ch – ♦89/110 € ♦♦99/121 €, ⊐ 12 €
Rest – (19 €), 24 € Ⓨ, Enf. 8 €

♦ Architecture contemporaine à deux pas de la station RER. Chambres bien agencées et équipements complets séduiront familles et clientèle d'affaires. Cuisines visibles depuis la spacieuse salle à manger que prolonge une terrasse dressée autour de la piscine.

🏨 **Mercure** ↳ ▮ ᕆ Ⓚ ↳ch, 🛋250, 🗪 VISA ⓜⓞ ⒜Ⓔ
2 bd Levant – ℰ *01 45 92 47 47 – h1984@accor.com*
– Fax 01 45 92 47 10
192 ch – ♦106/111 € ♦♦113/117 €, ⊐ 12 €
Rest – *(fermé sam. et dim.)* 17/22 € Ⓨ, Enf. 9 €

♦ Immeuble moderne dont la façade vitrée permet de suivre le ballet des ascenseurs panoramiques. Chambres spacieuses et fonctionnelles, garnies de meubles en bois clair. Salle de restaurant d'esprit brasserie avec un pan de mur recouvert d'étoiles multicolores.

✕✕ **Amphitryon** 🍴 Ⓚ VISA ⓜⓞ ⒜Ⓔ
56 av. A. Briand – ℰ *01 43 04 68 00 – Fax 01 43 04 68 10 – Fermé 4-24 août, vacances de fév., sam. midi et dim. soir*
Rest – 24 € (sem.)/40 € Ⓨ

♦ Murs framboise et vaisselle chamarrée donnent le ton de cette élégante salle de restaurant. La cuisine, traditionnelle, est servie rapidement et avec le sourire.

ORGEVAL – 78 Yvelines – **311** H2 – **101** 11 – 4 801 h. – alt. 100 m – ⊠ 78630

D Paris 32 – Mantes-la-Jolie 28 – Pontoise 22 – St-Germain-en-Laye 11 – Versailles 22

B de Villennes à Villennes-sur-Seine Route d'Orgeval, N : 2 km, ℰ 01 39 08 18 18.

 Moulin d'Orgeval ⬩   🏦 🍴 🐾 📺 rest, 📞 🏊 30,
r. Abbaye, Sud : 1,5 km – ℰ 01 39 75 85 74   **P** 🆅🆂🅰 ⓒⓒ 🅰🅴 ⓞ
– contact@moulindorgeval.com – Fax 01 39 75 48 52
14 ch – ✚130 € ✚✚150 €, ⊇ 15 €
Rest – (fermé 22 déc.-8 janv. et dim. soir) (32 €), 42 € ♀
♦ Calme et détente dans ce vieux moulin entouré d'un parc arboré (5 ha) baigné par un étang. Chambres personnalisées, parfois meublées d'ancien ; bar de style anglais. Salle de restaurant rustique et agréable terrasse au bord de l'eau ; recettes traditionnelles.

> Le rouge est la couleur de la distinction : nos valeurs sûres !

ORLY (AÉROPORTS DE PARIS) – 91 Essonne – **312** D3 – **101** 26 – 21 646 h. – alt. 89 m – ⊠ 94390

D Paris 16 – Corbeil-Essonnes 24 – Créteil 14 – Longjumeau 15 – Villeneuve-St-Georges 9

A Aérogare Sud ℰ 03 36 68 15 15

 Hilton Orly   🛏 🕿 ⅆ 📺 ✂ch, 🏊 10/280, **P** 🆅🆂🅰 ⓒⓒ 🅰🅴 ⓞ
près aérogare, Orly Sud ⊠ 94544 – ℰ 01 45 12 45 12 – rm.orly@hilton.com
– Fax 01 45 12 45 00
351 ch – ✚125/195 € ✚✚140/210 €, ⊇ 18 €
Rest – brasserie en semaine – (26 €) et carte 28/45 € ♀, Enf. 10 €
♦ Cet hôtel des années 1960 abritant des chambres sobres et élégantes dispose d'équipements de pointe pour les réunions et de services adaptés à la clientèle d'affaires. Décor actuel, plats de brasserie ou formule buffet au restaurant.

Mercure   🕿 ⅆ 📺 ✂ch, 🏊 15/40, **P** 🆅🆂🅰 ⓒⓒ 🅰🅴 ⓞ
Aérogare ⊠ 94547 – ℰ 01 49 75 15 50 – h1246@accor.com
– Fax 01 49 75 15 51
192 ch – ✚79/175 € ✚✚89/205 €, ⊇ 13,50 €
Rest – (fermé sam. midi et dim. midi) (19,50 €), 24 € ♀, Enf. 7,50 €
♦ Adresse convenant particulièrement à la clientèle aéroportuaire qui trouve là un ensemble de services très pratiques entre deux avions. Chambres bien tenues. Cadre tendance bistrot, plats de brasserie et carte des vins "Mercure".

à Orly-ville – 20 470 h. – alt. 71 m – ⊠ 94310

Kyriad Air Plus   🏦 🕿 📺 ✂ch, **P** 🆅🆂🅰 ⓒⓒ 🅰🅴 ⓞ
58 Voie Nouvelle – ℰ 01 41 80 75 75 – airplus@club-internet.fr
– Fax 01 41 80 12 12
72 ch – ✚62/72 € ✚✚62/72 €, ⊇ 8 €
Rest – (fermé août, sam., dim. et fériés) 15/24 €
♦ Non loin de l'aéroport, un hôtel pensé pour votre bien-être. Ambiance "aéronautique" au pub anglais et allées du parc Méliès accueillantes aux adeptes du jogging. Le décor du restaurant est dévolu à l'avion. Les équipages entre deux vols apprécient l'adresse.

voir aussi à **Rungis**

Environs de Paris

OZOIR-LA-FERRIÈRE – 77 Seine-et-Marne – 312 F3 – 106 33 – 101 30
– 20 707 h. – alt. 110 m – ⊠ 77330

■ Paris 34 – Coulommiers 42 – Lagny-sur-Marne 22 – Melun 29 – Sézanne 84

🛈 Syndicat d'initiative, 43 avenue du Général-de-Gaulle ℰ 01 64 40 10 20

XXX **La Gueulardière** 🛎 **P** VISA ❶ AE
*66 av. Gén. de Gaulle – ℰ 01 60 02 94 56 – auberge@la-gueulardière.com
– Fax 01 60 02 98 51 – Fermé 27 août-11 sept., 25 fév.-5 mars et dim. soir*
Rest – 30 € (déj. en sem.), 38/48 € et carte 62/108 €, Enf. 16 €
♦ Cette auberge du centre-ville sert une cuisine classique dans deux élégan-
tes salles à manger ou sur la terrasse d'été, dressée sous une pergola.

PANTIN – 93 Seine-Saint-Denis – 305 F7 – 101 16 – 49 919 h. – alt. 26 m
– ⊠ 93500

■ Paris 9 – Bobigny 5 – Montreuil 7 – St-Denis 8

🛈 Office de tourisme, 81 avenue Jean Lolive ℰ 01 48 44 93 72

◎ Centre international de l'Automobile★, ▌Île de France.

🏨 **Mercure Porte de Pantin** sans rest 🖥 & 🗚 ⇋ 🔊25/100,
25 r. Scandicci – ℰ 01 49 42 85 85 – h0680@ 🖨 VISA ❶ AE ❶
accor.com – Fax 01 48 46 07 90
138 ch – †130/150 € ††140/160 €, � 14 €
♦ Hôtel dont les chambres s'équipent peu à peu d'un mobilier cossu. Les
unes sont agencées pour recevoir des familles, les autres sont adaptées à la
clientèle d'affaires.

LE PERREUX-SUR-MARNE – 94 Val-de-Marne – 312 E2 – 101 18
– 30 080 h. – alt. 50 m – ⊠ 94170

■ Paris 16 – Créteil 12 – Lagny-sur-Marne 23 – Villemomble 6 – Vincennes 7

🛈 Office de tourisme, 75 avenue Ledru Rollin ℰ 01 43 24 26 58

XXX **Les Magnolias** (Chauvel) 🗚 VISA ❶ AE ❶
❀ *48 av. Bry – ℰ 01 48 72 47 43 – contact@lesmagnolias.com
– Fax 01 48 72 22 28 – Fermé août, 1er-7 janv., sam. midi, dim. et lundi*
Rest – 37 € (déj.), 50/82 €
Spéc. Amertume douce et caramélisée d'un lapin aux agrumes séchés. Piqué
de cabillaud aux olives noires d'Italie. Agneau allaiton de l'Aveyron aux notes
boisées et grillées de noisettes.
♦ Le cadre résolument moderne, agrémenté de spots, de tableaux contemporains et de boiseries, incite à découvrir une cuisine inventive et ludique.

XX **Les Lauriers** 🛎 VISA ❶ AE ❶
*5 av. Neuilly-Plaisance – ℰ 01 48 72 45 75 – Fermé août, sam. midi, dim. soir,
merc. soir et lundi*
Rest – (24 €), 33/36 € ⏧
♦ Ce restaurant occupe un pavillon dans un quartier résidentiel. La salle
regorge de tableaux, gravures et dessins et les tables sont joliment dressées ;
cuisine traditionnelle.

POISSY – 78 Yvelines – 311 I2 – 101 12 – 35 841 h. – alt. 27 m – ⊠ 78300
▌Île de France

■ Paris 32 – Mantes-la-Jolie 29 – Pontoise 16 – St-Germain-en-Laye 6

🛈 Office de tourisme, 132 rue du Général-de-Gaulle ℰ 01 30 74 60 65

🏌 Bethemont Chisan Country Club 12 rue du Parc de Béthemont, par rte
d'Orgeval : 5 km, ℰ 01 39 08 13 70 ; 🏌 de Villennes à
Villennes-sur-Seine Route d'Orgeval, par rte de Vernouillet : 6 km,
ℰ 01 39 08 18 18 ; 🏌 de Feucherolles à Feucherolles Sainte Gemme,
par rte de Plaisir : 13 km, ℰ 01 30 54 94 94.

◎ Collégiale Notre-Dame★ - Villa Savoye★.

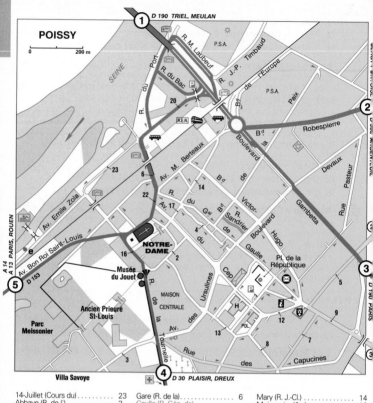

POISSY

🍴🍴 **Bon Vivant** ⟨ 🛋 𝗩𝗜𝗦𝗔 ⑩⑥ 𝗔𝗘

30 av. É. Zola – ℰ 01 39 65 02 14 – Fax 01 39 65 28 05 – Fermé 10-17 avril,
31 juil.-21 août, 25 déc.-1ᵉʳ janv., dim. soir et lundi   e
Rest – 35/50 € bc ℙ

♦ De la guinguette 1900, ce restaurant a conservé l'ambiance conviviale et la
terrasse en bord de Seine. Cadre rustique et carte traditionnelle privilégiant
le poisson.

PONTAULT-COMBAULT – **77 Seine-et-Marne** – 𝟯𝟭𝟮 **E3** – 𝟭𝟬𝟭 **29** – **32 886 h.**
– alt. 94 m – ⊠ **77340**

> 🅓 Paris 29 – Créteil 25 – Lagny-sur-Marne 17 – Melun 32
>
> 🅘 Office de tourisme, 16 rue de Bellevue ℰ 01 70 05 49 71,
> Fax 01 70 05 49 48
>
> 🅖 de La Marsaudière à Chevry-Cossigny RD 471, SE par N 4 : 11 km,
> ℰ 01 64 07 87 51.

Saphir Hôtel
aire des Berchères sur N 104 – ℰ *01 64 43 45 47*
– reservation @ sapin-hotel.fr – Fax 01 64 40 52 43
158 ch – ♦90/120 € ♦♦100/120 €, 🖵 15 € – 20 suites
Rest – (17 €), 25/55 € ♈, Enf. 12 €
♦ Architecture contemporaine au bord de la Francilienne. Les chambres, fonctionnelles et bien tenues, bénéficient d'une insonorisation parfaite. Deux salles à manger : l'une, d'esprit jardin d'hiver, l'autre, au cadre "rétro", réservée aux repas commandés.

LE PRÉ ST-GERVAIS – 93 Seine-Saint-Denis – **305** F7 – **101** 16 – 16 377 h. – alt. 82 m – ⊠ 93310
▷ Paris 8 – Bobigny 6 – Lagny-sur-Marne 33 – Meaux 38 – Senlis 47

Au Pouilly Reuilly
68 r. A. Joineau – ℰ *01 48 45 14 59 – Fermé sam. midi et dim.*
Rest – 28 € et carte 34/76 €
♦ Décor de bistrot d'avant-guerre, joyeuse ambiance et cuisine roborative où les abats sont à l'honneur. Une adresse où se retrouve le "Tout-Paris".

PUTEAUX – 92 Hauts-de-Seine – **311** J2 – **101** 14 – 40 780 h. – alt. 36 m – ⊠ 92800
▷ Paris 11 – Nanterre 4 – Pontoise 30 – St-Germain-en-Laye 17 – Versailles 15

Vivaldi sans rest
5 r. Roque de Fillol – ℰ *01 47 76 36 01 – vivaldi @ hotelvivaldi.com*
– Fax 01 47 76 11 45
27 ch – ♦111 € ♦♦118 €, 🖵 9 €
♦ Dans une rue tranquille près de l'hôtel de ville, immeuble à la façase cossue abritant des chambres rénovées, équipées d'un mobilier fonctionnel. Petit-déjeuner dans le patio.

Princesse Isabelle sans rest
72 r. J. Jaurès – ℰ *01 47 78 80 06 – princesse.isa @ wanadoo.fr*
– Fax 01 47 75 25 20
29 ch – ♦99/115 € ♦♦115/135 €, 🖵 12 €
♦ Hôtel proposant des chambres actuelles, parfois habillées de boiseries. Le hall d'accueil abrite un coin salon agrémenté d'une cheminée et un bar animé d'un piano mécanique.

La Table d'Alexandre
7 bd Richard Wallace – ℰ *01 45 06 33 63 – latabledalexandre @ free.fr*
– Fax 01 41 38 27 42 – Fermé 28 juil.-20 août, sam. et dim.
Rest – 24 € ♈
♦ À quelques foulées de la sportive île de Puteaux, cuisine traditionnelle actualisée servie dans un cadre sympathique : tons ocre, éclairage étudié et jolies chaises paillées.

LA QUEUE-EN-BRIE – 94 Val-de-Marne – **312** E3 – **101** 29 – 10 852 h. – alt. 95 m – ⊠ 94510
▷ Paris 22 – Coulommiers 50 – Créteil 11 – Lagny-sur-Marne 21 – Melun 33 – Provins 66

Auberge du Petit Caporal
– ℰ *01 45 76 30 06 – Fax 01 45 76 30 06 – Fermé dim. soir*
Rest – 46/62 € et carte 46/88 €
♦ Dans les murs d'un ancien relais de poste, ce restaurant vous invite à découvrir l'ambiance conviviale de ses petites salles à manger et sa cuisine traditionnelle.

ROISSY-EN-FRANCE (AÉROPORTS DE PARIS) – 95 Val-d'Oise – 305 G6
– 101 8 – 2 367 h. – alt. 85 m – ⊠ 95700

 ▶ Paris 26 – Chantilly 28 – Meaux 38 – Pontoise 39
  – Senlis 28

 ✈ Charles-de-Gaulle ℰ 03 36 68 15 15.

 🄸 Office de tourisme, 40 avenue Charles-de-Gaulle ℰ 01 34 29 43 14,
  Fax 01 34 29 43 33

Z. I. Paris Nord II – ⊠ 95912

Hyatt Regency ॐ
ℒ ☒ ☆ ☖ ☖ ch, ☒ ☖ ch, ☎ ☖ 300,
351 av. Bois de la Pie – ℰ 01 48 17 12 34 P *VISA* ☻ ☒ ☻
– cdg @ hyattintl.com – Fax 01 48 17 17 17
376 ch – ✝130/330 € ✝✝130/395 €, ☐ 25 € – 12 suites
Rest – (28 €), 53/59 €, Enf. 13 €

♦ Spectaculaire architecture contemporaine érigée à l'entrée de la zone
aéroportuaire : un vaste atrium relie les deux ailes qui abritent de grandes
chambres feutrées. L'espace restauration du Hyatt Regency est coiffé d'une
verrière ; buffets ou carte classique.

à l'aérogare nº 2

Sheraton ॐ
≼ ☆ ℒ ☖ ☖ ch, ☒ ☖ ch, ☎ ☖ 2/65,
– ℰ 01 49 19 70 70 – Fax 01 49 19 70 71 P *VISA* ☻ ☒ ☻
242 ch – ✝229/499 € ✝✝229/569 €, ☐ 28 € – 12 suites
Rest *Les Étoiles* – *(fermé sam., dim. et fériés)* 57 €
Rest *Les Saisons* – carte environ 46 €

♦ Descendez de l'avion ou du TGV et montez dans ce "paquebot" à l'architecture futuriste. Décor d'Andrée Putman, vue sur le tarmac, calme absolu et
chambres raffinées. Carte au goût du jour et beau cadre contemporain aux
Étoiles. Plats de brasserie aux Saisons.

à Roissypole

Hilton
ℒ ☒ ☖ ☖ ☒ ☖ ch, ☆ rest, ☖ 15/500, ☜ *VISA* ☻ ☒ ☻
– ℰ 01 49 19 77 77 – cdghitwsal @ hilton.com
– Fax 01 49 19 77 78
383 ch – ✝149/519 € ✝✝149/600 €, ☐ 24 €
Rest *Le Gourmet* – ℰ 01 49 19 77 95 *(fermé juil.-août, 23-31 déc., sam. et
dim.)* (43 €), 47 €
Rest *Les Aviateurs* – ℰ 01 49 19 77 95 – 37 € bc/55 €

♦ Architecture audacieuse, espace et lumière caractérisent cet hôtel.
Ses équipements de pointe en font un lieu propice au travail comme à la
détente. Cuisine au goût du jour au Gourmet. Côté Aviateurs, petite carte de
brasserie.

Sofitel
ℒ ☒ ☒ ☆ ☖ ☖ ch, ☒ ☖ ch, ☎ ☖ 10/100, P *VISA* ☻ ☒ ☻
Zone centrale Ouest – ℰ 01 49 19 29 29 – h0577 @ accor.com
– Fax 01 49 19 29 00
344 ch – ✝275/550 € ✝✝275/550 €, ☐ 24 € – 4 suites
Rest *L'Escale* – carte 45/65 €

♦ Accueil personnalisé, atmosphère feutrée, salles de séminaires, bar élégant et chambres soignées sont les atouts de cet hôtel bâti entre les deux
aérogares. Restaurant au cadre nautique et cuisine de la mer : une plaisante
"Escale" entièrement vouée à Neptune.

à Roissy-Ville

Courtyard Marriott
🛱 ⌚ 🕓 🔔 ⚗ 🏧 ⅃ch, ⅏ ☎ 🛎️12/230, 🚗
🅿 VISA ⑩ 🅰🅴 ⓪

allée du Verger – ☎ 01 34 38 53 53
– jerome.bourdais@courtyard.com – Fax 01 34 38 53 54
300 ch – 🛏135/300 € 🛏🛏155/300 €, ⚏ 19 € – 4 suites
Rest – 40 € bc (déj. en sem.), 35 € bc (dîner)/55 € bc ♀, Enf. 9 €
♦ Derrière sa façade blanche à colonnades, cet établissement offre des équipements modernes parfaitement adaptés à une clientèle d'affaires transitant par Paris. Carte brasserie autour d'un thème, servie dans la vaste salle à manger au décor soigné.

Millennium
🛱 ⌚ 🏊 🔔 🕓 🏧 ⅃ch, 🏧 ⅃ch, 🛎️18/150,
🚗 VISA ⑩ 🅰🅴 ⓪

allée du Verger – ☎ 01 34 29 33 33
– sales.cdg@mill-cop.com – Fax 01 34 29 03 05
239 ch – 🛏115/280 € 🛏🛏115/700 €, ⚏ 20 €
Rest – 32 € bc ♀
♦ Bar, pub irlandais, fitness, belle piscine, salles de séminaires, chambres spacieuses et un étage spécialement aménagé pour la clientèle d'affaires : un hôtel bien équipé. Cuisine internationale et buffets à la brasserie, ou plats rapides servis côté bar.

Dorint by Novotel
⑩ ⌚ 🏊 🔔 🕓 🏧 ⅃ch, ☎ 🛎️8/200,
🚗 🅿 VISA ⑩ 🅰🅴

Allée des Vergers – ☎ 01 30 18 20 00
– h5418@accor.com – Fax 01 34 29 95 60
282 ch – 🛏180/250 € 🛏🛏185/350 €, ⚏ 18 € – 7 suites
Rest – (18 €) et carte 26/40 € ♀, Enf. 8 €
♦ Le dernier né du parc hôtelier de Roissy offre des services performants : vaste espace séminaires avec régie intégrée, coin enfants et wellness center très complet. Au Novotel Café et Côté Jardin, 24 h sur 24, cuisine de brasserie signée Lenôtre.

Country Inn and Suites
🛱 ⌚ 🔔 🕓 🏧 ⅃ch, ⅏ ☎ 🛎️15/95,
🚗 🅿 VISA ⑩ 🅰🅴 ⓪

allée du Verger – ☎ 01 30 18 21 00
– info@countryinns.de – Fax 01 30 18 21 12
180 ch – 🛏100/175 € 🛏🛏100/220 €, ⚏ 13 €
Rest – *(fermé sam. midi, dim. midi et fériés)* 20 € bc et carte 30/45 € ♀, Enf. 13 €
♦ L'ancien château de Roissy, brûlé pendant la Révolution, a servi de modèle à ce bâtiment de forme hexagonale abritant un jardin intérieur. Bar de style anglais. Cuisine française et plats d'outre-Atlantique font bon ménage sur la carte du restaurant.

Mercure
🛱 🔔 🕓 🏧 ⅃ch, 🛎️30/90, 🅿 VISA ⑩ 🅰🅴 ⓪

allée des Vergers – ☎ 01 34 29 40 00 – h1245@accor.com
– Fax 01 34 29 00 18
203 ch – 🛏135/180 € 🛏🛏145/240 €, ⚏ 13 €
Rest – 23 € ♀
♦ Cet hôtel offre un décor soigné : cadre provençal dans le hall, zinc à l'ancienne au bar et spacieuses chambres habillées de bois clair. Carte traditionnelle, présentée dans une salle à manger agrémentée d'une galerie sur le thème de la boulangerie et du pain.

Ce guide vit avec vous : vos découvertes nous intéressent.
Faites-nous part de vos satisfactions comme de vos déceptions.
Coup de colère ou coup de cœur : écrivez-nous !

ROSNY-SOUS-BOIS – 93 Seine-Saint-Denis – F7 – 17 – 39 105 h.
– alt. 80 m – ⊠ 93110

▶ Paris 14 – Bobigny 8 – Le Perreux-sur-Marne 5 – St-Denis 16

🏌 AS Golf de Rosny-sous-Bois 12 rue Raspail, ℰ 01 48 94 01 81.

Quality Hôtel 🎍 📶 ⅙ch, 🆈 ↔ch, 🏠15/100, 🚗
4 r. Rome – ℰ 01 48 94 33 08 – qualityhotel.rosny@ 🅿 VISA ◍ AE ⓞ
wanadoo.fr – Fax 01 48 94 30 05
97 ch – ⅂75/130 € ⅂⅂90/250 €, ⊆ 12 €
Rest *Le Vieux Carré* – (fermé août, vacances de Noël, vend. soir, sam., dim.,
fériés et veilles fériés) (18 €), 24/35 € ⅂
♦ Adossé au golf, hôtel dont l'architecture et la décoration intérieure s'ins-
pirent de la Louisiane. Chambres spacieuses et confortables. L'enseigne et le
mobilier du restaurant le Vieux Carré sont des clins d'oeil à la Nouvelle-
Orléans ; terrasse côté greens.

Ne confondez pas les couverts ✗ et les étoiles ✿ ! Les couverts définissent
une catégorie de standing, tandis que l'étoile couronne les meilleures tables,
dans chacune de ces catégories.

RUEIL-MALMAISON – 92 Hauts-de-Seine – J2 – 14 – 73 469 h.
– alt. 40 m – ⊠ 92500 ▌ Ile de France

▶ Paris 16 – Argenteuil 12 – Nanterre 3 – St-Germain-en-Laye 9
– Versailles 12

🄸 Office de tourisme, 160 avenue Paul Doumer ℰ 01 47 32 35 75

🏌 de Rueil-Malmaison 25 Boulevard Marcel Pourtout, ℰ 01 47 49 64 67.

◉ Château de Bois-Préau★ - Buffet d'orgues★ de l'église - Malmaison :
musée★★ du château.

Novotel Atria 🄵🄰 📶 ⅙ch, 🆈 rest, ↔ch, 🕻 🏠20/180,
21 av. Ed. Belin – ℰ 01 47 16 60 60 – h1609@ 🚗 VISA ◍ AE ⓞ
accor.com – Fax 01 47 51 09 29
118 ch – ⅂195/210 € ⅂⅂205/255 €, ⊆ 13 €
Rest – 21/80 € ⅂, Enf. 8 €
♦ Immeuble moderne du quartier d'affaires Rueil 2000, à deux pas de la gare
RER. Les chambres adoptent progressivement un décor contemporain,
sobre et "cosy". Centre de conférences. Au restaurant, cadre actuel et cuisine
de type brasserie.

Cardinal sans rest 📶 ⅙ 🆈 ↔ 🏠15, 🅿 VISA ◍ AE ⓞ
1 pl. Richelieu – ℰ 01 47 08 20 20 – quality-hotel.cardinal@wanadoo.fr
– Fax 01 47 08 35 84
64 ch – ⅂125/145 € ⅂⅂155/300 €, ⊆ 13 €
♦ Construction récente située à proximité des châteaux et des parcs. Chambres actuelles ou de style rustique, certaines avec mezzanine pour les
familles. Salon-bar confortable.

Le Bonheur de Chine 🎍 🆈 ✿ 10, VISA ◍ AE ⓞ
6 allée A. Maillol, (face 35 av. J. Jaurès à Suresnes) – ℰ 01 47 49 88 88
– bonheurdechine@wanadoo.fr – Fax 01 47 49 48 68 – Fermé lundi
Rest – 20 € (déj. en sem.), 35/56 €, Enf. 12 €
♦ Mobilier et autres éléments de décor en provenance d'Extrême-Orient
composent le cadre authentique de ce restaurant où confluent toutes les
saveurs de la cuisine chinoise.

RUNGIS – 94 Val-de-Marne – 312 D3 – 101 26 – 5 424 h. – alt. 80 m
– ⊠ 94150

🖸 Paris 14 – Antony 5 – Corbeil-Essonnes 30 – Créteil 13 – Longjumeau 12

à Pondorly accès : de Paris, A6 et bretelle d'Orly ; de province, A6 et sortie
Rungis – ⊠ 94150 Rungis

🏨 Holiday Inn ♬ 🗃 ⅀ 🖦 ↔ch, 🖊15/200, 🅿 𝑉𝐼𝑆𝐴 ⓞ 𝐴𝐸 ⓞ
4 av. Ch. Lindbergh – ℰ 01 49 78 42 00 – hiorly@ alliance-hospitality.com
– Fax 01 45 60 91 25
169 ch – ✝90/237 € ✝✝167/267 €, ⊐ 17 €
Rest – (22 €), 26/35 € bc ℒ

♦ Au bord de l'autoroute, établissement de grand confort dont les chambres, équipées du double vitrage, sont spacieuses et modernes. La salle à manger présente un cadre contemporain rehaussé de discrètes touches Art déco ; plats traditionnels.

🏨 Novotel ⅃ 🗃 ⅀ 🖦 ↔ch, 🖊15/150, 🅿 𝑉𝐼𝑆𝐴 ⓞ 𝐴𝐸 ⓞ
Zone du Delta, 1 r. Pont des Halles – ℰ 01 45 12 44 12 – h1628@ accor.com
– Fax 01 45 12 44 13
181 ch – ✝109/175 € ✝✝109/241 €, ⊐ 13 €
Rest – (19 €), 25 € ℒ, Enf. 8 €

♦ Les chambres de ce Novotel sont aménagées selon les normes de la chaîne et équipées d'un double vitrage. Bar décoré sur le thème de la B. D. La spacieuse salle de restaurant, tout comme le Novotel Café, ont opté pour un décor design et coloré.

SACLAY – 91 Essonne – 312 C3 – 101 24 – 2 883 h. – alt. 147 m – ⊠ 91400

🖸 Paris 27 – Antony 14 – Chevreuse 13 – Montlhéry 16 – Versailles 12

🏨 Novotel 🍴 ⅃ ℀ 🚃 🗃 ⅀ &ch, 🖦 ↔ch, ☏ 🖊160, 🅿 𝑉𝐼𝑆𝐴 ⓞ 𝐴𝐸 ⓞ
r. Charles Thomassin – ℰ 01 69 35 66 00 – h0392@ accor.com
– Fax 01 69 41 01 77
136 ch – ✝119 € ✝✝129 €, ⊐ 12 €
Rest – carte 22/40 € ℒ, Enf. 8 €

♦ Cour pavée, maison bourgeoise du 19ᵉ s. et ancien corps de ferme : vous êtes au Novotel Saclay ! Les chambres occupent une aile récente, conforme aux standards de la chaîne. Bar réchauffé par une vieille cheminée et restaurant ouvert sur un espace verdoyant.

ST-CLOUD – 92 Hauts-de-Seine – 311 J2 – 101 14 – 28 157 h. – alt. 63 m
– ⊠ 92210 ▌ Ile de France

🖸 Paris 12 – Nanterre 7 – Rueil-Malmaison 6 – St-Germain 16
– Versailles 10

🖬 du Paris Country Club 1 rue du Camp Canadien, (Hippodrome),
ℰ 01 47 71 39 22.

◎ Parc★★ (Grandes Eaux★★) - Église Stella Matutina★.

🏨 Villa Henri IV 🗃 ☏ 🖊25, 🅿 𝑉𝐼𝑆𝐴 ⓞ 𝐴𝐸 ⓞ
43 bd République – ℰ 01 46 02 59 30 – villa-henri-4@ wanadoo.fr
– Fax 01 49 11 11 02
36 ch – ✝83/90 € ✝✝95/104 €, ⊐ 7 €
Rest *Le Bourbon* – (fermé 21 juil.-22 août, dim. soir, lundi midi et sam.) 19 €
(sem.)/32 € ℒ, Enf. 12 €

♦ Le charme de l'ancien dans cette villa clodoaldienne aux chambres garnies de meubles de style ; toutes sont bien insonorisées. Une atmosphère d'auberge provinciale cossue émane de ce restaurant dont l'enseigne fait référence au riche passé de St-Cloud.

Quorum 🛗 &.ch, 🎞 rest, ⌂ 🅿 𝘝𝘐𝘚𝘈 🕸 AE ①

2 bd République – ✆ *01 47 71 22 33 – hotel-quorum@club-internet.fr*
– Fax 01 46 02 75 64
58 ch – 🛉85/100 € 🛉🛉89/180 €, ⬜ 8 €
Rest – *(fermé sam., dim. et fériés)* (17 €), 24/32 €

♦ Le beau parc de Saint-Cloud (450 ha) est à deux pas de ce bâtiment récent qui abrite des chambres rénovées, fonctionnelles et équipées d'un double vitrage. Salle à manger actuelle dotée de meubles en bambou et cuisine traditionnelle sans prétention.

🍴 **Le Garde-Manger** 𝘝𝘐𝘚𝘈 🕸

21 r. Orléans – ✆ *01 46 02 03 66 – restaurant@legardemanger.com*
– Fax 01 46 02 11 55
Rest – (réservation conseillée) 14/17 € ♀

♦ Accueil souriant, service décontracté mais efficace et cuisine généreuse sont les atouts de ce petit bistrot de quartier. On y mange au coude à coude.

ST-DENIS ◉ – 93 Seine-Saint-Denis – **305** F7 – **101** 16 – 85 832 h. – alt. 33 m – ✉ 93200 ▮ Île de France

🇩 Paris 11 – Argenteuil 12 – Beauvais 70 – Bobigny 11 – Chantilly 31 – Pontoise 27 – Senlis 44

🇮 Office de tourisme, 1 rue de la République ✆ 01 55 87 08 70, Fax 01 48 20 24 11

◉ Basilique★★★ - Stade de France★.

ST-GERMAIN-EN-LAYE ◉ – 78 Yvelines – **311** I2 – **101** 13 – 38 423 h. – alt. 78 m – ✉ 78100 ▮ Île de France

🇩 Paris 25 – Beauvais 81 – Dreux 66 – Mantes-la-Jolie 36 – Versailles 13

🇮 Office de tourisme, 38 rue au Pain ✆ 01 34 51 05 12, Fax 01 34 51 36 01

🏌 de Joyenval à Chambourcy Chemin de la Tuilerie, par rte de Mantes : 6 km par D 160, ✆ 01 39 22 27 50.

◉ Terrasse★★ - Jardin anglais★ - Château★ : musée des Antiquités nationales★★ - Musée Maurice Denis★.

 Pavillon Henri IV ⌂ ⪕ 霜 🛗 ⵚ30/120, 🅿 𝘝𝘐𝘚𝘈 🕸 AE ①

21 r. Thiers – ✆ *01 39 10 15 15 – pavillonhenri4@wanadoo.fr*
– Fax 01 39 73 93 73 BYZ **t**
42 ch – 🛉100/125 € 🛉🛉140/350 €, ⬜ 14 €
Rest – *(fermé dim. soir)* 47 € bc *(déj. en sem.)*, 65/95 € ♀

♦ Achevée en 1604 sous l'impulsion d'Henri IV, cette belle bâtisse vit naître le futur roi Louis XIV. Atmosphère bourgeoise et meubles de style dans les salons et les chambres. La salle à manger offre un superbe panorama sur la vallée de la Seine et Paris.

 Ermitage des Loges 霜 ⪜ 🛗 %rest, ⵚ30/150,

11 av. Loges – ✆ *01 39 21 50 90 – hotel@* 🅿 𝘝𝘐𝘚𝘈 🕸 AE ①
ermitagedesloges.com – Fax 01 39 21 50 91 AY **x**
56 ch – 🛉92/125 € 🛉🛉109/141 €, ⬜ 11,50 €
Rest – 21 € *(déj. en sem.)*, 31/50 € bc

♦ Hôtel situé à proximité du château de Saint-Germain. Chambres assez classiques dans l'aile principale, plus contemporaines à l'annexe et bénéficiant du calme du jardin. Le décor actuel et élégant de la salle de restaurant évoque l'épopée de l'aéronautique.

ST-GERMAIN-EN-LAYE

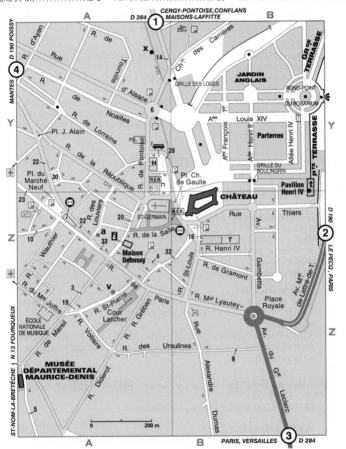

✗ **Top Model**   🚭 **VISA** **MO** **AE** **①**

☕ 24 r. St-Pierre – ☎ 01 34 51 77 78 – Fax 01 39 76 62 50 – Fermé 2-23 août, 2-10
janv., dim. et lundi   AZ **v**
Rest – (nombre de couverts limité, prévenir) 15 € (déj.), 30/38 € et carte
30/35 € ♈

♦ La terrasse de ce mini restaurant proche du centre-ville est prise d'assaut
aux beaux jours. Décor contemporain ; petits plats traditionnels et vins
présentés sur ardoise.

par ① et D 284 : 2,5 km – ⊠ 78100 St-Germain-en-Laye

La Forestière ⌂   🔊 📶 & 📺 rest, 📞 🌊 30, 🅿 𝑉𝐼𝑆𝐴 ⓜⓒ 🄰🄴 ⓞ
1 av. Prés. Kennedy – ℰ 01 39 10 38 38 – cazaudehore @ relaischateaux.com
– Fax 01 39 73 73 88
25 ch – ♦150/165 € ♦♦190/205 €, � 16 € – 5 suites
voir rest. *Cazaudehore* ci-après
♦ Séduisante maison entourée d'un jardin en lisière de forêt. Le choix des
coloris et un mobilier de belle facture personnalisent les chambres, toutes
"cosy". Soirées jazz.

XXX   **Cazaudehore**   🍽 🚗 & 📺 ⟷ 15/20, 🅿 𝑉𝐼𝑆𝐴 ⓜⓒ 🄰🄴 ⓞ
Hôtel La Forestière, 1 av. Prés. Kennedy – ℰ 01 30 61 64 64 – cazaudehore @
relaischateaux.com – Fax 01 39 73 73 88 – Fermé dim. soir de nov. à avril
et lundi sauf fériés
Rest – 55 € bc (déj. en sem.)/68 € bc et carte 55/100 € ⥱ ⅋, Enf. 22 €
♦ Les Cazaudehore reçoivent en cette grande demeure depuis 1928. Élégante et chaleureuse salle à manger ; délicieuse terrasse ombragée par des
acacias. Carte des vins étoffée.

ST-MANDÉ – 94 Val-de-Marne – 𝟛𝟙𝟚 D2 – 𝟙𝟘𝟙 27 – 19 697 h. – alt. 50 m
– ⊠ 94160

Đ   Paris 7 – Créteil 10 – Lagny-sur-Marne 29 – Maisons-Alfort 6
    – Vincennes 2

XX   **L'Ambassade de Pékin**   📺 𝑉𝐼𝑆𝐴 ⓜⓒ 🄰🄴
6 av. Joffre – ℰ 01 43 98 13 82 – Fax 01 43 28 31 93
Rest – 12,50 € (déj. en sem.), 24/32 €
♦ Adresse appréciée pour l'originalité de sa cuisine vietnamienne et
thaïlandaise, servie dans une salle revêtue de bois et ornée d'un aquarium à
homards et poissons exotiques.

XX   **L' Ambre d'Or**   📺 𝑉𝐼𝑆𝐴 ⓜⓒ
44 av. du Gén. de Gaulle – ℰ 01 43 28 23 93 – Fax 01 43 28 23 93 – Fermé
15août-10 sept., vacances de fév., dim. et lundi
Rest – 32 €
♦ Discret restaurant situé face à la mairie. La salle à manger associe avec goût
poutres anciennes et mobilier contemporain. Carte au goût du jour sensible
au rythme des saisons.

ST-MAUR-DES-FOSSÉS – 94 Val-de-Marne – 𝟛𝟙𝟚 D3 – 𝟙𝟘𝟙 27 – 73 069 h.
– alt. 38 m – ⊠ 94100

Đ   Paris 12 – Créteil 6 – Nogent-sur-Marne 6

XX   **La Renaissance**   📺 𝑉𝐼𝑆𝐴 ⓜⓒ 🄰🄴
8 pl. des Marronniers – ℰ 01 48 85 91 74 – Fermé dim. soir et lundi
Rest – 18 € (déj. en sem.)/40 €
♦ Cette grande bâtisse abrite une sobre salle à manger néo-rustique prolongée de deux terrasses d'été. On y déguste une cuisine classique.

à La Varenne-St-Hilaire – ⊠ 94210

Winston sans rest   ⇔ 🅿 𝑉𝐼𝑆𝐴 ⓜⓒ 🄰🄴
119 quai W. Churchill – ℰ 01 48 85 00 46 – winston.hotel @ online.fr
– Fax 01 48 89 98 89
22 ch – ♦65 € ♦♦70/80 €, � 7,50 €
♦ Dans un secteur résidentiel, grande chaumière moderne abritant des
chambres meublées dans des styles variés, bien tenues et régulièrement
rafraîchies.

XXX **La Bretèche** ⌂ AC VISA ⦿

171 quai Bonneuil – ℰ *01 48 83 38 73 – contact@labreteche.fr*
– Fax 01 42 83 63 19 – Fermé 16-28 août, vacances de fév., dim. soir et lundi
Rest – 27 € (sem.)/50 € et carte 60/76 € ♀

♦ Adresse estimée pour son décor élégant et sa cuisine au goût du jour. La terrasse en bord de Marne devient agréable aux heures où les RER se raréfient.

X **Gargamelle** ⌂ VISA ⦿ AE ⓞ

23 av. Ch. Péguy – ℰ *01 48 86 04 40 – sarl.la.deviniere@wanadoo.fr – Fermé 13-28 août, dim. soir et lundi*
Rest – 28/48 € ♀

♦ Cuisine simple et goûteuse mettant à l'honneur les légumes oubliés, service tout sourire et jolie terrasse sont les atouts de ce restaurant logé dans un ancien café-épicerie.

X **Entre Terre et Mer** ⅙ AC VISA ⦿

15 r. St-Hilaire – ℰ *01 55 97 04 98 – Fax 01 55 96 08 04*
– Fermé 24 juil.-21 août, dim. soir et lundi
Rest – 34 € bc ♀

♦ Restaurant de poche où il fait bon jeter l'ancre pour déguster une cuisine de la mer fraîche et bien tournée. Coquet décor coloré, agrémenté de tableaux d'artistes locaux.

Hôtels et restaurants bougent chaque année.
Chaque année, changez de guide Michelin !

ST-OUEN – 93 Seine-Saint-Denis – 305 F7 – 101 16 – 39 722 h. – alt. 36 m
– ⌧ 93400

🪧 Paris 9 – Bobigny 12 – Chantilly 46 – Meaux 49 – Pontoise 26
– St-Denis 5

🅉 Office de tourisme, 7 impasse Simon ℰ 01 58 61 22 90

🏨 **Manhattan** 🛗 ⅙ch. AC ↳ch. ☎ 🐾 🅿 VISA ⦿ AE ⓞ

115 av. G. Péri – ℰ *01 41 66 40 00 – reservation@hotel-le-manhattan*
– Fax 01 41 66 40 66
126 ch – ♦148/180 € ♦♦158/180 €, ⌧ 12 €
Rest – (fermé 31 juil.-28 août, sam., dim. et fériés) 21 € ♀

♦ Cette architecture moderne construite en verre et en pierre abrite des chambres claires, pratiques et dotées d'une bonne insonorisation. Salle à manger-véranda perchée au 8ᵉ étage de l'hôtel ; carte traditionnelle.

XX **Le Coq de la Maison Blanche** ⌂ AC VISA ⦿ AE

37 bd J. Jaurès – ℰ *01 40 11 01 23 – Fax 01 40 11 67 68*
Rest – 32 € ♀

♦ Allure de brasserie cossue et cuisine traditionnelle sont les traits principaux de ce restaurant aménagé dans un ancien relais de poste. Service décontracté et efficace.

X **Soleil** VISA ⦿ AE

109 av. Michelet – ℰ *01 40 10 08 08 – lesoleil2@wanadoo.fr*
– Fax 01 40 10 16 85 – Fermé 10-25 août, lundi soir, mardi soir, merc. soir et dim. soir
Rest – 32 €

♦ Sympathique bistrot dont l'amusant décor éclectique (meubles et bibelots chinés) rappelle la proximité du Marché aux Puces. Table généreuse, répertoire traditionnel.

ST-PIERRE-DU-PERRAY – 91 Essonne – 312 D4 – 101 38 – 5 801 h. – alt. 88 m – ⊠ 91280

▣ Paris 39 – Brie-Comte-Robert 16 – Évry 7 – Melun 20
▣ de Greenparc route de Villepècle, ℰ 01 60 75 40 60.

Novotel 🏕 ⅃♨ 🖫 ᵇ ❖ch, 🗚 ↩ch, ❦ rest, ♨120, 🅿 VISA ⅏ⅉ AE ⅈ
golf de Greenparc – ℰ 01 69 89 75 75 – h1783@accor.com
– Fax 01 69 89 75 50
78 ch – ♦95/109 € ♦♦105/125 €, ⊇ 12 €
Rest – (18 €), 22 €, Enf. 8 €
◆ Cet hôtel dispose de chambres du modèle "dernière génération" de la chaîne. La moitié d'entre elles offrent une vue sur le golf ; certaines disposent même d'un balcon. Sobre salle à manger contemporaine où l'on propose la carte "Novotel" traditionnelle.

Une nuit douillette sans se ruiner ? Repérez les Bib Hôtel 🍽.

ST-QUENTIN-EN-YVELINES – 78 Yvelines – 311 H3 – 101 21 – 116 082 h. – ⊠ 78 ▮ Île de France

▣ Paris 33 – Houdan 33 – Palaiseau 28 – Rambouillet 21
– Versailles 14
▣ Blue Green Golf St-Quentin-en-Yvelines à Trappes Base de loisirs,
ℰ 01 30 50 86 40 ; ▣ National à Guyancourt 2 avenue du Golf,
ℰ 01 30 43 36 00.

Montigny-le-Bretonneux – 35 216 h. – alt. 162 m – ⊠ 78180

Auberge du Manet ⤳ 🏕 ᵇ ❖ch, ↩ch, 🅿 VISA ⅏ⅉ AE ⅈ
61 av. Manet – ℰ 01 30 64 89 00 – mail@aubergedumanet.com
– Fax 01 30 64 55 10
31 ch – ♦85/100 € ♦♦85/130 €, ⊇ 12 €, 4 duplex
Rest – (fermé 18 juil.-15 août) 23 € bc (déj. en sem.)/37 € (week-end), Enf. 10 €
◆ Propriété de l'abbaye de Port-Royal-des-Champs au 17ᵉ s., domaine agricole sous la Révolution, et aujourd'hui auberge à l'atmosphère chaleureuse. Chambres confortables. Salle à manger-véranda et plaisante terrasse champêtre au bord d'une mare aux canards.

Holiday Inn Garden Court 🏕 ⅃♨ 🖫 ᵇ ↩ch, ♨20/60,
r. J.-P. Timbaud (rte Bois d'Arcy sur D 127) 🅿 VISA ⅏ⅉ AE ⅈ
– ℰ 01 30 14 42 00 – higcsaintquentin@alliance-hospitality.com
– Fax 01 30 14 42 42
81 ch – ♦80/145 € ♦♦80/145 €, ⊇ 12 €
Rest – (fermé dim. soir, dim. midi et sam.) 25 € ⅈ
◆ Dans le quartier du Pas-du-Lac, établissement moderne aux chambres fonctionnelles, assez petites. Agréable salle à manger-véranda, terrasse d'été et cuisine au goût du jour.

Mercure 🏕 🖫 ᵇ ❖ch, 🗚 ↩ch, ♨20/70, 🛏 VISA ⅏ⅉ AE ⅈ
9 pl. Choiseul – ℰ 01 39 30 18 00 – h1983@accor.com – Fax 01 30 57 15 22
74 ch – ♦123 € ♦♦133 €, ⊇ 12,50 €
Rest – (fermé dim. soir, dim. midi et sam.) (18 €), 26 € ⅈ
◆ Intégré à un ensemble immobilier, hôtel dont les chambres sont d'une discrète élégance. Agréable salon-bar feutré avec écran plasma. Le restaurant est décoré sur le thème aéronautique. Plats traditionnels et suggestions sur le thème du voyage.

Voisins-le-Bretonneux – 12 153 h. – alt. 163 m – ⊠ 78960

◎ Vestiges de l'abbaye Port-Royal des Champs★ SO : 4 km.

🏨 **Novotel St-Quentin Golf National** ⌖ ⟨ 🏠 🛗 ᴊ ℅ 🍴 ᴁ
🔞 📶 &ch, 🅐 ⟨⟩ch, 🛄15/180, 🅿 𝗩𝗜𝗦𝗔 ⓂⒸ 🅐🄴 ⓞ
au Golf National, Est : 2 km par D 36 ⊠ 78114 – ℰ 01 30 57 65 65
– *h1139@accor.com* – *Fax 01 30 57 65 00*
131 ch – ✝119/129 € ✝✝129/139 €, ⊇ 12 €
Rest – carte environ 28 € ⏁, Enf. 8 €
♦ Environnement calme du golf, chambres modernes et nombreux équipements destinés à la clientèle d'affaires caractérisent cet hôtel. Carte au goût du jour commune au restaurant, au Novotel Café et au bar. Décor contemporain, terrasse.

🏠 **Port Royal** sans rest ⌖ ᴁ & 🅿 𝗩𝗜𝗦𝗔 ⓂⒸ
20 r. H. Boucher – ℰ 01 30 44 16 27 – *Fax 01 30 57 52 11* – *Fermé 4 au 20 août et 26 déc. au 1ᵉʳ janv.*
40 ch – ✝66 € ✝✝66/71 €, ⊇ 6,50 €
♦ À l'orée de la vallée de Chevreuse, cette maison moderne abrite des chambres scrupuleusement entretenues et sobrement meublées. Agréable jardin fleuri et arboré.

🏠 **Relais de Voisins** ⌖ 🏠 &ch, 🛄35, 🅿 𝗩𝗜𝗦𝗔 ⓂⒸ
⊗ *av. Grand-Pré* – ℰ 01 30 44 11 55 – *Fax 01 30 44 02 04* – *Fermé 21 juil.-21 août et 15-31 déc.*
53 ch – ✝65/73 € ✝✝65/73 €, ⊇ 6 €
Rest – (fermé dim. soir) 13,50 € (déj. en sem.)/25 €
♦ Construit sur l'emplacement d'une ancienne ferme, dont les murs d'enceinte (16ᵉ s.) ont été conservés, hôtel récent proposant de petites chambres très simplement meublées. Restaurant fonctionnel et coloré où l'on sert une cuisine traditionnelle.

Sᴛᴇ-Gᴇɴᴇᴠɪᴇ̀ᴠᴇ-ᴅᴇs-Bᴏɪs – 91 Essonne – 🟥🟥 C4 – 🟥🟥🟥 35 – 32 125 h. – alt. 78 m – ⊠ 91700 ▮ Île de France

🄳 Paris 27 – Arpajon 10 – Corbeil-Essonnes 18 – Étampes 30 – Évry 10 – Longjumeau 9

🍴🍴 **La Table d'Antan** 🅐 𝗩𝗜𝗦𝗔 ⓂⒸ
38 av. Gde Charmille du Parc, près H. de Ville – ℰ 01 60 15 71 53
– *table-antan@wanadoo.fr* – *Fermé 1ᵉʳ-29 août, mardi soir, merc. soir, dim. soir et lundi*
Rest – 27/46 € ⏁
♦ Atmosphère chaleureuse dans cet aimable restaurant égaré dans un ensemble résidentiel. Cuisine classique et spécialités du Sud-Ouest. Carte de whiskies.

Sᴀᴠɪɢɴʏ-sᴜʀ-Oʀɢᴇ – 91 Essonne – 🟥🟥 D3 – 🟥🟥🟥 36 – 36 258 h. – alt. 81 m – ⊠ 91600

🄳 Paris 22 – Arpajon 20 – Corbeil-Essonnes 17 – Évry 11 – Longjumeau 6
🄸 Syndicat d'initiative, place Davout ℰ 01 69 24 17 52

🍴🍴 **Au Ménil** 🅐 𝗩𝗜𝗦𝗔 ⓂⒸ 🅐🄴
24 bd A. Briand – ℰ 01 69 05 47 48 – *Fax 01 69 44 09 44* – *Fermé 20 juil.-20 août et 22-28 janv.*
Rest – 28/46 € ⏁
♦ Cadre agréable, mise en place soignée, bon accueil, service attentionné et copieuse cuisine classique caractérisent ce restaurant. Il n'est pas rare qu'on s'y bouscule !

SUCY-EN-BRIE – 94 Val-de-Marne – **312** E3 – **101** 28 – 24 812 h. – alt. 96 m
– ⊠ 94370

▶ Paris 21 – Créteil 6 – Chennevières-sur-Marne 4

◎ Château de Gros Bois★ : mobilier★★ S : 5 km, ▯ Île de France.

quartier les Bruyères Sud-Est : 3 km – ⊠ 94370 Sucy-en-Brie

Le Tartarin ⤴   🛎30, *VISA* **MC**
carrefour de la Patte d'Oie – ℰ 01 45 90 42 61 – tartarin @ neuf.fr
– Fax 01 45 90 52 55 – Fermé août
12 ch – ♦50 € ♦♦55 €, ⚏ 7 €
Rest – (fermé lundi) 20/46 €
♦ Depuis trois générations, la même famille vous reçoit dans cet ancien
rendez-vous de chasse posté à l'orée de la forêt. Il y règne une chaleureuse
atmosphère campagnarde. Salle à manger très cynégétique (trophées, ani-
maux naturalisés). Cuisine traditionnelle.

Le Clos de Sucy   *VISA* **MC**
17 r. Porte – ℰ 01 45 90 29 29 – Fax 01 45 90 29 29 – Fermé 1er-22 août, dim.
soir et lundi
Rest – (22 €), 31/40 € ♀, Enf. 15 €
♦ Cloisons à pans de bois, poutres apparentes et tonalités lie de vin : la
salle à manger est à la fois cossue et campagnarde. Cuisine de tradition revisitée.

Terrasse Fleurie   ⌂ *AC* **P** *VISA* **MC**
1 r. Marolles – ℰ 01 45 90 40 07 – Fax 01 45 90 40 07 – Fermé 1er-24 août,
19-24 fév., merc. et le soir sauf vend. et sam.
Rest – 24/36 € ♀, Enf. 11 €
♦ Aménagé dans un pavillon, restaurant dont la cuisine, simple et généreuse,
se savoure dans la salle à manger rustique ou sur l'agréable terrasse
fleurie.

SURESNES – 92 Hauts-de-Seine – **311** J2 – **101** 14 – 39 706 h. – alt. 42 m
– ⊠ 92150 ▯ Ile de France

▶ Paris 12 – Nanterre 4 – Pontoise 32 – St-Germain-en-Laye 13
– Versailles 14

🄸 Office de tourisme, 50 boulevard Henri Sellier ℰ 01 41 18 18 76,
Fax 01 41 18 18 78

◎ Fort du Mont Valérien (Mémorial National de la France combattante).

Novotel   🛗 ᴋ.ch, *AC* ⤺ch, 🛎25/100, ⟶ *VISA* **MC** **AE** **①**
7 r. Port aux Vins – ℰ 01 40 99 00 00 – h1143 @ accor.com
– Fax 01 45 06 60 06
108 ch – ♦175 € ♦♦185 €, ⚏ 14 € – 3 suites
Rest – buffet – carte 24/36 € ♀, Enf. 8 €
♦ Cet hôtel situé dans une rue calme proche des quais a entièrement fait
peau neuve. Les chambres arborent un décor contemporain aux tons clairs,
sobre et reposant. Cuisine traditionnelle au restaurant ou formule snack-bar
au Novotel Café.

Astor sans rest   🛗 *VISA* **MC** **AE**
19 bis r. Mt Valérien – ℰ 01 45 06 15 52 – info @ hotelastor.fr
– Fax 01 42 04 65 29
50 ch – ♦73 € ♦♦73 €, ⚏ 5,50 €
♦ À 200 m du Mont Valérien - lieu de mémoire de la Résistance - établissement familial aux petites chambres sans luxe, propres et équipées d'un
double vitrage efficace.

✗✗ **Les Jardins de Camille** ⟨ ⌂ ✿ 30/40, $\overline{VISA}$ $\textcircled{MC}$ $\overline{AE}$
*70 av. Franklin Roosevelt – ℰ 01 45 06 22 66 – lesjardinsdecamille@free.fr
– Fax 01 47 72 42 25 – Fermé dim. soir*
Rest – rest.-terrasse – 35/55 € ♨
♦ Magnifique vue sur Paris et la Défense depuis la salle et l'une des terrasses de cette ancienne ferme transformée en restaurant. Belle carte de vins bourguignons.

T̲HIAIS – **94 Val-de-Marne** – $\overline{312}$ D3 – $\overline{101}$ 26 – 28 232 h. – alt. 60 m – ✉ 94320

◩ Paris 18 – Créteil 7 – Évry 27 – Melun 37

✗ **Ophélie la Cigale Gourmande** $\overline{AC}$ $\overline{VISA}$ $\textcircled{MC}$ $\textcircled{①}$
82 av. Versailles – ℰ 01 48 92 59 59 – luclamass@aol.com
😊 *– Fax 01 48 53 91 53 – Fermé 7-28 août, merc. soir, sam. midi, dim. soir et lundi*
Rest – (25 €), 30/40 € ⏑, Enf. 15 €
♦ Un petit coin de Provence aux portes de Paris ! Décor tout simple mais pimpant et coloré, goûteuse cuisine méditerranéenne mitonnée avec des produits frais.

T̲REMBLAY-E̲N-F̲RANCE – **93 Seine-Saint-Denis** – $\overline{305}$ G7 – $\overline{101}$ 18 – 33 885 h. – alt. 60 m – ✉ 93290

◩ Paris 24 – Aulnay-sous-Bois 7 – Bobigny 13 – Villepinte 4

au Tremblay-Vieux-Pays

✗✗ **Le Cénacle** $\overline{AC}$ ✿ 8, $\overline{VISA}$ $\textcircled{MC}$
1 r. Mairie ✉ 93290 – ℰ 01 48 61 32 91 – Fax 01 48 60 43 89 – Fermé août, sam., dim. et fériés
Rest – 38/63 € ⏑
♦ La façade, riante avec ses stores rouges, abrite une petite salle à manger élégante et cossue : poutres peintes, tons ocre, tableaux, sièges de style Louis XV et vivier à crustacés.

T̲RIEL-SUR-S̲EINE – **78 Yvelines** – $\overline{311}$ I2 – $\overline{101}$ 10 – 11 097 h. – alt. 20 m – ✉ 78510 ▮ Île de France

◩ Paris 39 – Mantes-la-Jolie 27 – Pontoise 18 – Rambouillet 55 – St-Germain-en-Laye 12

◎ Église St-Martin⋆.

✗ **St-Martin** $\overline{VISA}$ $\textcircled{MC}$
2 r. Galande (face Poste) – ℰ 01 39 70 32 00 – Fermé 1er-25 août, 23 déc.-2 janv., merc. et dim.
😊 **Rest** – (nombre de couverts limité, prévenir) 25/50 € ⏑
♦ À côté d'une jolie église gothique du 13e s., restaurant proposant une cuisine traditionnelle actualisée dans un coquet décor d'inspiration rustique.

V̲ANVES – **92 Hauts-de-Seine** – $\overline{311}$ J3 – $\overline{101}$ 25 – 25 414 h. – alt. 61 m – ✉ 92170

◩ Paris 7 – Boulogne-Billancourt 5 – Nanterre 13

🛈 Syndicat d'initiative, 2 rue Louis Blanc ℰ 01 47 36 03 26

Mercure Paris Porte de Versailles Expo ch, ch, 20/180, VISA MC AE
36-38 r. Moulin – ✆ 01 46 48 55 55
– h0375@accor.com – Fax 01 46 48 56 56
384 ch – 143/280 € 153/225 €, 14 € – 4 suites
Rest – 20/24 € ♀, Enf. 10 €
◆ Face au parc des expositions, bâtiment des années 1980 abritant des chambres bien insonorisées. Peu à peu rénovées, elles adoptent un décor actuel. Restaurant-atrium fonctionnel, idéal pour un repas rapide (carte "Mercure" traditionnelle et banc d'écailler).

Pavillon de la Tourelle 4/22, P VISA MC AE
10 r. Larmeroux – ✆ 01 46 42 15 59 – pavillontourelle@wanadoo.fr
– Fax 01 46 42 06 27 – Fermé 31 juil.-28 août, 19-26 fév., dim. soir et lundi
Rest – 36/87 € bc et carte 56/66 € ♀, Enf. 23 €
◆ Bordant le parc, ce pavillon surmonté d'une tourelle abrite un élégant restaurant : tons pastel, sièges de style Louis XVI et tables joliment dressées. Cuisine traditionnelle.

VAUCRESSON – 92 Hauts-de-Seine – 311 I2 – 101 23 – 8 141 h. – alt. 160 m – ✉ 92420

Paris 18 – Mantes-la-Jolie 44 – Nanterre 11 – St-Germain-en-Laye 11 – Versailles 5

Stade Francais 129 av. de la Celle St Cloud, N : 2 km, ✆ 01 47 01 15 04.

Etang de St-Cucufa★ NE : 2,5 km - Institut Pasteur - Musée des Applications de la Recherche★ à Marnes-la-Coquette SO : 4 km, **Île de France.**

voir plan de Versailles

Auberge de la Poularde P VISA MC AE
36 bd Jardy (près autoroute) D 182 – ✆ 01 47 41 13 47 – Fax 01 47 41 13 47
– Fermé août, vacances de fév., dim. soir, mardi soir et merc. U **a**
Rest – 30 € et carte 45/70 €
◆ Accueil aimable et service impeccable distinguent cette auberge à la charmante atmosphère provinciale. La carte, classique, met la poularde de Bresse à l'honneur.

VÉLIZY-VILLACOUBLAY – 78 Yvelines – 311 J3 – 101 24 – 20 342 h. – alt. 164 m – ✉ 78140

Paris 19 – Antony 12 – Chartres 81 – Meudon 8 – Versailles 6

Holiday Inn ch, ch, 170, P VISA MC AE
av. Europe, près centre commercial Vélizy II – ✆ 01 39 46 96 98 – hivelizy@alliance-hospitality.com – Fax 01 34 65 95 21
182 ch – 205/260 € 205/295 €, 17 €
Rest – 25/33 € (semaine) ♀
◆ Les chambres de cet hôtel, spacieuses et confortables, sont bien insonorisées et régulièrement rajeunies. Préférez celles tournant le dos à l'autoroute. Des poutres apparentes coiffent la confortable salle à manger de l'Holiday Inn.

VERSAILLES P – 78 Yvelines – 311 I3 – 101 23 – 85 726 h. – alt. 130 m – ✉ 78000 Île de France

Paris 22 – Beauvais 94 – Dreux 59 – Évreux 90 – Melun 65 – Orléans 129

Office de tourisme, 2 bis avenue de Paris ✆ 01 39 24 88 88, Fax 01 39 24 88 89

du haras de jardy à Marnes-la-Coquette Boulevard de Jardy, NE : 9 km, ✆ 01 47 01 35 80.

Château★★★ - Jardins★★★ (Grandes Eaux★★★ et fêtes de nuit★★★ en été) - Ecuries Royales★ - Trianon★★ - Musée Lambinet★ Y **M.**

Jouy-en-Josas : la "Diège"★ (statue) dans l'église, 7 km par ③.

VERSAILLES

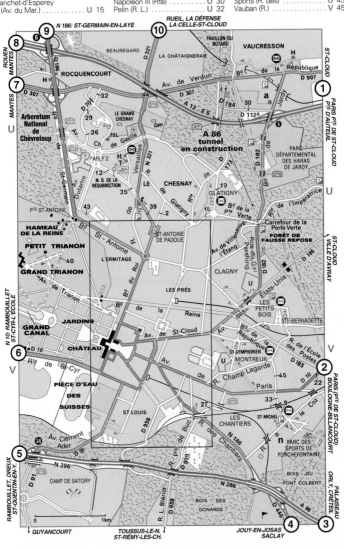

Un hôtel charmant pour un séjour très agréable ?
Réservez dans un hôtel avec pavillon rouge : 🏠 ... 🏨🏨🏨.

VERSAILLES

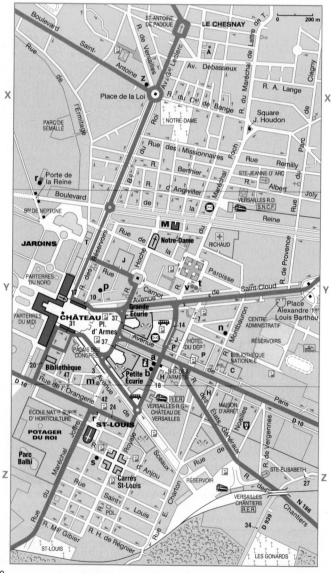

Trianon Palace ⚜ ⟨ 🛗 📺 ℅ 🐕 💺 🅰🅲 ↳ 📞 🏊15/200, 🍴

1 bd Reine – ✆ 01 30 84 50 00 – *reservation.01104@* 🅿 VISA ⓜⓞ ⒶⒺ ⓞ
westin.com – *Fax 01 30 84 50 01* X **r**
166 ch – ♦460/600 € ♦♦460/600 €, ☷ 28 € – 26 suites
voir rest. *Les Trois Marches* ci-après
Rest *Café Trianon* – (32 €) et carte 35/67 €, Enf. 16 €

♦ L'architecture classique de ce luxueux hôtel situé en lisière du parc du château s'accorde avec un élégant décor du début du 20e s. Bel espace de remise en forme. Le Café Trianon séduit les Versaillais par sa cuisine traditionnelle et sa jolie verrière.

Sofitel Château de Versailles 🏡 🛗 💺 ℅ch, 🅰🅲 ↳ch, 📞

2 bis av. Paris – ✆ 01 39 07 46 46 – *h1300@* 🏊120, 🍴 VISA ⓜⓞ ⒶⒺ ⓞ
accor.com – *Fax 01 39 07 46 47* Y **a**
146 ch – ♦160/410 € ♦♦160/410 €, ☷ 23 € – 6 suites
Rest – *(fermé 14 juil.-20 août, 20-30 déc., vend. et sam.)* 35/60 € bc 🍴

♦ Des anciens manèges d'artillerie, il n'a été conservé que le portail. Vastes chambres rénovées, agrémentées de meubles de style et de lithographies. Salle à manger ornée de lambrequins en toile de Jouy et cuisine associant saveurs d'ici et d'ailleurs.

Le Versailles sans rest ⚜ 📶 💺 🅰🅲 🏊25, 🅿 VISA ⓜⓞ ⒶⒺ ⓞ

7 r. Ste-Anne – ✆ 01 39 50 64 65 – *info@hotel-le-versailles.fr*
– *Fax 01 39 02 37 85* Y **p**
45 ch – ♦97 € ♦♦107/135 €, ☷ 11 €

♦ Chambres spacieuses et fonctionnelles, calme et accueil attentif : autant de raisons expliquant le succès de ce plaisant hôtel auprès de la clientèle d'affaires.

La Résidence du Berry sans rest 📶 💺 📞 VISA ⓜⓞ ⒶⒺ ⓞ

– ✆ 01 39 49 07 07 – *resa@hotel-berry.com* – *Fax 01 39 50 59 40* Z **s**
39 ch – ♦115 € ♦♦125/270 €, ☷ 12 €

♦ Entre carrés St-Louis et potager du Roi, ce bel immeuble du 18e s. abrite des petites chambres intimes et joliment personnalisées. Espace bar-billard élégant et "cosy".

Mercure sans rest 📶 💺 🏊25, 🍴 VISA ⓜⓞ ⒶⒺ ⓞ

19 r. Ph. de Dangeau – ✆ 01 39 50 44 10 – *hotel@mercure-versailles.com*
– *Fax 01 39 50 65 11* Y **n**
60 ch – ♦89/97 € ♦♦97/105 €, ☷ 9 €

♦ Dans un quartier calme, établissement dont les chambres sont avant tout pratiques. Hall d'accueil bien meublé, ouvrant sur une agréable salle des petits-déjeuners.

Ibis sans rest 📶 💺 🅰🅲 ℅ 🍴 VISA ⓜⓞ ⒶⒺ ⓞ

4 av. Gén. de Gaulle – ✆ 01 39 53 03 30 – *h1409@hotels-accor.com*
– *Fax 01 39 50 06 31* Y **b**
85 ch – ♦59/95 € ♦♦59/95 €, ☷ 6,50 €

♦ Hôtel installé dans le même immeuble que le Sofitel, en plein centre-ville. Les chambres bénéficient des toutes nouvelles normes de confort de la chaîne.

Les Trois Marches – Hôtel Trianon Palace ⟨ 🏡 🅰🅲 ⌸

1 bd Reine – ✆ 01 39 50 13 21 – *gerard.vie@* 🅿 VISA ⓜⓞ ⒶⒺ ⓞ
❀ *westin.com* – *Fax 01 30 21 01 25* – *Fermé août, dim. et lundi* X **r**
Rest – 58 € (déj. en sem.)/160 € et carte 160/215 € 🍴 🏵

Spéc. Grenouilles et escargots en crème au lit de blettes. Homard bleu étuvé au jus de carottes. Le chocolat à l'ambre, macaron.

♦ Cuisine raffinée, riche carte des vins, élégante salle à manger s'ouvrant sur le parc et le jardin à la française : ah, si Sacha Guitry nous contait Versailles aujourd'hui !

✗✗ Le Valmont 🛱 AC VISA ᴍ◎ AE ◐

20 r. au Pain – ℰ 01 39 51 39 00 – levalmont@wanadoo.fr – Fermé dim. soir et lundi Y **v**

Rest – 30 € ℤ

♦ Façade engageante, sièges de style Louis XVI, peintures de paysages franciliens : une sympathique adresse où vous savourerez une cuisine personnalisée.

✗✗ La Marée de Versailles 🛱 AC ⇔ VISA ᴍ◎ AE

22 r. au Pain – ℰ 01 30 21 73 73 – mareedeversailles@tiscali.fr – Fax 01 39 49 98 29 – Fermé dim. et lundi Y **t**

Rest – (39 €) et carte 44/56 € ℤ

♦ On mange au coude à coude une cuisine orientée produits de la mer dans ce restaurant décoré sur le thème nautique. En été, la terrasse est prise d'assaut.

✗✗ Le Potager du Roy AC VISA ᴍ◎ AE
(😊)
1 r. Mar.-Joffre – ℰ 01 39 50 35 34 – Fax 01 30 21 69 30 – Fermé dim. et lundi Z **r**

Rest – (26 € bc), 33/48 € ℤ

♦ Cadre gentiment "rétro" et cuisine traditionnelle fine et légère, mettant à l'honneur les légumes : l'enseigne elle-même insiste sur la proximité du potager du Roi !

✗✗ L'Étape Gourmande 🛱 VISA ᴍ◎ AE

125 r. Yves Le Coz – ℰ 01 30 21 01 63 – Fax 01 39 50 22 65 – Fermé 30 juil.-21 août, vacances de Noël, sam. midi, dim. et lundi V **n**

Rest – (nombre de couverts limité, prévenir) 40/50 € ℤ ⅋

♦ Dans le quartier de Porchefontaine vous attendent, près de l'âtre ou en terrasse dans le jardin clos, une cuisine personnalisée et un joli choix de savennières.

✗ Le Falher VISA ᴍ◎

22 r. Satory – ℰ 01 39 50 57 43 – restaurant-le-falher@wanadoo.fr – Fax 01 39 49 04 66 – Fermé 6-27 août, sam. midi, dim. et lundi Y**m**

Rest – 29/42 €

♦ Ce beau bâtiment du 17e s. abrite une salle de restaurant au cadre chaleureux : beau plafond mouluré, pierres apparentes, tissus colorés. Accueil familial.

au Chesnay – 28 530 h. – alt. 120 m – ✉ 78150

🏨 Novotel Château de Versailles 📶 & AC ⇔ch, ⚙90,

4 bd St-Antoine – ℰ 01 39 54 96 96 – h1022@accor.com – Fax 01 39 54 94 40 🕭 VISA ᴍ◎ AE ◐ X **z**

105 ch – ✝78/141 € ✝✝78/151 €, ⌑ 12 €

Rest – carte 25/34 €, Enf. 8 € ℤ

♦ Établissement situé sur un rond-point. Un atrium aménagé en salon (nombreuses plantes vertes) dessert des chambres fonctionnelles et bien insonorisées. Au restaurant, intérieur moderne de style bistrot, carte de la chaîne et service non-stop.

Comment choisir entre deux adresses équivalentes ?
Dans chaque catégorie, les établissements sont classés
par ordre de préférence : nos coups de cœur d'abord.

Le Vésinet – 78 Yvelines – 311 I2 – 101 13 – 15 921 h. – alt. 44 m – ⊠ 78110

- ◘ Paris 19 – Maisons-Laffitte 9 – Pontoise 23 – St-Germain-en-Laye 4 – Versailles 12
- 🛈 Syndicat d'initiative, 3 avenue des Pages ℰ 01 30 15 47 80, Fax 01 30 15 47 77

🏠 Auberge des Trois Marches |⧦| AC rest, 🔊 12, VISA ◍ AE ⬤

15 r. J. Laurent (pl. Église) – ℰ 01 39 76 10 30 – Fax 01 39 76 62 58
– Fermé 12-21 août
15 ch – ❙75/95 € ❙❙85/115 €, � 9 €
Rest – *(fermé dim. soir et lundi midi)* (24 €), 29/37 € ♀

◆ Discrète auberge située dans un quartier à l'ambiance villageoise (église, marché). Chambres fonctionnelles, refaites par étapes. Tenue sans reproche et accueil sympathique. Une fresque évoquant les années 1930 décore la salle de restaurant.

Ville d'Avray – 92 Hauts-de-Seine – 311 J3 – 101 24 – 11 415 h. – alt. 130 m – ⊠ 92410

- ◘ Paris 14 – Antony 16 – Boulogne-Billancourt 5 – Neuilly-sur-Seine 10 – Versailles 6

🏠🏠🏠 Les Étangs de Corot 🦢   🎇 🚃 |⧦| &ch, AC ↔ch, ※rest, 🔊 110,

53 r. Versailles – ℰ 01 41 15 37 00 – reservation@   ⊂ VISA ◍ AE ⬤
etangsdecorot.com – Fax 01 41 15 37 99
49 ch – ❙170/225 € ❙❙175/300 €, ⊒ 20 €
Rest *Cabassud - Les Paillotes* – *(ouvert vend. soir, dim. midi et sam. hors saison)* (réservation indispensable) *(dîner seult sauf dim. de mai à sept.)* carte 45/56 € ♀, Enf. 16 €
Rest *Le Café des Artistes et des Pêcheurs* – ℰ 01 41 15 37 90 – (25 € bc) et carte 30/45 €, Enf. 16 €

◆ Ce ravissant hameau bâti au bord d'un étang inspira le peintre Camille Corot. Restauré et agrandi, il abrite aujourd'hui un bel hôtel et une galerie d'art. Carte au goût du jour et élégant décor au Cabassud. Esprit bistrot au Café des Artistes et des Pêcheurs.

Villeneuve-la-Garenne – 92 Hauts-de-Seine – 311 J2 – 101 15 – 22 349 h. – alt. 30 m – ⊠ 92390

- ◘ Paris 13 – Nanterre 14 – Pontoise 23 – St-Denis 3 – St-Germain-en-Laye 24

※※ Les Chanteraines   ⇐ 🎇 P VISA ◍ AE

av. 8 Mai 1945 – ℰ 01 47 99 31 31 – leschanteraines@wanadoo.fr
– Fax 01 41 21 31 17 – Fermé août, sam. et dim.
Rest – 32/50 €

◆ Ce restaurant est aménagé dans le complexe contemporain qui jouxte le parc des Chanteraines. Cuisine au goût du jour servie dans la vaste salle à manger donnant sur le lac.

Villeneuve-le-Roi – 94 Val-de-Marne – 312 D3 – 101 26 – 18 292 h. – alt. 100 m – ⊠ 94290

- ◘ Paris 20 – Créteil 9 – Arpajon 29 – Corbeil-Essonnes 21 – Évry 16

※※ Beau Rivage   ⇐ AC VISA ◍

17 quai de Halage – ℰ 01 45 97 16 17 – Fax 01 49 61 02 60 – Fermé 15 août-4 sept., mardi soir, merc. soir, dim. soir et lundi
Rest – 36 € ♀, Enf. 18 €

◆ Comme son nom l'indique, le Beau Rivage borde la rivière ; attablez-vous près des baies vitrées pour jouir de la vue sur la Seine. Cadre moderne et cuisine traditionnelle.

VILLEPARISIS – 77 Seine-et-Marne – 312 E2 – 101 19 – 21 296 h. – alt. 72 m
– ⊠ 77270

　　D Paris 26 – Bobigny 15 – Chelles 10 – Tremblay-en-France 5

⌂ **Relais du Parisis** sans rest　　　　　　　　　& ▣ VISA ◯◯ AE
2 av. Jean Monnet – ℰ 01 64 27 83 83 – relaisduparisis@wanadoo.fr
– Fax 01 64 27 94 49
44 ch – †54 € ††54 €, � 7 €
◆ Cet hôtel situé dans une zone industrielle proche d'une rocade héberge de petites chambres fonctionnelles, meublées simplement.

XX **La Bastide**　　　　　　　　　　　　　　　VISA ◯◯ AE
15 av. J. Jaurès – ℰ 01 60 21 08 99 – la-bastide@cegetel.net
– Fax 01 60 21 08 99 – Fermé 30 juil.-20 août, vacances de fév., sam. midi, dim. soir et lundi soir
Rest – (prévenir le week-end) (18 €), 21 € (sem.)/37 € ♀, Enf. 13 €
◆ Il règne en ce discret restaurant du centre-ville une sympathique ambiance d'auberge provinciale. Cadre rustique avec poutres et cheminée. Cuisine traditionnelle.

VINCENNES – 94 Val-de-Marne – 312 D2 – 101 17 – 43 595 h. – alt. 51 m
– ⊠ 94300

　　D Paris 7 – Créteil 11 – Lagny-sur-Marne 26 – Meaux 47 – Melun 45
　　　– Senlis 48

　　🛈 Office de tourisme, 11 avenue de Nogent ℰ 01 48 08 13 00,
　　　Fax 01 43 74 81 01

　　👁 Château★★ - Bois de Vincennes★★ : Zoo★★, Parc floral de Paris★★,
　　　Musée des Arts d'Afrique et d'Océanie★, ▮ Paris.

🏠 **St-Louis** sans rest　　　　　　🛗 & AK ↯ ⏴25, VISA ◯◯ AE
2 bis r. R. Giraudineau – ℰ 01 43 74 16 78 – saint-louis@
paris-hotel-capital.com – Fax 01 43 74 16 49
25 ch – †106 € ††123/192 €, ⊑ 12 €
◆ Cet immeuble proche du château abrite des chambres plaisantes, récemment rénovées. Quelques-unes, de plain-pied avec le jardinet, ont leur salle de bains en sous-sol.

🏠 **Daumesnil Vincennes** sans rest　　　🛗 AK ↯ ⏴ VISA ◯◯ AE ①
50 av. Paris – ℰ 01 48 08 44 10 – info@hotel-daumesnil.com
– Fax 01 43 65 10 94
50 ch – †75/93 € ††89/170 €, ⊑ 11 €
◆ Une jolie décoration d'inspiration provençale égaye cet hôtel situé sur une avenue passante. Salle des petits-déjeuners aménagée dans une véranda ouverte sur un minipatio.

⌂ **Donjon** sans rest　　　　　　　　　🛗 & ↯ VISA ◯◯
22 r. Donjon – ℰ 01 43 28 19 17 – hoteldonjon@free.fr – Fax 01 49 57 02 04
– Fermé 19 juil.-27 août
25 ch – †56/62 € ††62/75 €, ⊑ 6,50 €
◆ Établissement du centre-ville proposant des chambres assez exiguës, mais proprettes. Salle des petits-déjeuners et salon agréablement meublés.

X **La Rigadelle**　　　　　　　　　　　　AK VISA ◯◯ ①
26 r. Montreuil – ℰ 01 43 28 04 23 – Fax 01 43 28 04 23 – Fermé 22 juil.-17 août, 24 déc.-3 janv., dim. et lundi
Rest – (nombre de couverts limité, prévenir) (22 €), 31/49 €
◆ La salle de restaurant, coquette, est minuscule mais judicieusement agrandie par des miroirs. Vous y découvrirez une cuisine au goût du jour privilégiant les poissons.

VIRY-CHÂTILLON – 91 Essonne – **312** D3 – **101** 36 – 30 257 h. – alt. 34 m – ⊠ 91170

▶ Paris 26 – Corbeil-Essonnes 15 – Évry 8 – Longjumeau 10 – Versailles 29

XX **Dariole de Viry**   AC ⅀ VISA ⱺ
21 r. Pasteur – ℰ 01 69 44 22 40 – Fermé sam. midi, dim. soir et lundi
Rest – (27 €), 32 € ⅀
♦ Une discrète façade peinte en bleu abrite cette salle de restaurant agrémentée d'une exposition de tableaux. La cuisine, traditionnelle, est sensible au rythme des saisons.

X **Marcigny**   AC VISA ⱺ
27 r. D. Casanova – ℰ 01 69 44 04 09 – Fermé 7-17 août, sam. midi, dim. soir et lundi
Rest – 20 € (déj. en sem.), 30/35 €, Enf. 16 €
♦ L'enseigne évoque un petit village bourguignon et la cuisine traditionnelle est escortée de spécialités charolaises. Ambiance conviviale et service attentionné.

225

Index des établissements
Establishments index

227

231

Index thématique
Thematic index

A petit prix / Moderately priced
→ Menu à moins de 31 € (midi et soir)
Chambres doubles à moins de 85 €
→ *Set priced menu for less than 31€ (lunch and dinner)*
Double rooms for less than 85€

A l'extérieur / Outside
→ Restaurants de plein air
Restaurants avec terrasse
→ *Open-air restaurants*
Restaurants with a terrace

Pour affaires / For business
→ Menus d'affaires au déjeuner
Hôtels avec salle de conférences
Restaurants avec salons particuliers
→ *Business menu at lunchtime*
Restaurants with private dining rooms
Hotels with conference rooms

Cuisine d'ici et d'ailleurs / Cuisine from France and abroad
→ Bistrots et brasseries
Le plat que vous recherchez
Cuisines d'ailleurs
Restaurants branchés
→ *Bistros and brasseries*
Classic French specialities : where to try each dish
Cuisine from around the world
Trendy restaurants

C'est ouvert ! / It's open !
→ Restaurants ouverts le samedi et le dimanche
Restaurants ouverts en juillet-août
Restaurants servant après minuit
→ *Restaurants open Saturday and Sunday*
Restaurants open in July and August
Restaurants serving after midnight

A petit prix / Moderately priced

Menu à moins de 31 € (midi et soir)
Set priced menu for less than 31€ (lunch and dinner)

Chambres doubles à moins de 85 €
Double rooms for less than 85€

A l'extérieur / Outside

Restaurants de plein air
Open-air restaurants

Restaurants avec terrasse
Restaurants with a terrace

Pour affaires / For business

Menus d'affaires au déjeuner
Business menu at lunchtime

247

Hôtels avec salle de conférences
Hotels with conference rooms

249

Restaurants avec salons particuliers
Restaurants with private dining rooms

252

Cuisine d'ici et d'ailleurs /
Cuisine from France and abroad

Bistrots et brasseries
Bistros and brasseries

Les bistrots / Bistros

253

Les brasseries / Brasseries

Le plat que vous recherchez
Classic French specialities : where to try each dish

Cuisine d'ailleurs
Cuisine from around the world

257

Restaurants "tendance"
Trendy restaurants

C'est ouvert ! / It's open!

Restaurants ouverts le samedi et le dimanche
Restaurants open Saturday and Sunday

Restaurants ouverts en juillet-août
Restaurants open in July and August

Restaurants servant après minuit
Restaurants serving after midnight

(Nous indiquons entre parenthèses l'heure limite d'arrivée)

Plans

Maps

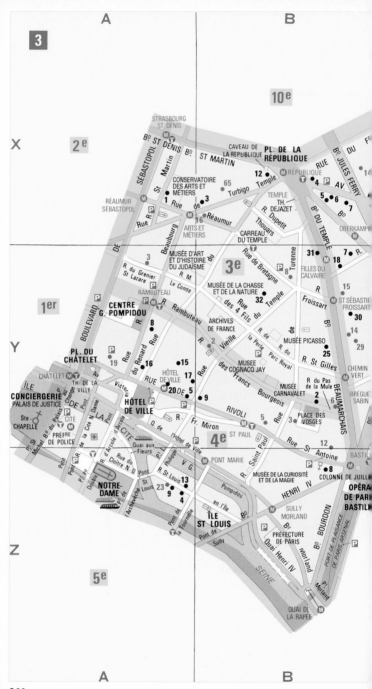

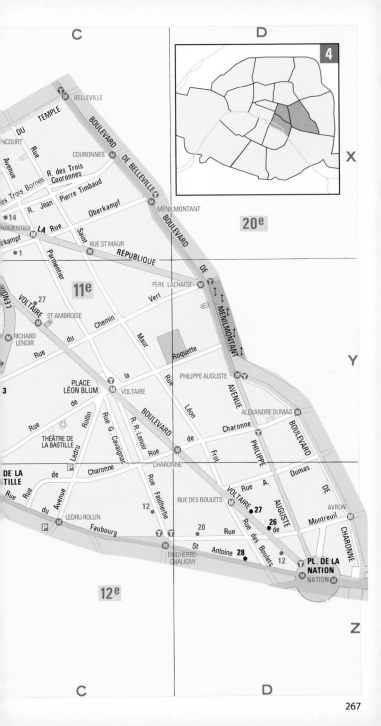

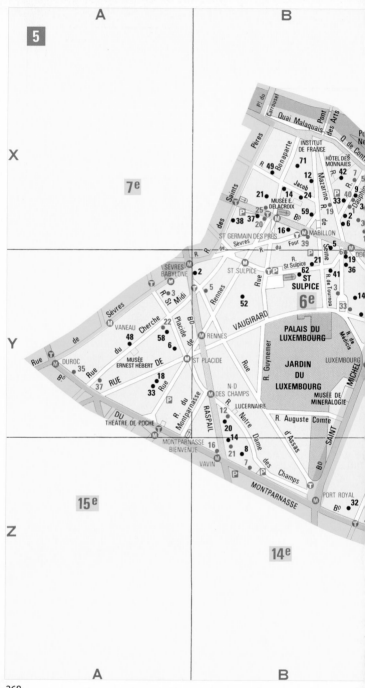